Paul Schulz

CODEX ATHEOS

Die Kraft des Atheismus

Verlag Aug. Rauschenplat

2. Auflage Juli 2007
1. Auflage Oktober 2006

Verlag Aug. Rauschenplat, Cuxhaven
Umschlaggestaltung: Bärbel Strodthoff
Foto: Atelier Rupprecht
Druck: Advantage – Printpool GmbH
ISBN 3-935519-15-x

Einleitung

Ich könnte mir eine Gesellschaft der Atheisten vorstellen ...

Mit dieser These erschütterte 1697 Pierre Bayle das damalige christliche Abendland. Ein entsetzter Aufschrei begegnete ihm: Atheisten! Diesem Aufschrei folgte der Zusammenbruch der geistigen Bevormundung durch die Kirchen, die Aufklärung und mit ihr die Freisetzung des autonomen Individuums.

Doch auch heute noch - über dreihundert Jahre später - schockt diese Aussage unsere bürgerliche Gesellschaft. Zwar hat das Denken ohne Gott unsere Welt von Grund auf verändert. Wir leben positiv von den Errungenschaften unserer säkularen Zivilisation. Der Mensch ist frei zu glauben oder nicht zu glauben, was er will.

Dennoch: Wenn ich sage, ich bin Atheist, dann sieht mir mein Gegenüber mit hochgezogenen Augenbrauen ins Gesicht, als suche er darin nach einer Verletzung: *Wirklich Atheist?* Wirklich Atheist.

Der Begriff "Atheist" ist seit 2500 Jahren als Waffe eingesetzt worden zur Diffamierung aller, die ohne Gott denken und leben. Es war der so ehrenwerte Philosoph Platon, der Menschen ohne Gott wie Verbrecher jagte. Er plante sogar eine Art KZ für sie, in dem sie per Gehirnwäsche für Staat und Gesellschaft tauglich gemacht werden sollten. Jeder der seinen verehrungswürdigen Platon liebt, echauffiert sich heute noch: Atheisten! Vaterlandslose Gesellen ohne Verantwortung und Moral! Die sollen gesellschaftsfähig sein?

Meine Freunde nahmen mich zur Seite und fragten mich vorsichtig: *Musst du dein Buch unbedingt mit "Atheismus" betiteln? Die "Kraft des Atheismus"? Das könntest du doch sicher anders umschreiben.*

Kann ich nicht. Es geht um etwas Außergewöhnliches. Um die persönliche Kaft, die darin liegt, nicht an Gott zu glauben, um die geistige Stärke, ohne Gott zu denken und zu leben. Eben um a - theistisch - ganz und gar ohne Gott.

Eins ist an der Kritik allerdings richtig. Der politische Atheismus hat in der jüngsten Vergangenheit in verheerender Weise seine Unschuld verloren. Aus der Religionskritik von Karl Marx mit dem Ziel der Veränderung der Gesellschaft zugunsten der verelendeten Massen wurde ein generelles Religionsverbot, eine brutale Waffe kommunistischer Gewaltherrschaft vor allem gegen den einzelnen Menschen. Ein Zwang, mit dem für den Menschen nicht nur das Grundrecht auf Religionsfreiheit vernichtet wurde, sondern auch sein innerer Selbstschutz, an Gott glauben zu können.

Das ist so. Wir werden es nicht wegdiskutieren.
Denn hiermit ist nicht nur dem Menschen größter Schaden zugefügt worden, sondern auch dem Atheismus selbst. Weltweit hat er als Kollaborateur der kommunistischen Ideologie und Politpraxis dramatisch an Glaubwürdigkeit verloren.

Es ist an der Zeit, die Frage nach dem Atheismus ganz neu zu stellen: Ist der Atheismus aus sich heraus totalitär angelegt? Hat er ursächlich mit Gewaltanwendung zu tun? Ist er eher eine Bedrohung für den Menschen?

Um diese Fragen bemühen wir uns in unserem Buch ganz besonders. Von vielen Seiten her zeigen wir die geistigen Quellen auf, aus denen das Denken ohne Gott entstanden ist, die Elemente, die seine Wesensart bestimmen. Vor diesem Hintergrund entdecken wir in der europäischen Geistesgeschichte die völlig überraschenden Grundelemente des Atheismus:

- Der Atheismus ist in jener Denkfreiheit des Individuums entstanden, in der auch die Demokratie geschaffen worden ist.

- Der Atheismus hat immer eine ganz enge Verbindung zum Humanismus gehabt, gerade da, wo Religion nicht ausreichte, um eine letztgültige Ethik und Moral zu begründen.

- Der Atheismus gründet im persönlichen Denken des Einzelnen und damit in einem komplizierten Selbsterkenntnisprozess mit vielen Loslösungen von Überkommenem. Diese innere Entwicklung ist eher leise und Anlass nicht zum Rechthaben, sondern immer wieder zum Dialog.

Die Vernunft ist in allem, was der Mensch ohne Gott denkt und tut, die wesentliche Steuerungskraft, ein Bewusstsein also, in dem der Mensch sein Leben verantwortlich ausrichtet. Das muss der Mensch. Das kann der Mensch.

Der Mensch kann aus seiner Vernunft heraus viel mehr, als ihm immer eingeredet worden ist. Er kann sich selbst verantworten. Er kann lieben und geliebt werden. Er kann das Leben für sich und mit den anderen voll und sinnvoll leben. Er kann ordentlich zupacken und arbeiten. Er kann aufopfernd für den anderen da sein. Er kann sich freuen und glücklich sein. Er kann "auch mal fünfe grade sein lassen". Er kann mit Anstand Abschied nehmen. Er kann bewusst und human sterben. Der Mensch ist mit seiner Vernunft offen und befähigt für alle Lebenslagen.

Er muss sich nur deutlich durchsetzen gegen die, die ihm sein Denken und Leben ohne Gott ausreden wollen, die ihn deshalb diffamieren, gar "unschädlich" machen wollen.

Ihnen gilt unser Widerstand!

Deshalb dieses Buch.
Es soll helfen, die atheistische Überzeugung besser zu verstehen und selbstbewusster dafür einzutreten. Es soll die geistige Freiheit sichtbar machen, die in einem Denken und Leben ohne Gott liegt.

Deshalb gleich zu Anfang unser

CODEX ATHEOS

Die Kraft des Atheismus

Codex Atheos

Der Atheismus
ist eine fantastische Leistung des denkenden Menschen, denn

1. In seinem Denken ohne Gott befreit sich der Mensch mit letzter Konsequenz aus einer wie auch immer behaupteten transzendenten Welt. Der Mensch erreicht damit ein Bewusstsein, mit dem er ganz im Diesseitigen steht.

2. Mit einem Diesseits ohne Gott löst sich der Mensch aus allen religiösen Vorstellungen eines Lebens nach dem Tod, auch von der Furcht vor einem Weltgericht Gottes über die Menschen am Ende der Welt. Er anerkennt den Tod als den ganz natürlichen Abschluss des menschlichen Lebens. Das Leben vor dem Tod wird dadurch zur einzigen Realität einer individuellen Existenz.

3. Durch die Loslösung von Gott als der höchsten religiösen Autorität setzt sich der Mensch zugleich frei von der größtmöglichen Fremdbestimmung. Indem er sich herausnimmt aus göttlicher Bevormundung, entwickelt er sich zu einem sich selbst bestimmenden und verantwortenden Individuum.

4. Ohne göttliche Fremdbestimmung hebt der Mensch die Letztgültigkeit aller religiösen Begründungen, Gebote, Kontrollen, Sinngebungen, Versprechungen auf. In dem Maße, in dem für ihn göttliche Direktiven keine Gültigkeit mehr haben, wird ihm das Leben fassbar als eine völlig auf sich selbst gestellte Existenz. Der Mensch lernt, in größtmöglicher Eigenverantwortung zu denken und als autonomer Mensch zu leben.

Codex Atheos

---

5. Mit einem Selbstverständnis, in dem Gott keine Bedeutung hat, nimmt der Mensch das Leben in seiner radikalsten Herausforderung an. Er begreift, dass ein Sinn des Lebens nicht von einer göttlichen Instanz gesetzt ist, sondern dass alle Sinngebung, alle - auch religiösen - Werte, Gebote, Gesetze vom Menschen selber gemacht sind. Sinn seines Daseins gibt es für den Menschen nur, wenn der Mensch selbstverantwortlich solche Wertsetzungen schafft und umsetzt, die individuell und generell Lebenssinn ermöglichen.

6. Mit "atheistischer Selbstverantwortung" anerkennt der Mensch das Leben als eine humane Herausforderung. Leben, das vom Menschen nicht positiv gelebt wird, geht ersatzlos verloren. Für Verelendung, Ungerechtigkeit, Benachteiligung, Entbehrung und Leiden gibt es keinen himmlischen Ausgleich. Ein von einem Atheisten selbst verantworteter persönlicher Lebensentwurf hat deshalb zum Ziel, alles aus dem irdischen Leben herauszuholen, was dem Menschen lebenswert erscheint.

7. Mit "atheistischer Weltverantwortung" weiß sich der Mensch in die Pflicht genommen, angesichts vielfachen Scheiterns seine ganze Kraft einzusetzen gegen generelle Verelendung, Ungerechtigkeit, Benachteiligung, Entbehrung und Leiden des Menschen. Den Menschen hilft dabei kein Gott. Den Menschen helfen nur verantwortungsbewusst handelnde Menschen.

   Die höchste Verantwortungsform des Atheismus ist deshalb eine größtmögliche Humanität.

Inhaltsangabe

1.1. Die Grundlegung des abendländischen Atheismus

im säkularen Vernunftdenken der griechischen Antike

(1) Die Entdeckung des demokratischen Individuums im Befreiungskampf des Solon

Der Aufbruch in die Freiheit des Individuums hat in der Menschheitsgeschichte ein ganz konkretes Datum: Die Entstehung der Demokratie im alten Griechenland.

Dabei nimmt die Bewusstwerdung des demokratischen Individuums ihren Anfang im politischen Handeln

Solon des Weisen (etwa 640 - 561 vor Christus).
In Athen geboren, stammte er wohl aus altem Adels-, gar Königsgeschlecht. Im Jahre 594 vor Christus wählten ihn die Athener Bürger mit Sondervollmachten zum A r c h o n[1], zum "Stadtobersten". Durch äußerst schwierige soziale Missstände im Stadtstaat Athen herausgefordert, wurde er durch mutige Reformgesetze zum wesentlichen Erneuerer der politischen Verhältnisse und damit zum ursächlichen Gründer der demokratischen Polis Athen. Die Nachwelt zählt Solon zu den "sieben Weisen" und damit zu jenen Männern der Antike, die das Abendland in hervorragender Weise verändert haben.

Als Solon zum Archon gewählt wurde, stand Athen vor einem Bürgerkrieg. Soziale Spannungen in der Stadt hatten sich in nie da gewesener Dramatik zugespitzt zu einem innenpolitischen Konflikt zwischen der herrschenden Klasse der Adeligen und dem untersten Stand

---

[1] A – Der Unterstrich markiert die Betonung eines griechischen Begriffs.

der einfachen Bauern. Die Gründe für diese Zuspitzung waren vielschichtig, ein wesentlicher lag mit Sicherheit in dem zunehmenden Anspruchsdenken der adeligen Klasse: Mit Athens wirtschaftlichem Aufstieg durch Handel und Handwerk um 600 vor Christus wuchsen die Lebensansprüche der Adeligen und damit ein klasseninterner Konkurrenzkampf. Bedingungsloses Profitstreben der führenden Schichten gegeneinander spitzte die sozialen Spannungen im Staat zu.

Folge dieses Prozesses war ein immer stärker werdender Druck auf die unteren Stände, speziell auf das Bauerntum, das mit diesem wirtschaftlichen Fortschritt nicht mithalten konnte. Die Bauern - sie waren freie Bürger - fielen nahezu wehrlos in Abhängigkeit von den Adeligen, mussten aus materieller Verschuldung ihr Eigentum verpfänden und wenn das bald nicht mehr reichte, sich in persona selbst verpfänden. So gerieten sie als freie Bürger Athens mit ihren Familien in Leibeigenschaft - wurden sogar von den adeligen Mitbürgern auf fremden Märkten als Sklaven verkauft.

In dem Maße, in dem diese soziale Verelendung zunahm, entstand in Athen ein scharfer gesellschaftspolitischer Druck. Die Versklavung der Bauern drohte ebenso den Lohnarbeitern und damit 80 Prozent der freien Bürger. Für den autonomen Stadtstaat war die konkrete und potentielle Freiheitsbedrohung tragender Volksschichten von zerstörerischer Kraft für ihre politische Ordnung. Deshalb stand Athen am Rand eines zerreißenden Bürgerkrieges.

Dieser Konflikt war umso dramatischer, da diese neue Leibeigenschaft ja keine übliche Sklaverei war. Die Opfer waren keine Menschen, die bei einem Krieg von einem anderen Volk oder bei irgendwelchen Piratenzügen als Beute mitgebracht worden waren. Um derartige Sklaverei ging es nicht. Sie hätte auch damals niemanden aufgeregt. Sklaverei als solche war für die antiken Gesellschaften selbstverständlich, weil lebensnotwendig. Speziell die griechische Bürgergesellschaft in den Städten, natürlich auch gerade in der Metropole Athen, war wirtschaftlich abhängig von der Arbeitsleistung einer völlig unfreien fremdländischen Sklavenschaft. Ein Drittel der Bewohner Athens waren Sklaven. Deren persönliches Schicksal stand zur damaligen Zeit als sozialpolitisches Problem nie zur Disposition.

Hier dagegen ging es jetzt um den außerordentlichen rechtsstaatlichen Konflikt: Freie Bürger werden durch freie Bürger aus der eigenen Bürgerschaft versklavt. Aufgrund in sich legaler Wirtschaftsprozesse werden somit bestehende Bürgerrechte innerhalb einer rechtsstaatlichen Gemeinschaft angegriffen, ja, im Prinzip sogar aufgehoben, denn aus Freiheit wird Unfreiheit, aus Eigenständigkeit Knechtschaft.

Die gesellschaftspolitische und zugleich volkswirtschaftliche Brisanz dieses Konfliktes hatte Solon genau erkannt. Seine Lösung war eine primär rechtsstaatliche Erneuerung mit dem Kampfwort:

Kein fremdes Recht auf den Leib!

In diesem Kampfwort lag die Gewährleistung des Staates, das Eigentumsrecht jedes einzelnen Bürgers auf seine Person als grundsätzlich unantastbar zu sichern, also durch nichts und niemanden aufhebbar zu machen, nicht einmal durch den Staat selber. Solons Ziel der Reformen zur Befreiung der Bauern lag deshalb in der generellen Herstellung und Sicherung eines individuellen Persönlichkeitsrechtes durch prinzipielle Rechtsgleichheit aller Individuen.

Die solonischen Gesetze wurden in Athen verblüffend schnell in konkrete befreiende Maßnahmen umgesetzt, nämlich in eine allgemeine seisachtheia, eine "Lastenabschüttelung": Die verschuldeten Bauernhöfe wurden schuldenfrei gemacht. Die in Sklaverei verkauften Athener Bürger wurden zurückgekauft und damit für wieder frei erklärt. Ebenso wurden alle, die aus Angst vor Versklavung aus Athen geflohen waren, per Amnestie nach Athen zurückgeholt. Auf Zukunft wurde jegliche Schuldknechtschaft untersagt durch ein radikales Verbot jeglichen "Borgens auf den Leib".

Zugleich wurde der Bestand des einzelnen Familienverbandes (griechisch: oikos) in den niederen Ständen durch eine Reihe von Einzelbestimmungen etwa zum Erbrecht gesichert. Ein solcher oikos-Status war formal notwendig, um für die schwachen Schichten eine adäquate Gemeinschaftsfähigkeit festzulegen und zu sichern. Denn nur eine - gerade auch formale - soziale Stabilität garantierte die Fähigkeit der unteren Klasse zur politischen Mitverantwortung im Staat.

Auf dieser Basis strukturierte Solon die Gesellschaftsordnung der Polis völlig neu, indem er sie in vier nach Besitz gestaffelte Klassen aufteilte:

1. die über 500-Scheffler	=	Großgrundbesitzer;
2. die über 300-Scheffler	=	Ritter;
3. die über 200-Scheffler	=	Großbauern und selbstständige Handwerker;
4. die unter 200-Scheffler	=	Kleinbauern und Tagelöhner

- wobei 1 Scheffel (= 45 Kilo) als Maßeinheit zur Bemessung für die pro Jahr eingebrachte Ernte galt.

Darüber hinaus entscheidend war, dass diese landwirtschaftliche Bemessung ersetzt werden konnte durch die Anrechnung anderer Einkünfte aus Handel und Produktion. Damit konnten Großkaufleute und Großfabrikanten aufgrund ihrer monetären Einnahmen unmittelbar in obere Klassen, gar in die erste Klasse der Adeligen aufsteigen.

Die einzelnen Klassen erhielten politische Rechte zur Mitverantwortung am Staat - auch der unterste Stand der Kleinbauern und Tagelöhner. Zwar hatten nur die ersten drei Klassen passives Wahlrecht, durften also in Staatsämter gewählt werden. Der vierte Stand besaß jetzt aber auf jeden Fall aktives Wahlrecht, durfte also mit wählen. Das hieß, dass jeder, der gewählt werden wollte, die Stimmenmehrheit aller freien Bürger brauchte, also gerade auch den vierten Stand für sich gewinnen musste. Folglich waren die Adeligen zumindest im Grundsatz auch vom untersten Stand abhängig.

Damit aber die Bürger aus dem untersten Stand überhaupt ihre neuen Staatsverpflichtungen wahrnehmen konnten, bekamen sie vom Staat "Diäten", feste Tagessätze, die höher lagen als ihre üblichen Tageseinnahmen. Der Staat garantierte seinen unbemittelten Bürgern eine Aufwandsentschädigung für ihre geleistete Mitarbeit für den Staat.

Ideenpolitisch bewirkten Solons Maßnahmen zur Befreiung der Bauern von der Knechtsherrschaft langfristig im attischen Griechenland in zweifacher Hinsicht etwas völlig Neues:

1. "Demokratie"

Befreiung von den "d e s p o t e i s - Despoten" als den p o l i t i s c h e n Alleinherrschern

Die Adelsklasse war vor Solon von der attischen Gesellschaft als d e s p o t e i s, als Willkürherrschaft zu eigenem Vorteil erfahren worden. Die Adelspatrone, die Bosse der alteingesessenen Familien, verfügten aufgrund langer Familientradition über riesigen Grundbesitz. Sie besetzten mit angestammtem Anspruch Staatsämter, hatten Recht sprechende Befugnisse über ihren Clan mitsamt allen Hörigen. Sie besaßen mit eigenen Kultstätten Religionshoheit, in die die Dienerschaft fest eingebunden war. Mit derartigen Befugnissen bildeten sie eine in sich geschlossene "aristokratische Herrscherklasse von oben" mit dominant politischem Einfluss.

Zwar hatten die Athener die Monarchie als oberste politische Führung bereits 100 Jahre vorher abgeschafft und damit prinzipiell die Alleinherrschaft eines einzelnen Machthabers. Agamemnon, Theseus, Oidipus, die großen Könige der altgriechischen Kulturepoche, waren nur noch Erinnerung. Sie lebten fort in den mythischen Traditionen, speziell in den Theaterstücken der großen Dramenschreiber Aischylos, Sophokles und Euripides - aber ohne realpolitische Bedeutung.

Stattdessen aber hatte sich mit den Adeligen eine Oberschicht gebildet, die praktisch alle politischen und gesellschaftlichen Geschäfte bestimmte. Dabei wurde aus aristokratischer Mitte seit 683 vor Christus jedes Jahr neu der Hauptverantwortliche der Stadt gewählt, eben der Archon. Im Jahre 594 vor Christus wurde Solon Archon von Athen.

Diese aristokratische Klassenherrschaft witterte im Wirtschaftsaufschwung Athens um 600 vor Christus zugleich eine außergewöhnliche politische Chance, und es drohte wie in anderen griechischen Städten eine t y r a n n i s, eine usurpierte Alleinherrschaft machthungriger Adeliger. Solon selbst beschrieb die tyrannis als oberstes Ziel adeliger Wünsche. Ihre wirtschaftliche Vormachtstellung mit der rücksichtlosen Ausbeutung unterer Schichten war deshalb durchaus gezielte politische Strategie zur äußersten Steigerung adeliger Macht.

Solon, selbst Adeliger[1], wagte den Kampf gegen diese Vormachtstellung der Adelsherrschaft mit Ausbeutung und Unterdrückung der untersten Klasse. Seine Reformen waren ein Befreiungsakt für die Bauern und damit zugleich ein Schutzwall gegen alle weiteren Übergriffe der Adeligen. Konkret bedeuteten sie eine empfindliche Einschränkung der gesellschaftlichen Machtposition der Aristokratie. Die Adelsfamilien mit ihren selbstherrlichen Lebens- und Machtansprüchen wurden in ihren Rechten auf das Maß der Gesamtgemeinschaft hin beschnitten.

Das bedeutete nicht, dass die Adeligen ganz abgeschafft wurden. Sie bildeten auch weiterhin die erste Gesellschaftsschicht. Doch Solons höchst geschickte neue Klassenordnung nach aktueller Einnahmebemessung statt nach der bisher geltenden Landbesitzbemessung veränderte die Verhältnisse von Grund auf. Das Maß des aktuellen Vermögens ermöglichte den Aufstieg der Spitzenverdiener in Handel und Produktion bis direkt in die oberste Klasse. Damit wurden die Exklusivrechte der Adeligen durchlöchert, die Vormachtstellung der despoteis relativiert. Sie standen plötzlich in einer gesamtgesellschaftlichen Konkurrenz, zumal alle Stände, auch die Kleinbauern und Tagelöhner, an der Ämterwahl beteiligt waren.

Dieser politische Öffnungsprozess der Gesellschaftsordnung schuf für die Polis, den Stadtstaat von Athen, eine i s o n o m i a - eine prinzipielle politische Gleichstellung der vier in sich unterschiedlichen Bürgerklassen und damit Rechtsgleichheit - aller Bürger - auch für die unterste Klasse.

---

1 Athen erwartete, dass Solon sich selbst zum Tyrannen ausrufen würde, also zum adeligen Alleinherrscher. Solon hat das kategorisch abgelehnt.

Am wichtigsten aber war dabei vor allem die Bildung eines völlig neuen bürgerlichen Gemeinschaftsbewusstseins. In seiner exzellenten Untersuchung DIE ENTDECKUNG DER FREIHEIT zur altgriechischen Gesellschaftsgeschichte analysiert Kurt Raaflaub[1] dieses Zusammenwachsen des Individuums mit dem Gemeinwesen durch seine neuen Bürgerrechte und Bürgerpflichten. In eben dieser neuen Bürgerverantwortung entwickelt sich immer stärker das freiheitliche Selbstverständnis eines demokratischen Individuums.

Damit war eine erste staatsrechtliche Stufe erreicht auf dem Weg zur d e m o k r a t i a (griechisch: d e m o s = Volk, k r a t i a = Herrschaft), zur Herrschaft des Volkes, also auf ein Staatswesen hin auf der Basis autonomer Volksverantwortung. Das war Solons Ziel gewesen.

Die Durchsetzung der Reformen Solons ist aus heutiger Sicht ein weltpolitisches Urdatum. Denn durch Solons große politische Weitsicht und Fachkompetenz waren seine Reformen zukunftsträchtig und konnten rund 80 Jahre später durch den Adeligen

Kleisthenes (bis etwa 495)
einen entscheidenden Schritt weiter geführt werden. Anno 507 schuf Kleisthenes eine Gebietsreform (Stadt/Land/Küste), mit der ganz Attika in die Reformbewegung Solons aktiv einbezogen wurde: Damit waren Athen und ganz Attika gleichberechtigt auf dem Weg zu einer völlig neuartigen, in sich geschlossenen demokratischen Struktur.

Gegenüber anderen Institutionen wurde vor allem die Volksversammlung (griechisch: e k k l e s i a) gestärkt. Zur aktiven Teilnahme waren alle mit 18 Jahren volljährigen Bürger berechtigt - bis zu 6000 Bürger allein in Athen. Unter der Federführung des Rates der Fünfhundert (griechisch: b o u l e) entschied die ekklesia über die Gesetzgebung, über Krieg und Frieden, über Einnahmen und Ausgaben des Staates, wie Vergabe von Bauaufträgen, Versorgung der Bevölkerung, über öffentliche Kulte und Feste, über Wahl und Überwachung der Beamten, kurz: Grundsätzlich über alle Fragen des öffentlichen Lebens.

---

1 Kurt Raaflaub, Die Entstehung der Freiheit. Zur historischen Semantik und Gesellschaftsgeschichte eines politischen Grundbegriffs der Griechen, Vestigia, Band. 37, 1985.

Letztgültig setzte sich die Demokratie im Jahre 454 durch, als der A r e i o p a g, der Adelsrat als staatliche Oberaufsicht, nahezu vollständig entmachtet wurde. An diesem Umsturz beteiligt und dann Repräsentant der Blütezeit der neuen attischen Demokratie war

Perikles (um 500 - 429 vor Christus),
eine großartige politische Gestalt. Wir besitzen die Nachschrift der berühmten Rede, die Perikles gehalten hat zu Ehren jener Athener, die in den ersten Kämpfen des Peloponnesischen Krieges gegen Sparta gefallen waren, eine Rede in strahlendem Selbstbewusstsein athenischer Demokratie. Einige programmatische Punkte daraus als Eckpunkte perikleischer Politik:

- *Wir leben in einer Staatsform, die die Einrichtungen anderer nicht nachahmt, eher sind wir für etliche ein Vorbild ... Mit Namen wird sie, weil wir uns nicht auf eine Minderheit, sondern auf die Mehrheit im Volk stützen Volksherrschaft (= Demokratie) genannt ...*

- *Es genießen auch alle für ihre eigenen Angelegenheiten vor den Gesetzen gleiches Recht; in der öffentlichen Bewertung jedoch fragt man allein nach dem Ansehen, das sich jemand auf irgendeinem Felde erworben hat, und nicht nach der Zugehörigkeit zu einem bestimmten Volksteil ...Auch bei Armut wird keiner, der doch dem Volke Gutes zu leisten vermöchte, um der Geringheit seines Standes ausgeschlossen.*

- *Ein freier Geist herrscht in unserem Staatsleben und wirkt auch im täglichen Leben und Treiben aller gegenseitigen Beargwöhnung entgegen. So nehmen wir es unserem Mitmenschen auch nicht übel, wenn er sich einiges zu seinem Vergnügen leistet ...*

- *Wir lieben das Schöne in Schlichtheit, lieben Wissen und Bildung, aber frei von Weichheit. Reichtum ist bei uns zum Gebrauch in der rechten Weise, aber nicht zum Geprahl mit Worten da ...*

- *...und selber hat unser Volk in den Fragen der Staatsführung mindestens ein Urteil, wo nicht gar eigene fruchtbare Gedanken. Denn wir sehen nicht in einer bedächtigen Vorbesprechung eine Gefahr für die Tat, sondern vielmehr darin, sich nicht vorher in Beratung zu belehren, was Not tut ...*

Stolz und selbstbewusst also Perikles.

Allerdings spitzte sich gerade im "Perikleischen Zeitalter", auf dem absoluten Höhepunkt attischer Demokratie, die Bedrohung durch eine Opposition mit einem radikal-religiösen Fundamentalismus dramatisch zu. Natürlich hatte es von Anfang an gegen alles demokratisch Neue speziell von Seiten der Aristokratie immer wieder erbitterten Widerstand gegeben.

Zur Zeit des Perikles aber wurde die Demokratie und damit die politische Freiheit des demokratischen Individuums speziell als Meinungs- und Denkfreiheit mit dem Vorwurf bekämpft, sie bewirke die Zersetzung der religiösen Grundstrukturen der Gesellschaft. Zwar erschien dabei die Gestalt des Perikles selber in seiner politischen Autorität als kaum antastbar. Doch ganz sicher war auch er selber gemeint, als religiös-konservative Kreise mit den Rechtsmitteln der neuen Demokratie gegen Menschen seines direkten Umfeldes

a s e b e i a (= Gottlosigkeits) - prozesse

anstrengten - zu allererst gegen Perikles´ zweite Frau, gegen die

Philosophin Aspasia,
mit einer scharfen Anklage auf Leben und Tod. Aspasia war aus Milet in Kleinasien gekommen, der Hochburg der ionischen Naturphilosophie. Sie war eine der höchst gebildeten Frauen der Antike. Sie führte im Haus des Perikles Gesellschaften mit großem philosophischen Anspruch und voller Meinungsfreiheit. Sie war Symbol der neuen aufklärenden Denkfreiheit und den Konservativen damit das Paradebeispiel für religiöse Zersetzung. Nur mühsam konnte Perikles seine Frau vor der Katastrophe retten. Ähnliches erlitt der

Naturphilosoph Anaxagoras.
Auch er war von Kleinasien nach Athen gekommen, war Lehrer und Freund im Haus des Perikles. Er lehrte als erster, dass die Sonne keine Gottheit sei, sondern ein glühend heißer Stein. Konservative Kreise sahen in dieser Entmythologisierung den Zusammenbruch ihrer Götterwelt und machten ihm einen asebeia-Prozess. Anaxagoras wurde deshalb zum Tode verurteilt und konnte sich nur durch Flucht der Vollstreckung des Urteils entziehen. Auch

Protagoras,
Freund des Perikles, wurde in einem asebeia-Prozess zum Tode verurteilt. Er war Lehrer rationalistischer Skepsis, Starvertreter der Sophisten. In seinem berühmten Lehrsatz, *Der Mensch ist das Maß aller Dinge*, sahen die Konservativen nicht die prinzipielle Relativität der Erkenntnis, sondern einen Frevel gegen die Götterwelt. Auch er konnte sich nur im letzten Augenblick durch Flucht vor ihrer religiösen Mordsucht retten. Schließlich wurde auch

Sokrates, der alte Weise,
wenig später, im Jahre 399 vor Christus, Opfer eines asebeia-Prozesses. Ein altes Bronzerelief zeigt ihn mit Aspasia. Sie sitzt ihm gegenüber, während er ihr - wie ein Schüler stehend - zuhört, engste Verbindungen also zum Hause Perikles und dem progressiven Zeitgeist. In dem Todesurteil gegen Sokrates und in seiner Tötung gipfelte der Widerstand der Fundamentalisten gegen das neue freiheitliche Individuum. Der neue Geist scheiterte am reaktionären religiösen Volksglauben der Athener.[1]

So hat das freiheitliche Demokratiesystem von Solon bis Perikles dem Druck des religiös-konservativen Absolutheitssystems auf Dauer nicht standhalten können, schon lange erschöpft und ausgemergelt durch die immer erneuten Angriffe des Persischen Reiches; durch den lange währenden griechischen Bruderkrieg gegen Sparta; dezimiert durch die Pest, an der mittendrin ein Drittel der Athener Bevölkerung, etwa 30.000 Menschen, wegstarben, darunter auch der große Staatsmann Perikles: Alles zusammen hatte verheerende Wirkung auf die Stabilität der jungen attischen Demokratie, hat die innere Widerstandkraft des neuen politischen Staatssystems gebrochen.

Ende jedweder Demokratie in Athen erfolgte von außen, als Philipp von Mazedonien sich anno 338 zum König von Griechenland ausrief und das demokratische Attika seiner Alleinherrschaft unterwarf. Ihm folgte 334 sein Sohn Alexander der Große, der als machtbesessener Usurpator über Griechenland hinaus den Osten bis nach Indien hin unterwarf. Mit ihm endgültig versank die attische Demokratie und damit die Demokratie im Abendland für die nächsten 2000 Jahre.

---

[1] Siehe dazu unten Seite 42 ff.

Dennoch hat das Demokratiemodell des attischen Griechenland auf die Veränderung Europas in die moderne Zeit hinein entscheidenden Einfluss ausgeübt. Es hat gegen das im christlichen Abendland praktizierte Modell der monarchistischen Alleinherrschaft immer wieder neue säkulare Impulse gesetzt und so immer erneut befreiende Wirkung auf demokratische Strukturen hin erzeugt. Schließlich ist in den letzten 200 Jahren in einem beispiellosen Kampf das monarchistische Modell niedergerungen und damit die Demokratie zum Prinzip der modernen Gesellschaft geworden.

Dabei ist das Grundrecht des Menschen auf sich selbst, speziell mit dem ideenpolitischen Ansatz des Rechts des Einzelnen auf seine Person im Sinne Solons immer wieder Ausgangspunkt für das Anwachsen des neuzeitlichen demokratischen Bürgerbewusstseins gewesen und bildet heute die Grundlage für das Selbstverständnis eines modernen säkularen Staatsbürgers in allen wichtigen demokratischen Verfassungstexten[1], etwa

1789 infolge der Französischen Revolution in der **Erklärung der Rechte des Menschen und Bürgers der Ersten französischen Nationalversammlung (1791);** dann in den **Verfassungen der Französischen Republik von 1793,** hier speziell **von 1795:**

Artikel 1: Die Rechte des Menschen in der Gesellschaft sind Freiheit, Gleichheit, Sicherheit, Eigentum.
Artikel 2: Die Freiheit besteht darin, tun zu können, was den Rechten der andere nicht schadet.
Artikel 3: Die Gleichheit besteht darin, dass das Gesetz für alle das gleiche ist, sei es, dass es schütze oder strafe.
Die Gleichheit lässt keinen Unterschied der Geburt, keine Erblichkeit der Macht zu.
Artikel 4: Die Sicherheit erwächst aus dem Zusammenwirken aller, die Rechte eines jeden zu sichern.
Artikel 5: Das Eigentum ist das Recht, sein Vermögen, seine Einkünfte, die Früchte seiner Arbeit und seines Gewerbes zu genießen und darüber zu verfügen.

---

[1] Nachfolgende Texte in: Die Menschenrechte. Erklärungen, Verfassungsartikel, Internationale Abkommen.
Hrsg. Wolfgang Heidelmeyer, UTB 123, 1997, 4. Auflage.

Im 20. Jahrhundert in den Verfassungen aller europäischen Demokratien, natürlich auch in Deutschland, schon **1849** in der **Paulskirchenverfassung**, **1919** in der **Weimarer Verfassung,** speziell **1949** im **Grundgesetz**:

Artikel 1: (1) Die Würde des Menschen ist unantastbar. Sie zu achten und zu schützen ist Verpflichtung aller staatlichen Gewalt.
(2) Das Deutsche Volk bekennt sich deshalb zu unverletzlichen und unveräußerlichen Menschenrechten als Grundlage jeder menschlichen Gemeinschaft …

Artikel 2: (1) Jeder hat das Recht auf die freie Entfaltung seiner Persönlichkeit, so weit er nicht die Rechte anderer verletzt …
(2) Jeder hat das Recht auf Leben und körperliche Unversehrtheit. Die Freiheit der Person ist unverletzlich …

Artikel 3: (3) Niemand darf wegen seines Geschlechtes, seiner Abstammung, seiner Rasse, seiner Sprache, seiner Heimat und Herkunft, seines Glaubens, seiner religiösen oder politischen Anschauung benachteiligt oder bevorzugt werden.

1948 in der **Menschenrechtserklärung der Vereinten Nationen,** der fast alle UNO-Staaten ohne Gegenstimme zugestimmt haben:

Artikel 1: Alle Menschen sind frei und gleich an Würde und Rechten geboren. Sie sind mit Vernunft und Gewissen begabt und sollen einander im Geiste der Brüderlichkeit begegnen.

Artikel 2: Jeder Mensch hat Anspruch auf die in dieser Erklärung verkündeten Rechte und Freiheiten ohne irgendeine Unterscheidung, wie etwa nach Rasse, Farbe, Geschlecht, Sprache, Religion, politischer Überzeugung, nationaler oder sozialer Herkunft, nach Eigentum oder sonstigen Umständen.
Weiter darf keine Unterscheidung gemacht werden auf Grund der politischen oder internationalen Stellung des Landes oder Gebietes, dem eine Person angehört …

und in weiteren 28 Artikeln,
in denen die Persönlichkeitsrechte des Menschen im Einzelnen in umfassender Weise dargestellt werden[1].

---

[1] Weiter speziell zur UNO-Menschenrechtserklärung unten Seite 133 f.

1993 nach über 100 Jahren kommunistischem Kampf gegen das Privatrecht sensationell in der neuen **Verfassung der Russischen Föderation,**

Artikel 17: (2) Die grundlegenden Rechte und Freiheiten eines menschlichen Wesens sind unveräußerlich und stehen jedem von Geburt an zu.

Artikel 22: (1) Jedermann hat das Recht auf Freiheit und persönliche Unverletzlichkeit.

Artikel 35: (1) Das Recht auf Privateigentum wird vom Gesetz geschützt.

(3) Niemandem darf sein oder ihr Eigentum willkürlich (= außerhalb des Gesetzes) entzogen werden.

2005 natürlich schließlich auch in der Endfassung der **Charta der Grundrechte der Europäischen Union**[1]:

Artikel II,61: Die Würde des Menschen ist unantastbar. Sie ist zu achten und zu schützen. *II,62:* Jeder Mensch hat das Recht auf Leben. Niemand darf zur Todesstrafe verurteilt oder hingerichtet werden. *II,63:* Jeder Mensch hat das Recht auf körperliche und geistige Unversehrtheit. *II,65:* Niemand darf in Sklaverei oder Leibeigenschaft gehalten werden. *II,66:* Jeder Mensch hat das Recht auf Freiheit und Sicherheit. *II,70:* Jede Person hat das Recht auf Gedanken-, Gewissens- und Religionsfreiheit. *II,83:* Die Gleichheit von Frauen und Männern ist in allen Bereichen, einschließlich der Beschäftigung, der Arbeit und des Arbeitsentgeltes sicher zu stellen. *II,84:* Kinder haben Anspruch auf den Schutz und die Fürsorge, die für ihr Wohlergehen notwendig sind. Sie können ihre Meinung frei äußern. Ihre Meinung wird in den Angelegenheiten, die sie betreffen, … berücksichtigt. *II,85:* Die Union anerkennt und achtet das Recht älterer Menschen auf ein würdiges und unabhängiges Leben und auf Teilnahme am sozialen und kulturellen Leben *II,86:* Die Union anerkennt und achtet den Anspruch von Menschen mit Behinderung auf Maßnahmen zur Gewährleistung ihrer Eigenständigkeit, ihrer sozialen und beruflichen Eingliederung und ihrer Teilnahme am Leben der Gesellschaft.

---

1 Aus: Vertrag über eine Verfassung für Europa, Hrsg. Europäische Gemeinschaften, 2005.

Summa:

In der geschichtlichen Entwicklung hat sich Solons Recht des Bürgers auf die eigene Person wesentlich erweitert und bildet heute die Basis der Grund- und Menschenrechte mit dem Kernrecht: *Die Würde des Menschen ist unantastbar.* Im Einzelnen ist dieses Recht gegenüber früheren Zeiten in alle denkbaren Richtungen gewaltig ausgebaut worden - bis hin zu den weit fortgeschrittenen Rechten der Frauen, der Kinder, der behinderten Menschen, der älteren Generation mit ihren je eigenen Bedürfnissen und Möglichkeiten.

Diese spezifizierten Rechte auf die eigene Person bilden die Urzelle der Demokratischen Bewegung der letzten 200 Jahre im säkularen Abendland. Sie sind mit meist größten Opfern Schritt für Schritt von den Generationen unserer Vorväter im Abendland gegen den Widerstand der herrschenden religiös-gestützten Klassen erkämpft worden.

Denn weder der ursächliche Rechtsgrundsatz auf die eigene Person, noch die demokratische Staatsform als solche entstammen der christlich-abendländischen Religionstradition. Derartige Ableitungs- und Erklärungsversuche heute basieren schlicht auf Geschichtslüge der Christlich-Konservativen! Amts- und Machtkirche haben zusammen mit den christlichen Herrschern die weltlichen Rechte des Einzelnen und die säkularen Verfassungen der Demokratie bis jeweils weit in ihre Entstehung und Durchsetzung hinein radikal bekämpft. Noch mehr: Sie stehen diesen *Menschen*rechten in der Konsequenz ihrer theologischen Theorie, nämlich mit ihrem Postulat der Absolutheit des *Gottes*rechtes, vom Prinzip her auch heute noch konträr gegenüber[1].

Dagegen: Der Grundsatz der Menschenrechte und die Demokratie sind ideengeschichtlich begründet in dem geistig-politischen Kampf der altgriechischen Polis um die Freiheit des demokratischen Individuums. Sie gründen also in dem Vernunftdenken der vorchristlichen Antike! Mit ihrer Wiederentdeckung in der aufgeklärten Neuzeit ist das christliche durch das säkulare Abendland aufgehoben worden.

---

[1] Zu dieser hier thesenartigen Formulierung ausführlich meine Beiträge unten Seite 283 ff: "Christliche Wertegemeinschaft?" Die Geschichtslüge der Christlich-Konservativen heute;
und Seite 419 ff: Der säkulare, demokratisch-verfasste Staat. Menschenrechte contra Gottesrecht.

Solons Staatsrechtsreform hat folglich der Geistesgeschichte der Menschen noch einen ganz anderen ideenpolitischen Impuls gegeben:

2. "Religions- und Geistesfreiheit"

Befreiung von den "d e s p o t e i s - Despoten" als den r e l i g i ö s e n Alleinherrschern

Auch die Götter werden im altgriechischen Sprachgebrauch als d e s p o t e i s bezeichnet[1]. Damit wird gezielt - etwa in Gebeten - die menschliche Abhängigkeit herausgestellt. Götter und Gott also als Prinzip des götterhaft Absolutistischen, der religiösen t y r a n n i s.

In der Anwendung des politischen Begriffs despoteis auch auf die Götter vollzog sich geistig ein sensationell kritischer Aufbruch in der Geschichte der menschlichen Bewusstwerdung. Der Mensch wagte zum ersten Mal den Versuch, sich seine tiefste geistige Abhängigkeit von den Göttern bewusst zu machen. Mit dieser Bewusstmachung begann der Mensch, dem übermächtig Religiösen in allerersten Schritten zu widerstehen, ja, sich davon - selbständig denkend - loszulösen.

Gerade in der altgriechischen Mythologie mussten die Götter den Menschen als willkürliche Schicksalsmächte erscheinen. Agamemnon, Oidipus, Orest - alle großen hellenischen Heldengestalten sind Spielbälle undurchsichtigen Götterwaltens, sind ohnmächtige Opfer äußerst fragwürdiger Götterquerelen. Die Götter bestimmen, ja, vorausbestimmen selbstherrlich das Lebensschicksal des Menschen und fesseln den Menschen an ihre olympisch-himmlische Dominanz.

Wie die religiösen Griechen dieses schicksalhafte Ausgeliefertsein an die unerbittliche Macht ihrer Götter definierten, können wir heute noch in den Tragödien von Aischylos, von Sophokles und auch von Euripides nachvollziehen. Etwa in der Gestalt des König Oidipus:

---

1 Nachweise zur theologischen Bedeutung des Begriffs "despotes" in: Theologisches Wörterbuch zum Neuen Testament, Band II, S. 43 ff.

Schon bei seiner Geburt wurde über Oidipus geweissagt, dass er seinen Vater erschlagen und seine Mutter heiraten würde. Sein Leben stand unter dem Rachefluch der Götter, den er zwanghaft als Schicksal zu erfüllen hatte. Von daher nahm sein Leben einen dramatisch-tragischen Lauf unaufhaltsam auf sein Verderben zu, ohne dass er als Mensch sein vorbestimmtes Schicksal abzuwenden vermochte.

Der einzig mögliche Befreiungsakt aus diesem religiösen Schicksalszwang lag schon damals in der rationalen Loslösung des Menschen von den Göttern als religiöse despoteis. Um wirklich frei zu werden, musste der Mensch seine Loslösung von den Göttern aus deren unabdingbarer Macht vernunftbewusst wagen. Denn erst indem sich der Mensch der Bevormundung durch die Götter mit dem Verstand entzog, wurde er wirklich frei, gelang seine Autonomie als Individuum.

Eben das wurde zur epochalen Aufgabe des kritisch bewusst werdenden Menschen. Denn dieser Befreiungsakt aus dem Mythisch-Religiösen war nicht plötzlich da. Er begann ganz langsam und tastend. Frühe Menschheitsgeschichte ist wie Kindheitsgeschichte. Nur Schritt für Schritt wachsen Erfahrungen und Erkenntnisse, die das Ich immer mehr aus rudimentären Bewusstseinsstufen herausführen und freisetzen zur "rationalen Geburt". Rationale Geburt als Emanzipation des Denkens zur vernunftgesteuerten Erhellung der Wirklichkeit.

In der Menschheitsgeschichte ereignete sich diese Rationale Geburt in Kleinasien. Um 600 vor Christus traten dort zuerst in den Handelszentren an der Westküste, wohin einst die Stämme der ionischen Griechen eingewandert waren, neuartige Denker auf, die die Welt und das Leben ohne Götter erklärten. Speziell in der bedeutenden See- und Handelsstadt Milet waren es

Naturphilosophen wie **Thales**[1], **Anaximander** und **Anaximenes,**
die sich nicht mehr mit mythisch-religiösen Spekulationen begnügten, nicht mehr fromm glauben wollten. Sie wollten weltlich denken - die Welt allein mit ihrem kritischen Verstand analysieren, erklären, verstehen. Per Verstand versuchten sie, statt der religiösen Götter-Geschichten (Mythen) für alles Sein und Geschehen materielle Ursachen zu finden. Mit ihrem rationalen Denken entwickelte sich so die

---

1 Siehe zu Thales und dem Beginn der Wissenschaft unten Seite 108 ff.

Ionische Philosophie

als ein erkenntnistheoretisch ungeheurer Prozess der Entmythologisierung der Götterwelt. Im Abbau mythischer Bilder und Erklärungen vollzog sich der Einstieg in die Befreiung von der Religion, begann der Weg vom Mythos zum Logos[1] mit einem neuen, völlig andersartigen methodischen Denkansatz: Aus ihm entstand zunehmend säkulare Rationalität. Der Mensch, befreit von religiöser Bevormundung, gebraucht immer konsequenter seinen kritisch-empirischen Verstand - das Denkprinzip unserer modernen Naturwissenschaften heute.

Von Milet erfolgte der Sprung der neuen ionischen Philosophie nach Athen. Persönlichkeiten wie die Philosophin Aspasia, aber auch der Philosoph Anaxagoras aus Klazomenai brachten die neuen Gedanken in die attische Kulturhemisphäre. In Folge entstand die

Attische Philosophie

in Athen. Hier nun kreuzten sich die Linie der ionischen Naturphilosophie als Entmythologisierung der Wirklichkeit einerseits und die Linie der attischen Befreiungspolitik des demokratischen Individuums andererseits. Zeitlich nahezu parallel zueinander entstanden paarte sich hier in Athen der Befreiungsprozess von der religiösen Bevormundung durch die himmlischen Götter mit dem Befreiungsprozess von der politischen Vorherrschaft der weltlichen Alleinherrscher.

Erst hier also in Athen entstanden unter konkreten politisch-sozialen Kampfbedingungen, im Pro und Kontra geistiger und politischer Auseinandersetzungen, die Idee und der Anspruch von Meinungs-, von Religions-, von Geistesfreiheit. Der generelle Begriff der Freiheit des Menschen wird hier als elementarer Bestandteil des Eigentumsrechts des demokratischen Individuums begriffen - im erweiterten Sinn von Solons unaufhebbarem Recht auf den Leib als unaufhebbares Recht auf den Geist. In verdoppelnder Hinsicht also Aufhebung der Knechtschaft des Menschen im demokratischen Individuum.

---

1 Gemäß dem Standardwerk von Wilhelm Nestle,
Vom Mythos zum Logos. Die Selbstentfaltung des griechischen Denkens, Stuttgart 1942, 2. Auflage.

Zuerst brach diese neue Denkfreiheit in Athen durch im Auftreten der

Sophisten wie **Protagoras, Gorgias** und **Kritias,**
mutige und großartige Denker. Mit ihrer Skepsis stellten sie grundsätzlich alles Bestehende in Frage. Aller menschlichen Erkenntnis zuerkannten sie nur bedingte Wahrheit, alles Wissen war ihnen relativ, von nur begrenzter Gültigkeit, manipulierbar. Deshalb *sei der Mensch das Maß aller Dinge*, weil allein sein Erkennen die Maßstäbe des Bewusstseins setze. Von daher griffen sie auch alle für absolut gehaltenen Grundlagen der bestehenden Gesellschaftsordnung an, zerstörten gerade auch alles Mythische, alles Religiöse, die Götter.

Sie brachten ihre dialektische Philosophie schonungslos unters Volk, verkauften sie - gegen Geld wie heiße Ware. Jeder konnte sie von ihnen hören, von ihnen lernen und nutzbringend anwenden.

Aus dem radikalen Ansatz ihrer philosophischen Skepsis dachte auch

der **Vernunftphilosoph Sokrates.**
Auch er stellte alles in Frage, was bis dahin gedacht und geglaubt worden war. Nichts Althergebrachtes hatte vor seiner Skepsis Bestand. Ziel war ihm aber nicht die totale sophistische Relativität. Ziel war ihm - durch alles Relative hindurch - die Dinge in ihrer Letztbegründung mit dem Verstand zu erforschen, den l o g o s des Wirklichen zu erkennen. Sein methodisches Fragen nach dem logos als dem letzten Grund der Dinge begründete einen völlig neuartigen erkenntnistheoretischen Bewusstseinsstand - gerade auch für eine auf Vernunfteinsicht beruhende Sittenlehre und Ethik.

In Sokrates erlangte das Ich in seinem autonomen rationalen Denken zum ersten Mal einen absoluten Höhepunkt. Eben diese logos-Philosophie wurde in der Geistesgeschichte des folgenden Abendlandes zur Grundlegung des Denkens der modernen Welt überhaupt.

Unter welcher Dramatik sich Sokrates mit seiner neuen Philosophie gerade auch gegen die althergebrachten religiösen Vorstellungen behaupten musste, erkennen wir an dem sensationellen Prozess, den ihm seine Mitbürger machten. Sie fühlten sich durch seine neue Geistesfreiheit so bedroht, dass sie ihn noch als alten Mann in den Tod trieben.

(2) Sensationsprozess gegen den Vernunftphilosophen Sokrates

Sokrates verführt die Jugend und leugnet die Götter Athens [1]. Mit dieser zugespitzten Anklage eröffnet Meletos den Prozess. Für manche erscheint dabei seine theatralische Pose lächerlich, seine gespielte Betroffenheit geradezu peinlich. Doch für Meletos ist dies der Auftritt seines Lebens. Vor ihm und um ihn herum Tausende von Athenern und mittendrin er, der erhabene Dichter Meletos, Ankläger des berühmten Philosophen Sokrates.

Aus vielen Häusern waren die Bürger an diesem Morgen aufgebrochen, schon lange vor Sonnenaufgang. Noch im nächtlichen Dunkel drangen sie durch die schmalen Gassen der Agora zu. Nicht nur die 500 Richter, die das Urteil über Sokrates sprechen mussten, auch einfache Leute, Handwerker und Kaufleute, dazu Künstler, Priester, die Stadtoberen. So viele Bürger waren unterwegs, dass sie in den Straßen nicht vorankamen. Jeder wollte dabei sein bei diesem Sensationsprozess gegen

Sokrates (469 - 399 vor Christus).
Denn den kannten sie alle, den Alten. Seit 70 Jahren lebte er unter ihnen, hatte die Xantippe und die Myrto zur Frau, hatte drei Söhne - der Jüngste konnte noch kaum laufen. Von ein paar Feldzügen abgesehen hatte Sokrates die Stadt nie verlassen, er war ein echter Sohn seiner Stadt Athen. In ihr war er mit den jungen Leuten herumgezogen, hatte mit ihnen diskutiert, hatte ihnen immer wieder Fragen gestellt über die Götter, über die Welt, über die großen Rätsel des Lebens. Jetzt drohte ihm die Todesstrafe.

Recht so, meinten die einen. Sie hatten sich schon lange über diesen p h i l o s o p h o s, über diesen "Freund der Weisheit", geärgert. *Ich weiß, dass ich nichts weiß,* soll er immer wieder behauptet haben. Eine Frechheit! Für wie geistig beschränkt muss er dann erst die ande-

---

1 Platon, Apologia Sokratous - Des Sokrates Verteidigung, zitiert nach Platon, Werke (griechisch-deutsch) Band 2, Hrsg. Günther Eigler, WBC, 1990, 3. Auflage

ren halten? Wer so redet, setzt doch jungen Menschen nur Flausen in den Kopf. Hatten ihm deshalb nicht erst vor kurzem die Stadtoberen jeglichen Umgang mit Jugendlichen verboten? Aber hatte er sich daran gehalten? Jetzt musste mit diesem Schwätzer endlich kurzer Prozess gemacht werden.

Aufs äußerste verängstigt waren dagegen die anderen. Sokrates´ Freunde hatten sich angesichts der zusammenströmenden Menschenmassen verschüchtert in eine Ecke gedrängt: Der greise Kriton, der treue Platon, Lysiander, und ein paar andere mehr. Sie kannten die missgünstige Stimmung der Athener nur zu gut. Aber wie viele waren es wirklich, die für Sokrates die Todesstrafe wollten? Wie dachten die Richter? Gab es bei denen wirklich eine Mehrheit gegen Sokrates?

Wir können uns diesen Aufsehen erregenden Prozess im Abendland, den Prozess gegen den großen Philosophen Sokrates, mit fantasievollen Bildern vorstellen. Die Anklage bleibt in ihrem Kernpunkt dabei immer unmissverständlich: "Sokrates verführt die Jugend und leugnet die Götter Athens". Im griechischen Urtext steht:

Sokrates

tous theous ***ou nomizonta***	-	***erkennt*** *die Götter* ***nicht an***
tous athenai nomizonta	-	*die die Athener anerkennen.*

Der zentrale Begriff in dieser Anklage ist das altgriechische Verb n o m i z o m a i. Nomizomai bezeichnet volle Zustimmung: "Ich folge" dem Herrscher; "ich vertraue" dem Freund; "ich glaube an" das Gute. Sokrates verfährt nicht so mit den Göttern. Sokrates folgt den Göttern nicht; Sokrates vertraut den Göttern nicht; Sokrates glaubt nicht an die Götter. So die Anklage.

Die Anklage konkretisiert den Vorwurf auf die Leugnung jener Götter, die in Athen Anerkennung und Geltung haben. Das macht generell deutlich, dass die Götter nicht als Privatsache gewertet werden, sondern als Symbole gesellschaftlicher Verbundenheit, ja staatlicher Ordnung und Stabilität. Nomizomai fordert hier deshalb ganz konkret, die Götter Athens als Sitte und verbindlichen Brauch, als Ordnung und Machtgefüge anzuerkennen.

Der Prozess gegen Sokrates mit der Anklage, er leugne die Götter Athens, hat also gesellschaftspolitische, ja, höchst politische Bedeutung. Er steht in der Nachfolge der anderen asebeia-Prozesse der perikleischen Demokratieepoche, also der Prozesse gegen die Philosophin Aspasia, gegen den Naturphilosophen Anaxagoras, gegen den Sophisten Protagoras. Nur dass der Sokrates-Prozess unter äußerst dramatischen politischen Verhältnissen stattfindet, nämlich fünf Jahre nach dem Peloponnesischen Krieg mit der verheerenden Niederlage Athens gegen Sparta. Athen befand sich da in einem Ausnahmezustand, in einer völlig aufgerissenen gesellschaftlichen Krise[1].

Wir wissen um die Anklage und um den Sensationsprozess im Jahr 399 vor Christus in der Hauptsache durch Platon, dem intimsten Schüler des Sokrates. Platon beschreibt nämlich in seiner Dialogschrift *EUTHYPHRON*, wie Sokrates morgens zu seinem eigenen Gerichtsprozess geht und dabei mit dem Priester Euthyphron über die Bedeutung der Götter diskutiert; in der *APOLOGIE* gibt Platon die drei Reden wieder, die Sokrates während des Prozesses zu seiner Verteidigung gehalten hat; im *KRITON* berichtet er, wie der greise Freund den Sokrates zur Flucht überreden will; schließlich schildert er im *PHAIDON* den Todestag des Sokrates bis zu dessen letztem Atemzug.

Hat der Schüler Platon die dramatischen Prozessvorgänge um seinen Lehrer Sokrates sachgerecht dargestellt? Zweifel sind angebracht, denn sicher war Platon daran interessiert, die Leugnung der Götter durch seinen Lehrer zu verharmlosen, abzuschwächen. Platon selber war ja von Grund auf fromm. Die historische Forschung unserer Tage ist deshalb durchweg der Meinung, dass wir immer wieder damit zu rechnen haben, dass Platon eigene Gedanken in Sokrates hineinlegt

- und zwar zunehmend in seinen späteren Dialogschriften, in denen er seine eigene Ideenlehre entwickelt. Platons frühe Darstellung der Prozessabläufe um Sokrates aber sehen die Historiker dagegen doch wohl geprägt von der Absicht, möglichst objektiv zu berichten.

---

1 Weiter dazu unten Seite 43 f.

Dass dabei insbesondere der Kernpunkt der Anklage gegen Sokrates sachgerecht wiedergegeben wird, zeigt ein Beleg bei dem Chronisten Plutarch. In dessen LEBENSBESCHREIBUNGEN[1] ist der Fall der Gottlosigkeit eines Athener Bürgers strafrechtlich fixiert. Hiernach hat die athenische Vollversammlung anno 432 vor Christus den Beschluss gefasst, diejenigen zu verfolgen, *die nicht an das Göttliche glauben und Lehren von (göttlichen) Erscheinungen im Himmelsraum bestreiten.* Ihnen wird die Todesstrafe angedroht. Auf diesen Paragraphen hat Meletos seine Anklage gegen Sokrates nahezu wörtlich aufgebaut.

Die Anklage, er leugne die Götter und strebe nach fragwürdigen Neuerungen, war für den betagten Sokrates eigentlich "ein alter Hut". Im Jahre 423 vor Christus, also schon 25 Jahre vor Meletos, hatte nämlich der wegen seiner spitzen Zunge gefürchtete Aristophanes seine Komödie DIE WOLKEN geschrieben und in Athen uraufgeführt. Auch damals volles Haus. Ganz Athen war wieder einmal auf den Beinen. Sokrates soll bei der Premiere selbst unter den Zuschauern gesessen und sich die gegen ihn gerichteten bissigen, ja, höhnischen Texte angehört haben. Mittendrin soll er aufgestanden sein, um zu zeigen, dass er es sei, um den da vorne auf der Bühne ein solches Theater gemacht würde.

Aristophanes macht in seiner Satire den Sokrates zur Zielscheibe zweier elementarer Vorwürfe:

- erstens: Sokrates setzt kompromisslos den Glauben außer Kraft, der oberste Gott Zeus sei der Verursacher aller Dinge.

- zweitens: Überall führt er stattdessen neumodische Erklärungen ein, um mit seinem Verstand zu glänzen.

Als Beispiel dafür der spitze Theater-Dialog zwischen dem Priester Strepsiades und dem Philosophen Sokrates[2]:

---

[1] Plutarch, ausgewählt und eingeleitet von Konrat Ziegler, Frankfurt am Main/Hamburg 1957: Doppelbiographien Nr.10, Perikles.

[2] Aristophanes, Die Wolken, übertragen von 0tto Seel, Stuttgart 1963 (Reclams Universalbibliothek).

Strepsiades: *Aber Zeus?*
Wie steht's denn mit dem bei euch?
Ist er nicht mehr der Gott des Olympos?
Sokrates: *Was meinst du mit Zeus? Was soll mir der Wahn?*
Es gibt keinen Zeus!
Strepsiades: *Hör ich richtig?*
Wer ist's, der uns den Regen bringt?
Das musst du mir erklären.
Sokrates: *Natürlich sind es sie da (die Wolken).*
Und dass es so ist,
das werd' ich dir bündig beweisen.
Wohlan: Wo hast du denn jemals gesehen,
dass es ohne Wolken regnet?
Strepsiades: *Wer aber macht dann den Donner, sag an!*
Denn vor dem kommt mir immer das Zittern.
Sokrates: *Auch den machen die da: Sie wälzen sich um,*
dann donnert's.
Strepsiades: *Doch wie, du Verwegener?*
Sokrates: *Wenn sie völlig mit Mengen von Wasser gefüllt*
unter Zwang sich weiterbewegen,
dann hängen nach abwärts sie, regenvoll,
und sie platzen, und das mit Gepolter.
Strepsiades: *Wer ist's aber, der zu wandern mit Zwang*
sie antreibt? Ist das nicht doch Zeus?
Sokrates: *Durchaus nicht. Der himmlische Wirbel ist's.*
Strepsiades: *Der Wirbel? Das ist mir was Neues,*
dass es Zeus nicht gibt, und an seiner Stelle
sei der Wirbel der König! ...

Das saß. Für die götterfürchtigen Athener klang dieser bissige Text schon damals wie eine Anklage, ja, mehr noch wie eine vorweg genommene Verurteilung. *Seit langem*, so wird Sokrates viel später in seiner Verteidigungsrede während des Prozesses sagen, *versuchen die Leute, mich mit dem Vorwurf der Gottlosigkeit zu fassen, aber sie selbst sind nicht zu fassen, es sei denn ein gewisser Komödiendichter*. Das heißt: Gerüchte und Vorwürfe gegen Sokrates sind Jahrzehnte lang verbreitet, Stimmungen geschürt worden. Eine lange Kette von verhetzenden Nachreden gipfelt schließlich in der offiziellen Anklage des Meletos.

Im Grunde hatte es Sokrates dennoch leicht, sich zu verteidigen. Alle hatten die Anklage des Meletos gehört, der Fakt lag auf dem Tisch: Der da leugnet die Götter Athens. Alle warteten jetzt gespannt darauf, was der so Angeklagte zu seiner Verteidigung zu sagen hätte. Also: "Professor" = Bekenner vor! Jetzt brauchst du doch nur ein eindeutiges Bekenntnis zu den Göttern Athens abzulegen, etwa zum Göttervater Zeus als dem Verursacher aller Dinge; oder zur Göttin Athena als der Schutzherrin der Stadt Athen; oder zu all den anderen Göttern, die so zahlreich den Olymp bevölkern. Also los! Welch eine imposante Hörerkulisse für dein Götterbekenntnis, welch eine Sternstunde für jemanden, der endlich mit einer eindeutigen Klarstellung alle Vorwürfe mit einem Schlag vom Tisch wischen kann.

Und Sokrates tritt vor und redet lange und eindrucksvoll. Zunächst berichtet er über seine Suche nach einem wirklich weisen Menschen. Die Staatsmänner etwa? Oder die Dichter? Oder vielleicht die Handwerker? Bei niemandem hat er, Sokrates, Weisheit gefunden. Sie alle bilden sich zwar viel ein, aber weise ist doch keiner von ihnen. Na gut. Das mag den Zuhörern verdeutlichen, warum das Orakel von Delphi Sokrates zum weisesten aller Menschen erklärt hat, weil er nämlich als einziger *weiß, dass er nichts weiß*. Aber ein Bekenntnis zu den Göttern ist das natürlich noch nicht.

Sokrates redet weiter über seine persönlichen Staatsverdienste, etwas über seine Teilnahme an den Schlachten, die das athenische Heer geführt hat. Gerühmt haben sie doch alle seinen Mut, seine Tapferkeit. Hat er nicht sogar den schwer verwundeten Feldherrn Alkibiades durch das Schlachtgetümmel getragen, und hat er ihm nicht so, ungeachtet eigener Gefahr, das Leben gerettet? Das war natürlich toll. Aber auch das ist noch immer kein Bekenntnis zu den Göttern.

Sokrates reizt schließlich seinen Ankläger Meletos vor allen Hörern zu einem Dialog heraus über die Logik seiner Anklage. Kann denn ein vernünftiger Mensch eine Anklage ernst nehmen, die in sich ganz einfach unlogisch ist? Denn wie soll er, Sokrates, eigentlich an Dämonen, also an die Söhne der Götter glauben, wenn er doch angeblich die Götter leugnet? Kann man an Fohlen glauben, wenn man die Existenz von Pferden bestreitet? Ja, das ist typisch Sokrates: Im kurzen Dialog führt er seinen Gegner ad absurdum. Aber auch das ist kein Bekenntnis zu den Göttern.

Also gar kein Bekenntnis zu den Göttern? Ist das wirklich alles? Als Sokrates seine Verteidigungsrede beendet hat, sind Freund und Feind überrascht, gar entsetzt. Hat er noch immer nicht den Ernst der Stunde begriffen? Wenn das so stehen bleibt, dann ist seine Lage nahezu aussichtslos, das Urteil "Todesstrafe" sicher.

In der Pause vor der Urteilsverkündung ist genügend Zeit für die Frage: Was eigentlich machte so viele Athener so radikal gegen Sokrates? Warum sind sie geradezu verbissen darauf aus, diesen alten Mann kurz vor seinem natürlichen Tod umzubringen?

Eines ist klar: Der Sokrates-Prozess ist ein Musterprozess, in dem die unterschiedlichen Interessen zwischen dem traditionell konservativ-religiös denkenden Volk einerseits und den neuen frei denkenden Philosophen andererseits aufeinander prallen. Das mit Ressentiment und Verunsicherungen aufgestaute Volksbewusstsein wehrt sich gegen das Neue. Verteidigung des Alten ist angesagte Bürgerpflicht.

Denn in der Tat: Das Denken des Sokrates in sich als Philosophie ist höchst bedrohlich. Es greift bis in unsere Zeit hinein das Ich-Bewusstsein des Menschen an. Es reißt vom Alten weg nach vorn. Die Brisanz dieses Denkens gilt es jetzt vom Grundsatz her zu erfassen.

(3) Sokratisches Denken

In den Verteidigungsreden des Sokrates ist ein Schlüsselbegriff das d a i m o n i o n. Wir hören Sokrates dazu

- in seiner ersten Rede so:
  ... dass mir etwas Göttliches und Dämonisches widerfahre, was auch Meletos in seiner Anklage spottend erwähnt hat. Mir ist das von meiner Kindheit an geschehen, eine Stimme nämlich, welche jedes Mal, wenn sie sich hören lässt, mir von etwas abrät, was ich tun soll, zugeredet aber hat sie mir nie ...

- und in der dritten Rede so:
  ... Mein gewohntes Vorzeichen (das Daimonion) nämlich war in der vorigen Zeit wohl gar sehr häufig, und oft widerstand es mir in völligen Kleinigkeiten, wenn ich im Begriff war, nicht auf die rechte Weise zu tun ...
  Wiewohl es bei anderen Reden mich oft mitten im Reden befällt, jetzt aber hat es mir nirgends bei dieser Verhandlung, wenn ich etwas tat oder sprach, im innersten widerstanden ...

Liegt hier, halb verdeckt, das Bekenntnis des Sokrates zu den Göttern? Christliche Interpreten[1] haben in diesem "Daimon" eine göttliche Stimme vermutet. Ja, gegen die alte Götterwelt sehen sie hier eine neue religiöse Qualität aufbrechen, gleichsam eine neuartige monotheistische Gotteserfahrung. Sie meinen, Sokrates leugne deshalb die griechische Götterwelt, weil ihm im Innersten eine göttliche Stimme, nein, d i e göttliche Stimme widerfahren wäre. So machen sie Sokrates in seiner Ablehnung der heidnischen Götter ganz unversehens zum vorchristlichen Bekenner des biblischen und damit des christlichen Gottes.

Gerade auch zeitgenössische Sokrates-Interpreten sind ergriffen von der "tiefen Frömmigkeit", die sich ihnen in dem daimonion des Sokrates ausdrückt und leiten daraus den Urgrund seiner ganzen Philosophie ab. Das aber ist geradezu maniriert-lächerlich in der Konsequenz, dass ein großer logischer Denker so die Letztbegründung seines Denkens verteidigt. Wie heruntergekommen albern muss das Göttlich-Erhabene eigentlich verstanden werden, um sich letztgültig in einem derart absonderlich psychischen Effekt ausgedrückt zu finden?

Denn ziehen wir alle Texte heran, in denen bei Sokrates vom daimonion die Rede ist, dann erhält dieses Phänomen eine völlig untergeordnete Bedeutung, weil es ausschließlich in ethisch unrelevanten Situationen vorkommt. Es ist nie eine göttliche Weisungskraft, die eine Wahrheit mitteilt, nirgends eine jenseitige Stimme, die den Willen Gottes offenbart. Es ist eher eine Art persönliche Stoppregel,

---

[1] Etwa Romano Guardini, Der Tod des Sokrates, Düsseldorf, 1952, 4. Auflage.

die kluge Vorsicht walten lässt, gleichsam die manifestierte Skepsis gegen sich selbst. Sokrates, der alles in Frage stellt, stellt auch ständig sich selbst in Frage, speziell seine Antworten, die er gibt und seine daraus folgenden Taten.

Eben mit seinem radikal-kritischen Denkanspruch gegen sich selbst hat Sokrates auch seine Mitmenschen damals aufs Äußerste gereizt - ganz absichtlich und gezielt. *Unergründlich bin ich,* sagt er, *und bringe es dahin, dass die Menschen nicht mehr weiterwissen.* Da genau liegt die Absicht des Sokrates. Er will die Menschen in ihrem verfestigten Wissen entsichern, erschüttern, aufbrechen. Er will ihre schnellen Antworten, die sie mit zu großer Selbstsicherheit geben, als fragwürdig erweisen. Sokrates kritisches Fragen muss derart rücksichtslos gewesen sein, dass sich die Menschen nicht selten in ihrem Selbstverständnis so tief angegriffen und verletzt fühlten, dass sie ihn aus Wut geschlagen haben.

Mit seinem Verstand kritisiert er vor allem auch die Vorstellungen von den Göttern, so wie diese aus der alten griechischen Mythologie heraus in seinem gesellschaftlichen Umfeld, also im Volk und im Staat wie selbstverständlich Gültigkeit hatten. Dazu zwei Beispiele:

- Der Dialog *EUTHYPHRON* berichtet, wie Sokrates morgens auf dem Weg zu seinem Prozess auf den Priester Euthyphron trifft und mit diesem über die Bedeutung der Götter spricht. Der Priester ist voller naiven Glaubens an die Götter, und je mehr er sich in einen religiösen Enthusiasmus hineinsteigert, dass nämlich alles von den Göttern herkäme, desto distanzierter kontert Sokrates mit der Frage:
  ... und das alles sollen wir mit unserem Verstand glauben?

- Im Dialog *PHAIDON* agiert Sokrates mit der gleichen entlarvenden Skepsis gegen die Göttermythen und den allgemeinen Götterglauben, wenn er feststellt:
  Wenn ich das eben nicht glaube wie die "Klugen", so wäre ich eben nicht ratlos ... Daher lasse ich das alles gut sein und abwehrend, was darüber geglaubt wird, ... denke ich nicht über diese Dinge nach.

Sokrates grundsätzliche in Frage Stellung der Götter ist begründet in seinem kritischen Denkprozess, d.h. in seinem immer erneuten Fragen: Was ist das Letztgültige? Worauf kann sich der Mensch mit seinem kritischen Geist im Allerletzten verlassen? Antwort: Nicht auf die Götter oder gar auf einen Gott!

Diese Feststellung kann bei Sokrates überhaupt nicht überraschen, denn bei allen vorsokratischen Denkern, den großen ionischen Naturphilosophen, sind die Götter nie die "prima causa" der Welt. Die Götter, selbst der höchste Gott Zeus, sind immer nur aus dem Urgrund heraus geschaffen, also selbst nur Geschöpfe[1]. Kein naturphilosophischer Denker vor Sokrates ist ernsthaft auf die Idee gekommen, die Götter oder einen Gott zum Urgrund selbst oder zum Schöpfer des Seins zu machen - also auch Sokrates nicht. Nur: Sokrates hat diese kritische Position erkenntnistheoretisch bewusst gemacht und mit unerbittlicher Konsequenz in einen säkularen Denkansatz gebracht.

Sein “logischer Denkdruck“ ist nur die eine Seite, warum Mitbürger und Staat von Athen mit Sokrates in offenen Konflikt geraten sind.

Darüber hinaus erklärt sich die Schärfe des Angriffs gegen Sokrates durch die damals aktuelle politische Krisensituation der Polis Athen:

- *Zum einen:* Nach über 25 Jahren zermürbender Kämpfe war im Jahr 404 der Krieg zwischen Athen und Sparta als dem Anführer des Peloponnesischen Bundes mit einer Katastrophe für Athen zu Ende gegangen, nämlich mit der totalen Kapitulation der einst so stolzen Machtmetropole an der Spitze des Attischen Bundes. Athen musste seine mächtige Flotte bis auf 12 Handelsschiffe ausliefern, seine Stadtmauern wurden geschleift, sein attisches Einflussterritorium radikal beschränkt. Athen lag am Boden, dem eindeutigen Sieger Sparta zu Füßen.

---

[1] Am schärfsten bei Xenophanes von Kolophon in seinem Kampf gegen den homerischen Göttermythos: *Nicht die Menschen sind Geschöpfe der Götter, sondern die Götter sind Geschöpfe der Menschen.*
Zweitausend Jahre später wird Ludwig Feuerbach eben diese These gegen den christlichen Gott zur Geltung bringen. Siehe dazu unten Seite 297 ff: Die Aufdeckung der Religion als Projektion des Menschen durch Ludwig Feuerbach.

- *Zum anderen:* Unter dem Einfluss Spartas kam es in Athen im Kapitulationsjahr 404 zum politischen Umsturz der Demokratie. An die Macht setzten sich die "dreißig Tyrannen" unter dem Schutz der spartanischen Besatzung. Ihre Herrschaft mit rigorosen Maßnahmen verbreitete in Athen Angst und Schrecken. Viele Demokraten flüchteten aus Athen vor dem Zugriff dieser Usurpatoren. Nur mit größter Mühe konnten die Tyrannen schließlich von den Athenern vertrieben und die Demokratie wieder hergestellt werden.

Der Prozess gegen Sokrates fand nur vier Jahre nach diesen für Athen verheerenden Ereignissen der Jahre 404/403 statt. Der außenpolitische Zusammenbruch einerseits und die desaströsen innenpolitischen Zustände andererseits hatten Athen aufs Äußerste verunsichert.

Durchweg lassen die Betrachtungen zum Prozess der Athener gegen Sokrates diese politischen Zusammenhänge fast vollständig außer Betracht, so als schwebe Philosophie unberührt über dem historischen Geschehen. Das eben nicht! Philosophie ist in ihrer Themenaktualität nahezu immer ein entscheidendes Stück Zeitgeschichte. Dies gerade auch bei Sokrates, der als ein höchst politischer Mensch mit seinen philosophischen Gedanken aktiv am Leben der Polis Athen teilnahm.

Deshalb erklären sich die Gründe für die Härte, mit der die Bürger und der Staat von Athen den Konflikt mit Sokrates und seiner Philosophie ausgefochten haben, ja, ausfechten mussten, ganz konkret aus der Brisanz der aktuellen politischen Lage der Stadt, denn:

Aus der Sicht der Staatsführung von Athen
musste die neue Regierung versuchen, mit restaurativen Maßnahmen die angeschlagene Demokratie schnell zu festigen. Zum Beispiel ließ sie demonstrativ die alten Gesetze Solons gleichsam als Verfassung sichernde Grundsätze neu aufzeichnen. Um Ruhe und Stabilität zu gewährleisten, setzte der Staat ganz gezielt auf eine Staatsraison, in der das Volk durch Aufrechterhaltung der öffentlichen Frömmigkeit fest am Zügel gehalten wurde. Gerade weil die Anerkennung der Götter Athens privat als diffus erscheinen mochte, war die Teilnahme an öffentlichen Kulten und Festritualen als Bürgerpflicht zu fordern um so wichtiger für die Bindung des Volkes an die Staatsreligion und damit für die gesellschaftliche Integration der Athener

Die Anklage, Sokrates leugne die Götter Athens, bedeutete also primär, dass Sokrates die Durchsetzung der inneren Ordnung aufs Höchste gefährdete, weil er die Staatsreligion zur Aufrechterhaltung der Staatsraison in Frage stellte. Er geriet damit sogar in den grundsätzlichen Verdacht des Landesverrates. Deshalb war der Religionsprozess gegen ihn durchaus höchste Staatsangelegenheit.

Aus der Sicht des Volkes von Athen
war Sokrates′ Haltung zu den Göttern schlicht Gotteslästerung. Die Athener waren schon immer stolz darauf gewesen, für die frommste Stadt Griechenlands zu gelten. Dazu wird man allerdings in den unterschiedlichen Sozialschichten differenzieren müssen:

- Je niedriger die Schichtung, desto frommer. Beim Volk mit seiner besonders naiven Volksfrömmigkeit waren Götter Grund und Legitimation für alles. Sie waren dem Volk der leichtfertige Vorwand, über Neues selbst nicht nachdenken zu müssen, weil man ja an den alten Göttermythen gutgläubig festhielt.

- Je intellektueller die Kreise, desto indifferenter, gar kultfeindlicher. Anno 415 in Athen hatten Intellektuelle, so genannte "Gotteslästerer = griechisch: k a k o d a i m o n i s t a i" aus reiner Frivolität Götterbüsten umgestürzt und verstümmelt. Andere hatten Mysterienkultstätten entweiht, "um unsere Götter und Sitten zu verhöhnen". Prominente Persönlichkeiten waren dabei im Spiel, Freunde auch von Sokrates.[1]

Dieser "Hermenfrevel" löste in der breiten Öffentlichkeit einen Aufschrei der Empörung aus. Eine Flut von Prozessen wurde geführt. Todesurteile gefällt. Noch bis in die Tage des Sokratesprozesses wirkte dieser Götterfrevel in der einfachen Bevölkerung nach.

Sokrates galt generell als Anführer der Intellektuellen. Der Komödiendichter Aristophanes hatte das immer wieder unters Volk gebracht. So war Sokrates den breiten Massen schon immer verdächtig, weil geistig hoch überlegen. Für sie stürzte er die Götter nicht aus Laune von steinernen Sockeln. Er löschte sie aus ihrem Kopf. Deshalb fühlten sie sich von ihm in ihrem Selbstverständnis ganz persönlich herausgefordert, erschüttert in ihrem alten naiven Mythenglauben.

---

[1] Dazu Wilhelm Nestle, op. cit. Seite 487

Um Sokrates` Wirkung auf die Volksfrömmigkeit und damit die Verunsicherung des Volksbewusstseins exemplarisch vorzuführen, erfinden wir ein kleines sokratisches Denkbeispiel aus unserem Alltag:

> Der kleine Junge fragt seine Großmutter:
>
> *Oma, warum ist das Meer salzig?*
> Die Großmutter antwortet:
> *Das hat der liebe Gott gemacht*
> Der Junge:
> *Oma, warum ist das Meer so doll salzig?*
> Die Großmutter
> *Weil der liebe Gott das so doll gewollt hat.*

Dieses kleine Beispiel deckt zumindest drei Symptome auf:

- *Erstens:* Die Großmutter hat nicht den Mut zu sagen: Ich weiß es nicht. Würde sie es wissen, könnte sie dem Jungen seine Frage mit ein paar einfachen Hinweisen sachgerecht beantworten.

- *Zweitens:* Die Großmutter verschleiert ihr Nichtwissen durch eine Behauptung voller frommer Gläubigkeit. Sie weicht damit in die ganz andere Welt ihrer subjektiven Überzeugungen aus. In Ermangelung realen Wissens gaukelt sie dem Jungen mit ihrer Erklärung auf Gott hin ein Scheinwissen vor.

- *Drittens:* Die Großmutter verstellt dem Jungen mit ihrer Erklärung auf Gott hin das Erkennen der natürlichen Ursachen und damit der realen Vorgänge. Sie blockt seine Wissbegierde mit leerer Allgemeingültigkeit ab, statt seinen Erkenntnisdrang mit eigener offener Fragebereitschaft anzufeuern.

Im Gespräch mit Sokrates würde die alte Dame schnell ihrer trügerischen, ja, ihrer selbstbetrügerischen Haltung überführt werden. Sokrates würde immer wieder nachfragen, immer erneut in Frage stellen. Dabei ließe sich ein typisch sokratischer Dialog in drei Denkschritten mit einer Folge logischer Konsequenzen aufbauen[1].

---

1 Dazu Bernhard Waldenfels, Das sokratische Fragen, Meisenheim, 1961

Zum ersten
fragen wir mit Sokrates:

Warum sagst du nicht ganz einfach: Ich weiß es nicht

Grundsätzlich zielt Sokrates auf die elementare Feststellung: oida, ouk oida - *ich weiß, dass ich nichts weiß*. Diese berühmte Einsicht ist für Sokrates Ausgangspunkt für jeden Erkenntnisprozess überhaupt. Sie bedeutet: Von seinem subjektiven Denken her weiß der Mensch von den realen Sachverhalten der Wirklichkeit wenig, eigentlich nichts. Der Kopf des Menschen ist nicht so eingerichtet, dass sich ihm die Wirklichkeit in ihrer objektiven Faktizität unmittelbar erschließt. Der Ablauf der Natur ist dem Menschen keineswegs automatisch einsichtig. Warum also ist das Meer so salzig? Ich weiß es nicht. Zunächst wenigstens nicht. Das ist für Sokrates eine sachgerechte, ehrliche Antwort.

Doch so ehrlich ist der Mensch mit sich selbst eben nicht. Vielmehr fühlt er sich in seinem Selbstverständnis verunsichert, wenn er auf offene Fragen keine Antwort weiß, so als sei das für ihn eine persönliche Blamage, eine Minderung seiner Autorität. Deshalb tut er lieber so, als wüsste er es und setzt deshalb aus sich selbst heraus Antworten, um sich zu behaupten. Überall trifft Sokrates bei seinen Gesprächen Menschen, die so vorgeben, über alles genau und letztgültig Bescheid zu wissen. Fragt er aber nach, dann wissen sie in Wirklichkeit herzlich wenig.

Solche Menschen, die meinen, ihre persönliche Autorität gar würde zusammenbrechen, wenn sie keine endgültigen Antworten wüssten, solche Menschen sind zuvorderst die religiös-konservativen Menschen. Sie begründen ihre Wissensbehauptungen nicht etwa durch genaue Sachkenntnisse, sondern dadurch, dass sie hinter ihre persönlichen Behauptungen die größtmögliche Autorität setzen - die Götter, Gott. Mit Gott haben sie eben auf alle offenen Fragen immer sofort eine Erklärung mit absoluter Letztgültigkeit parat und fühlen sich so unantastbar, denn wer würde wagen, ihre mit Gott gegebenen Antworten zu bestreiten?

Zum zweiten
fragen wir mit Sokrates:

Merkst du nicht, dass du dir mit der Antwort "Gott" nur ein Scheinwissen vorgaukelst?

Im Angriff auf derartig letztgültige Wissensbehauptungen kann Sokrates penetrant werden, indem er unnachgiebig nachfragt: Sollen wir das, was du da sagst, mit unserem Verstand wirklich annehmen? Hast du dabei auch folgendes Argument bedacht? Nein? Warum sagst du dann, du weißt es? Das andere Argument hast du auch nicht bedacht? Davon hast du nicht einmal gehört? Musst du nicht doch noch einmal ganz neu nachdenken, mein Freund, bevor du behauptest, du wüsstest es sicher? Der permanente Zweifel des Sokrates, oft in Form von bissiger Ironie, zermürbt gezielt alles angeblich Letztgültige.

Mit Sokrates entlarven sich deshalb gerade auch alle Wissensbegründungen mit Gott als äußerst fragwürdig. Denn je schneller man sich auf Gott beruft, desto weniger weiß man von den wirklichen Dingen selbst. Andersherum: Je weniger jemand von der Realität Ahnung hat, desto schneller argumentiert er mit Gott. Mit Gott wird seitens der Erklärer also keineswegs stichhaltige Erkenntnis der Realität gegeben, sondern werden nur Kriterien erkennbar für das Unwissen der Erklärer. Erklärungen mit Gott signalisieren das Nichtwissen der Erklärer.

So weiß der religiöse Mensch mit Gott alles, nur nicht, dass er damit eigentlich nichts weiß. Statt sich aber zu seinem Nichtwissen zu bekennen, hängt er sich an sein Scheinwissen, an eine Welt der religiösen Fantasie. Sie besteht aus spekulativen Aussagen in subjektiver Beliebigkeit. Hier kann der Mensch hineinprojizieren, was er wünscht, was er hofft. Hier kann er die Welt selbstbezogen interpretieren, ohne objektive Kontrolle. Je mehr aber der Mensch seine beliebigen Vorstellungen als letztgültiges Wissen behauptet, desto schwerer kann er sich davon trennen. Sie aufgeben zu müssen, würde für ihn ein Stück Selbstaufgabe bedeuten. Deshalb klammert er sich an ihnen fest, selbst wenn sie als äußerst fragwürdig erscheinen. In summa: Die religiöse Scheinwelt ist Ausdruck nicht von wirklichem Sein, sondern von zweifelhaftem Bewusstsein.

Zum dritten
fragen wir mit Sokrates:

Interessiert dich nicht auch, wie es wirklich ist?

Nur die Abschaffung der Götter, die Aufhebung der göttlichen Welt löst den Konflikt zwischen dem Scheinwissen einerseits und andererseits der Frage des Nichtwissenden: Was eigentlich ist wirklich? Deshalb müssen für Sokrates alle Erklärungen mit den Göttern überwunden werden. Eben in diesem Sinne wird Sokrates Atheist. Er negiert die Götter als Begründer, als Verursacher, als prima causa der vorfindlichen Realität. Er setzt deshalb mit seinen kritischen Fragen all die Göttergeschichten außer Kraft, er hebt die Mythen auf, die spekulative Welt der Religion.

So wird er frei für das Neue. Indem er die Wirklichkeitsvorstellungen radikal entmythologisiert, schafft er die Voraussetzungen für ein völlig neues, für ein säkulares Wirklichkeitsverständnis. Sein weltlicher Verstand bekämpft das zweifelhafte mythische Bewusstsein, um ein neues säkulares Bewusstsein zu ermöglichen. Diese säkulare Rationalität aber ist also nicht nur Aufhebung des Alten, sondern zugleich das Schaffen von Neuem. Gerade die Selbsterkenntnis Oida ouk oida - *ich weiß, dass ich nichts weiß* wird jetzt zum Ausgangspunkt eines ganz neuartigen Fragens. Ziel ist dabei keineswegs das Eingeständnis eines prinzipiellen Nichtwissens, etwa im Sinne eines radikalen Skeptizismus: Der Mensch kann überhaupt gar nichts wissen. So nicht! Ziel ist vielmehr das möglichst genaue Wissen, das Erkennen des Diesseitig-Realen, des Säkular-Vorfindlichen.

Dem aufmerksamen Leser der sokratischen Dialoge in den frühen Schriften Platons fällt allerdings schnell auf, dass Sokrates lieber fragt als antwortet. Der philosophische Fachmann sagt, die sokratischen Dialoge seien auf "Aporie" (= Unmöglichkeit, in einer bestimmten Situation eine richtige Antwort zu finden) angelegt, ihre innere Fragestruktur vielmehr so entwickelt, dass sie nicht zwingend auf eine letzte Antwort zuläuft, sondern zum Schluss ganz bewusst offen bleibt.

Das bedeutet keineswegs, dass Sokrates nicht auf letzte Erkenntnisse hin gefragt hätte. Es bedeutet vielmehr, dass ihm selbst klar war, dass der Erkenntnisweg zur Letztgültigkeit viel weiter ist, als der Mensch das wahrhaben möchte. Deshalb gibt Sokrates kaum Antworten. Er kann sie nicht geben, weil auch er selbst sie noch nicht weiß. Das ist das Großartige an Sokrates gegenüber vielen anderen Philosophen nach ihm: An einer vorschnellen Antwort ist ihm nie gelegen. Lieber sagt er: "Lass uns man noch mal ´ne Runde dreh´n und noch ´mal über alles genau nachdenken. Wir müssen doch noch so viele Fragen klären, bevor wir etwas Genaueres sagen können". Vor allem muss erst einmal all das Alte aus dem Kopf raus. Solange der Kopf von dem Alten besetzt ist, findet das Neue keinen Platz.

Womit nun sichert diese kritische Rationalität ihre säkulare Erkenntnis? Worin gründet sie die Letztgültigkeit ihres Wissens? Darauf antwortet Sokrates: *Nicht nur in diesem Augenblick* (angesichts seines Todes)*, sondern mein ganzes Leben lang halte ich es so, dass ich nichts anderem gehorche als dem* l o g o s*, der sich mir in der Untersuchung als der beste erweist*. In seiner Bahn brechenden Studie über Sokrates hat Julius Stenzel[1] gezeigt, dass dessen gesamtes Denken letztbegründet ist "e n l o g o - in dem l o g o s", *der sich ihm in der Untersuchung als der beste erweist.*

Der griechische logos hat eine tief gestaffelte Bedeutung:

- Zunächst bedeutet logos "Wort". logos bezeichnet somit den Begriff, durch den eine allgemein verbindliche Bedeutung für eine Sache zum Ausdruck kommt.

- Sodann bedeutet logos "Verstand". logos bezeichnet somit alles, was mit Vernunft begründendem Denken zu tun hat, und deshalb einen vernünftigen Sinn ergibt.

- Schließlich bedeutet logos "Logik". logos bezeichnet dabei ein in sich geschlossenes Gedankengebäude, eine umfassende Theorie, in der vorfindliche Einzelheiten in letztgültige Zusammenhänge gebracht werden, die von jedem nachgeprüft werden können.

---

[1] Julius Stenzel, Sokrates.
In: Pauly-Wissowas Realencyclopädie der classischen Altertumswissenschaft, 2. Reihe, 5. Halbband, Stuttgart 1927.

En arche en ho logos - *Am Anfang war der Logos.* So schreibt Johannes in der ersten Zeile seines Evangeliums. Er setzt damit an den Anfang seiner christlichen Botschaft einen Begriff, der nicht nur bei Sokrates, sondern in der gesamten griechischen Philosophie eine zentrale Rolle gespielt hat. Wenn Martin Luther diesen Begriff logos im Johannes-Evangelium mit "Wort" übersetzt, dann ist das natürlich viel zu dünn.

Schon Goethe hat das kritisiert, wenn er seinen Faust sagen lässt:

> *Geschrieben steht: "Im Anfang war das das W o r t!"*
> *Hier stock ich schon! Wer hilft mir weiter fort?*
> *Ich kann das Wort so hoch unmöglich schätzen,*
> *Ich muss es anders übersetzen,*
> *Wenn ich vom Geiste recht erleuchtet bin.*
> *Geschrieben steht: Im Anfang war der S i n n.*
> *Bedenke wohl der ersten Zeile,*
> *Dass deine Feder sich nicht übereile!*
> *Ist es der Sinn, der alles wirkt und schafft?*
> *Es sollte stehn: Im Anfang war die K r a f t !*
> *Doch, auch indem ich dieses niederschreibe,*
> *Schon warnt mich was, dass ich dabei nicht bleibe.*
> *Mir hilft der Geist! Auf einmal seh ich Rat*
> *Und schreibe getrost: Im Anfang war die T a t !*

Der logos darf dabei nicht allein als ein zeitlicher Anfang verstanden werden. Er bezeichnet darüber hinaus den Urgrund, die Causa, das Letztgültige. So ist für Sokrates der logos der letztgültige Grund für jede Sache, für jedes Geschehen, für jedes Handeln. Seine Untersuchungen, das heißt, sein unablässiges philosophisches Fragen zielt darauf, den jeweils letztgültigen Grund zu finden. Denn nur mit dem verstandesmäßigen Erkennen dieses letztgültigen Grundes ergibt sich ihm eine Einsicht, die ihm ein Stück Wirklichkeit verbindlich erklärbar macht.

Wenn man als vermeintlich richtig erkannten Einsichten nicht treu bleiben kann, dann hat man die logos gemäßen Prinzipien noch nicht letztgültig erkannt. Deshalb muss man immer erneut fragen, was sich dem eigenen Verstand als logos[1] erweist. Sokrates hat seine Denkarbeit einmal mit der Arbeit seiner Mutter verglichen. Die war Hebamme. Den logos einer Sache erkennen, ist wie ein Kind zur Welt bringen. Sokrates, der Philosoph, versteht sich als Hebamme des logos. Immer wieder erneut Fragen stellen, damit und bis sich im logos das Letztgültige erweist.

Dabei gibt es für Sokrates zwei unterschiedliche Bereiche, in denen immer wieder nach dem Letztgültigen gefragt werden muss:

1. Der logos der Natur, also des Real-Existierenden

   Für Sokrates lässt sich alles Naturgeschehen auf vernünftige Ursachen zurückführen. In seiner Jugend mag er bei dem Philosophen Anaxagoras, später auch bei Archelaos die logische Erklärbarkeit natürlicher Phänomene studiert haben. Beide standen in der Tradition der altgriechischen Naturphilosophie, in der Nachfolge also so großer Denker wie Thales, Anaximander, Anaximenes und anderer. Sie alle verstanden die Natur als in der Materie begründet und deshalb von der Vernunft her erklärbar.

   Natürlich setzt Sokrates in seinem eigenen Denken das naturphilosophische Denken dieser Männer voraus. Sokrates war kein Mann der geistigen Etappe. Aristophanes nimmt den Namen Sokrates gar als Synonym für alle Physiker und Sophisten insgesamt. Doch für Sokrates selbst wurde die logische Erklärbarkeit der natürlichen Phänomene zu selbstverständlich und deshalb zu langweilig. Weil Natur eben logos gemäß als Natur erkennbar ist, hat er sich nicht als Naturforscher engagieren mögen. Schon ziemlich überheblich-ignorant behauptet er gegenüber Phaidros, die Natur könne ihn nichts lehren.

---

[1] Logos ist ein zentraler Begriff der abendländischen Philosophie überhaupt. Einen entwicklungsgeschichtlichen Überblick hierzu wie zu allen wichtigen philosophischen Begriffen gibt das
Historische Wörterbuch der Philosophie, Band 1 - 12, Darmstadt 1971 ff.

2. Der logos des Gemeinwesens, also der Ethik

Bei der Frage, wie Menschen miteinander umgehen, ist Sokrates voll engagiert. Für ihn steht gerade auch das moralische Handeln des Menschen nicht in willkürlicher Beliebigkeit, sondern gründet in logos gemäßen Verhaltensmustern. Diese bestehen nicht, weil irgendein Mensch oder eine Macht sie befohlen haben, sondern weil sie sich dem Menschen, der über seine subjektiven Grenzen hinausfragt, den Naturgesetzen gleich als objektive ethische Gesetzmäßigkeit erschließen. So ist Sokrates "von der Logik her" Ethiker.

Die Letztgültigkeit aller ethischen Werte definiert Sokrates als das "Gute"[1]. Im Griechischen steht a r e t e, das mit dem veralteten Wort "Tugend" für uns heute nicht mehr vollgültig übersetzt ist. Es meint die "Bestheit", das s u m m u m b o n u m - das totale Gute, die "höchste Wertigkeit". Dieses vollkommene Gute ist Vorausbedingung allen richtigen Handelns des Menschen. Ja, Sokrates geht sogar so weit, zu behaupten: Wer das Gute erkannt hätte, der könne gar nicht anders, als diesem Guten zu gehorchen. Sokrates kann sich nicht vorstellen, dass ein Mensch, der um das letztgültig Gute wirklich weiß, dennoch Unrecht tut.

Es ist das einzige Mal, dass Sokrates eine Definition des Letztgültigen gibt. Dieser singuläre Versuch, mit dem "vollkommenen Guten" als dem höchsten logos eine letztgültige Antwort auf die Wirklichkeit zu geben, ist denkerisch ein äußerst gewagter Schritt. Denn indem Sokrates sagt: Das nun ist das letztgültig Erkannte - in dem gleichen Augenblick trifft ihn seine eigene skeptische Frage: Ist das wirklich so, mein Freund? Dürfen wir mit unserem Verstand annehmen, dass das Gute in der Welt das Letztgültige ist? Hast Du darüber wirklich konsequent genug nachgedacht?

---

[1] Aus der Fülle der Literatur über Sokrates
hier einer der wichtigen Beiträge:
Andreas Patzer, Sokrates: Das Gute.
In: Grundprobleme der großen Philosophen,
Hrsg. Joseph Speck, UTB 146, Göttingen 1990, 4. Auflage.

Spätestens seit dem scharfsinnigen Philosophen Friedrich Nietzsche und dem Existentialisten Jean-Paul Sartre ist das vollkommene Gute von Grund auf in Frage gestellt - ob als Telos der Evolution, als Ziel der Geschichte, als Wesen des Seins oder auch als Handlungsmaxime des Menschen. Denn durch deren philosophisches nihil - das Nichts als letztem Logos allen Seins erscheint jedes positive Vollkommenheitsaxiom prinzipiell relativierbar. Dies eben gerade auch in der kritischen Denkmethode radikaler sokratischer Skepsis.

Von daher erweist sich Sokrates` persönliche Antwort des summum bonum als genereller Logos als eher vorletzte Antwort. Gegen die Erkenntnis des Nihil als möglichem letzten Logos ist der sokratische Logos des Guten dann kein letztes Sein. An der von Sokrates gegebenen Antwort ist deshalb nicht dogmatisch-fundamentalistisch festzuhalten. Sie ist auch nur relativ.

Entscheidend wichtig allerdings bleibt gerade auch damit die Denkmethode des Sokrates, der immer erneute Wissensdrang nach vorne auf säkulare Erkenntnis hin. Diese Denkmethode auf den Logos hin ist seine sensationelle geistige Leistung, die Geburt der säkularen Wissenschaft. Sokrates hat die rationale Wissenschaft nicht "expressis facultatibus" erfunden. Sokrates war kein Naturwissenschaftler, kein Physiker, kein Chemiker, kein Biogenetiker. Sokrates war - wie wir heute sagen - eher Erkenntnistheoretiker. Er hat das Entstehen der Naturwissenschaften methodisch vorbereitet, indem er jene erkenntnistheoretischen Voraussetzungen geschaffen hat, mit denen man überhaupt strenge naturwissenschaftliche Arbeit betreiben kann.

Zugleich wird darin die letzte Schärfe sokratischen Denkens erkennbar, der Weg aus der Religion in die Wissenschaft: Nahezu zwangsläufig tritt der Mensch mit Sokrates aus der Geborgenheit mythischen Verstehens in die kritische Offenheit, gar Verlorenheit rationalen Begreifens. Der Mensch in der abendländischen Geistesgeschichte hat durch sein rationales Erkennen immer erneut "nackte Wirklichkeitsschocks" erlitten, die ihn aus mythischer Geborgenheit herausgerissen und bis an den Rand totaler Sinnlosigkeit, des Nihil, getrieben haben.

Diese Umbrüche ähneln dem Verlust- und Verlorenheitsgefühl eines Kindes, das bislang fest an den Klapperstorch glaubte oder an den Osterhasen oder den Weihnachtsmann, und plötzlich die "nackte Wahrheit" erkennt, dass es das alles real gar nicht gibt. Dem Kind zerbricht damit nicht nur sein vertrauter mythischer Wissensbestand. Dem Kind zerbricht damit seine Urnaivität, sein Urglaube. Es wird getroffen von der brutalen Erfahrung des Erwachsenwerdens, dass es etwas gar nicht gibt, worauf es sich geradezu vorbehaltlos verlassen hat. Nie wird das Kind, wird der Mensch, wieder so rückhaltlos glauben können wie in seinem naiven Urvertrauen.

Diese Erfahrung von Entsicherung, von Loslösung und Verlust ist der Einstieg in ein kritisches Selbstbewusstsein, in die Existenz eines sich der Wirklichkeit gegenüber selbst verantwortenden Menschen.

Sokrates ist Atheist - Atheist in seiner Zeit.

Sein Denken hat den Rahmen seiner Bewusstseinsepoche gesprengt. Das bedeutet speziell, dass Sokrates den mythischen Glauben radikal in Frage gestellt hat. Er ist mit seinem Fragen in einen inneren Denkzwang hineingeraten, der es ihm unmöglich machte, bei vorletzten Antworten beruhigt stehen zu bleiben. Er war geradezu besessen von dem Willen, nur das gelten zu lassen, was sich seinem Denken als letztgültig überzeugend darstellte - mit dem Risiko, das Althergebrachte zu verlieren - die vertrauten Kindheitsmythen, die religiösen Gewohnheiten und Illusionen, die Götter, Gott.

Sokrates ist Atheist - Atheist am Anfang unserer Zeit.

Auf seinem Denkweg in den Verlust Gottes sind alle Grundprobleme angelegt, die uns auch heute bewegen. Natürlich hat er die geistesgeschichtliche Entwicklung nicht vorausschauen können, die ihm über 2400 Jahre auf uns hin gefolgt ist. Viele konkrete Fragen und schon gar Antworten, die uns heute bewegen, können deshalb bei ihm nicht abgeholt werden. Aber Sokrates zeigt uns heute noch mit seinem Tod, dass ein ehrlich denkender Mensch auch ohne Gott nicht nur aufrecht leben, sondern auch aufrecht sterben kann.

(4) *Todesurteil gegen Sokrates durch die ewig Gestrigen*

Der Prozess ist entschieden. In doppelter Abstimmung haben die Richter den Philosophen gemäß der Anklage wegen Gottlosigkeit zum Tode verurteilt. Nach dem Urteilsspruch hält Sokrates seine dritte Rede. Abschiedsworte. Der Tod ist für ihn kein Grund, billig zu sein. Der Tod erschreckt ihn nicht. Unmittelbar vom Tod bedroht, bekennt Sokrates seinen Anhängern, dass er nicht bereit sei, logos gemäße Einsichten aufzugeben, nur weil es ihn das Leben kostet. *Ihr geht zurück ins Leben, ich gehe in den Tod.* Wer geht seinen Weg mit aufrichtigem Bewusstsein?

Eigentlich hätte das Urteil sofort vollstreckt werden müssen, noch am selben Tag vor Sonnenuntergang. Doch die Polis Athen hatte in diesen Tagen eine heilige Pflicht zu erfüllen. Anlässlich des Sieges über die Perser hatte Athen einen Schwur geleistet, jedes Jahr zum Jahrestag ein Schiff mit Gesandtschaft nach Delos zu schicken, um dort ein Dankopfer zu bringen für den einstigen Sieg. Bis zur Rückkehr dieses Schiffes durfte in Athen kein Todesurteil vollstreckt werden. Dieses Parallelereignis zum Todesurteil gegen den Gottesleugner Sokrates zeigt noch einmal die innere Verbundenheit der Stadt Athen mit ihren religiösen Kulten und damit die politische Bindung der Athener an die Götterdienste als höchste Bürgerpflicht.

Der Delinquent Sokrates muss also warten, warten bis das Schiff aus Delos vor Kap Sunion, der Landzunge vor Athen, am Horizont auftaucht. Dann der letzte Tag: Noch einmal versammeln sich die intimsten Freunde in der Todeszelle. Völlig aufgelöst sind seine Frauen mit den Kindern. Sokrates lässt sie freundlich aus der Zelle hinausbringen, um ein letztes Gespräch mit seinen Freunden führen zu können. Noch lange vor Sonnenuntergang ruft er den Gefängniswärter. Wie wird´s gemacht? Ohne Zögern ergreift er den Becher mit dem Todesgift, bleibt gelassen selbst im Sterben bis zum letzten Atemzug. Er war, so der Wärter, der beste Mensch.

Fassungslos über ihre Untat sind kurz darauf die Athener selbst. Keiner will es mehr gewesen sein. Als Zeichen ihrer Trauer schließen sie alle Theater, alle Sportstätten. Den Meletos verurteilen sie zum Tode, denn der war doch schließlich der Hauptankläger. Alle Athener zusammen bauen Sokrates wenige Jahre nach dessen Tod stolz ein Denkmal - ihm, beim Zeus, dem großen Sohn der Stadt Athen!

Aber eigentlich verschärft das ihre Untat nur noch. Die ewig Gestrigen rühmen sich morgen nur zu gern dessen, was sie heute in Grund und Boden verdammen: Die Herren Richter, die 289 von 500 der ersten Abstimmung und die 76 zusätzlich bei der zweiten Abstimmung, die wie selbstverständlich heute der Meinung waren, dass aus Recht und Ordnung, wegen Moral und Götterglaube das Todesurteil gefällt werden müsse, aber morgen am liebsten mit eigener Hand das Ehrenmal ihres Opfers enthüllen - und damit in einer letzten Perversion den Mann des geistigen Fortschritts in ihre reaktionären Dienste nehmen, ohne selbst ihren Geist wirklich verändert zu haben.

Ein entsprechendes Beispiel aus unseren Tagen: 1984 spricht der Papst Galileo Galilei frei - nach nahezu 400 Jahren! Sie haben ihn wegen seiner geistigen Erkenntnisfortschritte bespitzelt, verketzert, verfemt. Sie haben ihn verfolgt und eingesperrt bis zum Widerruf und zur Resignation unter die päpstliche Wahrheit. Und diese Institution, die seit 400 Jahren mit diesem Mann alle Wirklichkeit gegen sich hat, die dennoch Jahrhunderte lang ihre falschen Wahrheiten durchgehalten hat und in unzähligen anderen Positionen bis heute weiterhin durchhält

- die spricht frei? Die rehabilitiert? Die spielt sich immer noch auf als die bindende und lösende Instanz? Die maßt sich an, Belobigungen erteilen zu dürfen, wo sie selber unentschuldbar schuldig geworden ist an Körper, Geist und Seele ihrer Opfer? Die verkauft ihre geistigen Gräueltaten im Nachhinein mit hochherzigen Heilswerken?

Oder Giordano Bruno. Ihn haben sie am 17. Februar 1600 in Rom auf dem Scheiterhaufen verbrannt, einen Mann von geradezu quälender Wahrheitsliebe und Gottsuche im Umbruchdenken der Neuzeit. Er hatte als erster erkannt, dass der Weltraum unbegrenzt offen sein müsste. Als er schon brannte, hielt ihm der Priester höhnisch den Kruzifixus vors Gesicht mit der Aufforderung, er solle zur Rettung seines ewigen Seelenheils allem abschwören, was er gedacht habe, und sich zur Wahrheit der Kirche bekennen. Giordano hat mit letzter Kraft auf den gekreuzigten Christus gespuckt: In den Himmel dieser christlichen Henker wolle er nicht gerettet werden, nicht erlöst werden von einem Gott, der solche Menschen im Dienst hat.

Von diesen geistigen Attentätern im Namen des Höchsten sich nicht belobigen, sich nicht rehabilitieren, sich nicht retten lassen!

Man wird den Eindruck schwer los, dass auch Sokrates nicht bereit war, sich wegen des drohenden Todesurteils der beschränkten Geisteshaltung seiner Ankläger und Richter unterzuordnen. Er hat während des Prozesses ganz gezielt und vorsätzlich nichts getan, um ihnen gegenüber "Abbitte" zu leisten. Sein Geist war höher als ihre Gewalt, sein Selbstverständnis sicherer als die geballte Versammlung ihres Unverstandes. Gegen all diese Bewahrer des rechten Weges wurde sein Vorbild Richtung weisend für die sich selbst verantwortende Geistesfreiheit des autonom denkenden Menschen.

Denn noch etwas überaus Wichtiges kennzeichnet den Philosophen Sokrates in seinem autonomen Selbstverständnis eben gerade auch als demokratisches Individuum:

Alle anderen Philosophen, die Athen angeklagt und zum Tode verurteilt hat - Anaxagoras, Protagoras, Aristoteles und andere mehr - haben sich per Flucht der Urteilsvollstreckung entzogen. Nach dem Todesurteil hatten seine Freunde auch für Sokrates alles für eine Flucht vorbereitet - vielleicht sogar mit Wissen derjenigen, die letztverantwortlich für die Verurteilung waren. Das Fluchtschiff lag im Hafen bereit, um in See zu stechen. Der alte Freund Kriton kam zu Sokrates in die Todeszelle, um ihm mitzuteilen, dass alles zur Flucht vorbereitet sei. Er brauche nur in der Dunkelheit der Nacht einzusteigen.

Doch Sokrates hat eine Flucht vor der Vollstreckung abgelehnt und dem untröstlichen Kriton das so erklärt:

Wenn ich für die Demokratie stehe, dann muss ich mich ihrer Rechtsprechung beugen, auch wenn sie mich persönlich trifft. Würde ich mich dem Urteil entziehen, würde ich praktisch gerade das System in Frage stellen, für das ich doch im Prinzip kämpfe. Ich würde also der Demokratie und damit meiner eigenen Überzeugung einen betrügerischen Dienst erweisen.

Denn kein Zweifel: Prozess und Urteil waren im Fall Sokrates demokratisch korrekt. Seine Flucht wäre also ein Zeichen von höchster Unmoral der Demokratie und deren Rechtstaatlichkeit gegenüber gewesen. Also folgte er dem, was er selbst als prinzipiell für richtig anerkannte, auch da, wo es ihn persönlich hart traf. Er war Demokrat von höchster persönlicher Integrität, seine Todesbereitschaft gegenüber dem Urteil die moralische Zeichenhandlung eines in sich selbst ruhenden autonomen Menschen.

"Sokrates war der bedeutendste Mensch des Abendlandes, bedeutender als Jesus Christus", so urteilt der Philosoph Bertrand Russell 1958 in einem Rundfunkvortrag über den Philosophen aus dem alten Athen. Russell steht mit dieser Wertschätzung in der Tradition des einflussreichen deutschen Philosophen Friedrich Hegel, denn schon Hegel sah in Sokrates d i e welthistorische Persönlichkeit, den Wendepunkt der Menschheitsgeschichte.

Wollte man die außerordentliche Bedeutung des Philosophen Sokrates für das gesamte Abendland deutlich machen, dann müsste man die europäische Zeitrechnung nicht mit Jesus Christus beginnen, sondern mit dem Tod des Sokrates. Sein Denken wurde zum ureigensten Wesen des Abendlandes:

Wir denkenden Abendländer leben heute

weniger im Jahre 2006 nach Christi Geburt

als vielmehr im Jahre 2407 nach dem Tod des Sokrates.

(5) Der Richtungsstreit um den sokratischen Logos zwischen Platon und Aristoteles und die Folgen für das säkulare Denken

So nüchtern der Vernunftansatz des Sokrates war, so war er dennoch letztlich keineswegs völlig eindeutig. Denn wenn auch alles durch die Vernunft Erkennbare im "Logos" begründet ist, worin ist dann letztlich der Logos begründet? Wenn der Logos den Grund allen Seins definiert, was ist dann der Grund allen Seins? Gerade weil mit dem Logos so radikal die Frage nach dem letzten Grund gestellt ist, stellt sich damit die Frage nach der Qualität des letzten Grundes umso zwingender.

Die Antwort darauf ließ sich in zwei diametral entgegen gesetzte Richtungen entfalten. In die eine Richtung dachte Platon, in die andere Richtung dachte Aristoteles. Beide haben die zentrale Erkenntnis des Sokrates, nämlich dessen Logos-Begriff, in völlig gegenläufiger Weise ausgedeutet. Mit ihrer konträren Position wurden beide zu den entscheidenden Gegenpolen innerhalb der gesamten europäischen Geistesgeschichte der folgenden 2400 Jahre - und wahrscheinlich auch darüber hinaus.

Platon (427 - 347 vor Christus) zuerst[1].
Ein Mann aristokratischer Herkunft und Art. Er war Schüler des Sokrates, war bei dessen Tod 28 Jahre alt. Nach Sokrates´ Tod hat auch er vor allem in Athen als Philosoph gewirkt. Er gründete eine private Philosophenschule, die "Schule der Akademie".

Eine wesentliche philosophische Aufgabe sah Platon darin, den Logos-Begriff seines Lehrers Sokrates genau zu definieren. In dieser Absicht entwickelte er seine berühmte Ideenlehre. Ihr Kerngedanke lässt sich auf die Denkformel hin zuspitzen:

---

1 Zur Einführung: Johannes Hirschberger, Geschichte der Philosophie, Band 1: Altertum und Mittelalter, Verlag Herder, 14. Aufl.; Seite 72-152: Platon. Die Welt in der Idee.

logos		**ante** rem
Das Letztbegründende	liegt	**vor** unserer Welt

Platon trennt mit "**ante** rem - **vor** unserer Welt" das Sein prinzipiell in zwei Wirklichkeiten von völlig unterschiedlichen Wesensqualitäten, die in scharfem Gegensatz gegeneinander stehen, nämlich

- in "eine Wirklichkeit, die jenseits von uns existiert".
  Es ist die Welt, die nur höchstes philosophisches Denken erkennt:
  Die Welt der Ideen;

- in "unsere Wirklichkeit, in der wir hier alltäglich leben".
  Es ist die Welt, die wir mit unseren Sinnen als vergänglich erfahren: Die Welt unserer Realität.

Die Welt der Ideen, das ist für Platon die wahre Welt, die Grundlage allen Seins. Die Ideen in der jenseitigen Welt sind ganzheitlich, sind vollkommen, sind unzerstörbar, sind beständig, sind ewig. Die Ideen dort sind die Urbilder für unsere Realität hier, sind also allem Weltlich-Sichtbaren als absolutes Maß voraus.

Die Welt der Realität, unsere vorfindliche Welt hier, gäbe es nicht, wenn es nicht vorausgehend dort die Welt der Ideen gäbe, in der das Wesen jeder diesseitigen Sache qualitativ rein vorgeprägt ist. Unsere sichtbare Welt hier ist diesen ewigen Urbildern nur schattenhaft nachgebildet, ein Abglanz in niederer Qualität.

Fragen wir nach dem Logos, nach dem Letztgültigen, dann müssen wir mit Platon über unsere materielle, vergängliche Welt hinausfragen in die Welt der ewigen Ideen. Alles geistige Streben muss in die Ideen-Welt vordringen, um dort das wirklich Gültige zu erfassen.

Aristoteles (384 - 322 vor Christus) dagegen ganz anders.[1]
Er ist in Stagira, in einem lausigen Kaff in Makedonien geboren, siebzehn Jahre nach dem Tod des Sokrates. Er selbst hat Sokrates also nicht persönlich kennen gelernt. Mit 17 Jahren ging er nach Athen und schloss sich der Schule des Platon an. Trotz starker Differenzen blieb er zwanzig Jahre bis zu dessem Tod bei ihm, trennte sich dann aber doch von der platonischen Akademie. Nach einigen Umwegen

wurde er im Jahre 342 am makedonischen Herrscherhof Lehrer des jungen Alexander des Großen, hatte dort aber schon nach kurzer Zeit ernsthafte Schwierigkeiten. Er kehrte schließlich als Fünfzigjähriger zurück nach Athen und eröffnet dort im Heiligtum des Apollon Lykeios eine eigene starke Philosophenschule, das l y k e i o n, das aristotelische Lyzeum. Später hat man seine Schüler die Peripatetiker genannt, weil sie während des Philosophierens in der Wandelhalle (griechisch: p e r i p a t o s) auf und abgingen.

Im schärfsten Widerspruch zu Platon entwickelt Aristoteles schließlich seine eigene Lehre von der Wirklichkeit. Auch bei ihm geht es um den Logos, also um die Frage, was denn das Letztbegründende sei. Die Erklärung des Aristoteles lässt sich gegen Platon auf folgende Kontra-Formel zuspitzen:

logos		**in** re
Das Letztbegründende	liegt	**in** unserer Welt

Mit dieser Erklärung "**in** re - **in** unserer Welt" definiert Aristoteles die Wirklichkeit als eine einzige in sich geschlossene Welt. Für ihn ist das Sein nicht in zwei wesensunterschiedliche Wirklichkeitswelten aufgeteilt, nicht dualistisch strukturiert. Alles Sein ist monistisch, eine in sich geschlossene Einheit. Alle Kräfte, die diese eine einzige Welt

[1] Zur Einführung: Johannes Hirschberger, op. cit., Seite 153-244: Aristoteles. Die Idee in der Welt.

bewegen, sind deshalb dieser einen einzigen Welt inhärent. Deshalb sind die wirkenden Kräfte auch innerweltlich zu erklären als

- "m o r p h e̲ - Form":
  Die Form ist die stärkste Wirkungskraft, denn durch die Form wird jedes Einzelne als Individuelles geschaffen. Jedes Ding hat seine ihm eigene Form, die in ihm selber angelegt ist. Die "Formen" gestalten die h y̲ l e, den Stoff, die Gesamtheit der Materie.

- "t e̲ l o s - Zweck":
  Jede Sache hat nicht nur ihre Urform in sich, die sie "formt". Jede Sache hat auch ihr eigenes Bestimmungsziel in sich, den Zweck des Existierens. Die "Form" gestaltet von Anfang an auf ein bestimmtes "Ziel" hin. In diesem Ziel ist das Spezifische begründet. So gibt es für jede Sache einen inneren Entwicklungszwang von der schaffenden Form her zum vorgegebenen Ziel hin.

Fragen wir nach dem Letztgültigen, dem Logos, dann müssen wir mit Aristoteles in unsere vorfindliche Welt hineinfragen, denn nur in ihr selbst erkennen wir das reale Sein. Aristoteles bezieht damit scharf Stellung gegen den platonischen Dualismus[1]: Die Welt steckt für ihn nicht, wie Platon sagt, in den Ideen außerhalb unserer Welt. Die Ideen stecken für ihn vielmehr als Form und Ziel in unserer Welt selbst.

Um diesen immanenten Weltprozess erkennen und bestimmen zu können, schafft Aristoteles ein Denksystem, mit dem sich der Mensch über die Gültigkeit seiner Erkenntnisse der diesseitigen Welt gewiss werden kann. In dem Sammelwerk *ORGANON* sind später seine Schriften zur Logik des Denkens und des Erkennens zusammengestellt worden. Mit ihr wurde Aristoteles zum Begründer der formalen Logik, von der noch 2000 Jahre später der scharfsinnige Philosoph Emanuel Kant feststellte, dass kein Denker an der Logik des Aristoteles vorbeikomme.

---

[1] Die Loslösung von Platons Philosophie ist für Aristoteles ein langer geistiger Entwicklungsprozess. Diese Feststellung erfolgte erst in der jüngsten Aristoteles-Forschung durch eine neue innere Zuordnung der vielen aristotelischen Schriften zueinander. Dazu grundlegend wichtig: Werner Jaeger, Aristoteles. Grundlegung einer Geschichte seiner Entwicklung, Berlin, 1923.

In dieser aristotelischen Erkenntnistheorie geht es also um exakte Methoden für unser menschliches Denken. Mit unglaublicher Akribie erarbeitet Aristoteles unterschiedliche Erkenntniswerkzeuge, zum Beispiel

- "*10 Kategorien*" - Quantität, Qualität, Relationen von Ort, Zeit, Lage ..., mit denen jedes Phänomen wissenschaftlich beschrieben werden kann, das bedeutet: objektiv darstellbar ist;

- "*Begriffe*", mit denen jedes Phänomen in seinem ihm eigenen Wesen genau definiert werden kann.

- "*Gattungen*", mit denen jedes Phänomen eingeordnet werden kann in größere Zusammenhänge und Ordnungen.

Zugleich zeigt Aristoteles,

- wie ein "*Aussage-Satz*" logisch aufgebaut sein muss,

- wie ein "*zwingender Beweis*", ein Syllogismus, entsteht,

- wie ein "*Urteil*" das Prinzip des absolut Gültigen erfasst.

Das und darüber hinaus natürlich noch vieles mehr ermöglicht der menschlichen Logik eine wissenschaftliche Beweisführung, die mittels säkularer Rationalität die Wirklichkeit erklärt. Dass Aristoteles in der Denkmethodik natürlich auch Grenzen hat, zeigt allein die Tatsache, dass er der Mathematik und ihrer Logik wenig Beweiskraft zurechnete, also gerade jenem Denksystem misstraute, in dem heute alle unsere modernen Naturwissenschaften formuliert und definiert werden. Dennoch sind die aristotelischen Denkformen ein genialer Versuch, die Seinsformen durch exakte Forschung schlüssig erfassen zu können als ein Sein, das in einer einzigen Wirklichkeit in sich besteht.

Platon oder Aristoteles?

Die gesamte abendländische Geistesgeschichte lässt sich als ständige Pendelbewegung darstellen zwischen Platon und Aristoteles

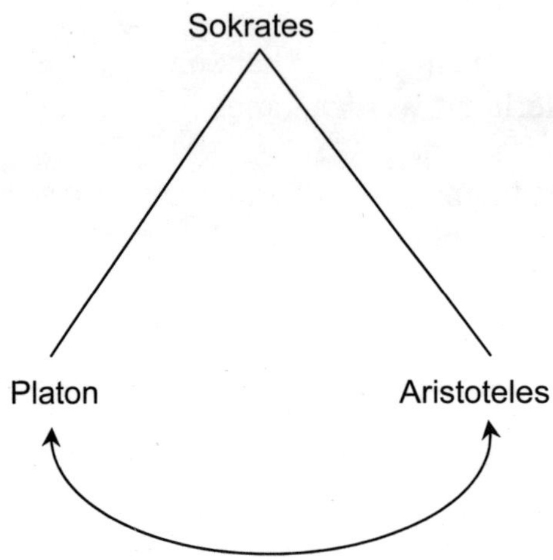

Der **platonische Pendelschlag** betont in der Geistesgeschichte des Abendlandes immer die Position des Jenseitigen, des Transzendenten, des Göttlichen. Denn wenn wir Logos als das Letztbegründende mit "t h e o s = Gott" gleichsetzen, dann ist die Platon-Formel sofort religiös zu verstehen:

t h e o s logos		**ante** rem
G o t t Das Letztbegründende	existiert liegt	**vor** unserer Welt

Mit Platon beginnt also die philosophische Grundlegung aller Religion und transzendenten Gotteslehre. Platon benutzt als erster Denker überhaupt den Begriff "Theologie" und eröffnet damit auf der Basis Philosophie aller späteren Rationalität die Dimension des Jenseitigen.

Im Gegensatz zum Diesseits fasst Platon das Wesen des Jenseits in den ihm denkbar höchsten Wert, in die Idee des Guten. Das Gute ist auch ihm der Urgrund allen Seins, der Zielpunkt aller philosophischen Erkenntnis. Die platonische Liebe vermag den Menschen schon hier auf Erden nahe an diesen Höchstwert des jenseitigen Seins heranzuführen. Doch im Letzten bleibt das Vollkommene versperrt, weil das Jenseitige hier auf Erden nie Wirklichkeit werden kann.

Doch einst wird der Mensch Anteil haben an der Vollkommenheit der jenseitigen Welt. Der Tod öffnet dem Menschen den Weg in das Ewige. Der Mensch wird deshalb diese Schattenwelt zurücklassen, um in das reine Schauen der ewigen Ideenwelt einzutreten. Schon jetzt bedeutet ihm Philosophieren ein Vorausahnen des Ewig-Jenseitigen.

Der **aristotelische Pendelschlag** betont dagegen in der Geistesgeschichte des Abendlandes immer die Position des Diesseitigen, die eine in sich geschlossene Wirklichkeit, das immanente Sein:

Auch Aristoteles setzt dabei den Logos mit Gott gleich, so dass die Parallel-Formel lautet:

theos logos		**in** rem
Gott Das Letztbegründende	existiert liegt	**in** unserer Welt

Aristoteles redet in der Tat auch von Gott. Zwar nicht so, wie die Christen das tun. Ihm ist Gott kein jenseitiges Wesen, kein Schöpfer, der die Welt geschaffen hat, keine Offenbarungsgestalt, die den Menschen ihren Willen kundtut, auch kein himmlischer Vater, der die Menschen hört, kein Weltenrichter, der die Menschen straft. All das ist in seinem Gottesbegriff undenkbar und hat in seiner Philosophie keinerlei Ansatz oder Platz.

Sein Reden von Gott entwickelt sich prinzipiell aus seiner Diesseitslehre. Er steht dabei unter dem Denkzwang, die Diesseitigkeit nicht nur in dem je einzeln Seienden zu erfassen, sondern darüber hinaus auch in einer Gesamtheit des Seins. Seine immanente Denkmethode zwingt ihn dabei, aus der diesseitigen Wirklichkeit heraus deren höchsten Punkt, deren Absolutheit, deren Wesentlichkeit und Letztgültigkeit zu erfassen, alles Naturwissenschaftliche auf einen ganzheitlichen Zusammenhalt hin auszurichten. So ergebe das Diesseitige in letzter Konsequenz auch ein sich aus dem Seienden selbst ergebendes Sein.

Mit dieser Denkaufgabe schreibt Aristoteles seine wichtige Schrift *ERSTE PHILOSOPHIE.* Von einem Herausgeber ist dieses Werk dann später *METAPHYSIK* genannt worden, Gedanken, die sich nach (mit, aus) der Physik (griechisch: m e t a̲ = nach, mit; p h y̲ s i s = Natur) stellen. Das heißt: Nachdem die Natur in ihren Einzelpunkten beschrieben ist, gilt es nun, eine Supervision der Natur zu bilden, in der alles Seiende zusammenläuft, eben ein Erfassen des Seins nach der Erfassung allen Seienden.

Natürlich schrillen an dieser Stelle sofort alle Alarmsirenen. Denn kann die konkrete Wissenschaft, die das einzelne Seiende erfasst, eine Aussage machen über ein darüber hinausgehendes Sein?

Aristoteles antwortet darauf mit einem grundsätzlichen Ja und entwickelt so seine "Ontologie" - die "Lehre vom Sein". Aber schon mit seiner allerersten Behauptung *Alle Bewegung ist in Gang gesetzt durch eine vorausgehende Bewegung* riskiert er eine höchst problematische Schlussfolgerung auf das Ende hin.

Denn wenn man diesen Satz *Alle Bewegung ist in Gang gesetzt durch eine vorausgehende Bewegung* weiter in sich zurückdenkt, dann geht jeder Bewegung immer ein Bewegendes voraus und dem wieder ein Bewegendes - eine schier endlose Kette rückwärts. Das mag wohl zunächst noch empirisch erscheinen. Dann aber setzt Aristoteles an den Endpunkt dieser Rückwärtskette gleichsam als Ausgangspunkt - die "Vernunft als das Erstbewegende".

Das ist mit Sicherheit rein spekulativ und wird damit zum Schwachpunkt dieses riesigen immanenten Gedankengebäudes. Denn gerade weil Aristoteles sonst so empirisch scharf definiert, bleibt seine Definition der Vernunft als Erstbeweger spekulativ verschwommen, weil empirisch in sich selber völlig unklar, missverständlich, beliebig interpretierbar. Zumindest hat die Behauptung der Vernunft als Erstbeweger in den späteren Aristoteles-Interpretationen zu endlosen Verdeutungen geführt, ja, notwendigerweise gar zur Auflösung der letzten Konsequenz seines gesamten Diesseitssystems. Warum?

Mit dem Begriff "Vernunft" nimmt Aristoteles einen Gedanken auf, den zuallererst der Philosoph Anaxagoras rund 50 Jahre vorher entwickelt hatte. Die Materie - so Anaxagoras - sei allein nicht wertig genug, um das ganze Sein zu erklären. Grundvoraussetzung des Seins sei der Geist. So stellte er den Geist als die Ursache allen Seins an den Anfang. Bei ihm ist allerdings der Geist selbst noch ganz feine Materie, so dass bei ihm das materialistische Prinzip in letzter Konsequenz erhalten bleibt. Dennoch: Der Geist war damit - abweichend von der alten ionischen Naturphilosophie - zum ersten Mal zur prima causa allen Seins erklärt.

Aristoteles hat diese Vorstellung direkt aufgenommen und ganz wesentlich ausgebaut. Von daher steht für ihn der Geist in Form von Vernunft am Anfang aller (Welt-) Bewegung als

"*ein unbewegter Beweger*". Diese Vernunft als Geist ist ewig, ist ungeschaffen, ist unvergänglich, denn *die Vernunft ruht in sich ... Sie plant in sich die Welt ...* In dieser letzten Qualität nennt er die absolute ewige Vernunft "Gott".

Diese Absolutsetzung der Vernunft bietet sich natürlich geradezu an, um "verplatonisiert" zu werden. Denn wenn man "Form" und "Zweck" der Realität als in der letztgültigen Vernunft - und damit als in der Welt der in sich ruhenden Ideen - vorgegeben erklärt

- war das nicht genau Platon: Die Grundbedingungen dieser Welt, die in der Welt der Ideen grundsätzlich vorausgeprägt sind, absolut, ewig? Immer wieder ist durch die Jahrhunderte hindurch Aristoteles` Philosophie so im Sinne Platons interpretiert worden und hat dadurch zu zerreißenden Auseinandersetzungen geführt.

Die Schüler des Aristoteles, allzumal Theophrast, der direkte Nachfolger und Leiter der Philosophenschule des Aristoteles in Athen, haben um diesen Konflikt immer wortreich drumherum geredet. Ganz anders nach Theophrast der neue Leiter

Straton von Lampsakos
Er leitete die Aristoteles-Schule in Athen von 287 - 269. Zu dieser Zeit lebte noch Epikur in Athen und hatte dort seine eigene Philosophenschule, die "Schule im Garten". Epikur war nicht nur ein großer Moralist. Er war vor allem auch ein leidenschaftlicher Verfechter des naturwissenschaftlichen Weltbildes des Demokrit, dem Vater der Atomlehre, und damit erklärter Materialist.

Straton war selber durchaus ein bedeutender Physiker und als solcher ebenfalls Demokrit zugeneigt. Damit aber stand er zwangsläufig in einem starken Konflikt zu seinem berühmten Lehrer Aristoteles. Hatte sich doch Aristoteles selbst ganz eindeutig gegen Demokrit und stattdessen für die Lehren des Anaxagoras entschieden. Von Anaxagoras hatte er dessen Geistspekulation übernommen, eben jene Behauptung, dass die Materie nicht wertig genug sei, um den Urgrund des Seins zu bilden. Der Geist müsse der Urgrund des Seins sein.

Von daher hatte Aristoteles die These abgeleitet, dass der Geist als Vernunft der unbewegte Beweger sei, der allem Sein als ursächlich vorausgehe.

Für Straton stand sicher fest, dass sich Aristoteles mit dieser These verspekuliert hatte und darin alle Erklärungsnot gegenüber Platon ihren Grund hätte. Deshalb löste Straton Aristoteles aus Anaxagoras heraus und kreuzte ihn gleichsam mit der Lehre des

Demokrit (um 460 – 370 vor Christus).
Offenbar war Demokrit – nicht nur für Straton - überhaupt der größte wissenschaftliche Denker der Antike. Er stammte aus Abdera in Makedonien, war etwas älter als Sokrates. Sein Werk muss äußerst umfangreich gewesen sein. Leider haben wir nur wenige Aussprüche von ihm. Alles andere ist uns verloren.

Was wir von Demokrit wissen, ist dennoch sensationell:

Einen Geist, der hinter der Welt stehe und der als solcher die Welt in Bewegung gesetzt hat, lehnt Demokrit ab. Auch die Ordnung der Welt und ihre Zielsetzung stammen nicht aus einem solchen Geist. Demokrit bestreitet kategorisch jede Art von Kraft, die - von Anfang oder von außen - auf die Welt eingewirkt hat oder einwirkt.

Die Welt ist für Demokrit deshalb absolut monistisch, also nicht nur ein in sich geschlossenes Ganzes, sondern besteht auch aus einer einzigen Grundbeschaffenheit, aus Materie. Diese Grundbeschaffenheit Materie bedingt die in sich geschlossene einzigartige Gesamtkonzeption.

Das Konzept liegt in der Atomstruktur der Materie. In der Leere des Alls sind die Dinge Ansammlungen unsichtbarer, unvergänglicher a t o m o i - Atome, unteilbare Materieteilchen. Die sind in den Dingen durch Gestalt (Masse und Gewicht), Anordnung und Lage unterschiedlich vorhanden. Auch Geist und Seele bestehen so spezifisch aus atomoi.

Die Summe aller atomoi ist unveränderbar konstant, der Kosmos ein Spiel der atomoi mit sich selbst, in Bewegung gehalten durch gegenseitige mechanische An- und Abstöße. Der Mensch, ein Mikrokosmos, ist dabei den gleichen Gesetzen unterworfen wie der Makrokosmos. Es herrscht durchgehend eherne Notwendigkeit innerhalb der materiellen Strukturen, eine ununterbrochene Kette von Ursachen und Wirkungen.

Aus dieser Lehre Demokrits nun schlussfolgert Straton gegen alle verplatonisierten metaphysischen Rest-Spekulationen des originalen Aristoteles:

- *Erstens:* Die Materie ist Grund allen Seins, nicht der Geist.
  Damit erledigt Straton mit einem Schlag alle aristotelischen Spekulationen über den Geist als unbewegten Erstbeweger.

- *Zweitens:* Die Vernunft ist die innerweltliche Kausalität in der sinnlichen Wirklichkeit von Zeit und Raum.
  Damit eliminiert Straton jeden ideellen Sinn auf das Göttliche hin als ein von Aristoteles verspekuliertes metaphysisches Theorem.

  Drittens: In konsequenter Forschung lässt sich die Welt darstellen allein aus der Summe ihrer immanenten Kräfte als ein in sich geschlossenes materielles Sein. Die Welt ist monistisch.
  Damit hebt Straton jedes dualistische Sein im Sinne Platons auf.

Mit Straton wird die Grundkonzeption des Diesseitigen bei Aristoteles, das logos **in** re, keineswegs aufgehoben, sondern auf die denkbar schärfste naturalistische Position hin zugespitzt:

Es gibt n u r eine i n n e r w e l t l i c h e Vernunft:
Die säkular-logische Rationalität.

Es gibt n u r eine e m p i r i s c h e Forschung:
In Physik, Biologie, Astronomie.

Es gibt n u r ein a u t o n o m e s Bewusstsein:
Die atheistische Daseinsakzeptanz.

Durch Straton wird die
Polarisierung "Platon - Aristoteles"
also in die letzte Konfrontation hineingetrieben:

Statt des platonischen	logos **ante** rem
-	
ein radikalisiertes aristotelisches	logos **in** re.

(6) Platon, der geistige Brandstifter

Wir können die Polarisierung zwischen Platon und Aristoteles nicht abschließen, ohne noch einen entscheidenden sozialkritischen Aspekt einzubringen:

Auch Aristoteles ist von den Athenern ein Prozess gemacht worden und es drohte auch ihm die Todesstrafe. Dabei mögen wohl primär politische Gründe eine Rolle gespielt haben, denn nach dem plötzlichen Tod Alexanders des Großen im Jahre 323 versuchten sich die Athener an allen zu rächen, die zu Alexander positiv in Kontakt gestanden hatten. Also auch an Aristoteles.

Doch Aristoteles selbst hat die Anklage ganz anders verstanden, nämlich in direkter Folge all der vorausgegangenen asebeia-Prozesse. Er sah sich in einer Linie mit Aspasia, mit Anaxagoras, mit Protagoras und natürlich vor allem mit Sokrates. Dessen Hinrichtung war allen als geistiger Frevel aktuell im Bewusstsein. So versteht sich die lapidare Begründung, die Aristoteles mit Blick auf Sokrates für seine Flucht vor den Athenern gibt, nämlich dass er den Athenern nicht Gelegenheit geben möchte, sich zum zweiten Mal an der Philosophie zu versündigen. Feinsinn gegen religiöse Dummheit.

Den Athenern mag mit ihrer Anklage verborgen geblieben sein, dass Aristoteles im letzten die Frage auf Gott hin zumindest positiv offen ließ. Zu sehr stand ihnen im Vordergrund seiner gesamten Lehre sein diesseitiges Weltkonzept gegen Platon. Das reichte den frommen Athenern. Die wollten Gehorsam den Göttern gegenüber, keine philosophische Metaphysik im Stile eines Doktorandenseminars.

Verschärfend mag gewirkt haben, dass zu der Zeit die Zahl der Atheisten in Athen stark anwuchs. Immer mehr Menschen mieden nicht nur die öffentlich-religiösen Kultrituale, sie leugneten gar - oft mit sophistischen Argumentationen - die Existenz der Götter.

Wo eigentlich stand Platon? Wie bezog dieser hoch geachtete Philosoph Stellung zur Verurteilung von Menschen, die eben nicht an die vorgegebenen Götter glaubten, sondern mit ihrem Verstand zum Beispiel der gottlosen Physik-Lehre Demokrits folgten? Platon, eingerahmt von seinem Lehrer Sokrates, der doch als Gottesleugner verurteilt und hingerichtet worden war und von seinem Schüler und Mitarbeiter Aristoteles, von dem er schon früh erkannt haben musste, dass der mit seiner Diesseitsphilosophie ganz gefährlich in die Nähe einer Anklage wegen Gottesleugnung kommen konnte - wie nun also hat Platon sich in dieser Spannung zur Bestrafung atheistischen Denkens verhalten? Wie hat Platon dazu Stellung genommen?

Platon ist der geistige Brandstifter in der abendländischen Geistesgeschichte gegen jedes Denken ohne Gott. Er ist der Mann, der jeden, der das Religiöse relativierte oder ablehnte, in gnadenloser Härte verdammte. In seinem letzten Werk *NOMOI* – GESETZE[1], das er als ein "alter weiser Mann" geschrieben hat, entwickelt er seinen Verfolgungshass gegen die Atheisten[2]:

1. Für Platon ist
   der Mensch ohne Gott - ein Mensch ohne Moral.

Platon setzt als erster rücksichtslos verallgemeinernd "ohne Gott = ohne Glauben = ohne Moral". Folglich ist ihm der Atheist der unmoralischste Mensch überhaupt. Platon spricht einem Menschen ohne Gott also jede ethische Verantwortungsfähigkeit ab. Ihm fehle der sittliche Halt, der allein zu sittlichem Handeln befähige.

Platon ist - gegen die Atheisten - *der Erfinder brutaler Diffamierung,* der hemmungslosen Nachrede jeglicher Libertinage. Der Atheist schaffe die göttliche Instanz nur ab, um ungehemmt seinen Leiden-

---

1 Platon, Nomoi - Gesetze, 10.Buch,
zitiert nach Platon, Werke (griechisch-deutsch) Band 8/2,
Hrsg. Günther Eigler, WBC, Darmstadt 2001, 2. Auflage.

2 Jüngst neu dargestellt von Georges Minois, Geschichte des Atheismus, Seite 46 ff: Platon. Vater der Intoleranz und der Unterdrückung des Atheismus, Weimar 2000

schaften und Gelüsten zu frönen. Er hat damit den Atheisten mit einem unauslöschlichen Makel in Verruf gebracht. Noch in unseren Tage hat Papst Johannes Paul II der Welt im Namen Gottes kundgetan[1], der säkulare Mensch und die säkulare Gesellschaft seien moralisch prinzipiell unfähig zu einer selbst verantworteten Wertestruktur.

2. Für Platon ist

der Mensch ohne Gott - ein Hasser der Philosophie.

Platon meint mit Philosophie ausschließlich seine eigene idealistische Philosophie. Mit ihr behauptet er eben das Jenseits, die Welt der Ideale, des Göttlichen. Der Gottlose hat diese Welt der Ideale, des Göttlichen nicht. Er denkt nur monistisch, hat nur das Diesseits, das Unwertige, das Niedrige. Solch niedriges Sein schafft niedriges Bewusstsein, niedrige Gesinnung, niedrigen Daseinsanspruch.

Platon ist - gegen die Atheisten - *der Erfinder der Gehirnwäsche.* Der Gottlose muss vom Staat in Inquisitionshaft genommen werden, völlig isoliert in einem Besserungshaus. Platon sieht ein Gesetz vor, nach dem der Dissident mindestens fünf Jahre lang einer Gehirnwäsche unterzogen wird, bis er seiner Gesinnung abgeschworen hat und mit der vollen Anerkennung der ideellen Welt gesellschaftsfähig ist.

3. Für Platon ist

der Mensch ohne Gott - ein Feind des Staates.

Für Platon sind Götter wie eine Verfassung für den Staat. Sie allein garantieren das Recht im Staat und damit den Gehorsam der Bürger. Zwangsweise setzt Platon damit den Menschen ohne Gott gleichsam als "vaterlandslosen Gesellen" ins Kontra zum Staat. Allein seine Anwesenheit bedeutet höchste Gefährdung des Staates.

Platon ist - gegen die Atheisten - *nicht nur der Erfinder einer Art KZ,* der Isolationshaft in einem Besserungshaus mit brutalen Zwangsmaßnahmen. Kann auf diesem Weg Gesinnungsänderung nicht garantiert werden, sind sie zu exekutieren.

---

[1] Papst Johannes Paul II, Enzyklika Veritatis Splendor vom 6. August 1993 Dazu unsere Stellungnahme unten Seite 93 und Seite 123 f.

Es kann kaum verwundern, dass Platon in der abendländischen Geistesgeschichte Vorbild geworden ist für die christliche Staats- und Amtskirche, die zunehmend Ungläubige, Andersdenkende und Atheisten mit brutaler Härte diskriminiert, verfolgt und umgebracht hat.

Ein frei denkender Mensch hat mit Platon nichts gemein.

Allerdings fand Platon mit seiner Ideen-Philosophie zunächst keinen direkten Einfluss auf das Christentum. Die frühen christlichen Theologen waren höchst vorsichtig gegenüber allem, was sich ihnen aus der altgriechischen Philosophie anbot und verteidigten dagegen ihre jüdisch-biblischen Glaubenstraditionen. Platons Philosophie fand Einfluss auf das christliche Denken erst auf dem Umweg über den

Neuplatonismus. Sein Gründer war Plotin, ein griechischer Philosoph aus Ägypten, der im Jahre 244 nach Chr. nach Rom kam und hier mit riesigem Erfolg eine neue Philosophieschule gründete. Er pflegte zu sagen, es gäbe nichts Neues, alles stehe schon bei Platon. In diesem Bewusstsein lehrte er platonische Philosophie, die er allerdings in seinem Sinn radikal umgestaltete. Das Höchste war ihm "das h e n, das Eine", das total Jenseitige, das sich für ihn in den platonischen Ideen widerspiegelte. Dieses "höchste Eine" ist nicht mit Verstand, sondern nur mit Glaubenshingabe zu erfassen, die den Verstand ausschaltet.

Im Jahre 385 wurde Augustin, der spätere große Kirchenvater, Neuplatoniker. Seitdem wurde auch bei ihm allein der Glaube theologischer Mittelpunkt. Je mehr nun seine Glaubenstheologie auf die römisch-katholische Kirche Einfluss gewann, desto stärker wurde die rationale Vernunft des Aristoteles diesem Glauben geopfert - bis hin zu der berühmten Formel: "Credo, quia absurdum est" - *ich glaube, obwohl, ja, weil es vernunftwidrig ist.*

Daraus folgte ein langer Weg in eine Vernunft entsagende christliche Frömmigkeit, ja, in deren Welt- und Realitätsflucht. Als der christliche Kaiser Justinian 529 die letzte griechische Philosophenschule verbot, ging das antike Kulturleben vollends zugrunde. Es entstand eine christlich-abendländische Kulturkrise, in der alle säkularen Vernunftkräfte erloschen. Der Bildungsstand sank auf tiefstes Niveau, und in den nächsten Jahrhunderten entwickelte sich nahezu kein einziger fortschrittlicher weltlicher Gedanke. Es begann ein verblödetes Zeitalter.

(7) Die Wiederentdeckung des Aristoteles

Über Jahrhunderte war der bedeutende griechische Philosoph Aristoteles im Abendland in Vergessenheit geraten. Seine Schriften galten schlicht als verschollen. Selbst Eingeweihte konnten sich an ihn und seine geistesgeschichtliche Bedeutung nur schwer erinnern. Schon gar nicht konnten sie definieren, warum eigentlich seine Philosophie den christlichen Glauben bedrohte.

Der Verlust des Aristoteles entsprach dem Geisteszustand jener Zeit, in der er verloren ging. Es war die Zeit etwa zwischen 600 bis 1000 nach Christus. In diesen 400 Jahren herrschte damals im Abendland ein Lebensbewusstsein, das sich nahezu ausschließlich aus einem "absolut gesetzten christlichen Glauben" heraus verstand.

Dieser katholischen Glaubensdiktatur zugrunde lag unbestritten die Philosophie Platons in der speziellen Form des Neuplatonismus. Sie hatte jeden aristotelischen Vernunftansatz vollständig verdrängt, ja, brutal vernichtet.

1. Die Aristoteles-Tradition der Araber

Dagegen wiederentdeckt wurde Aristoteles im Abendland über eine Kultur, die völlig außerhalb Europas entstanden war und die ursächlich nicht das geringste mit dem Abendland und speziell mit der griechischen Philosophie zu tun hatte, nämlich über die arabisch-islamische Geisteswelt. Denn als der Islam seit 660 mit seinen spektakulären militärischen Eroberungen in das altrömische Reich hinein expandierte, stieß er allerorts auf griechisch-römische Kultur, speziell in Syrien auf aristotelische Denktraditionen. Dort nach Syrien in die Klöster der nestorianischen Kirche waren aristotelisch denkende Christen geflohen, die nach dem Arianischen Streit 321 von der römisch-katholischen Staatskirche verfolgt wurden. In ihrer Tradition lebte die Philosophie des Aristoteles in Syrien fort.

Als die neuen Machthaber über die altrömischen Gebiete, eben auch über Syrien, nahmen die Araber die griechische Philosophie begierig auf. Allen voran Aristoteles wurde so zu einem wesentlichen Bestandteil arabisch-islamischer Gelehrsamkeit. Schon Mitte des 8. Jahrhunderts waren im Islam nahezu alle wichtigen Werke des Aristoteles aus dem Griechischen über das Syrische ins Arabische übersetzt, gerade auch seine Hauptwerke *ORGANON* und *METAPHYSIK*.

Mit derartigen Übernahmen fremden Kulturgutes aus eroberten Gebieten bis hin nach Persien, Indien und China wurden die Araber im frühen Mittelalter zu einer starken säkularen Bildungsmacht. Dazu die wichtigsten Beispiele:

- Aus Indien übernahmen sie ein neues Zahlensystem, die sogenannten "arabischen Zahlen", mit denen die moderne Welt heute noch rechnet. Sie führten von dort das Dezimalsystem und die Null ein, die erst die Arithmetik als umfassendes Rechensystem schlüssig macht. Sie entwickelten die Lehre von der Algebra und mit dem Gebrauch der Unbekannten X die Regeln mathematischer Gleichungen. In der Geometrie erweiterten sie die Berechnungsmethoden von Flächen und Körper. Insgesamt schufen die Araber so einen hohen Stand mathematischer Wissenschaft.

- In zahlreichen bedeutenden Lehrbüchern wurden von ihnen die medizinischen Kenntnisse aus den Kulturen Griechenlands, Indiens, Altpersiens aufgearbeitet. Doch sie bewahrten das alte Wissen nicht nur, sie forschten und entdeckten selber neu - den Blutkreislauf, die Funktion der Netzhaut, den Zusammenhang zwischen Hygiene und Infektionskrankheiten. Obwohl ihnen die islamische Religion blutige medizinische Eingriffe mit dem Messer verbot, schnitten sie Mandeln heraus, öffneten die Bauchhöhle, nahmen Amputationen vor, operierten Leistenbrüche, die Luftröhre, gar Tumore und die Starerkrankung des Auges. Araber waren ausgezeichnete Ärzte in Theorie und Praxis.

- Aus China brachten sie den Kompass mit, mit dem sie selbst, und dann auch alle späteren Seefahrernationen, die Meere beherrschten. Sie übernahmen von dort die Herstellung von Papier, die elementare Voraussetzung aller neuzeitlichen Buchdruckerkunst. Durch ihre Alchemie erfanden sie Metallveredelungen, Stahlherstellung, Glasfärbung, Färbung von Stoffen und Leder aller Art. Sie berechneten das spezifische Gewicht, erkannten Grundgesetze der Optik, etwa die Wirkung der Strahlen vom Objekt zum Auge. Für ihre ausgeprägte Astronomie vervollkommneten sie das Astrolab und viele andere hochwertige wissenschaftliche Instrumente. In der Baukunst erreichten sie mittels statischen Grundwissens eine Blüte des Bogenbaus und verfeinerten ihre Architektur mit höchstqualitativem kunsthandwerklichen Dekor. Insgesamt beherrschten die Araber hoch differenzierte handwerkliche Techniken.

Dieser starken Hinwendung ins Diesseitige, dieser fast hemmungslosen Öffnung auf alles Irdische entsprach ein völlig neuartiges orientalisches Selbstverständnis, nämlich ein erstarkendes Bewusstwerden der rationalen Fähigkeiten des Menschen. Die Menschen im Orient erfuhren sich und ihre Welt ganz konkret durch den Verstand gestaltbar, denn allerorts bewirkte ihr diesseitiges Denken weltlichen Fortschritt. Deshalb bekam Aristoteles für sie so faszinierende Bedeutung, weil seine Vernunftphilosophie sie anleitete, selbst eigene säkulare Erkenntnisse zu entwickeln. Ja, man muss für die arabische Epoche im 8. bis 11. Jahrhundert geradezu von einer islamischen Aufklärung sprechen, von der Blüte hoher säkularer Rationalität.

Glanzvolles Zentrum dieser islamischen Rationalität war Bagdad, die Stadt von Tausendundeiner Nacht mit ihrem märchenhaften Reichtum und ihrer luxuriös-feinsinnigen Lebensart. Seit 762 als Herrschersitz der Kalifen der Abassiden und damit Machtzentrale des gesamten islamischen Weltreiches hatte es seit Kalif Harun ar-Raschid (786-809) als Förderer aller Wissenschaften einschließlich Alchemie seine Blütezeit bis ins 11. Jahrhundert, war zugleich Hochburg für Kunst, Architektur und Philosophie. In Bagdad lebte auch

Avicenna (980 - 1037),
der stärkste Vernunftdenker der orientalischen Aufklärung. Er war nicht nur ein berühmter Arzt, hoch geachtet, weil es ihm gelungen war, den Kalifen von schwerer Krankheit gesund zu machen. Er war zugleich ein hervorragender Kenner der griechischen Philosophie, speziell auch des Aristoteles. Er hatte Aristoteles´ *METAPHYSIK* vierzig Mal gelesen, konnte seine Bücher auswendig, bevor er sie verstand. Dann aber begann er zu verstehen und wurde zum Berufensten aller Kommentatoren, gleichsam ein "neuer arabischer" Aristoteles.

Für den Araber Avicenna (sein arabischer Name: Ibn Sina) war Aristoteles - nicht Mohammed - die höchste Erscheinung des Menschengeistes. Das heißt, der Erfinder der Vernunftphilosophie war ihm letztlich bedeutender als der Stifter der Religion. Von daher ordnete Avicenna alle Religion - auch die islamische - der Vernunft unter, denn: Religion erklärt nur auf einer geistigen Vorstufe, was Vernunft zur letzten geistigen Klarheit zu bringen vermag. Deshalb ist ihm die Vernunft das wahre Licht, die rationale Philosophie der höchste Bewusstseinsstand des Menschen.

So hat Avicenna mit seiner Aristoteles-Deutung der arabisch-islamischen Vernunftphilosophie Richtung gewiesen.

Die islamische Religionswelt, also der traditionsbewusste mohammedanische Glaube, stand dieser säkularen Vernunftphilosophie mit zunehmender Distanz gegenüber. Die orthodoxen Religionshüter taten deshalb alles, um ihre auf das Himmlische ausgerichtete Glaubenswelt gegen alle weltliche Rationalität abzuschotten.[1] Schließlich haben sie im 11. Jahrhundert die Aufklärung verboten. Sie erklärten das "Tor der Bildung" ganz einfach für geschlossen und machten so den Islam zu einer vernunftfeindlichen "Festung des Glaubens". Seit damals hat sich die orthodoxe Koran-Welt gegen allen säkularen Fortschritt fundamentalistisch abgeschottet und die Erstarrung der arabischen Kultur bewirkt.

Umso stärker hat die arabische Vernunft- und Bildungsexpansion damals auf den europäischen Westen Einfluss gewonnen. Vor allem durch die christlichen Kreuzzüge in das von den Arabern eroberte "Heilige Land Palästina" kam es zu intensiven wirtschaftlichen, aber auch besonders zu kulturellen Berührungen. Die westlichen Kreuzfahrer erlebten im vorderen Orient eine östlich-islamische Kultur, die ihrer westlich-christlichen in nahezu allen Belangen des Wissens und der Technik haushoch überlegen war.

---

1 Einen hervorragenden Einblick in die schweren Krisen und Erschütterungen der arabischen Kultur im 11. Jahrhundert gibt Tilman Nagel in seiner Studie: Die Festung des Glaubens. Triumph und Scheitern des islamischen Rationalismus im 11.Jahrhundert, München 1988

Bei der Rückkehr der - fast immer geschlagenen - Christen aus dem Gebiet der "heidnischen Araber" wurden so vielerlei neue Sachkenntnisse und -techniken mitgebracht. Diese orientalischen Einflüsse der Vernunft- und Säkularphilosophie bildeten die Grundlagen für den völlig neuartigen Kulturansatz im späteren europäischen Abendland.

Aber noch viel wichtiger war, dass große islamische Gelehrte selbst im europäischen Westen lebten und dort ihr Wissen bekannt machten. Sie wirkten vor allem in Spanien, denn dort hatte sich das maurische Reich zu hoher Kulturblüte entfaltet, speziell das Kalifat der Stadt Cordoba, "die Zierde der Welt", ein prunkvolles Gegenstück zu Bagdad. Die Universität Cordoba war eine der hoch geachteten muslimischen Geisteszentren, ein Hort arabisch-islamischer Aristoteles-Gelehrsamkeit. Berühmte Männer lehrten in Cordoba, vor allem auch

Averroës (1126 - 1198).
Er war Jurist, aber auch Arzt und vor allem Philosoph. Als solcher war er ein hervorragender Kenner des Aristoteles, ein weit gerühmter Interpret seiner Werke. Er hat nahezu alle Schriften des Aristoteles mit eigenen Gedanken kommentiert. In diesen Kommentaren erlangte die islamische Vernunftphilosophie ihren absoluten Höhepunkt.

Averroës (sein arabischer Name: Ibn Ruschd) vertritt die Meinung, dass die Vernunft eine schon ewig existierende Größe sei. Damit nimmt er exakt den "nous = den denkenden Geist" des Aristoteles auf. Dieser denkende Geist, die Vernunft, ist ihm eine unsterbliche Größe, die in jedem Menschen wirkt - und zwar nach Averroës so, dass es keine individuelle Seele im Menschen gibt und damit auch keine persönliche Sterblichkeit. Vielmehr wirkt eben der universale Geist von Ewigkeit durch den Menschen hindurch in alle Ewigkeit.

Dieser autonome Vernunftansatz wurde konsequent weitergeführt von

Maimonides (1135 -1204).
Er war Zeitgenosse von Averroës. Noch mehr: Cordoba war auch seine Heimat- und erste Lehrstadt. Doch er war Jude, jüdischer Gelehrter mit der größten Autorität für das ganze damalige Judentum. Sein Denken aber war so stark durch Averroës bestimmt - dass er sogar für die islamische Welt damals eine hoch geachtete Autorität

wurde. So sahen Juden und Araber in ihm zu seinen Lebzeiten einen gemeinsamen großen Weisen.

Maimonides versuchte, die aristotelische Vernunftphilosophie mit der alttestamentlich-jüdischen Religion zu verbinden. Aus der daraus entstehenden Gedankenfülle war eines seiner zentralen Denkprobleme die Frage, ob die Welt seit ewig - und damit ohne Anfang - bestehe, oder ob die Welt von Gott zu einem ganz bestimmten Zeitpunkt geschaffen sei. Für den bibeltreuen Juden in Maimonides war das eigentlich klar: Die Welt ist von dem einen Gott geschaffen. Für den Aristoteles-Philosophen in Maimonides lautete die Antwort entgegengesetzt: Die Welt besteht ewig - weil die Vernunft ewig ist.

Er berief sich mit dieser letzten Argumentation auf Averroës. Averroës hatte sich in seiner Argumentation auch auf Avicenna berufen. Mit Avicenna beriefen sich beide auf Aristoteles, denn von Aristoteles stammte ja der Lehrsatz: Die Vernunft ist ewig.

Als dann die Christen gefragt wurden, wie sie denn die Entstehung der Welt sehen würden, da befassten sich ihre großen Theologen - allen voran Albertus Magnus und Thomas von Aquino - mit dieser Frage und lasen dazu die Werke von Maimonides. Mit Maimonides erfuhren sie von Averroës. Mit Averroës erfuhren sie von Avicenna und durch alle drei zusammen erfuhren sie sensationell von Aristoteles und seiner Vernunftphilosophie.

Mit diesem Eindringen islamischer Gelehrsamkeit in den abendländisch-christlichen Raum wurde Aristoteles gleichsam "reimportiert": Europa gewann Aristoteles aus dem reichen früharabischen Wissensfundus wieder zurück - und damit die altgriechische Philosophie von der autonomen Vernunft.

2. Die Aushöhlung des christlichen Glaubensanspruchs in der Hochscholastik

durch die Vernunftphilosophie des Aristoteles

Die aristotelische Philosophie brach über das christliche Mittelalter herein wie eine Urgewalt. Die Theologen und die gesamte Kirche reagierten auf die wiederentdeckte Philosophie wie von einem Fieber gepackt. Geradezu hastig wurde Aristoteles übersetzt. Zunächst gab es ihn nur in Rückübersetzungen aus den arabischen Vorlagen. Sie waren stark durch Übertragungsfehler entstellt, aber auch durch arabische Um- oder Fehlinterpretationen. Dann aber waren um 1260 nahezu alle wichtigen Werke des Aristoteles aus dem griechischen Original ins Lateinische übertragen. Damit war Aristoteles jedem abendländischen Gelehrten vollständig und unverfälscht zugänglich.

Die christlichen Gelehrten erkannten in Aristoteles sofort den scharfsinnigen Herausforderer der platonischen Philosophie. Jahrhunderte lang hatten die Theologen den christlichen Glauben fest im platonischen Denkschema eingemauert, fühlten sie sich mit ihren religiösen Glaubensaussagen in der Philosophie Platons absolut sicher gestellt. Jetzt gab es dazu das radikale Kontra: Aristoteles. Der uralte Konflikt zwischen Platon und Aristoteles brach in zerreißender Schärfe wieder auf - inmitten der christlichen Glaubenswelt.

Die Herausforderung lag in der blanken Vernunft. Mit Aristoteles richtete sich der menschliche Verstand allein auf diesseitige Erkenntnisse. Ein Erforschen jenseitiger Dinge war mit Aristoteles nicht gegeben. Deshalb brauchte es keinen religiösen Glauben. Ohne religiösen Glauben aber wurde die Vernunft autonom. Die Vernunft war von daher die einzige bestimmende Größe für das Wissen des Menschen. Die autonome Vernunft erkannte die Dinge nicht nur, sie ordnete sie auch und wertete sie. Die Vernunft bestimmte Sinn und Handeln. Autonome Vernunft geriet so zum unverwechselbaren Markenzeichen für Aristoteles.

Der Einbruch der aristotelischen Vernunft in die Theologie löste unter den abendländischen Gelehrten einen dramatischen Kampf aus.

Zuallererst formierten sich verständlicherweise die Konservativen, die Platoniker. Ihre alteingesessenen theologischen Positionen waren ja plötzlich bedroht. Sie verteidigten ihre Glaubenstheologie mit einer aufs äußerste zugespitzten Kampfparole, nämlich mit dem altberühmten Satz: Credo, ut intelligem - *Ich glaube, damit ich denken kann.* Damit setzten sie an den Anfang allen Wissens den Glauben, gleichsam ein elementares Vertrauen auf ein vor- und außerweltliches Sein. Nur wenn man diesen Glauben als Primat anerkennen und uneingeschränkt walten lassen würde, gäbe es eine Berechtigung, in der Folge den Verstand einzusetzen. Also: Universalia **a n t e** rem - das wesentliche Sein erfasst nur der Glaube als das Sein vor und außerhalb der Welt. **Platon.**

Dagegen formierten sich die Aristoteliker, die Progressiven. Sie konterten zugunsten ihrer Vernunftheologie mit ihrem Kampfsatz: Intelligo, ut credam - *Ich denke, damit ich besser glauben kann.* Damit setzten sie an den Anfang allen menschlichen Erkennens die automome Vernunft, gleichsam die denkerische Einsicht in die logischen Strukturen und Abläufe der diesseitigen Welt. Diese allein schaffe die notwendigen Rahmenbedingungen, in denen der Glaube verstehbar und praktizierbar würde. Also: Universalia **i n** re - das wesentliche Sein ist nur durch ein säkulares Wissen um das Sein innerhalb der Welt zu erfassen. **Aristoteles**.

Stand damit bei den Aristotelikern die Vernunft nicht über dem Glauben, die Philosophie über der Theologie, das Weltliche über dem Göttlichen? Genau das warfen ihnen ihre Kritiker vor: Der Ausverkauf des Glaubens durch die Vernunft - inmitten der Kirche! Eine Ungeheuerlichkeit für alle Rechtgläubigen.

Die meisten Aristoteliker versuchten, sich diesem brisanten Vorwurf durch eine Art Kompromissformel zu entziehen, indem sie bedeutungsschwer formulierten: Fides quaerens intellectum - *der Glaube fragt die Vernunft.* Das sollte so viel bedeuten wie: Der christliche Glaube bleibt völlig unangetastet, er soll nur nach rationallogischen Gesichtspunkten durchdacht werden. Deshalb gehe die christliche Glaubens-Theologie bei der griechischen Vernunft-Philosophie doch nur "in die Schule" - Schule = schola = Scholastik, der Name für die ganze damalige Denkepoche.

Der denkerische Höhepunkt dieser vernunftorientierten Scholastik, und damit die größtmögliche Umsetzung des Aristoteles in ein christliches Glaubenssystem lag in der Konzeption des großen Theologen

Thomas von Aquino (1224 - 1274).
Er war Schüler des hoch gerühmten Albertus Magnus an der Universität in Paris, später war er selber Lehrer in Rom, Neapel und Paris. 1879 ist seine Theologie durch eine päpstliche Enzyklika zur verbindlichen Lehre für die katholische Theologie und Philosophie erklärt worden.

Thomas von Aquino war von Aristoteles fasziniert, von seiner scharfen Vernunftanalyse, seiner positiven Welteinstellung, seiner unerbittlichen Denkkonsequenz, seiner genauen Wirklichkeitskenntnis im Einzelnen, seiner logischen Zusammenschau aller Dinge insgesamt. Zugleich wusste Thomas sich aber auch der christlich-biblischen Wahrheit zutiefst verpflichtet. Er stand durch und durch im Dienste der kirchlichen Theologie. Seine Vision war immer die Synthese beider Bereiche, die große Zusammenführung von philosophischer Vernunft und biblischem Glauben. Dafür hat er gedacht, gearbeitet, gelehrt.

Allein aber die Frage, ob die Welt ewig sei (so wie Aristoteles es behauptet), oder ob Gott die Welt geschaffen habe (so wie die Bibel es behauptet), zeigte die prinzipielle Schwierigkeit einer Synthese. Die Überbrückung zwang in hundert Punkten immer wieder zu oft riskantem geistigen Spagat, um die eine Seite mit der anderen Seite auch nur einigermaßen in Einklang zu bringen. Dabei musste entweder die philosophische auf die biblische oder die biblische auf die philosophische Position hin aufgemacht werden. Oftmals musste Aristoteles aufs äußerste verdreht werden, damit er überhaupt ins christliche Offenbarungsschema passte.

Speziell mit dieser theologischen Arbeit des Thomas von Aquino schuf sich die mittelalterliche Kirche einen total "christianisierten" Aristoteles. Die Kirche nahm Aristoteles nicht, wie er ursprünglich war, sondern wie sie ihn für ihre kirchliche Dogmatik brauchte. Folglich ist der mittelalterliche Aristoteles nicht der originäre Aristoteles. Aristoteles ist in der Scholastik nur ein christlicher Schatten seiner selbst. Dabei ist es kaum eine Entschuldigung, dass auch andere Aristoteles nie konsequent gelesen haben, sondern ihn nahezu immer - erst platonisch, dann neuplatonisch - verharmlost haben.

Eben dieser "thomistisch-christianisierte" Aristoteles wurde von der Kirche der Hochscholastik absolut gesetzt. Aristoteles wurde so zu einer unverrückbaren kirchlichen Autorität - unantastbar wie die Bibel selbst. Eine von der Kirche als letztgültig gesetzte Autorität, die nicht hinterfragt werden darf. Im Letzten sollte Aristoteles damit in seinem Denkansatz auf die christliche Religion hin grundsätzlich Recht haben.

Diese Absolutsetzung des Aristoteles zugunsten der christlichen Glaubenswelt konnte aber auf Dauer überhaupt nicht gut gehen. Letztlich war der ursprüngliche Aristoteles ein völlig unchristlicher rein heidnischer Denker. Er war nicht biblisch-christlich, sondern rein heidnisch-säkular, nicht kanonisiert-mittelalterlich, sondern freidenkend-antik, kein Kirchenvater, sondern altgriechischer Philosoph. Seine säkulare Denkweise war für eine Religion, die zwangsläufig an göttliche Offenbarung gebunden ist, überhaupt nicht offen.

Deshalb lag in Aristoteles für die scholastische Theologie über kurz oder lang ein unheimlicher Sprengstoff. Mit der gierigen Aufnahme von Aristoteles und seiner Vernunftphilosophie hatten die Theologen gleichsam eine atheistische Zeitbombe gefressen. Denn je stärker Aristoteles aus dieser religiösen Vereinnahmung und Umklammerung wieder gelöst wurde und dadurch umso stärker die Ursprünglichkeit des Aristoteles entdeckt wurde, desto dramatischer musste der theologische Zusammenbruch drohen.

Es konnte also gar nicht ausbleiben, dass die originalen aristotelischen Grundpositionen in der Theologie und darüber hinaus in der abendländischen Geistesgeschichte gewaltig zur Explosion kommen mussten. Mit einem zurück ins Originale radikalisierten Aristoteles aber musste der mittelalterliche vernunftbegründete Glaube sich selber zu Ende bringen. Das war nur eine Frage der Zeit.

Ein erster bedrohlicher Angriff auf den angeblich durch die Vernunft gesicherten Glauben erfolgte schon innerhalb der Scholastik selbst durch den äußerst scharfsinnigen Theologen

Wilhelm von Ockham (1298 - 1349).
Er lehrte in Oxford - allerdings ohne Magisterlizenz. Sie wurde ihm verweigert, weil man ihn schon früh der Ketzerei verdächtigte. Er wurde verfolgt, eingesperrt, exkommuniziert. Seine Werke wurden verboten. So lebte er bis zuletzt im Kampf mit der Kirche. Mit seiner neuen Denkweise wurde Ockham zum Begründer des Nominalismus.

Ockham lehrte, dass alle Aussagen über das absolute Sein grundsätzlich nur menschliche Vorstellungen seien - gerade auch solche, die - wie bei Aristoteles - das Wesen der Dinge im diesseitigen Sein definierten. Der Mensch verschaffe sich nicht nur mittels seines Glaubens, sondern auch mittels seiner Vernunft letztlich immer nur Begriffe, nur Definitionen, nur Theorien vom Sein. Nomen est omen - was frei übersetzt bedeutet: Alle Begriffe sind nur Produkte abstrakten Denkens.

In dem Universalienstreit der Scholastik trat damit durch Ockham eine dritte entscheidend neue Formel als scharfe Herausforderung zu den alten Formeln des Platon und des Aristoteles hinzu:

Platon hatte definiert:[1]

universalia (logos / theos)
ante rem

Der eigentliche Seinswert
liegt **vor** der weltlichen Wirklichkeit

1 Siehe oben Seite 59 f.

Aristoteles hatte definiert:[1] universalia (logos / theos)
in re

Der eigentliche Seinswert
liegt **in** der weltlichen Wirklichkeit

Ockham definierte: universalia (logos / theos)
post rem

Der eigentliche Seinswert
findet sich erst **nach** der weltlichen Wirklichkeit, nämlich in den rationalen Begriffen, mit denen der Mensch die weltliche Realität abstrakt zu beschreiben versucht. Deshalb haben alle letztbegründenden Erklärungen der Phänomene nur als Fiktionen der Wirklichkeit zu gelten - ohne Beweis für ein real existierendes Sein.

Diese erkenntnistheoretische Grundeinsicht bedeutete natürlich vernunftphilosophisch eine totale Relativierung aller behaupteten Letztgültigkeiten. So war für Ockham gerade auch die göttliche Welt nicht als reale Wirklichkeit zu erschließen, sondern für ihn galt: Alles Religiöse ist - nur fiktiv; die gesamte kirchliche Dogmatik mit all ihren theologischen Wahrheiten - nur Spekulation; Gott - nicht wirklich wirklich. In Ockhams Sprache: universalia **p o s t** rem.

Ockhams Behauptung ist von der Kirche damals natürlich sofort als ungeheuerlich verdammt worden. Dennoch bedeutete seine Erkenntnislehre für die fortlaufende theologische Wahrheitsbehauptung eine fundamentale Infragestellung. Seit Ockham sitzt gerade auch der vernunftbegründete christliche Glaube auf einem Pulverfass - die säkulare Vernunft selbst ist die Lunte mit Ockhams Feststellung: Alle Vernunfttheologie ist im riesigen Stil eine einzigartige Fiktion.

Rund 500 Jahre später hat Ludwig Feuerbach die These Ockhams ganz neu zum Ansatz gebracht mit seiner berühmten Feststellung, dass Religion die Projektion des menschlichen Denkens sei, alles Reden von Gott nur Reden des Menschen von und aus sich selbst. Glaubend und denkend sei letztlich immer der Mensch der Schöpfer Gottes.[2]

---

1 Siehe oben Seite 61 ff.
2 Siehe dazu unten Seite 301 ff.

3. Der Neuansatz der aristotelischen Vernunftphilosophie

Noch mehr Ärger als Ockham aber machten damals an der Pariser Universität Sorbonne die

Averroaner. Um Siger von Brabant (1235 -1284) hatte sich eine Gruppe von Denkern geschart, die die Vernunfttheorie ihrer islamischen Vordenker Avicenna und Averroes radikalisierten. Sie bildeten an der Universität Sorbonne in Paris eine dritte Fraktion - gegen die traditionell neuplatonisch-augustinische Schulphilosophie des konservativen Klerus einerseits und gegen den fortschrittlichen Aristotelismus unter der Führung der klerikalen Dominikaner andererseits. Die Wirkung der Averroaner war so groß, dass die Kirche ihren besten Mann, Thomas von Aquino selbst, nach Paris schickte, um diese ultraradikalen Aristoteliker zu bekämpfen.

Für geistigen Aufruhr sorgte an der Sorbonne vor allem die These der Averroaner von den "zwei Wahrheiten": Sie unterschieden damit zwischen "offenbarter Wahrheit" als alles Jenseitig-Religiös-Theologische - und "vernünftiger Wahrheit" als alles Diesseitig-Empirisch-Wissenschaftliche.

Damit stand plötzlich hart auf hart Aristoteles gegen Aristoteles:

- *der thomistisch-christianisierte Aristoteles der Kirche als die eine Wahrheit.* Mit ihm hatte Thomas von Aquino trotz aller erkenntnistheoretischen Vernunftdominanz das Prinzip der göttlichen Offenbarung und damit den alten biblischen Offenbarungsglauben „gerettet". Dieser neue aristotelische Thomismus bildete nun gleichsam die "***Aristotelische Rechte***".

- *der originär-heidnische Aristoteles der Averroaner als die andere Wahrheit.* Mit ihr versuchten die Averroaner eine erste Wirklichkeitsinterpretation ohne transzendente Erklärungsmodelle bis hin zu einer naturalistischen Glückseligkeits- und Sittenlehre. Dieser äußerst kämpferische Original-Aristotelismus bildete gleichsam die "***Aristotelische Linke***".

Der Begriff "Aristotelische Linke" ist von Ernst Bloch in seiner sehr feinsinnigen Untersuchung zu Avicenna und Averroes eingeführt worden[1]. Bloch zeigt dabei, wie durch Jahrhunderte hindurch mit dem "arabischen Aristoteles" eine alte Spur läuft an dem christlichen Aristoteles der Scholastik vorbei bis in die säkulare Neuzeit. Auf Blochs Hintergrund benutzen wir hier den Begriff "Aristotelische Linke" bewusst in vergröberter Erweiterung, um damit den neu aufbrechenden Gegensatz zwischen nichtchristlicher und christlicher Aristoteles-Adaption in der Sache schärfer herauszustreichen:

Der Gegensatz dieser beiden Wahrheiten war unerbittlich und unüberbrückbar. Denn die Averroaner verachteten mit der von ihnen behaupteten Wahrheit die christliche Wahrheit des christianisierten Aristoteles. Sie machten die Unterscheidung nur, um sich mit dieser anderen Wahrheit nicht mehr beschäftigen zu müssen: Habt ihr doch eure Wahrheit! Glaubt und theologisiert doch, was ihr wollt! Ihr wollt mit Aristoteles nie erkennen, was wirklich ist. Ihr wollt mit Aristoteles immer nur eure alten Wahrheiten sichern - gerade auch gegen das, was real ist. Eure mit Aristoteles aufpoliert-manipulierte Wahrheit - lasst uns damit in Ruhe, denn: Wir wollen etwas gänzlich anderes.

Indem die Averroaner so hart differenzierten und die christliche Position als reinen Dogmatismus stigmatisierten, schufen sie zugleich für sich selbst ihren eigenen Denk-Freiraum. Sie postulierten

- ihre D e n k - F r e i h e i t gegen religiöse Bevormundung
  durch kirchliche Institutionen und Autoritäten und damit
  f ü r individuelle Forschung und Erkenntnis;

- ihre D e n k - F r e i h e i t gegen absolut gesetzte Dogmen
  als unantastbare Wirklichkeitsdefinitionen und damit
  f ü r ein offenes Erfahrungsbewusstsein nach vorn;

- ihre D e n k - F r e i h e i t gegen Glaubensgehorsam
  als Vorausbedingung für persönliches Seelenheil und damit
  *f ü r eine selbst verantwortete Sinnfindung
  der autonomen Vernunft*.

---

[1] Ernst Bloch, Avicenna und die Aristotelische Linke, Edition Suhrkamp 22, Frankfurt am Main 1963

Die Unterscheidung von zwei Wahrheiten wirkte letztlich wie ein geistiger Handstreich und revolutionierte die Zukunft. Denn jetzt konnten völlig neuartige Denker ihre Forschungsarbeit aufnehmen, die überhaupt gar kein Interesse mehr an spekulativen christlichen Glaubenswahrheiten hatten, sondern nur noch geleitet waren von einem Vernunft begründeten säkularen Wissensdrang. Sie konnten die theologischen Wahrheiten völlig unberücksichtigt lassen, gleichsam eingesperrt wie in einem religiösen Gefängnis. Sie selbst aber konnten sich stattdessen frei ihrer säkularen Denkarbeit widmen. Diese Gruppe völlig neuartiger Denker bildeten zunehmend die

Naturwissenschaftler. Sicher ist der Begriff "Naturwissenschaftler" in unserem heutigen Sinn für die damalige Zeit noch ein viel zu großer Begriff. Natürlich fehlten denen damals alle für die naturwissenschaftliche Forschung heute unabdingbaren Voraussetzungen. Diese ersten "Naturwissenschaftler" waren "Alchemisten", "Magier", "Entdecker und Bezwinger von Naturkräften"- gleichsam "Faust-Typen". Sie forschten - meist im Geheimen aus Angst vor kirchlicher Verfolgung - mit oft skurrilen Methoden nach dem, was in der Natur steckt, gar nach dem, "was die Erde im Innersten zusammenhält".

Allein mit ihrem unbändigen Wissensdrang um das Irdische wurden sie Ausgangspunkt aller späteren naturwissenschaftlichen Entwicklungen.

Erkenntnistheoretisch vollzog sich durch die Unterscheidung der zwei Wahrheiten durch die Aristotelische Linke die "Geburt der empirischen Wissenschaft". In ihrer Folge wurde immer weniger spekulativ, immer weniger religiös, immer weniger dogmen- und kirchenhörig gedacht. Stattdessen setzte sich mehr und mehr eine säkulare Rationalität durch, ein Denken in logischen Regeln der Empirie, der weltlichen Erfahrung: Aus diesen Erfahrungen heraus entstanden erste weltliche Erkenntnisse. Solche Erfahrungen waren bedingt durch genaue Beobachtung und sachgerechte Beschreibung der Natur. Vor allem aber das Nachahmenkönnen, und immer mehr das Nachmachen der Natur im Experiment wurde zum ersten Mal verstanden als ein "Beweis für das Reale".

Mit dieser Freisetzung der autonomen Vernunft als empirische Wissenschaft wurde Aristoteles plötzlich zur schärfsten Waffe gegen den vernunftgestützten christlichen Glauben. Der war plötzlich überflüssig. Die aristotelische Philosophie gelangte damit eben wieder an den Punkt, an dem sie in der antiken Philosophiegeschichte bei Straton von Lampsakos[1] ihre radikalste Zuspitzung erreicht hatte: In dessen letzter Denk-Konsequenz liegt in der aristotelischen Philosophie die Zerstörung allen Glaubens durch die autonome Vernunft. Sie ist in ihrem Grundansatz gegen alle Jenseitigkeit. Sie ist in ihrer Methode ohne Gott. Sie ist in ihrer letzten Ursache atheistisch.

Diese neue säkulare Kraft brach voll durch in der epochalen Gestalt

Kaiser Friedrich II von Hohenstaufen (1178-1250),
also in einer primär weltlichen Gestalt und zwar als ein faszinierender Wandlungsprozess in dieser Person selbst. Kaiser Friedrich II stand mit seiner Person nicht zwischen, sondern in zwei Extremen, denn

- zum einen verstand sich Friedrich II *äußerst traditionell-religiös*. In ihm ist die mittelalterliche Machtfülle mit allen christlichen Insignien kaiserlicher Herrschaft noch einmal voll kulminiert;

- zum anderen war Friedrich II *ungehemmt revolutionär-säkular*. In ihm ereignet sich der Durchbruch totaler Weltlichkeit als Einstieg in die Neuzeit. Der erste moderne Mensch auf dem Thron und damit überhaupt die erste Herrschergestalt des christlichen Abendlandes mit autonomer weltlicher Vernunft.

Egon Fridell schreibt in seiner Kulturgeschichte, sonst eher vorsichtig in solchen Charakterisierungen, über Friedrich II[2]: *Seine Denkfreiheit ist eine Form des Atheismus, seine feine überlegene Geistigkeit Skeptizismus, sein Temperament und seine Energie eine Art schöpferische Auflösung aller politischen und religiösen Bindungen: Er war ein Zertrümmerer, freilich ein grandioser und dämonischer…*

---

1 Siehe oben Seite 68 ff.
2 Egon Fridell, Kulturgeschichte der Neuzeit, München, 1927/1931, Seite 150.

Friedrich II war ein begeisterter Anhänger der arabischen Kultur, liebte nicht nur arabischen Lifestyle, sondern bewunderte arabische Erkenntnisschärfe und Wissenschaft, hohe arabische Geistigkeit und Bildung. Arabisch-säkulare Utilität hat sein Denken geprägt. Von daher

- schuf er mit Sizilien einen ersten säkularen Staat, völlig unabhängig vom Papst, nicht von Gottes Gnaden, allein legitimiert durch säkulare Autorität nach strengsten Machtgesetzen im Sinne des späteren Machiavelli;

- gründete er in Neapel 1224 die erste säkulare Universität nur zur rein weltlichen Forschung und Lehre. Theologie war dort verboten, wie er selbst alle kirchliche Glaubensdogmatik strikt ablehnte - von der Jungfrauengeburt bis zum Leben nach dem Tod;

- schrieb er selbst nach den strengen Regeln neuer empirischer Wissenschaftlichkeit *DE ARTE VENANDI CUM AVIBUS* - ÜBER DIE FALKENJAGD, ein Fachbuch, das bis ins 18. Jahrhundert hinein für die Ornithologie volle wissenschaftliche Gültigkeit behielt ...

Kaiser Friedrich II - d e r uomo saeculare zu Beginn unserer Neuzeit.[1] Allein seine Gestalt zeigt, dass es zu kurz ist, die geistesgeschichtliche Entwicklung des Mittelalters aus dem theologischen Kräftemessen der drei großen orientalischen Religionen Judentum, Christentum, Islam zu erklären. Von daher ist der Versuch, die geistige Situation des Mittelalters primär religionskausal darzustellen, insgesamt nicht ausreichend:

Nicht aus der Veränderung der Religion setzte sich die Neuzeit frei, sondern durch die sie sprengende Dynamik der wiederentdeckten säkularen Rationalität aristotelischer Vernunftphilosophie. Die treibende Kraft zur Säkularität war der antike heidnische Aristoteles, der zwar in allen mittelalterlichen Theologiemodellen drinsteckte, dessen Befreiung daraus aber die säkulare Freisetzung der Neuzeit bewirkte.

---

[1] Dazu Paul Schulz, Väter des Atheismus, Kapitel 2 (3):
Kaiser Friedrich II von Hohenstaufen und der säkulare Wandel inmitten des hochchristlichen Abendlandes. (In Vorbereitung)

Die große geistesgeschichtliche Leistung des Mittelalters war nicht

die theologische Scholastik, wenngleich hier natürlich immenses Geistespotential bewegt worden ist und sich das Denken in einer hohen theologischen Rationalität verdichtete. Dennoch blieb diese theologische Rationalität auf ein geschlossenes dogmatisches Denksystem beschränkt, das vor allem darauf aus war, althergebrachten Glauben gegen alle neuen Welterkenntnisse abzuschotten. Ihr eigentliches Ziel war mit jeder ihrer Formulierungen die Verhinderung von autonomer Vernunft eigenständiger Individuen, die zum Ziel die Durchsetzung des Säkularen hatten.

Die große geistige Leistung des Mittelalters dagegen war vielmehr

die erkenntnistheoretische Überwindung der Scholastik durch die Ausbildung einer säkularen Rationalität, die mit der Freisetzung der antiken Vernunftphilosophie des Aristoteles neu zum Durchbruch kam. Aus ihr erfolgte eine intellektuelle Befreiung aus dogmatischen Fesseln und damit die geistige Emanzipation der frei Denkenden.

Die Freisetzung dieser säkularen Rationalität hat fast 500 Jahre gedauert, in denen eigenständig denkende Menschen durch eine oft erbarmungslose Inquisition der kirchlichen Machthaber bekämpft und verfolgt wurden. Doch letztlich fand die säkulare Rationalität ihren Durchbruch in der europäischen Aufklärung im 18. Jahrhundert mit der allgemeinen Durchsetzung des autonomen Vernunftdenkens. Die wesentlichen Ergebnisse dieser Aufklärung waren:

- Die völlige Freisetzung naturwissenschaftlicher Forschung
  aus jedweder religiösen Bevormundung
  mit dem Grundrecht auf Denk- und Meinungsfreiheit.

- Die Vertreibung des absolut gesetzten christlichen Gottes
  durch die säkulare Vernunft (speziell durch Voltaire)
  und damit die Autonomie des Ich.

- Die Definition eines atheistischen Weltbildes
  und damit die neue Sicht der Wirklichkeit
  in Naturwissenschaften, Philosophie und Ethik.

1.2. Kritik der christlichen Zeitrechnung

Zur Geschichte der säkularen Rationalität im Abendland

(1) Kritik der christlichen Zeitrechnung

Unsere christliche Epocheneinteilung der abendländischen Geschichte ist falsch. Zumindest vermittelt sie ein völlig verzerrtes Bild von der geistesgeschichtlichen Entwicklung Europas in den letzten 3000 Jahren. Denn mit der Festlegung der Geburt Jesu als das Jahr Null unserer Zeitzählung wurde für die gesamte europäische Geschichte ein christlicher Zeitrahmen gesetzt, der bis heute alle nichtchristlichen Ereignisse unterordnet, ja, in ihrer Bedeutung bewusst abblendet, gar ausschaltet.

Die Kritik an dieser christlichen Zeitrechnung verschärft sich speziell unter dem Gesichtspunkt der Geschichte des Atheismus. Denn alles Denken ohne Gott ist auf dem Hintergrund christlicher Traditionen und ihrer Wertungen durch die Jahrhunderte hindurch verfolgt und unterdrückt worden. Wer Gott in Frage stellte, wurde als Ketzer diffamiert. Der Atheist war immer Outcast der wertegesetzten Gemeinschaft. Noch in unseren Tagen wird jedes Denken ohne Gott seitens der christlichen Kirchen als menschliche Fehlentwicklung verschrien, als prinzipieller Irrweg, der in die Verdammnis führt.

So hat Papst Johannes Paul II in seiner Enzyklika *VERITATIS SPLENDOR* - DER GLANZ DER WAHRHEIT vom 6. August 1993[1] der säkularen Welt jegliche Qualifikation abgesprochen, aus sich selbst heraus

---

[1] Verlautbarung des Apostolischen Stuhls 111. Enzyklika Veritatis splendor von Papst Johannes Paul II an alle Bischöfe der katholischen Kirche über einige grundlegende Fragen der kirchlichen Morallehre, 6. August 1993, Herausgeber: Sekretariat der Deutschen Bischofskonferenz, Bonn.

ethisch verantwortlich handeln zu können. Allein die katholische Kirche vertrete und bewahre das ethisch Gute in der Welt durch den Anspruch letztgültiger göttlicher Wahrheit in Jesus Christus: *"Die richtige Autonomie der praktischen Vernunft bedeutet, dass der Mensch ein ... vom Schöpfer empfangenes Gesetz als Eigenbesitz in sich trägt ... Würde eine solche Autonomie die Leugnung der Teilhabe der praktischen Vernunft an der Weisheit des göttlichen Schöpfers und Gesetzgebers einschließen oder einer schöpferischen Freiheit das Wort reden, die je nach den historischen Umständen oder der Verschiedenheit von Gesellschaften und Kulturen sittliche Normen hervorbringt, dann stünde eine solchermaßen bekämpfte Autonomie im Gegensatz zur Lehre der Kirche über die Wahrheit vom Menschen.*"

Mit dieser Behauptung des Moralmonopols der Kirche werden der säkulare Staat und seine Gesellschaft abgestuft zum Befehlsempfänger der christlichen Religion als der alleinigen Besitzerin letztgültiger Werte. Mitten in unserer modernen Welt wird dem weltlich-rationalen Menschen also jegliche gültige Selbstbestimmung abgesprochen. Der säkular verfasste Mensch wird als autonome, Werte setzende Instanz immer noch - oder gar wieder neu - entmündigt.

Insgesamt steht hinter der christlichen Zeitrechnung in vielfacher Form der absolute Anspruch der Überordnung des christlichen Glaubens über die säkulare Vernunft. Die christliche Zeitrechnung zentriert den Absolutheitsanspruch der christlichen Religion gegen alle anderen geistesgeschichtlichen Prozesse. Speziell die gesamte Entwicklung der säkularen Rationalität wurde durch die Jahrhunderte hindurch von der christlichen Religion bewusst bekämpft. Die zunehmende Fähigkeit des Menschen zu autonomer Vernunft ist von den Religiösen immer schon mit dem Einsatz radikalster Mittel unterdrückt worden.

Es könne, so Professor Yuhang auf dem Weltkongress der Historiker 2001 in Göttingen, generell keine sachgerechte Darstellung der Weltgeschichte innerhalb eines christlichen Zeitrahmens geben. Die christliche Religion sei nicht das geistige Weltzentrum, sei kein welthistorisches Richtmaß für die Geschichte der Menschheit. Deshalb sei die christliche Zeitrechnung mit dem Präsentationskonzept ihrer einseitigen, speziell christlichen Selbstdarstellung und Vorteilsnahme nicht geeignet und befähigt zur gleichberechtigten Darlegung der Breite aller welthistorischen Geisteskräfte.

Mit Professor Yuhang war zum ersten Mal ein Historiker Chinas auf einem westlichen Historikerkongress. Unter Zustimmung vor allem von Kollegen anderer nichtchristlicher Kulturen forderte er, dass die Entwicklung der einzelnen Kulturen in sich und zueinander unter einem welthistorischen Gesamtkonzept ganz neu beschrieben werden müsste. Nur wenn ein wertneutraler - gerade auch zeitlich generalisierender - Überbau gefunden würde, könne es so etwas wie eine allgemeingültige Geschichte der Menschheit geben.

Diese Grundsatzkritik trifft übertragen ebenso auf die Geschichtsschreibung des Abendlandes zu. Denn die christliche Religion ist auch nicht das Zentrum der Geistes- und Ideengeschichte Europas, so total sie auch versucht hat, alle anderen geistigen Entwicklungen unterzuordnen, gar zu vernichten. Gerade in dem Maße aber, in dem heute die christliche Vormachtstellung in unserer Gesellschaft abnimmt, wird endlich deutlicher sichtbar, dass ganz andere geistige Entwicklungen das moderne Abendland geprägt haben und prägen als die christliche Glaubensideologie.

Von daher formuliert sich der Ansatz unserer Untersuchung im scharfen Gegensatz zu jeder christlich orientierten Position: Unsere moderne Gesellschaft geht auf Wurzeln zurück, die völlig außerhalb der christlichen Religion liegen. Dabei geht es primär um die außerordentliche geistesgeschichtliche Bedeutung der säkularen Rationalität und mit ihr um die uralte Stellung des Atheismus im antiken Abendland. Genau also um die geistigen Kräfte, die das Christentum immer bekämpft hat, die aber schon lange die geistige Grundlage Europas bildeten, bevor die christliche Religion überhaupt entstand.

Dieses dem Christentum vorausgehende antike geistig-kulturelle Abendland gilt es, als wesentlich für unsere Welt heute ganz neu ins Bewusstsein zu rücken. Nach der ersten Renaissance (etwa von 1350 bis 1550) und der zweiten Renaissance, der deutschen Klassik seit Winkelmann und Goethe (etwa von 1770 - 1820), die jeweils am Christentum vorbei auf die Antike zurückgriffen und dadurch völlig neue kulturelle Strömungen in Gang setzten, muss heute eine dritte Renaissance entfacht werden: In ihr ist speziell gegen das christliche Moralmonopol ein säkulares Weltethos, eine utilitaristische Humanität im Sinne der Vernunftphilosophie des antiken Abendlandes wach zu rufen und durchzusetzen.

Um dies entwickeln zu können, setzen wir für unsere weiteren Überlegungen zunächst einen anderen Zeitrahmen für die gesamte europäische Geistesgeschichte, um so schon rein formal die Geschichte der säkularen Rationalität und damit zugleich die Geschichte des Atheismus im Abendland von der fatalen christlichen Umklammerung zu befreien und ihr ein ihrer historischen Bedeutung adäquates Gewicht geben zu können. Dazu folgende Graphik:

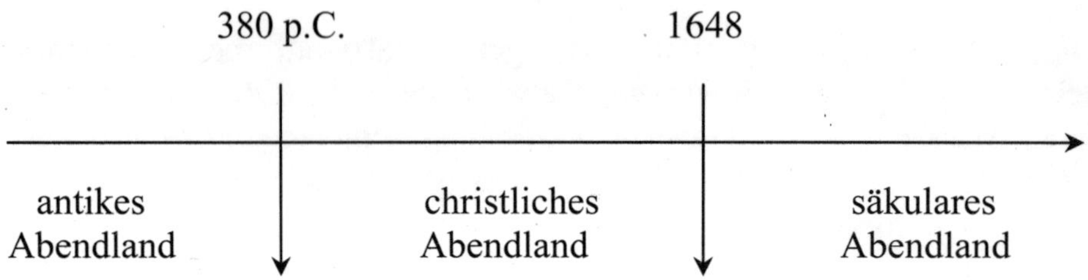

Mit dieser Gliederung der abendländischen Geistesgeschichte rücken zwei historische Daten stärker in den Vordergrund, die für die europäische Geschichte bisher keine so dominante Bedeutung hatten:

- ***Das Jahr 380 nach Christus,***

  das Ablösejahr des heidnisch-antiken Abendlandes. Der römische Kaiser Konstantin hatte schon 313 die neue christliche Religion in den Stand einer reichsnützlichen Institution (religio licita) erhoben. Gebunden an die Kaisermacht war das Christentum damit primäre Staats- und Kulturmacht des Römischen Reiches. 366 wurden alle römischen Religionskulte verboten, 380 die christliche Religion zur alleinigen Staatsreligion erklärt.

- ***Das Jahr 1648 nach Christus,***

  das Ablösejahr der christlichen Zentralherrschaft unter der machtpolitischen Doppelspitze Kaiser - Papst. Durch den Ausgang des dreißigjährigen Krieges war der Absolutheitsanspruch der katholischen Kirche und des Kaiserreichs im Kern zerschlagen. Das Ende der christlichen Theokratie. Mit diesem Strukturwechsel vollzog sich zugleich der Aufstieg säkularer Staaten und säkularer Gesellschaftsstrukturen.

Durch diese Datensetzung markieren wir die klaren Umrisse für die drei in sich eigenständigen Epochen der europäischen Geistesgeschichte, nämlich für

- ***das antike Abendland:***

  Es ist jener Zeit- und Kulturraum, in dem im Widerstreit mit der griechischen Mythologie und Religion die säkulare Vernunftphilosophie entsteht. Ihre logische Rationalität schafft völlig neuartige geistige Strukturen - von der Staatsform der Demokratie über die Geistesfreiheit der Wissenschaft bis hin zur säkularen Morallehre. Gerade auch die Ethik ist ein zentrales Thema dieser naturphilosophischen Geistesepoche. Ihre Tugendlehre hat einen ganz hohen Stellenwert.

- ***das christliche Abendland:***

  Es ist jener Zeit- und Kulturraum, in dem die expandierende christliche Kirche alles weltliche Denken zunehmend mit dem absoluten Anspruch ihrer Glaubensideologie dominiert und alles ihr vorausgehende Geistige gezielt zerstört. Ihr Absolutheitsanspruch lässt nichts neben ihrer eigenen Wahrheitsbehauptung gelten. Nach der Aristoteles-Renaissance im Mittelalter gerät sie schon bald immer stärker in Auseinandersetzung mit der wieder erstarkenden säkularen Rationalität. Diese neuen säkularen Denkansätze werden von ihr jedoch mit aller Gewalt unterdrückt.

- ***das säkulare Abendland:***

  Es ist jener Zeit- und Kulturraum, in dem sich das weltliche Denken aus der Unterdrückung der Kirche befreit und sich autonom in mannigfaltiger Weise auf allen Gebieten menschlicher Betätigung frei entwickelt. Jetzt bilden sich - oft im Rückgriff auf die Antike an der Kirche vorbei - neue Gesellschaftsformen. Es entsteht eine nahezu unbegrenzte Flut von Erkenntnissen, die fast in allen Punkten die christlich-religiösen Vorstellungen aufheben und ein völlig neues Weltbewusstsein schaffen. Der Erfahrungshorizont der Menschen öffnet sich nahezu unbegrenzt.

(2) Der Primat der griechischen Vernunftphilosophie in der abendländischen Geistesgeschichte gegenüber der christlichen Religion

Unsere Zeiteinteilung belegt eindeutig und unmissverständlich: Schon Jahrhunderte vor der Entstehung der christlichen Religion hat es eine abendländische Kultur gegeben von höchster geistiger Qualität: Die altgriechische Philosophie einerseits und das altrömische Weltverständnis andererseits. Beide zusammen bildeten das eigenständige Kulturbewusstsein des damaligen antiken Abendlandes.

Das "Antike Abendland" umfasste dabei als einen einheitlichen Kulturraum zunächst das Stammland Griechenland mit Öffnungen zur Küste Kleinasiens und nach Sizilien; dann aber auch Italien mit Öffnungen nach Spanien, Gallien und Britannien, schließlich auch nach Germanien. Es ist jener Bereich, der später in etwa das zentrale Europa bildet, das Kerngebiet der heute entstehenden Europäischen Union.

In diesem Kulturraum "Antikes Abendland" hat sich vor etwa 2.600 Jahren in einzigartiger Weise säkulare Rationalität entwickelt. Denker wie Thales, Pythagoras, Heraklit, Demokrit, Parmenides, Xenophanes, Protagoras haben sich als überhaupt erste Menschen auf die reine Vernunft berufen. Sie alle waren Griechen, und ihre vernunftgemäßen Denkansätze liefen zu auf die bedeutendsten Vernunftdenker der Antike, auf Sokrates, Platon und Aristoteles. Auch sie waren Griechen.

Die Vernunftphilosophie der alten Griechen ist somit überhaupt die erste Loslösung des denkenden Menschen aus dem mythischen Weltverständnis. Der so rein weltlich denkende Mensch stieg damals zum ersten Mal aus religiösen Erklärungsmodellen der Wirklichkeit aus, indem er in seinem Nachdenken über sich selbst und die Welt auf die Vorstellungen von Göttern verzichtete. Stattdessen vertraute er allein auf seine rein weltbezogene Erkenntnisfähigkeit. Dieser autonome antike "Vernunftmensch - ohne Gott" wurde Ausgangspunkt für alle späteren säkularen Wissenschaften. Sein Denkansatz bildet die Grundlage für unsere moderne Welt heute "urbi et orbi".

Im schärfsten Gegensatz dazu: Die christliche Religion ist nicht in diesem "antiken Abendland" entstanden. Sie ist somit nicht originär abendländisch-europäisch.

Die christliche Religion ist vielmehr im nahöstlichen Raum entstanden, in jenem Kulturkreis also, den schon die Antike als "Orient" bezeichnete. Mit der Bezeichnung "Orient - Morgenland" sollte ganz bewusst die dort herrschende Denk- und Lebensweise distanziert werden von der konträren Denk- und Lebensweise im "Okzident - Abendland". Zugespitzt formuliert ist folglich das Christentum in seinen Wurzeln orientalisch. Es ist dem westlichen Abendland von seinem Ursprung her ebenso fremdartig wie später dann auch der Islam. Auch der ist orientalisch. Zusammen mit dem Judentum gehören Christentum und Islam in den vorderasiatischen Religionsraum und gründen mit ihren Wurzeln ganz wesentlich in semitischen beziehungsweise in arabischen Vorstellungen.

Diese jüdisch-christlich-islamische Religionswelt des Morgenlandes gründet nicht in der griechisch-römischen Vernunftphilosophie und damit nicht in deren säkularen Rationalität. Sie bildet gegenüber dem antiken Abendland eine völlig eigenständige geistige Welt durch ihren absoluten Glauben an einen Gott. Alles Bewusstsein innerhalb dieses Religionsraumes ist monotheistisch bestimmt, der eine Gott umfasst Anfang und Ende allen Seins.

Diese absolute Dominanz des einen Gottes wird noch dadurch radikalisiert, dass alle wahre Erkenntnis als von Gott vorgegeben behauptet wird und nur durch Gott selber zugänglich ist, indem er diese den Menschen offenbart, also aus seiner transzendenten Welt kundtut. Wahres Wissen, wahres Erkennen, wahren Geist gibt es deshalb nur innerhalb von Gott gegebener Offenbarung.

Die Grundhaltung des Menschen in diesem jüdisch-christlich-islamischen Religionsraum ist, dem offenbarten Wort dieses einen Gottes zu glauben und seinem Willen zu gehorchen. Jeder Nichtglaube, jedes Nichtgehorchen ist feindliches Verhalten gegen Gott. Speziell autonomes Denken, Denken des Menschen aus sich selbst heraus, ist Abwendung von Gott. Jeglicher Anspruch des Menschen auf eigenständige Vernunft bedeutet deshalb Ausbruch aus dem von ihm verlangten Glaubensgehorsam, ist Symbol des menschlichen Sündenfalls und steht deshalb unter der unerbittlichen Bestrafung Gottes.

Die griechisch-römische Vernunftphilosophie einerseits und die orientalisch-christliche Religion andererseits stehen also von ihrem jeweiligen Ursprung her wie Feuer und Wasser in diametralem Gegensatz zueinander:

autonomer Mensch	*gegen*	absoluten Gott
auf Zukunft ausgerichtete Wissens- und Erkenntnissuche	*gegen*	ewig vorgegebene Offenbarungswahrheit
Denkfreiheit	*gegen*	Glaubensgehorsam
Selbstverantwortung	*gegen*	Erfüllungsmoral
Diesseitige Daseinsgewissheit	*gegen*	Jenseitige Heilserwartung

In dieser grundsätzlichen Polarität hat sich die abendländische Geistesgeschichte vollzogen. Es ist immer ein dramatischer Kampf gewesen um die menschlichen und psychologischen, um die sozialen und kulturellen, um die religiösen und im eigentlichen Sinne theologischen Grundpositionen zwischen einer säkularen Welt mit ihrem Vernunftdenken und der christlichen Welt mit ihren absolut gesetzten Glaubensdogmen - bis heute.

Die Wiederentdeckung der Vernunftphilosophie der antiken Kultur als geistesgeschichtliches Kontra gegen die monotheistische Religion in jüdischer, christlicher und islamischer Ausprägung ist von großer Bedeutung für die geistige Zukunftsgestaltung unserer Welt. Ein vernunftbedingtes, säkulares Weltbewusstsein ist die einzige Chance, auf atheistischer Basis eine gemeinsame multikulturelle und multireligiöse Welt zu schaffen, in der die Völker in gegenseitiger Anerkennung leben können.

Auf dieser Basis definieren wir gemäß unserer obigen Zeit-Graphik die Geschichte des Atheismus im Abendland insgesamt als einen geistesgeschichtlichen Dreischritt:

1. Schritt

Atheismus - und das antike Abendland

Der abendländliche Atheismus ist älter als jedes Christentum, denn schon 500 Jahre vor der christlichen Religion sind es die ersten griechischen Philosophen gewesen, die nicht mehr nach den Göttern oder nach Gott gefragt haben, sondern nur noch rein säkular, rein weltimmanent gedacht und somit die Grundlage des Atheismus geschaffen haben. Der abendländische Atheismus ist also wesensnotwendig begründet in der säkularen Vernunftphilosophie der antiken Griechen und nach ihnen der Römer.

Der Atheismus ist somit nicht erst im ursächlichen Kontra zum Christentum entstanden. Das Denken ohne Gott hat seinen Ursprung überhaupt nicht in der Auseinandersetzung in oder mit der orientalischen Glaubenswelt - weder im Jüdischen, noch im Christlichen und schon gar nicht später im Islamischen. Natürlich gab es auch dort jeweils in einzelnen Glaubensfragen Abweichungen, Differenzierungen, Gotteszweifel als persönliches Verlorenheitsgefühl. Deren monotheistischer Glaubensgehorsam aber ließ prinzipiell keinerlei Spielraum zu für ursächliche Erkenntnisse ohne Gottesbezug.

Atheismus ist entstanden in der griechisch-römischen Vernunftphilosophie infolge des autonomen Denkens des Menschen - ganz egal, was die Religiösen in welcher Form auch immer meinten. Das Denken ohne Gott zeigte sich schon damals als völlig eigenständiges Bewusstwerden des Menschen, der die Natur und die Welt allein aus sich selber heraus zu erkennen suchte - völlig unabhängig davon, was "Theologen“ dazu dachten. Das In-der-Welt-Sein war schon damals unabdingbar Ziel diesseitig denkender Menschen - unabhängig davon, in welch jenseitige Welten Fromme flüchteten.

Insofern ist der damalige Atheismus ursächlich keine Protestbewegung gegen Religion gewesen, denn er hat sich als Denken ohne Gott keineswegs aus einem speziellen Interesse am Kontra zur Religion entwickelt. Das erwachende weltliche Denken war vielmehr angetrieben durch die Neugierde, den Dingen selbst auf den logischen Grund zu gehen. Insofern waren weltliche Erkenntnisse für die ersten Vernunftphilosophen auch nicht deshalb ergebnisfähig, weil sie sich gegen die Religion wendeten, sondern nur insoweit, als sie eine in sich überzeugende logische Schlüssigkeit erlangten.

Atheismus ist deshalb in seinen Ursprüngen in der griechischen Geistesgeschichte Ausdruck eines zunehmenden individuellen Denkdrucks von philosophischen Menschen gewesen, die versucht haben, Sein und Existenz, Leben und Politik, Werte und Moral aus säkularen Erkenntnissen heraus zu erklären. Sie waren in ihrer Ersterfahrung einer säkularen Wirklichkeit fernab von gezielter Religionskritik, waren eher selbst betroffen und erschrocken.

Nahezu immer aber entstand gegen die neuen säkularen Erkenntnisse ein oft erbarmungsloser Kampf der Religionsvertreter, die sich durch die philosophischen Neuerfindungen in ihren religiösen Mythen und Dogmen bedroht sahen. Da sie in der Regel unfähig waren, die weltlichen Argumente logisch argumentativ zu widerlegen, diskriminierten sie die säkularen Philosophen in Person. Sie verfolgten sie mit Gottlosigkeitsprozessen und jagten sie mit der Todesstrafe. Sie versuchten so immer wieder, jedwedes Denken und Reden ohne Gott im Kein zu ersticken. Allen voran der Vernunftphilosoph Sokrates wurde so ihr prominentestes Todesopfer.

Doch der Realitätsdrang des denkenden Menschen war zu stark. Sein Weg vom Mythos zum Logos, vom spekulativen Glauben zum objektiven Erkennen löste einen gewaltigen Entmythologisierungsprozess aus, der schließlich zum totalen Zusammenbruch der gesamten olympischen Götterwelt der antiken griechisch-römischen Religion führte. Als das Christentum seinen Siegeszug im Römischen Reich antrat, da waren die Fundamente der Olymp-Religion unter dem Druck des Vernunftdenkens längst geborsten. Ihr völliger Untergang war nur noch eine Frage der Zeit.

2. Schritt:

Atheismus - und das christliche Abendland

Der Atheismus ist auch nicht ein späteres Abfallprodukt der christlichen Religion. In diesem Ansatz hat gerade die neue "Geschichte des Atheismus" von Georges Minois[1] ihre prinzipielle Schwäche. Minois setzt in seiner Untersuchung einen katholischen Glaubenskanon voraus und definiert alles davon Abweichende als atheistisch: Ketzer, Pantheisten, Deisten, Agnostiker, Indifferente - ein einziges "Sammelsurium von Ungläubigkeit". Genau eine solche ursächliche Denkabhängigkeit des Atheismus vom christlichen Status erscheint uns sachlich falsch.

Denn in dem Augenblick, in dem die christliche Religion aus dem Osten kommend in das antike Abendland vordrang, prallte sie natürlich in voller Schärfe auch auf die dort bestehende Vernunftphilosophie. Sofort standen sich christliche Glaubenswelt und griechisch-römische Vernunftwelt diametral entgegen, eben als Prinzipienstreit: Absoluter Gott contra autonomer Mensch.[2]

Mit der Einsetzung zur neuen Staatsreligion im ganzen römischen Reich gelang der christlichen Religion ein triumphaler Siegeszug. Die Anhänger des großen griechischen Vernunftdenkers Aristoteles wurden vertrieben. Die "heidnische" Vernunftphilosophie wurde nahezu ausgerottet. Das Ergebnis war die totale Durchsetzung der christlichen Glaubensideologie.

Dass der Atheismus also nicht erst infolge des Christentums entstanden ist, erweist sich allein aus der Tatsche, dass er im Abendland schon bestand, als das Christentum sich ausbreitete und mit ihm auseinandersetzen musste. Dass dabei der antike Atheismus in vielfältigen Erscheinungsformen ebenso diffus war wie die verschiedenen römischen Religionskulte, hebt diese These nicht auf. In sich konse-

---

1 Geeorg Minois, Geschichte des Atheismus, Weimar 2000.

2 Wir verweisen hier nur auf die berühmte (fingierte oder nicht) Areopagrede des Apostel Paulus in Athen (Apostelgeschichte Kapitel 19), in der er mit seiner religiösen Botschaft von der Auferstehung der Toten durch Christus bei den philosophierenden Athenern ziemlich peinlich abblitzt.

quente Denksysteme gab es damals überhaupt nicht. Doch allein die Tatsache, dass Justinian, der christliche Überkaiser aus dem oströmischen Reich, 597 alle griechischen Philosophenschulen im Reich verbot, zeigt die aktuelle Bedeutung der Vernunftphilosophie.

Doch dann wiedererstand im Mittelalter mit der Wiederentdeckung des Aristoteles über die großartige arabische Philosophietradition des 8. bis 11. Jahrhunderts die aristotelische Vernunftphilosophie und damit das Faszinosum der autonomen Vernunft als ein gewaltiger Einbruch in die christliche Theologie und Glaubenswelt. Ihr folgte mit der "Renaissance als der Wiedergeburt der Antike" ein Kampf der Durchsetzung der säkularen Rationalität auf allen geistigen Gebieten.

Dieser dramatische Vernunftaufbruch konnte von der Kirche nur mit brutaler Inquisition niedergehalten werden, ein beispielloser Unterdrückungskampf über Jahrhunderte hindurch. Zunächst war die Inquisitionsbehörde von Papst Innozenz III speziell gegen die beiden Gegenkirchen, gegen die Waldenser und Katharer, gerichtet. Doch im weiteren Verlauf wurde diese Behörde immer schärfer der Widerpart zu der wiedererstarkenden Vernunftphilosophie bis weit in die Renaissance hinein, über Giordano Bruno und Galileo Galilei hinaus.

Die Geschichte des christlichen Abendlandes ist so zum ganz großen Teil Kampf um die säkulare Rationalität, wobei sich jetzt im Rückgriff auf die Antike ganz ansatzweise mitten im christlichen Abendland ein erster systematischer Atheismus regt als radikale Infragestellung der absolut gesetzten christlichen Glaubenswahrheiten.

Diese gerade auch gesellschaftlich immer wieder neu erkämpfte geistige Freiheit gegen das christliche Glaubensdiktat lag im persönlichen Mut und Risiko des Atheisten selbst. Er war immer wieder vor die Frage gestellt, ob sein Mut zur eigenen Meinung von ihm höher gewertet wurde als die radikale Unterdrückung durch die Kirche. Viele haben den Mut nicht aufgebracht aus Angst nicht nur vor körperlicher Gefährdung, sondern auch vor dem Heilsverlust nach dem Tod. Nur wirklich mutige Männer und Frauen haben grundsätzliche Veränderung bewirken können.

3. Schritt

Atheismus - und das säkulare Abendland

Der Zusammenbruch der christlichen Theokratie mit dem Ende des Dreißigjährigen Krieges 1648 setzte auf breiter Basis eine neue geistige Freiheit in Gang - die "Aufklärung", das Zeitalter der autonomen Vernunft. Zunächst in England, dann in Frankreich, schließlich auch in Deutschland und anderen europäischen Staaten. Als Auslöser sehen wir

Pierre Bayle (1647-1705).[1]
In Frankreich geboren, war er in jungen Jahren während seines Studiums in Toulouse zum Katholizismus übergetreten, fasziniert von der strengen Glaubenslogik seiner jesuitischen Lehrer. Seine protestantische Familie reagierte entsetzt.

Doch schon bald löste er sich aus der katholischen Glaubenssystematik und wurde zu einem radikalen skeptischen Geist. In ihm persönlich vollzog sich ein geistiger Auf- und Umbruch, der dann die Kraft der nachfolgenden Aufklärung wurde. Einerseits kritisierte er mit seiner pedantisch genauen Arbeitsweise alle Fragwürdigkeiten der Bibel und jedes religiösen Dogmatismus und geriet damit in harte Auseinandersetzung mit der Kirche. Andererseits nahm er alles in Schutz, was sich als atheistisch definierte, galt selber als Atheist. Er musste Frankreich verlassen als einer der letzten freien Denker, die unter der Bedrohung durch den Feuertod der Inquisition standen.

Sein bahnbrechendes Werk, das DICTIONNAIRE HISTOIRIQUE ET CRITIQUE, 1695-97 geschrieben, hat die Aufklärung in Frankreich ganz entscheidend vorangetrieben, war 200 Jahre das Standardwerk der neuen Vernunftphilosophie und aufgeklärten Weltsicht.

Seine These aus seinem DICTIONNAIRE, *Ich könnte mir eine Gesellschaft der Atheisten* vorstellen, hat damals die christliche Welt erschüttert und zugleich alle neuen geistigen Kräfte angefeuert, die Welt nach säkularer Vernunft zu konditionieren.

---

1 Besonders ausführlich die biographische Einleitung von Fritz Mauthner in: Der Atheismus und seine Geschichte im Abendland, Bd. II, S. 248 ff.

Mit der Aufklärung als der neuzeitlichen Vernunftphilosophie kamen alle jene säkularen Ansätze ganz neu zur Wirkung, die sich bereits in der säkularen Philosophie des antiken Abendlandes entwickelt hatten.

Aus dieser Freisetzung ergab sich die Gestaltung eines neuen Abendlandes in fünf zentralen geistigen Positionen, von denen keine einzige christlich ist, sondern jeweils in schärfster Form konträr zu christlich-religiösen Grundsätzen steht:

1. **Die säkulare Republik**

   gegen die absolutistische Monarchie des Christentums.

2. **Die demokratisch verfasste Rechtsform**

   gegen die Gottesgerechtigkeit des Christentums.

3. **Die Denkfreiheit der naturwissenschaftlichen Forschung**

   gegen die dogmatische Bevormundung durch das Christentum.

4. **Die freie Persönlichkeitsentfaltung des Individuums**

   gegen die heilsgeschichtliche Reglementierung des Christentums.

5. **Mit der radikalen Trennung von Staat und Religion**

   die demokratische Bildung einer neutralen säkularen Weltregierung

   zur Ermöglichung und Sicherung größtmöglicher Entfaltung aller eigenständigen Kulturen und Religionen

   als höchst definierbares Ziel einer atheistischen Weltpolitik auf Zukunft hin

   gegen den Absolutheitsanspruch des Christentums gegenüber anderen Kulturen und Religionen in der Welt.

(3) *Das Abendland als Initialkultur der säkularen Rationalität*

In keinem Kulturkreis der Erdgeschichte hat es eine derartige Entwicklung der menschlichen Vernunft gegeben wie im Abendland. Natürlich haben sich auch in den anderen alten Kulturen Ansätze zu wissenschaftlichem Denken mit sensationellen technischen Fortschritten entwickelt. Bei den Sumerern schon bezeugt ihre Schrift eine hohe abstrakte Denkleistung. Im alten Babylon die Erfindung des Rades, in China die Erfindung des Kompass, in Indien die Ausbildung der Algebra, in Ägypten die Entwicklung der Bewässerungstechnik des Nil - alles Ergebnisse großartiger Denkleistung.

Dennoch sind all diese Erkenntnisse und ihre Erfindungen in singulären Ansätzen stecken geblieben, weil sich in keinem dieser Kulturkreise aus den Einzelbeobachtungen heraus eine analytische Erkenntnisfolge entwickelte. Es entstand keine logische Rationalität, in der komplexe Wirkungsprinzipien der Natur erkannt wurden.

Allein im Abendland vollzog sich dieser Erkenntnisprozess nicht hier oder da einmal als vereinzelte Zufallstreffer, sondern in zunehmender Erkenntnisdichte zu immer umfangreicherem Wissen. Es wurde hier auch sehr schnell in neue weltliche Theorien hinein systematisert, logische Gedankenfolgen entwickelt und Schlussfolgerungen gezogen, die dann immer wieder zu neuen Fragen führten, an deren Lösungen sich immer mehr Menschen beteiligten.

Erst und nur im Abendland entwickelte sich - zuerst bei den alten Griechen - eine weiterführende Methode der säkularen Rationalität, eine weltlichen Vernunft, mit der die neuen Denker alles daran setzten, die Welt nicht mehr wie bisher mythisch-religiös zu erklären, sondern schlicht ganz weltlich, so wie sie sie direkt sehen und fühlen konnten, wie sie sie real wahrnahmen.

Dieser Umbruch in der abendländischen Kultur wird wissenschaftsgeschichtlich durch einen Vorgang markiert, der vor 585 vor Christus in der Stadt Milet in Kleinasien stattfand. Milet war damals eine blühende Handelsstadt ionischer Griechen in Kleinasien. mit starkem geistigen und politischen Freiheitsdrang. In diesem Milet lebte

Thales (625 bis-547 vor Christus)
Er war innerhalb der Stadt und auch darüber hinaus sehr einflussreich. Er war hochgebildet, an objektiven Naturvorgängen brennend interessiert. Die alten Griechen zählten ihn zu ihren sieben Weisen.

Im Jahre 586 vor Christus sagte Thales von Milet seinen Mitbürgern für das kommende Jahr auf den 28. Mai 585 eine totale Sonnenfinsternis voraus. Das war eine geistesgeschichtliche Sensation, das Urdatum der säkularen Vernunft, denn Thales von Milet berechnete den Eintritt einer Sonnenfinsternis als erster Mensch mittels mathematischer Logik. Seine Berechnungen gingen dabei wohl zurück auf die babylonische Periodenbeobachtung, die er auf einer Reise nach Ägypten kennen gelernt hatte.

Seine frommen Mitbewohner hatten ihn zunächst verlacht und verhöhnt. Die Sonne galt ihnen als Gottheit. Könige hatten vorher ihre Kriege abgebrochen, wenn Erscheinungen am Himmel wie Mond- oder Sonnenfinsternisse eintraten. Sie sahen darin die unmittelbare Gegenwart der Gottheit. Sie sahen überhaupt in allem göttliche Wesen, lebten völlig in einem religiösen Raum.

Dagegen nun dieser Mann, ein kluger zwar, doch wie konnte er vorausbehaupten, was doch nun wirklich nur die Götter selber wissen konnten. Es war wirklich lächerlich und anmaßend von ihm. Deshalb begegneten sie ihm auch mit großer Häme, erzählten eine Geschichte über ihn, die uns überliefert ist: Er sei beim Beobachten des Sternenhimmels in eine Grube gestürzt. Eine Magd hätte ihm zugerufen: Über die Gestirne willst du etwas sagen, und weißt nicht einmal über die Erde Bescheid. In diesem Wort verdichtete sich die ganze fromme Volkswut über seine erkenntnismäßige Anmaßung.

Doch es kam ganz anders. Punktgenau trat die Sonnenfinsternis ein und damit war eine völlig neue Situation geschaffen: Es war passiert, was er gesagt hatte. Waren die Leute schon vorher ungehalten, so gerieten sie jetzt völlig aus der Fassung. War es nicht doch auch gefährlich, dass dieser Mann das konnte?

Thales erklärte ihnen, dass es gar nicht schwer sei. Man müsse nur seine Vernunft richtig benutzen, dann könne es jeder. Das ginge nämlich so - und dann rechnete er ihnen das vor. Aber die Leute müssen gar nicht richtig zugehört haben. Sie wurden immer ärgerlicher. Denn irgendetwas war in ihnen zerstört. Ihre alten Geschichten, die sie schon von Kindheit an geglaubt hatten, die waren nun plötzlich nicht mehr so wie vorher. Was sollten sie jetzt von ihren Göttern halten, wenn jemand über sie so einfach Dinge berechnen konnte. Sie jagten Thales kurzentschlossen aus der Stadt.

Als Thales in die Stadt zurückkehrte, hatte er erneut nachgedacht - über die Frage, was denn wohl der Urstoff der Welt sei. Die Leute, die ihn beobachteten, sagten: Der denkt wieder. Eines Tages stellte er ihnen in der Öffentlichkeit seine neue These vor, er sagte: Nach seiner Meinung sei der Urstoff der Welt das *Wasser*.

Da waren aber plötzlich auch andere da, die sich zu Wort meldeten. Anaximinis sagte: Viel wahrscheinlicher sei als Urstoff die *Luft*. Anaximander meinte: Sicher sei der Urstoff des Seins das *Unbegrenzt Stoffliche*, aus dem alles entstanden sei. So entwickelte sich ein erster spannender Dialog, denn jeder konnte seine Meinung erklären und begründen. Das war natürlich noch keine naturwissenschaftliche Forschung, aber doch ein intensives Nachdenken über das, was wirklich ist. Überraschend nüchtern waren diese ersten Denker. Wirklichkeitsfanatiker. Materialisten, denn sie dachten die Materie als Seinsgrund. Ihr Denken setzte eine Kette von Vernunfterklärungen in Gang.

Als viel später die Römer die Weltmacht übernahmen, setzen sie das Denken der Griechen fort. Die Römer waren eher Juristen, ausgezeichnet mit einem scharfen Sinn für formale Strukturen. Sie übersetzten das griechische logos mit ratio. Dabei gab die lateinische Denkweise dem logos als einem vernunftmäßigen Denken eine neue Qualität, gleichsam eine formaljuristische Strenge. "Logisch" bekam von daher als "rational" den Charakter einer unbestechlichen Beweisführung: Ausgehend von einem festen Grund (causa) läuft dessen Wirkung bis zu einem Endpunkt (finis) zwingend ab. Jeder Tatbestand, jedes Geschehen, lässt sich demnach durch logisches Erklären auf seine ihm eigene spezifische Ursache zurückführen. "Rational" bezeichnet damit eine unabdingbare Kausalität, bedeutet zugespitzt: Die Kausalität einer Sache aufdecken zu können als eine Kette in sich zwingend ablaufender Wirkungsursachen (causae).

Ein wesentlicher Erkenntnisfortschritt auf einem langen Denkweg in die strengen abendländischen Naturwissenschaften.

(4) Zur altgriechischen Tugendlehre

Der Beginn der säkularen Ethik

Vom alten Griechen Diogenes aus Sinope, dem Mann in der Tonne, ist folgende Geschichte überliefert:

- Eines Tages, als er sich sonnte, trat der mächtige Alexander der Große an ihn heran und sagte: *Fordere von mir, was immer du dir wünscht …*, worauf Diogenes in der Tonne antwortete: *Geh mir aus der Sonne ….*

Von eben diesem Diogenes ist auch dies überliefert:

- Am helllichten Tag lief er mit einer angezündeten Laterne über den Marktplatz, leuchtete damit jedem ins Gesicht und murmelte dabei immer wieder: "*…ich suche einen Menschen… ich suche einen Menschen.*

- Wenige mögen den Alten damals verstanden haben. Deshalb rief er eines Tages laut: *Heda, Menschen, kommt her!* Und als sie herbeiliefen, schlug er mit einem Stock wild auf sie ein und schimpfte: *Menschen habe ich gerufen, nicht Unflat!*

Diogenes von Sinope[1] (412-323 vor Christus) gehörte zum Philosophenkreis der Kyniker. Er lebe sehr bescheiden, als Wanderphilosoph mal hier mal da. Er war bekannt auch durch seinen Witz, mit dem er aber immer einen tieferen Sinn vermitteln wollte.

Mit diesem Diogenes machte die altgriechische Philosophie damals vor 2500 Jahren eine epochale Entdeckung: Gemessen an dem, was ein Mensch sein könnte, ist nicht jeder Mensch ein Mensch. Um ein Mensch zu sein, braucht es mehr als nur zur Spezies der Hominiden zu gehören.

---

[1] Von diesem Diogenes von Sinope wissen wir doch einiges durch Überlieferung des Biographieensammlers Diogenes Laertius in seinem Werk: Leben und Meinungen berühmter Philosophen, Hamburg 1990, 3. Aufl.

Nicht der Ist-Zustand beschreibt das Humanum, sondern der Soll-Zustand. Der Mensch muss wachsen, nicht nur körperlich. Er muss zu dem werden, was er als Mensch im Optimum sein könnte. Das Wachstum ist also das Entscheidende. Deshalb ist der Mensch immer zu sich selber auf dem Weg. In seiner Veränderung liegt sein Wesen.

Das bedeutet: Der Mensch ist nicht, der Mensch wird. Dieses Werden treibt das Suchen des Menschen nach sich selbst voran, nach Maßstäben, nach Werten, nach Sinn, nach Glück, nach Erfüllung.

Mit diesem **gnothi seauton - erkenne dich selbst**,
beginnt die säkulare Ethik. Auf sie hin zielte der Anstoß des Diogenes, sein radikales Fragen nach Menchlichkeit. Mit ihr befassten sich die großen Philosophen Sokrates, Aristoteles und auch Epikur.

Vor dieser altgriechischen Vernunftphilosophie war diese Erkenntnis nicht da. Bis in die Zeit der Philosophie war das menschliche Handeln ohne vernunftgemäße Begründung gewesen. Noch nie hatte irgendjemand eine plausible Antwort gegeben, warum denn moralisch gehandelt werden sollte und wie.

Voraus ging nur das herrschende religiöse Bewusstsein mit der Forderung nach einem den Göttern wohlgefälligen Leben, wobei dabei durchaus die Forderungen unterschiedlicher Götter in sich in widersprechender Konkurrenz standen. Denn auch die Götter selbst waren kein moralisches Vorbild in ihrer ichbezogenen und eifersüchtigen Lebenshaltung. Allzumal Zeus in seinem luderlichen Lebenswandel unter den Augen Heras war nicht vorbildfähig für eine allgemeine Morallehre und für sittliche Reife.

Eben weil die Götter kein Vorbild für das "Tugendhafte" waren, mussten die Menschen selber über die Tugend und die Tugenden, wie die Griechen das gute Handeln nannten, nachdenken und es begründen. Von daher gibt es in der griechischen Philosophie den Zwang, über das Verhalten eigenständig mit weltliche Logik nachzudenken. Es wurde zu einem gewichtigen Schwerpunkt ihrer Philosophie überhaupt. Und wie sie die Naturprobleme mit reiner säkularer Rationalität angepackt hatten, so gestalteten sie dann auch ihre Ethik mit reiner säkularer Rationalität.

Allem voran Sokrates. Er hat mit seinem ständigen Fragen nach dem Logos, nach dem Letztgültigen das Bewusstsein dafür geöffnet, dass der Mensch zu Größerem verpflichtet ist. Er nannte dieses Größere das Summum Bonum, das höchste Gute, das für ihn alles richtige Handeln umfasst. Für Sokrates aber muß der Mensch nicht relgiös werden, um gut sein zu können. Er muss sich nur immer erneut überlegen, wie er sich daraufhin angemessen einstellt, tugendgemäß, nach den besten Idealen also, zu handeln.

Ähnlich Aristoles, speziell in seiner NICHOMACHISCHEN ETHIK, die er als lebensreifer Mann geschrieben hat. In ihr geht er in Abwendung von den Göttern von der allgemeinen Menschennatur aus als sittliches Prinzip, aus dem heraus er die Fülle positiver menschlicher Möglichkeiten entwickelt.

Schließlich Epikur, der große Ethiker, der alles gute Handeln des Menschen in den Begriff der Freundschaft fasste. Ein Mensch, der dem anderen Menschen ein Freund ist, erfüllt darin alle notwendigen Voraussetzungen der Menschlichkeit. In Epikur erreichte der Fluss ethischen Bewusstseins im alten Griechenland sein breitestes Fahrwasser, auf dem die Menschen ein erfülltes Leben ansteuern konnten.

Auch hier kamen dann die Römer und nahmen den Ansatz der Griechen in der besonderen Weise ihres logischen Vollzugs auf, vor allem

Cicero (106 - 43 vor Christus.).
Er war ein großer juristischer Geist. Er kämpfte gegen Caesar, bis dieser ihn politisch ausbootete. Von dann an widmete er sich der philosophischen Schriftstellerei und wurde so der wesentliche Mittler zwischen der griechischen und der römischen Ethik.

Ciceros ganz besonderer Verdienst liegt speziell in einem Wort.
Er fasste all das, was die Griechen über das gute Handeln immer wieder gedacht hatten zusammen in dem Begriff h u m a n i t a s – Humanität. Dieser Begriff ist von ihm zum ersten Mal gebraucht worden für ein gutes menschliches Handeln. Er beantwortete die Frage des Diogenes mit der Humanität als dem großen Ziel des Menschen und der Menschen. Humanismus ist also das ureigene Bewusstsein der säkularen Ethik der alten Griechen und Römer.

(5) Väter des Atheismus

Der Durchbruch des atheistischen Denkens im europäischen Abendland ist über einzelne Persönlichkeiten gelaufen. Es waren immer wieder herausragende Männer, die die europäische Geistesgeschichte säkular bewegt haben. Zugespitzt formuliert: Immer wenn sich Europa geistig verändert hat, waren es atheistische Denker, die das weltliche Erkennen vorangetrieben haben. Solche hervorragenden Persönlichkeiten nennen wir

Atheismusväter - Väter des Atheismus. In unserer Beschreibung versteht sich diese Hervorhebung als Ehrentitel in Parallele und in Konkurrenz zu

Kirchenväter - Väter der Kirche. Mit diesem Ehrentitel hat die Katholische Kirche Persönlichkeiten ausgezeichnet, die in der frühen Christenheit in ganz außergewöhnlicher Weise christlichen Glauben erklärt und vorgelebt haben, zum Beispiel der Kirchenvater Augustin. Er wurde für die Kirche in einem dramatischen Augenblick ihrer Geschichte zum geistigen Wegweiser. Wie ihn also hebt der Ehrentitel "Kirchenvater" außergewöhnliche kirchliche Gestalten hervor.

Atheismusväter - Väter des Atheismus. Das eben sind analog in der abendländischen Geistesgeschichte Männer als Wegweiser in ein Denken ohne Gott. Drei Kriterien sind für uns dabei kennzeichnend:

1. Diese Männer sind groß geworden in religiöser Denkweise. Sie wissen sich also selbst ursprünglich beheimat in einem religiösen Glauben, sind vertraut mit dessen Denk- und Lebensregeln.

2. Sie haben in ihrer Berufswelt mit exponierter säkularer Vernunft gedacht und gearbeitet und so mit ihrer Forschung neue Erkenntnisse bewirkt, die die Menschheitsgeschichte im Weltlichen stark bewegt, gar verändert haben.

3. Sie haben ihr religiöses Bewusstsein aufgegeben und sind ganz bewusst erklärte Atheisten geworden. Sie stehen also auch mit ihrem Persönlichen für vernunftbestimmte Lebensexistenz.

Natürlich ließe sich die Zahl namhafter Atheisten groß fassen. Mit dem Begriff "Väter des Atheismus" wollen wir aber nicht die Masse markieren, sondern das Außergewöhnliche, etwa mit

- **Sokrates aus Athen.** Er entwickelte mit seinem rationalen Fragen ein völlig neues methodisches Denken, das überhaupt die Grundlage allen säkularen, naturwissenschaftlichen Forschens wurde.

- **Kaiser Friedrich II** von Hohenstaufen - viel später. Er setzte als Erster säkulare Prinzipien in der Gesellschaft durch, die einen grundlegenden sozialen und geistigen Wandel einleiteten.

- **Charles Darwin.** Er entdeckte mit seinen genauen Naturbeobachtungen und mutigen Denkschlüssen das Prinzip der Evolution, das ein völlig neuartiges Verständnis von der Welt ermöglichte.

- **Ludwig Feuerbach.** Er löste in einem radikalen Denkumsturz die Vorstellung auf, dass Gott den Menschen geschaffen habe durch die Einsicht, dass der Mensch Gott schafft aus der Fülle seiner unerfüllten Wünsche und damit aus seinen Ängsten heraus.

- **Karl Marx.** Er erkannte, dass das Bewusstsein des Menschen ganz wesentlich geprägt ist durch die sozialen Umstände, in denen er lebt, Verbesserungen nur durch deren Veränderung möglich sind.

- **Siegmund Freud.** Er entdeckte den "inneren Menschen" und legte damit wichtige psychische Wirkungsprinzipien frei, die ein neues naturgemäßes Menschenbild ermöglichen.

- **Jean-Paul Sartre.** Er revolutionierte das menschliche Verantwortungsbewusstsein, indem er dafür die göttliche Begründung aufhob und den Menschen ganz alleine auf sich selbst stellte.

- **Stephen W. Hawking.** Er denkt mutig innovativ über die irdischen Grenzen hinaus in den unbegrenzten Kosmos im ausschließlichen Bewusstsein seiner menschlichen Vernunft.

Atheismusväter. Große historische Gestalten an den Wendepunkten der Geistesgeschichte oder als Wendepunkte der Geistesgeschichte. Ihr Denken ohne Gott und ihre säkularen Erkenntnisse haben unsere Welt verändert.

2.1. Die heidnisch-antike Humanität in der Wiederentdeckung

durch Francesco Petrarca, dem "Vater des Humanismus"

(1) Das Zeitalter der Renaissance und der Durchbruch der säkularen Vernunft

Der säkulare Umbruch in Kaiser Friedrich II von Hohenstaufen[1] wurde zunehmend zum säkularen Aufbruch im Abendland. Friedrichs säkularer Vernunftansatz löste neue gewaltige Geistesbewegungen aus mit völlig neuartigen Denkmöglichkeiten, insgesamt einen Prozess der weltlichen Rationalisierung der Gesellschaft.

Dieser generelle säkulare Aufbruch ist zuerst von Jacob Burckhardt in seiner KULTURGESCHICHTE DER RENAISSANCE IN ITALIEN[2] beschrieben worden. Von seiner Analyse aus wurde dann in vielfältigen Untersuchungen bestätigt, dass die säkulare Neuzeit ihre ursächlichen Wurzeln auf breiter Basis im Zeitalter der Renaissance hat.

Allerdings ist die von Burckhardt herausgestellte Eigenständigkeit der Antike häufig in Frage gestellt, zumindest stark eingeschränkt worden. Es lag und liegt immer wieder im christlichen Interesse, die autonome heidnische Antike gegenüber dem Christentum herunterzuspielen, die Bedeutung ihrer vorchristlichen Erkenntnisse gegen Null abzuschwächen, ihre nicht zu leugnenden Werte bis zur Unkenntlichkeit umzudeuten.

---

1 Siehe dazu oben Seite 90 f.

2 Jacob Burckhardt, Kulturgeschichte der Renaissance in Italien, Stuttgart 1988, 11. Auflage.

Dagegen kann rein historisch gar kein Zweifel bestehen, dass zur immer stärkeren Säkularisierung der Gesellschaft in der Renaissance die Wiederentdeckung der vorchristlichen Antike gerade in ihrer totalen Andersartigkeit gegenüber dem Christlichen ganz wesentlich beigetragen hat. Die geistige Elite im 14. und 15. Jahrhundert speziell damals in Italien hat in ihrem neuen Denken Maß genommen an jener großen abendländischen Kultur, die vor Beginn des Christentums und seiner Durchsetzung in Europa das Abendland bestimmt hat. Letztlich war Italien als Erfinder der Renaissance zugleich das Weltreich der vorchristlichen Antike gewesen. Italien entdeckte in der Renaissance gleichsam sich selbst wieder in seinen eigenen ruhmvollen heidnischen Anfängen und Höhepunkten.

Italiens Rückgriff - gleichsam am Christentum und an der Kirche vorbei - auf die heidnische Antike mobilisierte natürlich Denkwerte und Denkergebnisse jener alten heidnischen Kultur. Insofern ist die Renaissance prinzipiell in dem Maß tief innerhalb des unchristlichen antiken Abendlandes verwurzelt, in dem sie deren Erkenntniswerte und Erkenntnisergebnisse zu eigenen Orientierungslinien machte. Konkret heißt das, dass in der Renaissance neue Wert- und Denksysteme gefunden und praktiziert wurden, die die jahrhundertealten christlichen Wert- und Denksysteme zunächst nur immer stärker hinterfragten, dann aber schließlich zunehmend außer Kraft setzten.

Die Sprengkraft dieser Rückbesinnung lag nicht nur in einzelnen Punkten. Sie lag insgesamt in der zunehmenden Durchsetzung der säkularen Vernunft, wie sie ausgeprägt ist in der heidnischen Antike. Was in der Scholastik mit Aristoteles als vernunftphilosophischer Durchbruch begann, sich in Friedrich als weltlicher Pragmatismus fortsetzte, brach in der Renaissance auf breiter gesellschaftlicher Basis als neue Bewusstwerdung durch: Der Mensch gebrauchte in allen Lebenslagen zunehmend seine säkulare Vernunft.

Dennoch waren gerade für die einzelnen Erkenntnisprozesse die konkreten antiken Vorgaben von unabdingbarer Bedeutung. *Die Bildung* (der Renaissance) *aber*, - so Jacob Burckhardt - *sobald sie sich von der Phantasiewelt des Mittelalters losmachen wollte, konnte nicht plötzlich durch bloße Empirie zur Erkenntnis der physikalischen und geistigen Welt durchdringen, sie bedurfte eines Führers, und als solchen bot sich das klassische Altertum dar mit seiner Fülle objektiver, einleuchtender Wahrheit in allen Gebieten des Geistes.* Die Antike also als Katalysator des Ausstiegs aus der mittelalterlichen Dogmenreligion in den Einstieg der neuzeitlichen Realitätswelt.

Allerdings wurde dieser Prozess der Säkularisierung der Gesellschaft ein langer dramatischer Durchsetzungskampf gegen die geistige und politische Vorherrschaft der christlichen Kirche. Dieser Kampf dauerte nahezu 200 Jahre, beginnend etwa mit Petrarca (um 1350) bis hin zu Luther (1525) und darüber hinaus bis zum Ende des 30jährigen Krieges (1648) als dem Zusammenbruch der christlichen Theokratie in Europa. In dieser Zeit wurde um nahezu jede einzelne säkulare Erkenntnisposition zwischen den Neuerern und der Kirche erbittert gekämpft.

In der Fülle stellt sich uns dieser Loslösungsprozess der Welt von der Bevormundung durch Kirche und christliche Religion als ein langer sozialer Wandel vom christlichen Abendland zum säkularen Abendland dar. Wir deuten ihn hier schlaglichtartig in sieben unterschiedlichen Themenbereichen an:

1. *Francesco Petrarca*
   Die heidnisch-antike Humanität
   Seine Wiederentdeckung der humanitas des großen Cicero sprengte das christliche Moralmonopol und schuf das Fundament des säkularen Humanismus als eine Moral ohne Gott.

2. *Sandro Botticelli*
   Der natürliche Mensch
   Mit seinem Primavera-Bild begann der visuelle Aufbruch aus dem Mittelalter in die Neuzeit mit einer völlig neuen Sicht des Menschen - auch bei Michelangelo, Raffael, Leonardo da Vinci.

3. *Christopher Columbus*
   Der unbegrenzte Horizont
   Seine Entdeckung der neuen Welt brachte die Entgrenzung des menschlichen Selbstverständnisses nicht nur geographisch. Auch die uralte theologische Dreidimensionalität von Himmel, Hölle und Erde (noch kurz vorher bei Dante) verlor ihre mystische Ortung.

4. *Nikolaus Kopernikus*

Das heliozentrische Planetensystem

Seine Berechnungen des Sonnensystems bedeuteten den Umsturz des christlichen Weltbildes und nachfolgend mit Giordano Bruno, Galileo Galilei, Newton den Beginn der grenzenlosen Öffnung des Weltraums in Zeit und Raum in unverstellbaren Dimensionen.

5. *Niccolo Machiavelli*

Die säkulare Staatsgewalt

Seine scharfe Herrschaftsanalyse zerstörte im Kern den uralten Anspruch der Kirche auf das Machtmonopol als Privileg des christlichen Gottes und begründete die rein weltliche Macht.

6. *Luca Pacioli*

Die Systematik der Buchhaltung

Kaum etwas drückt den Wandel in den neuen Zeitgeist so drastisch aus wie seine Methode der doppelten Buchführung. Sie markierte den radikalen Umbruch vom mittelalterlichen Feudalsystem zum Frühkapitalismus der reichen norditalienischen Republiken (Venedig vor allem), die frühe Basis der modernen Weltwirtschaft.

7. *Der junge Martin Luther*

Von der Freiheit eines Christenmenschen

Sein Aufstand des persönlichen Gewissens in Glaubensfragen zerbrach die mittelalterliche Selbstsicherheit des römisch-katholischen Kirchenmonopols und schuf vielfache religiöse Erneuerung.

Wir gehen hier zunächst auf den ersten *Themenbereich*[1] ein, eben auf die große Bedeutung von Petrarca und die Entstehung des Humanismus: In ihm kommt die ganze Ernsthaftigkeit der antiken Tugendlehre und Ethik zum Ausdruck.

Im späteren Gedankenaufbau stellen wir den *Themenbereich 7* dar als dramatische Auseinandersetzung um den Aufbruch der Vernunftwelt gegen die restaurativen Glaubenskräfte der lutherischen Reformation.

---

[1] Zu der Einzeldarstellung der Punkte 1 - 7 siehe Paul Schulz, Väter des Atheismus (in Vorbereitung) 2 (4): Das Zeitalter der Renaissance und der Durchbruch der säkularen Vernunft.

(2) Die Wiederentdeckung der heidnisch-antiken Humanität

durch Francesco Petrarca

Erstmals konkret greifbar wird der neue Geist der Renaissance in der Gestalt des

Francesco Petrarca (1304 - 1374).
Seine Vorfahren stammten von alters her eigentlich aus Florenz. Doch sein Vater, ein Notar, war dort zwischen die politischen Fronten geraten und musste in die Verbannung. Deshalb wurde er, Francesco, in Arrezo geboren. Von dort trieb es die Familie ins französische Avignon, denn dort saß der aus Rom geflohene Papst im Exil. Der Vater hoffte in Avignon auf gute Geschäfte mit der Kurie.

Nach seinem Jurastudium in Bologna, das er unter dem Druck seines Vaters nur widerwillig durchzieht, vertieft sich Petrarca in das Studium der alten römischen Geschichte. Mit seinem greisen Freund Landolfo Colonna liest er *AB URBE CONDITA* von Livius, dic GESCHICHTE DES ALTEN RÖMISCHEN REICHES VON SEINEN ANFÄNGEN AN. Dabei wird er ergriffen von einer fast haltlosen Begeisterung für die Größe und Macht, für die Schönheit und Erhabenheit des heidnisch-antiken Rom und seiner Kultur, *jener Zeit, bevor die römischen Kaiser Christus verehrten*. Er ist damals kaum 24 Jahre alt. Von diesem Augenblick an gilt sein ganzes Bestreben, die versunkenen Schätze der alten römischen Kultur neu zur Wirkung zu bringen, das klassisch-antike Rom wieder zum Leben zu erwecken.

Bei seinem Studium der Antike stellt Petrarca fest, dass ein großer Teil der alten literarischen Werke verschollen ist. Er wirft seinen christlichen Zeitgenossen totales Desinteresse am Altertum vor, gibt ihnen Schuld am Verlust unschätzbarer Werte. Er selbst verbringt auf seinen Reisen viel Zeit damit, vor allem nach Cicero-Ausgaben zu suchen. Seine Jagd durch alte Bibliotheken ist überaus erfolgreich. Zum Beispiel entdeckt er bei seinem Aufenthalt in Verona in der Dombibliothek eine als verschollen geltende umfangreiche Briefsammlung Ciceros. In mühsamer Kleinarbeit kopiert er die Handschriften selber und macht sie öffentlich. In dieser Weise baut er sich eine eigene bedeutende Bibliothek auf mit aus dem Vergessen zurückgewonnenen altrömischen Texten. Er erwirbt sich damit für die Nachwelt den Ruhm eines Retters des antiken Erbes.

Die Leidenschaft besonders für Vergil und für Cicero entzündet sich bei ihm primär an deren höchst kunstvollem Latein. Vergils epische Verse, Ciceros brillanter Redestil faszinieren schon den ganz jungen Petrarca rein sprachmelodiös. Vor allem Ciceros "e l o q u e n t i a - seine höchst gebildete Beredsamkeit" wird ihm zunehmend zum Symbol von Sprachschönheit und Ausdruckskraft. Die Wiederentdeckung der altrömischen Kultur ist für ihn somit zuallererst eine literarische Wiederentdeckung. Petrarca ist geradezu besessen von der Idee, dass mit der Rückbesinnung auf das lateinische Literaturerbe eine positive Gestaltungskraft des Lebens gegeben sei. Dessen genaue Kenntnis wird ihm deshalb zum höchsten Ausdruck geistiger Bildung.

Mit dem Studium Ciceros aber erfährt Petrarca nicht nur dessen Sprachgewalt, sondern zugleich auch den Inhalt seiner Philosophie, speziell Ciceros Idee der "h u m a n i t a s - Humanität". Er begreift sofort, dass Ciceros neuer Begriff "h u m a n i t a s - Menschlichkeit" letztlich das Jahrhunderte lange Bemühen der alten Griechen und Römer zusammenfasste, verbindliche Regeln für das menschliche Zusammenleben zu definieren. "Humanität" im Sinne Ciceros markiert deshalb ein Wertebewusstsein, das sich nicht aus dem Göttlich-Theologischen ableitet, sondern aus dem Menschlich-Philosophischen; eine Ethik, die sich nicht religiös, sondern weltlich legitimiert; Normen, die nicht aus einem christlichen Offenbarungsanspruch stammen, sondern aus einem rationalen Denkprozess. Das ist Petrarcas sensationelle Einsicht: Ciceros "Humanität" ist die Summe der gesamten Werteerkenntnis der vorchristlichen Philosophie, die Ethiksumme des heidnisch-antiken Abendlandes.

Von daher entwickelt Petrarca in seinen historischen Schriften, ganz besonders in *DE VIRIS ILLUSTRIBUS* - ÜBER BERÜHMTE PERSÖNLICHKEITEN und in L'AFRICA das antike Ideal der "v i r t u s - der antiken Tugenden" als einen vorbildlichen ethischen Charakter. Mit den Lebensbildern großer heidnischer Gestalten führt er seinen christlichen Zeitgenossen diese antiken Tugenden als pädagogische Vorbilder der "h u m a n i t a s" vor: So sollte ein Mensch wahrhaftig als Mensch handeln, wahrhaftig als Mensch leben, wahrhaftig Mensch sein. Schließlich formt er in über 600 essayistischen Briefen mit philosophischem Anspruch dieses "antike Humanum" zu einem allgemeingültigen Ideal.

In Petrarca selbst findet die klassische Sprachschönheit und der neue Geist der Menschlichkeit Gestalt in seiner eigenen lyrischen Dichtung. Zu hoher Meisterschaft entwickelt er das Sonett, eine neuartige Gedichtform mit kunstvoll gestaltetem Versmaß und zugleich erfüllt von tiefem menschlichen Gefühl. So entfaltet er in seinen Sonetten an Laura, seiner Traumfrau, die seine Liebe unerwidert lässt, ein völlig neuartiges Empfinden, gleichsam ein lyrisches Ich. Er erlebt - frei von christlich-religiösen Verbiegungen - den Reiz weiblicher Anmut, das Zittern des Hoffenden, die Sehnsucht nach Erfüllung, den Schmerz des Entsagens, die Verzweiflung des Zurückgestoßenen - bis in zarteste Verästelungen tiefe sensible Regungen eines ganz natürlichen Menschen.

Aus alldem entsteht auf eine neue Zeit hin mit Petrarca die Gestalt des "ersten Humanisten", des "Vaters des Humanismus". Petrarca gewinnt viele Freunde, die seinen Ideen nacheifern. Sie sammeln nicht nur antike Schriften. Sie schreiben und dichten mit antikem Stilbewusstsein. Sie erfassen die Wirklichkeit in ganz neuen Gefühlen natürlichen Menschseins. Vor allem Giovanni Boccaccio in Florenz ist ihm begeisterter Freund und Anhänger. Selbst leidenschaftlicher Poet, Autor des berühmt-berüchtigten *DECAMERONE,* gewinnt Boccaccio durch eine mitreißende Lobrede selbst die Florentiner für Petrarca. Sie bieten ihm eine ehrenvolle Heimkehr nach Florenz, die Rückerstattung der konfiszierten Güter seines Vaters, die Leitung der Universität. Doch Petrarca lehnt das alles ab. Denn er ist inzwischen in der ganzen europäischen Welt zu Hause, jeder will ihn zum Gast haben. An allen wichtigen geistigen Zentren hat Petrarcas Humanismus Einfluss gewonnen, viele nennen sich ihm nach - durch die Jahrhunderte hindurch bis heute - stolz "Humanisten".

Doch gerade in dem Augenblick seiner größten Wirkung vollzieht sich in dem älter werdenden Petrarca eine radikale geistige Kehrtwendung. Er erschrickt über die Kühnheit seiner "heidnisch-antiken Vergangenheit". Er meint, sich zu weit in die vorchristliche Welt vorgewagt zu haben und befürchtet, durch ein weiteres zu einseitiges Festhalten an der Antike sein christliches Seelenheil zu verspielen. Sein reuiges Studium des Kirchenvaters Augustin markiert deshalb seine plötzliche christliche Rückbekehrung. Geradezu ängstlich unterstellt er alles, was er bis dahin in der Antike erforscht hat, seinem Bemühen, ja mit dem christlichen Glauben in Einklang zu sein, alles sein Seelenheil Belastende zu distanzieren.

Das bewirkt zugleich seine Abkehr von seiner radikalen Wahrnehmung der Antike. Er konstruiert stattdessen - gleichsam als christliche Wiedergutmachung - eine groß angelegte Symbiose zwischen dem heidnischen Gedankengut Ciceros auf der einen Seite und den Glaubensvorstellungen des Christentums auf der anderen Seite. Er suggeriert: Hätte Cicero später gelebt, wäre er mit ziemlicher Sicherheit Christ gewesen. Zumindest setzt er die Prinzipien der "humanitas" des Cicero leichtfertig in eins mit der christlichen Morallehre.

Der alte Petrarca ebnet mit dieser Harmonisierung die Eigenständigkeit der antiken Humanität ins Christliche ein. Er meint, den hohen Moralvorstellungen der heidnischen Philosophie durch eine Gleichschaltung mit dem Christentum gleichsam eine höhere Weihe geben zu müssen. Doch mit der Nivellierung ihrer Eigenständigkeit nimmt er der Antike und ihrer hohen Moral die Würde der Selbstverantwortung und degradiert ihre sittliche Autonomie billig unter die christliche Religion und Kirche.

Alle späteren Versuche der so genannten "christlichen Humanisten" zielen in eben diese Richtung: Sie setzen alles daran, den originären Moralanspruch der Antike zu minimieren, vor allem die vernunftbedingte Wertesetzung zu relativieren.

Dem widersteht mit dem ursprünglichen Petrarca das Entscheidende: Nicht in der Einebnung der römischen Antike in das Christentum lag der Wert der Wiedergeburt der antiken Geisteswelt, der Renaissance. Ganz im Gegenteil. Gerade die Heraushebung der unbedingten Originalität und geistigen Autonomie der Antike vor dem Christentum wurde zur revolutionierenden Kraft im ausgehenden Mittelalter. Die eigenständige geistige Reife der antiken Philosophie war der Auslöser des entscheidenden Erneuerungsprozesses auf eine neue Zeit hin.

Denn mit dem Rückgriff auf die autonome vorchristliche Antike entwickelte sich zum ersten Mal im christlichen Abendland eine Ethik außerhalb des christlich-religiösen Machtanspruchs. Überall da, wo sich der säkulare rationale Mensch von dem geistigen Führungsanspruch des Christentums entfernte, versank er damit eben nicht in einem moralischen Defizit. Vielmehr konnte er sich in seinem Handeln orientieren an einem dem Christentum vorausgehenden vernunftbedingten Ethos, aus dem sich hohe humane Werte setzen ließen. Er konnte eigenständig sittlich leben und handeln aufgrund einer "heidnisch-antiken Humanität - ohne Gott".

(3) Humanität - ohne Gott

Der Werte-Auftrag des säkularen Abendlandes

Diese "Humanität - ohne Gott" hat sich allerdings innerhalb des christlichen Abendlandes nur mit großem Zeitverlust durchsetzen können, eben weil die christliche Propaganda eine autonome säkulare Ethik und Moral immer mit letzter Kraft bekämpft hat und bekämpft.

Noch in unseren Tagen hat Papst Johannes Paul II der säkularen Welt jegliche Fähigkeit zur sittlichen Selbstverantwortung grundsätzlich abgesprochen. In seiner Enzyklika *VERITATIS SPLENDOR* - DER GLANZ DER WAHRHEIT vom 6. August 1993 schreibt er[1]: *Allein Gott, das höchste Gut, bildet die unverrückbare Grundlage und unersetzbare Voraussetzung der Sittlichkeit ... So begegnen sich das höchste Gut und das sittlich Gute in der Wahrheit, der Wahrheit über Gott, den Schöpfer und Erlöser und der Wahrheit über den von ihm geschaffenen und erlösten Menschen. Nur auf dem Boden dieser Wahrheit ist es möglich, eine erneuerte Gesellschaft aufzubauen und die komplizierten Probleme, die sie erschüttern, zu lösen.*

---

1 op.cit. (siehe oben Seite 91 f) Seite 95.

An andere Stelle (Seite 44): *Das Gesetz (die sittlichen Normen) muss Ausdruck der göttlichen Weisheit genannt werden: Indem sich die Freiheit (der Mensch) ihm unterwirft, unterwirft sie sich der Wahrheit der Schöpfung. Darum müssen wir in der Freiheit der menschlichen Person das Abbild und die Nähe Gottes anerkennen, der in allen gegenwärtig ist: zugleich müssen wir die Majestät des Gottes des Alls anerkennen und die Heiligkeit des Gesetzes des unendlich transzendenten Gottes verehren.*

Gegen einen solchen hypertrophierten Monopolanspruch der katholischen Morallehre konnte sich weltliche Humanität, die sich mittels ihrer Vernunft selbst verantwortet, nur im scharfen gesellschaftlichen Kontra definieren und zur Durchsetzung kommen, wie etwa

Die Neu-Humanisten

der deutschen Klassik im 18. und 19. Jahrhundert. Diese gleichsam "Zweite Wiederentdeckung der Antike" wurde ausgelöst durch Johann J. Winckelmann, der 1764 mit seinem epochalen Werk GESCHICHTE DER KUNST DES ALTERTUMS das Idealbild speziell der griechischen Antike als "edle Einfalt und stille Größe" vorgab. Aus diesem Ansatz heraus schufen die großen deutschen Klassiker ein neuzeitliches Menschenbild, in dem von der Antike her die Humanität der Inbegriff der Persönlichkeitsbildung wurde. So entstand die Vision von einem autonomen Menschen, der in harmonischer Entfaltung aller seiner Anlagen und Kräfte zu einem idealen Menschen reift - in seinem Gemüt und in seinem Handeln. Die Kunst wird dabei zu einer sittlich läuternden Kraft, die das altgriechische Schönheitsideal in ein neuzeitliches Handlungsideal transformiert.

Als Höhepunkt dieser klassischen Sehnsucht nach der Selbstvervollkommnung des Individuums gilt Goethes IPHIGENIE AUF TAURIS, die er unter dem Eindruck seiner Rom-Reise 1786/87 fertig gestellt hat. In ihr strebt Goethe nach der Reinheit des menschlichen Wesens. Reinheit aber definiert er als "hohes Ethos, einfache Sittlichkeit". So kann Goethe auf Iphigenie hin sagen: *Alle menschlichen Gebrechen sühnet reine Menschlichkeit.* Iphigenie und Humanität sind für Goethe - und für die Klassik - fast Synonyme.

Mit diesen Wertsetzungen erlangt der neu-humanistische Ansatz der Klassik vor allem durch Wilhelm von Humboldt höchste gesellschaftliche Relevanz. Humboldts Reform des preussischen Universitäts- und Schulwesens 1809 schafft eine größtmögliche Umsetzung des neuhumanistischen Bildungsideals für Jahrzehnte - und bis in unsere Gegenwart hinein. Träger dieser breiten Bildungsbewegung ist das "Humanistische Gymnasium". Sein Ziel ist nicht eine Ausbildung für einen Beruf oder für irgendeine gesellschaftliche Funktion. Sein Ziel ist weit darüber hinaus die "matura - die menschliche Reife", eine Persönlichkeitsbildung mittels Aneignung und Verinnerlichung der humanen Ideale der griechisch-römischen Antike.

Wie Goethe in IPHIGENIE übernehmen dabei die Neu-Humanisten hinsichtlich der Religion durchweg die Vernunftposition der kritischen Aufklärung, stehen also außerhalb des christlichen Glaubens und gegen die Dogmen praktizierende Kirche. Ihr ganzes Bemühen um Persönlichkeitsbildung orientiert sich an Idealvorstellungen des heidnisch-klassischen Altertums.

Die Sozialisten

des 19. und 20. Jahrhunderts, speziell durch Karl Marx. Marx denkt ganz unbestreitbar humanistisch. Humanismus ist geradezu das philosophische Fundament seiner revolutionären Gesellschaftstheorie. Allerdings stellt sich für Marx die philosophische Frage nach der Humanität primär als radikale Kritik des bestehenden Humanismus. Er fragt nicht nach der humanen Tat des Einzelnen. Er fragt vielmehr nach den gesellschaftlichen Bedingungen, die Humanität, das meint das natürliche Menschsein des Menschen, unmöglich machen. Dabei deckt er als Ursache für die Entfremdung des Menschen die historisch gewachsenen Gesellschaftsverhältnisse auf. Speziell in den Herrschaftsmechanismen des Kapitalismus, also der Wirtschaft, sieht er die Entmenschlichung des Menschen begründet und damit die soziale Verelendung der Massen.

Humanität ist nicht möglich, weil die bestehende bürgerliche Gesellschaft sie nicht zulässt, ja, nicht zulassen will. Von daher kommt Marx und der ihm folgende theoretische Marxismus zur These der Gesellschaftsrevolution: Es müssen - gegen die bestehenden historischen Verhältnisse - Bedingungen geschaffen werden, mit denen der

Mensch frei seiner selbst leben kann. Marx ist grundbewegt von einer humanistischen Utopie. Er träumt - wie alle Sozialisten - von einer auf Zukunft hin menschenwürdigen Gesellschaft, gleichsam von einem säkularen "Paradies auf Erden".

Die (christliche) Religion, die das Heil des Menschen in das Jenseits verschiebt, ist dem humanistischen Marxismus dabei der schärfste Gegner, weil sie mit ihrer Theorie die bestehende Gesellschaft stabilisiert und so den Menschen vom revolutionären Handeln, nämlich vom Umsturz der inhumanen Verhältnisse, abhält. Der Humanismus der sozialistischen Gesellschaftsveränderung ist deshalb in seinem Wesen, in seinen Methoden, in seinen Zielen zwangsläufig atheistisch.

Die Existentialisten

des 20. Jahrhunderts, von Jean-Paul Sartre bis André Malraux. Denn indem sie in ihrem Existentialismus den Humanismus mit einem radikalen Nihilismus verbinden, erlangen sie ein starkes Realitätsbewusstsein. Von daher gilt

Erstens:
Es gibt kein absolutes Wertesystem. Alle Werte sind relativ.

- Es gibt keine Gebote,
  die transzendent "von Gott her" gegeben sind.
  Es gibt nur Gebote und Handlungsmaximen,
  die von unten, vom Menschen her gemacht sind.

- Es gibt kein absolutes Recht,
  das "von oben, von Gott" verordnet ist.
  Es gibt nur relatives Recht,
  Normen und Gesetze einschließlich der biblischen Zehn Gebote,
  die von unten, vom Menschen festgesetzt sind.

Keine ethische Norm ist absolut, keine moralische Verbindlichkeit ist letztgültig, kein sittliches Gebot ist von göttlicher Qualität. Alle ethischen Normen sind relativ, alle moralischen Werte sind zeitbedingt, alle sozialen Verbindlichkeiten sind gar ins interessensmäßige Gegenteil zu wenden.

Zweitens:
Es gibt kein von Gott gesetztes "Telos", kein auf ein vollkommenes letztes Ziel hin ausgerichtetes Sein, keinen letzten Sinn des Lebens.

Es gibt keinen Sinn,
der "von oben, von Gott her" gewollt und gesetzt ist.
Es gibt nur Sinn,
der von unten, vom Menschen selbst gemacht wird.

Deshalb liegt die äußerste Bedrohung für den Menschen letztlich darin, dass ein Verlust seiner Lebenschancen hier auf Erden letztgültiger Lebensverlust ist. Wo immer das Negative mögliches Leben zerschlägt, geht Leben ohne vergütende Entschädigung für immer zu Grunde.

Das heißt: Leben kann durchaus e r s a t z l o s verelenden, da hilft auch kein frommes Gerede. Der Mensch kann durchaus ohne jede himmlische Entschädigung an seinen begrenzten Möglichkeiten, an seiner Hoffnungslosigkeit, an seiner Sinnlosigkeit und Langeweile verzweifeln. Dazu die Qualen der Verfolgten, die Ohnmacht der Unterdrückten und Gefolterten, das Leid der Hungernden und Kranken - dies alles ist zerstörerische Realität - ohne Ausflucht in irgendeine "Hilfe von oben". Von daher bleibt dem Menschen nur - gegen alle religiösen Illusionen - das nackte Dasein.

Dieses "nackte Dasein" ist Sartre die wirkliche Wirklichkeit, die radikale, die einzige Realität. Sie ist ohne Gott und damit ohne jeden festen, sichernden Halt. Der Mensch "steht im Bodenlosen".

Sartre und der von ihm entwickelte Existentialismus gründen in einem rücksichtslos-konsequenten Nihilismus. Nicht nur das gelebte Leben ist ohne jeden essentiellen, also unentbehrlich Wert. Auch das Leben als solches hat keine unbedingte Qualität. Es ist das Nichts[1] - nihil: entleert von jeglicher Bedeutung.

Auf dieser Basis vertritt Sartre den radikalsten Atheismus.

---

[1] Jean Paul Sartre, Das Sein und das Nichts (L´Etre et le Néant, 1943). Versuch einer phänomenologischen Ontologie, Reinbek 1962.

Drittens:
Dieser dramatischen Realität muss der denkende Mensch mit einem selbst verantworteten Lebensentwurf Widerstand leisten.

Existentialistisches Selbstverständnis nach Sartre führt dennoch nicht zur Depression oder zur fatalistischen Haltung. Ganz im Gegenteil. Der Mensch - immer am Abgrund - ist zu seiner eigenen Freiheit verdammt. Er kann jetzt endlich, ja, er muss - von aller Fremdbestimmung, auch von göttlicher Bevormundung, befreit - sein Leben in eigenständiger Verantwortung gestalten. Von daher ist Sartre angefeuert von einem ungeheuren moralischen Antrieb und Anspruch: *L'homme n'est rien d'autre que ce qu il se fait - Der Mensch ist nichts anderes als das, wozu er sich macht.*

In seiner persönlichen Freiheit begreift sich der Mensch als fähig, sein Leben nach einem eigenen Existenzentwurf zu gestalten. Existenz bedeutet dem Menschen, frei handeln können, handeln müssen. Natürlich kann der Mensch scheitern, er wird sogar scheitern. Aber er kann dagegen bis zu seinem letzten Atemzug ankämpfen. Zu Sartres positivem Moral-Ansatz aus sich selbst heraus gibt es nur eine adäquate Parallele: Jesus von Nazareth mit seiner Esplangchniste-Theorie:[1] *Du kannst es, also tu es!* Der Indikativ setzt den Imperativ!

Moral nicht als Fremdbestimmung. Moral als Eigenverantwortung. Sartre sieht im freien Menschen eine ungebrochene moralische Kraft im eigenen Leben, in der Gemeinschaft, in der Gesellschaft. Die verantwortlichen Menschen müssen inmitten einer machbaren Welt Lebensbedingungen schaffen, in denen möglichst viele Menschen lebenswert leben können. Oder bescheidener und damit wirklichkeitsnäher ausgedrückt: In denen möglichst wenige - gerade auch religiöse Menschen - an ihrem Elend verzweifeln oder umkommen müssen.

In diesem Sinn vertritt Sartre einen konsequenten Humanismus, der nach dem 2. Weltkrieg speziell in Frankreich, aber auch in Deutschland von größter Wirkung war. Die Renaissance Sartres heute gegen das christliche Moralmonopol wäre in unserer Wertedebatte ein ganz wesentlicher Antrieb des atheistischen Humanismus.

---

[1] Dazu nachfolgende Seite 139 ff.

Der Mensch heute im demokratisch-verfassten Staat

erscheint innerhalb des Säkularisationsprozesses der Ethik seit Beginn der Renaissance auf einer elementaren rationalen Bewusstseinsstufe angekommen. Sie ist gekennzeichnet durch den fast vollständigen Abbau religiöser Legitimation im modernen gesellschaftlichen Alltag - auch im Bereich von Recht, Sitte und Moral.

Denn die moderne Gesellschaft ist nicht geprägt durch einen generellen Werteverlust. Werte, auch humane, gibt es zuhauf. Die moderne Gesellschaft ist vielmehr geprägt durch einen radikalen Abbau einer hinter den Werten stehenden göttlichen Autorisierung:

- Nicht die Werte sind verloren gegangen.

- Die transzendenten Handlungsbegründungen und Handlungsverpflichtungen sind in Verlust geraten. Die Gottbegründung, die religiöse Legitimierung der Werte, die Absolutheit des Willens Gottes ist gesellschaftlich zerstört. Allein da liegt das Problem.

Mag Kant zur Sicherung seines kategorischen Imperativs räsonniert haben, dass man Gott erfinden müsse, wenn es ihn nicht gäbe. In seiner preußischen Obrigkeitshörigkeit brauchte er Gott unbedingt als absolute Autorität, um damit die Menschen zum moralischen Gehorsam zu zwingen. König und Gott bildeten ein autoritäres Herrschafts- und Moralsystem, das keinen freiheitlich-gottlosen Geist duldete gegen den Machtanspruch des Königs und einen ihn legitimierenden Gott. Darauf war Kant monarchistisch genauso fixiert wie Voltaire[1].

Im säkularen, demokratisch verfassten säkularen Staat ist Gott dagegen keine konstituierende Größe. Gott ist keine staatsrechtliche Prämisse, zumindest nicht im Bereich des Öffentlich-Gesellschaftlichen, der res publica. Der Einzelne mag glauben, was er will. Der säkulare Staat ist dagegen an keinerlei Gottglauben gebunden. Schärfer noch: Er hat in seiner Säkularität kein Rückgriffsrecht auf religiöse Autorität. Gott gibt es für ihn nicht als Legitimation. Gott ist ihm per definitionem staatsrechtlich untersagt.

---

1 Siehe dazu ausführlicher unten Seite 434.

Deshalb müssen die moderne säkulare Gesellschaft und ihr Staat die Gültigkeit ihrer Gesetze und Werte aus den demokratischen Prozessen ihres Gemeinwesens heraus eigenständig definieren und begründen

- zum einen im Privatbereich: Es ist für den Einzelnen gegenüber dem demokratischen Staat nicht notwenig, eine bestimmte Religion zu haben[1], um den Staat prinzipiell oder in seinen konkreten Handlungen anzuerkennen. Der Staat selbst gibt den Bürger religiös frei, indem er ihm als höchstes Eigenrecht Glaubens- und Religionsfreiheit garantiert. Religion ist innerhalb allgemeiner durch die Gemeinschaft gesetzter Grenzen Privatsache;

- zum anderen im Gesellschaftsbereich: Die Regeln und Gesetze sind systemimmanent und religionsneutral. Natürlich sind sie auch aus religiösen Traditionen heraus entstanden. Aber deshalb haben sie keine eigenständige staatliche Rechtsgültigkeit, sondern gelten nur in soweit, als sie innerhalb des Verfassungsrechts von den demokratischen Instanzen als geltend erklärt sind. Selbst da, wo der Staat Religion schützt, schützt er sie aus rein säkularen Vollmachten.

Geistesgeschichtlich zeigt sich darin ganz direkt der Grundbezug unseres heutigen Werte- und Rechtssystems zur "Humanitas der Antike", so wie sie seit Francesco Petrarca inmitten des christlichen Abendlandes aufgebrochen ist gegen den Absolutheitsanspruch einer Werte- und Moral setzenden und fordernden Religion und Kirche.

Es entstand damals ein säkulares Wertebewusstsein über Religion und Kirche hinweg durch eine Werte setzende weltliche Vernunft. Dieser neue säkulare Humanismus war in der griechischen Antike begründet, weil Cicero seine Humanitas in seinen Moralwerken aus der altgriechisch-heidnischen Vernunftphilosophie heraus entwickelte.

Dieser innere Bezug löste einen radikalen gesellschaftlichen Wandel aus, indem er - wie ursächlich in der Liberalisierung des Denkens im Demokratisierungsprozess des alten Athen[2] - die mit der Renaissance einsetzende Liberalisierung des Denkens zunehmend zwangsläufig auf Zukunft hin in Demokratie freisetzte. Hier liegt das Junktim.

---

1 Gemäß "cuius regio eius religio - wes Herrschaft, des Religion".
2 Siehe dazu oben Seite 13 ff, speziell Seite 29.

Vernunftgesetzte Wertestruktur und Demokratie stehen also in einem ursächlichen Zusammenhang. Beide leiten sich nicht aus Gott oder einer Religion ab[1], sondern sind allein aus dem Menschen heraus säkular entwickelt und inhaltlich demokratisch aufeinander bezogen.

Genau hier liegt heute mit dem Streit um die Gott-Formel in der Präambel der EU-Verfassung der entscheidende ideengeschichtliche Kampf. Noch einmal geht es zwischen den staatsrechtlich entmachteten Erben des verblichenen christlichen Abendlandes und der rechtsstaatlichen Demokratie des säkularen Abendlandes - um die geistigen Grundlagen des zukünftigen säkularen Europa:

- Diese Grundlagen können und dürfen nicht in christlich religiösen Traditionsvorstellungen liegen, die letztlich immer noch auf monarchischen Machtstrukturen beruhen[2].

- sondern diese Grundlagen müssen verankert werden in einer Vernunftphilosophie wie die des antiken Abendlandes, in der eine überreligiöse Universalität garantiert ist. Gerade in dieser vernunftgemäßen Tradition hat das Abendland auch heute einen zentralen Auftrag, nämlich einen wesentlichen - säkularen - Beitrag zu leisten für eine zukünftige humane Weltgemeinschaft.

Denn unsere Welt heute steht mitten in der dramatischen Aufgabe, über alle Religionen und Kulturen hinaus ein globales Ethos zu finden, das die Grundrechte des Menschen definiert und durchsetzt - völlig unabhängig von seiner religiösen und kulturellen Herkunft, ja, sogar gegen seine religiöse und kulturelle Herkunft.

Kein Weltethos kann auf Zukunft religiös sein. Denn ein religionsbedingtes Weltethos würde den Primat einer einzelnen Religion gegen die anderen Religionen behaupten. Das impliziert den religiösen Prinzipienkampf. Nie wieder wird eine Religion, auch nicht die christliche, den Anspruch auf Absolutheit durchsetzen können. Nie je wird die islamische Moral in Freiheit eine globale Gültigkeit erlangen. Ein "Weltethos" kann und darf nicht religionsbedingt sein. Darüber würde es nie Zusammenarbeit und Frieden geben.

---

1 Zur modernen Demokratie und zum Wertesystem unten Seite 433 f.

2 Unten Seite 419 ff.

Das jeweilige Eigenrecht der Kulturen und Religionen kann nur garantiert werden durch ein institutionelles System, das selber nicht einer Religion verpflichtet ist. Sein Wertesystem muss ein allgemeinverbindlicher menschlicher Codex ohne Gott sein, also eine allein von den Menschen selbst verantwortete und in globaler Gültigkeit gesicherte atheistische Humanität. Denn nur die Loslösung der Ethik aus dem speziell Religiösen heraus in das allgemeine säkulare Bewusstsein schafft globale Anerkennung bei gleichzeitiger Möglichkeit, dass die Menschen mit den generellen Menschen- und Grundrechten ihre jeweilige Identität in ihrer Kultur und Religion wahren können.

Es geht nach den Renaissance-Entdeckungen des offenen säkularen Horizonts der Erde (Columbus) und des offenen säkularen Horizonts des Weltraums (Kopernikus) um die Realisierung der Renaissance-Entdeckung der atheistischen weltlichen Humanität als offener säkularer Horizont der gemeinsamen humanen Zukunft aller Völker.

Mit hoher Symbolkraft für diese Öffnung steht das Zentrum der United Nations Organisation, die Schaltzentrale der UNO, in New York mitten im Machtzentrum Amerika als stärkstem christlichen Machtbollwerk. Die UNO ist gerade an dieser Stelle Symbol für die Freiheit, Gleichstellung und Eigenständigkeit der Vielzahl unterschiedlicher Kulturen, Religionen, Nationen, Menschen überhaupt.

1948 hat die Generalversammlung der UNO in der Freiheit ohne religiöse Bindung eine Erklärung der Grund- und Menschenrechte verkündet, ein Dokument ohne Beispiel in der Geschichte der Menschen, weit über das hinaus, was Religionen, einschließlich Christentum, je erklärt haben. Dieser Erklärung sind bisher 189 Staaten der Welt beigetreten. Keineswegs werden diese Rechte eingehalten, auch nicht von denen, die sie unterschrieben haben. Dennoch sind sie für alle Nationen, alle Kulturen, alle Religionen und Ideologien eine großartige Richtlinie globalisierter Human-Werte.

Wir zitieren hier Hauptpasssagen dieser UNO-Erklärung als Beispiel utilitaristischer Humanität - ohne Gott. Wir zitieren das auch mit einem bewussten Stolz, mit in einer langen humanistischen Tradition zu stehen, die sich seit Francesco Petrarca im Abendland immer stärker durchgesetzt hat bis in diese UNO-Charta als einen absoluten Höchstpunkt, der richtungweisend für die Zukunft sein muss.

UNO-CHARTA
1. Allgemeine Erklärung der Menschenrechte vom 10. Dezember 1948[1]

Da die Anerkennung der allen Mitgliedern der menschlichen Familie innewohnenden Würde und ihrer gleichen und unveräußerlichen Rechte die Grundlage der Freiheit, der Gerechtigkeit und des Friedens in der Welt bildet, …

da es wesentlich ist, die Menschenrechte durch die Herrschaft des Rechtes zu schützen, ...

da die Mitgliedstaaten sich verpflichtet haben, in Zusammenarbeit mit den Vereinten Nationen die allgemeine Achtung und Verwirklichung der Menschenrechte und Grundfreiheiten durchzusetzen …

verkündet

die Generalversammlung die vorliegende Allgemeine Erklärung der Menschenrechte als das von allen Völkern und Nationen zu erreichende gemeinsame Ideal …

Artikel 1
Alle Menschen sind frei und gleich an Würde und Rechten geboren. Sie sind mit Vernunft und Gewissen begabt und sollen einander im Geiste der Brüderlichkeit begegnen.

Artikel 2
Jeder Mensch hat Anspruch auf die in dieser Erklärung verkündeten Rechte und Freiheiten ohne irgendeine Unterscheidung, wie etwa nach Rasse, Farbe, Geschlecht, Sprache, Religion, politischer Überzeugung …

Artikel 3
Jeder Mensch hat das Recht auf Leben, Freiheit und Sicherheit der Person.

Artikel 4
Niemand darf in Sklaverei oder Leibeigenschaft gehalten werden; Sklaverei und Sklavenhandel sind in allen ihren Formen verboten.

Artikel 5
Niemand darf der Folter oder grausamer, unmenschlicher oder erniedrigender Behandlung oder Strafe unterworfen werden.

Artikel 6
Jeder Mensch hat überall Anspruch auf Anerkennung als Rechtsperson.

Artikel 7
Alle Menschen sind vor dem Gesetz gleich und haben ohne Unterschied Anspruch auf gleichen Schutz durch das Gesetz. …

Artikel 8
Jeder Mensch hat Anspruch auf wirksamen Rechtsschutz vor den zuständigen innerstaatlichen Gerichten gegen alle Handlungen, die seine ihm nach der Verfassung oder nach dem Gesetz zustehenden Grundrechte verletzen.

---

[1] Zitiert nach: Die Menschenrechte, op. cit. (oben Seite 25), Seite 209 – 214.

Artikel 9
Niemand darf willkürlich festgenommen, in Haft gehalten oder des Landes verwiesen werden.
Artikel 10
Jeder Mensch hat in voller Gleichberechtigung Anspruch auf ein der Billigkeit entsprechendes und öffentliches Verfahren vor einem unabhängigen und unparteiischen Gericht ...
Artikel 11
Jeder Mensch, der einer strafbaren Handlung beschuldigt wird, ist so lange als unschuldig anzusehen, bis seine Schuld in einem öffentlichen Verfahren, in dem alle für seine Verteidigung nötigen Voraussetzungen gewährleistet waren, gemäß dem Gesetz nachgewiesen ist ...
Artikel 12
Niemand darf willkürlichen Eingriffen in sein Privatleben, seine Familie, sein Heim oder seinen Briefwechsel noch Angriffen auf seine Ehre und seinen Ruf ausgesetzt werden. ...
Artikel 13
(1) Jeder Mensch hat das Recht auf Freizügigkeit und freie Wahl seines Wohnsitzes innerhalb eines Staates.
(2) Jeder Mensch hat das Recht, jedes Land, einschließlich seines eigenen, zu verlassen sowie in sein Land zurückzukehren.
Artikel 14
(1) Jeder Mensch hat das Recht, in anderen Ländern vor Verfolgung Asyl zu suchen und zu genießen. (2) ...
Artikel 15
(1) Jeder Mensch hat Anspruch auf eine Staatsangehörigkeit. (2) ...
Artikel 16
(1) Heiratsfähige Männer und Frauen haben ohne Einschränkung durch Rasse, Staatsbürgerschaft oder Religion das Recht, eine Ehe zu schließen und eine Familie zu gründen. Sie haben bei der Eheschließung, während der Ehe und bei der Auflösung gleiche Rechte. (2) ... (3) ...
Artikel 17
(1) Jeder Mensch hat allein oder in Gemeinschaft mit anderen das Recht auf Eigentum.
(2) Niemand darf willkürlich seines Eigentums beraubt werden.
Artikel 18
Jeder Mensch hat Anspruch auf Gedanken-, Gewissens- und Religionsfreiheit. Dieses Recht umfasst die Freiheit, seine Religion oder seine Überzeugung zu wechseln, sowie die Freiheit, seine Religion oder seine Überzeugung allein oder in Gemeinschaft mit anderen ... zu bekunden.
Artikel 19
Jeder Mensch hat das Recht auf freie Meinungsäußerung ...
Mit Artikel 20 - 30
folgen 11 weitere Menschenrechtskomplexe.

Insgesamt ein Wertesystem utilitaristischer Humanität ohne Begründung durch Religion, ohne Legitimation durch Gott, rein atheistisch.

2.2. Jesus von Nazareth Eine atheistische Ethik?

Grundzüge einer utilitaristischen[1] Humanität

(1) Der historische Jesus

1972 schrieb Milan Machovec sein Buch JESUS FÜR ATHEISTEN[2]. Der Titel allein schon macht neugierig, denn könnte es sein, dass Menschen, die nicht an Gott glauben, dennoch den Jesus von Nazareth gut finden? Könnte sich zwischen einem Atheisten und Jesus ein echter Dialog entwickeln um lebenszentrale Fragen? Könnte gar aus beidseitigem Sachinteresse eine Solidarität entstehen mit dem Umkehrschluss: ATHEISTEN FÜR JESUS?

Das Außergewöhnliche an dem Buch von Machovec war damals der Versuch eines offenen Dialogs zwischen bewussten Marxisten und bewussten Christen. Machovec erzählte die Jesusstory vor allem mit der Absicht, die, die ohne Gott denken, auf Jesus hin zu öffnen.

JESUS FÜR ATHEISTEN - ATHEISTEN FÜR JESUS? Diese Frage ist auch für unsere Untersuchung CODEX ATHEOS - DIE KRAFT DES ATHEISMUS hoch brisant. Interessant wäre, ob und an welcher Stelle genau sich Schnittpunkte ergeben zwischen der Botschaft Jesu und den Denkvorstellungen eines Atheisten. Denn bestünden wirklich elementare Gemeinsamkeiten in zentralen Sachfragen, dann könnten sich geradezu notwendig gegenseitige Sperren abbauen. Ein Austausch würde möglich, ein ernsthaftes Gespräch zwischen geistigen Positionen und Lagern, die sonst für völlig gegensätzlich gehalten werden.

---

1 "Utilitaristisch" ist innerhalb der allgemeinen Diskussion der Ethik der Fachbegriff für "nützlich": Philosophisch wird dabei als sittlich nur anerkannt, was dem Einzelnen oder der Gemeinschaft von Nutzen ist.

2 Milan Machovec, Jesus für Atheisten, Stuttgart 1972.

Unangetastet bleibt dabei die Feststellung: Jesus von Nazareth hatte einen ganz intimen Gottesbezug. Jeder Zweifel daran wäre aufgrund der Textlage absurd: Jesus nannte Gott auf aramäisch "abba - liebes Väterchen"[1]. Das ist unbestreitbar. Hierin bleibt immer ein fundamentaler Unterschied bestehen zwischen Jesus und einem Atheisten.

Allerdings entsteht hier schon der Verdacht, dass Jesus mit seinem "abba - liebes Väterchen" ganz anders von Gott gesprochen hat, als es später alle theologischen Formeln ausgedrückt und das christliche Reden von Gott unter dogmatischen Glaubenszwang gestellt haben. Zwar hatte Jesus einen persönlichen Gottesbezug. Aber er hat keineswegs immerzu und alles aus Gott abgeleitet und mit Gott begründet.

Dies nun wird besonders sichtbar an der Ethik Jesu. Jesus hat ethisches Handeln zum Beispiel nicht als Gehorsam gegenüber göttlichen Geboten definiert. Das Wort "Gehorsam" speziell gegenüber Gottes Geboten kommt in der ursprünglichen Jesus-Botschaft nicht ein einziges Mal vor. Nirgends. Gehorsam gegenüber Gottes Geboten als Handlungsmaxime ist erst nachfolgend der Lieblingsbegriff nahezu aller Theologen und kirchlichen Würdenträger bis in unsere Tage.

Hiermit nun setzt unsere These ein: Jesus vertritt eine Ethik, die er nicht in oder mit Gott begründet. Er leitet die Begründung ethischen Handelns nicht von Gott ab. Er definiert eine Ethik - ohne Gott.

Das wäre höchst aufregend, weil von großer Tragweite. Die aktuelle Wertedebatte unserer europäischen Gesellschaft bekäme damit noch einmal einen völlig neuen befreienden Impuls, denn: Ethik ohne Gott bei Jesus - das stellt zum Beispiel den Hoheitsanspruch der katholischen Kirche und speziell des Papstes radikal in Frage, in Berufung auf Gott ein religiöses Moralmonopol zu besitzen.

Es unterstützt stattdessen das Bewusstsein der säkularen Vernunft, dass für die Herstellung und Durchsetzung der Menschen- und Grundrechte und damit für jedes moralische Handeln ganz allein der Mensch selbst verantwortlich zeichnet.

---

[1] Artikel abba in: Theologisches Wörterbuch zum Neuen Testament, Band 1, Stuttgart 1933/1957, speziell Seite 5. Joachim Jeremias, ABBA, Studien zur Neutestamentlichen Theologie, Göttingen 1966, Seite 33 ff.

(2) Verba ipsissima

Bevor wir uns speziell unserer Frage nach einer atheistischen Ethik Jesu zuwenden, müssen wir kurz auf eine Frage eingehen, die heute in der modernen Jesus-Forschung eine elementare Rolle spielt: Was wissen wir eigentlich von Jesus? Wie wissen wir von dem, was Jesus von Nazareth wirklich gesagt hat?

Eines ist klar: In den Evangelien stehen etwa 260 Jesus-Worte, Aussagen also, von denen behauptet wird, dass sie von Jesus stammen. Würden wir alle diese Texte als sicher überliefert zusammen nehmen, dann hätten wir natürlich einen ziemlich großen Textbestand, der uns als Meinung des historischen Jesus tradiert wäre. Derart unkritisch wird gewöhnlich in Bibelstunden oder in Predigten über das geredet, was Jesus gesagt haben soll.

Die moderne Jesus-Forschung verfährt so nicht. Sie stellt in ihrer Texterforschung zu jedem einzelnen Jesustext kritisch die Echtheitsfrage: Stammt dieses Jesus-Logion (griechisch: Logion = Wort) wie der Fachmann das nennt, wirklich von Jesus, oder ist es in einem anderen Zusammenhang und damit in späterer Zeit entstanden? Die Jesus-Forschung wendet dabei an den biblischen Texten Echtheitsprüfungen an, wie sie bei allen alten historischen Texten wissenschaftlich üblich sind, etwa in der Altphilologie bei den Schriften Platons zur Frage nach den echten Sokratesdialogen.

Diese wissenschaftliche Arbeit speziell an Texten der Evangelien des Neuen Testamentes ist 1922 richtungweisend von Rudolf Bultmann begründet worden mit seiner Untersuchung über DIE GESCHICHTE DER SYNOPTISCHEN TRADITION, dem Standardwerk jedes evangelischen Theologiestudiums. Bultmann hat darin in akribischer Detailarbeit die Texte der drei Evangelien Markus/Matthäus/Lukas literarkritisch und formengeschichtlich analysiert und dabei ihre Entstehung aus unterschiedlichen Quellen nachgewiesen. Diese rein wissenschaftliche Arbeit hat mit dem christlichen Glauben überhaupt nichts zu tun. Sie ist für jeden, der sich mit seinem Verstand darum bemüht, in Methode und Ergebnissen zwingend nachzuvollziehen und einsichtig.

Dabei ist ganz nüchtern festzustellen, dass von den 260 Jesusworten nur ein Bruchteil von Jesus selber stammt. Viele Texte sind Jesus von der Urgemeinde, von den ersten Christen also, in den Mund gelegt worden. Deshalb gibt es eine große Gruppe von so genannten Jesusworten, die den historischen Jesus gar nicht zum Autor haben.

Bleibt etwas Echtes übrig? Um diese Frage streiten die Jesus-Wissenschaftler seit fast 100 Jahren - auch heute noch. Über jedes einzelne Logion gibt es eine lange wissenschaftliche Diskussion und die jeweilige Einschätzung kann dabei von Fachmann zu Fachmann abweichen. Die Zahl der für echt angenommenen Jesus-Logien schwankt deshalb von Forscher zu Forscher. Vielleicht sind 5 bis 15 Prozent echt, 10 bis 35 Texte also.

Ein solches Logion, das wirklich auf Jesus zurückgeht, nennen wir Verbum ipsissimum, ein ureigenstes Wort, das Jesus selbst gesagt haben könnte. Ein allerletzter Beweis dafür fehlt, die Wahrscheinlichkeit aber ist sehr groß, dass sprachlich und gedanklich diese Texte von einer einzigen exponierten Person stammen, die aus dem historischen Kontext heraus nur Jesus von Nazareth gewesen sein kann.

Wir selbst benutzen für unsere Darstellung der atheistischen Ethik Jesu nur Verba ipsissima, also Texte, deren Jesus-Echtheit wissenschaftlich allgemein anerkannt ist. Dabei können wir in diesem Zusammenhang die wissenschaftliche Begründung nur jeweils in Ansätzen offen legen, weil sie doch meist kompliziert ist. Unsere hierin nicht kundigen Leser werden sich mit diesen Ansätzen leider begnügen müssen. Der kundige Leser kann auf die wissenschaftliche Fachliteratur zur Jesus- und Evangelienforschung zurückgreifen.[1]

---

[1] Unsere Untersuchung ist angelegt auf kritische Mitarbeit.
Dafür reicht es nicht, die Texte in der Bibel mit- oder nachzulesen. Ein einfaches Lesen in der Bibel erlaubt keinen vergleichenden wissenschaftlichen Ansatz.
Als Textvorlage für die Arbeit an den Evangelien des Neuen Testamentes empfehlen wir Ihnen dringend:

- Carl-Heinz Peisker, Evangeliensynopse
  J.G. Oncken Verlag Kassel

oder

- Kilian Ruckstuhl / Hans Weder, Neue Zürcher Evangeliensynopse, Theologischer Verlag Zürich

(3) Er fühlte Erbarmen

Die E s p l a n g c h n i s t e - Theorie Jesu

Bei der Frage nach der Vorstellung Jesu, wie der Mensch ethisch handeln sollte, fällt jedem, der auch nur ein bisschen von Jesus weiß, sofort die berühmte Geschichte ein

Von dem barmherzigen Samariter

30a *Ein Mann ging von Jerusalem nach Jericho hinab*
und wurde von Räubern überfallen. Sie plünderten ihn aus
und schlugen ihn zusammen. Dann gingen sie davon
und ließen ihn halbtot liegen.

31 *Zufällig kam ein Priester die Straße hinab. Er sah ihn*
und ging vorüber. 32 *Ebenso kam auch ein Tempeldiener*
an den Ort, sah ihn und ging vorüber.

33 *Ein Samariter aber, der auf Reisen war,*
kam in seine Nähe. Als er ihn sah,
fühlte er Erbarmen mit ihm (griechisch: e s p l a n g c h n i s t e).

34 *Er trat hinzu, verband seine Wunden, indem er Öl und Wein*
drauf goss, hob ihn auf sein Reittier, brachte ihn in eine
Herberge und pflegte ihn. 35 *Am nächsten Tag nahm er zwei*
Denare, gab sie dem Wirt und sagte: Pflege ihn. Wenn du mehr
brauchst, bezahle ich es dir, wenn ich wiederkomme.

Lukas Kapitel, 10, Vers 30a - 35

Anmerkungen zur Interpretation:

(1) Textform und Überlieferung: Das ist eine Beispielgeschichte, eine Geschichte mitten aus dem Leben heraus. Solche Beispielgeschichten hat Jesus häufig erzählt. Sie sollen bei dem Hörer größtmögliche

Zustimmung bewirken. Jeder Hörer soll sagen: Ja, so ist das wohl. Zögerlich mögen Jesu Zuhörer gewesen sein, weil Jesus in der Zielaussage dieser Geschichte von einem Samariter spricht. Jesu Hörer hassten Samariter. Sie trauten denen nichts Gutes zu.

Diese Jesus-Geschichte steht nur im LUKAS-EVANGELIUM, in keinem anderen Evangelium oder keiner anderen Überlieferungstradition. Die spezielle Quelle, aus der Lukas diese Geschichte hat, nennen wir LUKAS-SONDERGUT.

Der originale Jesus-Text in Vers 30 - 35 ist direkt eingefasst von dem vorausgehenden Vers 29 und den nachfolgenden Versen 36 - 37. In dieser Rahmenszene wird die Frage abgehandelt: Wer ist mein Nächster? Dieser redaktionelle Kontext ist wohl schon im LUKAS-SONDERGUT, vielleicht aber auch erst durch Lukas selbst entstanden. Er ist aber auf jeden Fall sekundär und hat überlieferungsgeschichtlich überhaupt nichts mit Jesus zu tun. Wir konzentrieren uns deshalb ganz streng nur auf die Originalgeschichte in Vers 30 - 35.

(2) Kernaussage: In einer Beispielgeschichte von Jesus haben die Einzelheiten der Geschichte keine tragende Bedeutung. Natürlich müssen sie aber in sich stimmig sein, denn der Hörer soll ihnen ja zustimmen. Im vorliegenden Text sprengt der Samariter als zentrale Gestalt die stimmige Erzählhandlung. Er wirkt bei den Hörern sofort als Provokation, denn keiner von ihnen möchte ein Samariter sein.

Methodisch - das ist nun das entscheidend Wichtige - zielt jede Beispielgeschichte auf einen einzigen Zielpunkt. Dieser Zielpunkt ist die Kernaussage, der Skopus (griechisch: Skopus = Zweck, Ziel). Mit diesem Skopus der Geschichte will Jesus das Außergewöhnliche seiner Botschaft vermitteln. Gerade indem der Hörer der Geschichte zustimmen kann, will Jesus ihm den Zielpunkt zeigen: Siehst du, so ist das doch im Leben. So ist das auch mit dir. Zumindest sollte es so sein.

Die Zielaussage muss also immer ganz exakt herausgearbeitet werden, sonst hört man zwar die Geschichte, aber man versteht nicht, was Jesus mit ihr sagen will. Was Jesus pointiert sagen will, nennen wir "Botschaft".

(3) Botschaft: Der Samariter, so wie er handelt - das ist hier der Zielpunkt. Dieses Handeln ist mit einem völlig ungewöhnlichen Begriff hervorgehoben, denn im griechischen Text steht: Als der Samariter den Halbtotgeschlagenen da liegen sah, da: e s p l a n g c h n i s t e - "drehte sich ihm der Magen um". Auf einen Menschen angewendet, kommt dieser Begriff im ganzen Neuen Testament nur drei Mal vor, immer nur in verba ipsissima, also bei Jesus. Es ist ein zentraler Begriff der Jesusbotschaft. Das erste Mal steht er hier in dieser Beispielgeschichte vom barmherzigen Samariter als Zielbegriff.

E s p l a n g c h n i s t e - "es drehte sich ihm der Magen um" bedeutet, dass der Samariter spontan auf die Situation und damit auf die Bedürftigkeit des Opfers reagiert. Dessen Notlage ist also die direkte Motivation seines Handelns. Indem die Hilflosigkeit des Opfers den Betrachter gleichsam anspringt, reagiert er unmittelbar aus dem Bauch, aus dem Gefühl heraus. Mitleid packt ihn.

Dabei kein einziges Wort von Gott. Gott spielt für das Handeln des Samariters überhaupt keine Rolle. Jesus lässt ihn nicht erst einmal an Gott denken, um sich der etwaigen Richtigkeit seines Handelns zu vergewissern. Völlig egal. Der Samariter hält auch kein Dankgebet für die Rettung, keine Fürbittengebete für die Genesung des Schwerverletzten. Nichts. Gar nichts. Ob oder wie der Samariter an Gott glaubt, spielt für Jesus überhaupt gar keine Rolle.

Dies um so weniger, als der Samariter für Jesu Zuhörer seit alters her zu jener Menschengruppe gehört, die sowieso falsch an Gott glaubt und deshalb aus der Gemeinschaft der Juden als den Erwählten Gottes ausgeschlossen ist. Von daher hassen sie ihn. Die Provokation liegt deshalb darin, dass Jesus ihnen statt des frommen Priesters oder des Tempeldieners gerade einen solchen "gottlosen Samariter" zum Vorbild setzt.

Das verstärkt unsere erste Schlussfolgerung: Für Jesus ist der Glaube an Gott als Begründung für menschliches Handeln ohne jede Bedeutung. Seine Ethik geht keine langen theologischen Umwege. Seine Moral ist ganz praktisch konkret auf den Nächsten bezogen.

Deshalb erzählt Jesus diese Geschichte auch ganz menschlich: Handle so wie dieser Samariter! Handle gegenüber dem, der Not leidet, wie ein hilfreicher Partner, auf den man sich verlassen kann! Sei ihm schlicht ein Mensch, ein barmherziger Mensch!

Wir fügen dieser ersten Geschichte die zweite berühmte Geschichte Jesu hinzu

Von dem liebenden Vater

11 *Ein Mann hatte zwei Söhne.*
12 *Der jüngere sagte zum Vater:*
Gib mir das Erbteil des Vermögens, das mir zusteht!
Da teilte der Vater das Vermögen auf.

13 *Nach wenigen Tagen packte der jüngere Sohn alles*
zusammen und zog weg in ein fernes Land.
Dort vergeudete er sein Vermögen durch ein zügelloses Leben.
14 *Als er alles durchgebracht hatte, kam eine gewaltige*
Hungersnot über jenes Land und es ging ihm sehr schlecht.

15 *Da ging er zu einem Bürger des Landes und drängte sich ihm*
auf. Der schickte ihn auf seine Felder, Schweine zu hüten.
16 *Gerne hätte er seinen Hunger gestillt mit den Futterschoten,*
die die Schweine fraßen. Doch niemand gab sie ihm.

17 *Da ging er in sich und sagte:*
Wie viele Tagelöhner meines Vaters haben zu essen
im Überfluss. Ich aber komme hier vor Hunger um.
18 *Ich will aufbrechen und zu meinem Vater gehen*
und zu ihm sagen: Vater, ich hab gesündigt gegen den Himmel
und gegen dich. Ich bin nicht mehr wert, dein Sohn zu sein.
Mache mich zu einem deiner Tagelöhner.
20a *Also brach er auf und ging zu seinem Vater.*

20b *Der Vater aber sah ihn schon von ferne kommen,*
und er fühlte Erbarmen mit ihm
(griechisch: e s p l a n g c h n i s t e).
Er lief ihm entgegen, fiel ihm um den Hals und küsste ihn.
21 *Der Sohn aber sagte zu ihm:*
Vater, ich habe gesündigt gegen den Himmel und gegen dich.
Ich bin nicht mehr wert, dein Sohn zu sein.

22 *Stattdessen sagte der Vater zu seinen Knechten:*
Bringt schnell das beste Gewand heraus, und zieht es ihm an.
Gebt ihm einen Ring an die Hand und Schuhe an die Füße.
23 *Holt das Mastkalb und schlachtet es.*
Lasst uns essen und fröhlich sein.

24 *Denn mein Sohn war tot und ist wieder lebendig.*
Er war verloren und ist wieder gefunden.

Und sie fingen an, ein fröhliches Fest zu feiern.

Lukas, Kapitel 15, Vers 11 - 24

Anmerkungen zur Interpretation:

(1) Textform und Überlieferung: Wieder eine Beispielgeschichte. Die Handlung ist ausführlich erzählt. Die Hörer mögen auch dieser Geschichte in ihrer Erzählhandlung zustimmen: Ja, eben so kann es zugehen in unserer Welt. Auffallen mag ihnen der herausgehobene soziale Status der Familie. Es herrscht Fülle bei denen, soziale Verhältnisse also, von denen der einfache Hörer nur träumen kann. Die vom Vater vererbte und vom Sohn durchgebrachte Summe ist riesig. Trotz Auszahlung des Erbes und Hungersnot ringsum: Leben aus dem Vollen im Haus des Vaters.

Auch dieser Text steht nur bei Lukas. Keine andere Quelle sonst hat ihn. Also LUKAS-SONDERGUT. Wir nehmen dazu an, dass dem Lukas eine exklusive schriftliche Text-Quelle vorgelegen hat, in der schon vor ihm speziell Beispielgeschichten und Gleichnisse Jesu zusammengestellt und gesammelt waren. Diese spezielle Textquelle LUKAS-SONDERGUT hat Lukas in seinem Evangelium verarbeitet.

Wahrscheinlich ist diese Beispielgeschichte in Vers 11 - 24 später mit Vers 25 - 31 als zweitem Teil ergänzt worden mit der Geschichte "Von der Reaktion des älteren Sohnes". Dieser zweite Teil gehört dann nicht zum ursprünglichen Text. Verschiedene Kommentatoren geben dafür als Grund an, dass der ältere Sohn im zweiten Teil als eine Symbolgestalt für das Judentum in seinem Erwählungsbewusstsein für die Gerechtigkeit Gottes steht und damit für die Frage, ob dieses Judentum Jesus als Messias mit seiner Barmherzigkeit anerkennt oder nicht - eine der zentralen Problemstellungen der späteren Urgemeinde, keine ursächliche Frage des historischen Jesus, deshalb sekundär.

Formal sind darüber hinaus Gleichnisse mit zwei eigenständigen Themengipfeln - eine ähnliche Konstruktion in Matthäus 18,23b - 32 (siehe unten Seite 154 ff) - für Jesus äußerst ungewöhnlich, kommen sonst in den originalen Jesustexten nicht vor. Wir beschränken uns deshalb hier als verbum ipsissimum auf Lukas 15,11 - 24.

(2) Kernaussage: Der Zielpunkt dieser Geschichte liegt nicht in der Gestalt des "verlorenen Sohnes". Der verlorene Sohn gehört nur zur generellen Erzählhandlung. Deshalb haben wir die alte Überschrift "Vom verlorenen Sohn" in eine Überschrift geändert, in der die Zielaussage des Textes richtig zum Ausdruck kommt, nämlich "Vom liebenden Vater". Ausschließlich der Vater ist der Zielpunkt dieser Geschichte und mit ihm das besondere Handeln des Vaters.

(3) Botschaft: Das besondere Handeln des Vaters wird auch hier wieder mit dem Begriff e s p l a n g c h n i s t e hervorgehoben: Als der Vater den zerlumpten Sohn von Ferne her kommen sah, da „drehte sich ihm der Magen um". Der Vater wird von einem spontanen Mitgefühl ergriffen. Zum zweiten Mal also der jesuanische Exklusivbegriff. Ausschließlich und allein in ihm liegt der Skopus des Textes.

Der Vater in der Geschichte ist nicht Gott - wie fromme Theologen immer wieder behaupten! Der verlorene Sohn ist auch nicht - wie diese frommen Theologen weiter behaupten - generell der sündige Mensch, der reumütig zu Gott zurückkehrt. Mit dieser Art Umdeutung wird die Geschichte ins Jenseitige verbrämt und die originale Pointe Jesu total verdreht. Jesus hat so nicht geredet und gedacht. Gott kommt auch in dieser Geschichte bei den entscheidend Handelnden mit keinem einzigen Gedanken vor - weder als Handlungsmotivation oder als Handlungsziel, noch selbst als Handlungsinhalt.

Der Vater ist vielmehr ein ganz normaler Mensch, wenngleich ein Mensch in einer exponierten sozialen Stellung. Er führt ein großes Anwesen. Viele Menschen leben in seiner Obhut. Er hat alle Fäden in der Hand, trägt Verantwortung, weiß sich mit seinen Möglichkeiten durchzusetzen. Dadurch ist er ein Starker, jemand, der sein Leben voll im Griff hat. Dazu gehört: Das gemästete Kalb steht im Stall immer bereit zum freudigen Gastmahl für Ehrengäste.

Formal hat der Vater auch gegenüber seinem Sohn jedes Recht auf seiner Seite. Er hat ihn korrekt ausgezahlt, hat seine Pflichten mustergültig erledigt. Kein Richter der Welt wird nach geltendem Recht den Vater zu Gunsten des Sohnes belangen können. Gerade deshalb erwarten die Hörer mit Spannung, wie sich der Vater verhalten wird. Wie wird er seinen Rechtsstandpunkt geltend machen? Wird er sein Recht gegen den zurückkehrenden Sohn mit berechtigtem Zorn durchsetzen?

Wie also? Dieser Vater verzichtet auf sein Recht! Als er den Sohn in dem verelendeten Zustand sieht, gibt er ihm gegenüber seine Eigenansprüche spontan und lückenlos auf. Noch ehe der Sohn auch nur einen einzigen Satz hat sagen können, kommt der Vater ihm entgegen. Er bietet ihm alle positiven Möglichkeiten an: Schuhe, Anzug, Ring - alles Zeichen der sofortigen Wiedereinsetzung des Zurückgekehrten in seine ehemalige Rechtsstellung als Sohn. Aus positivem Affekt heraus sorgt dieser Vater bedingungslos und uneingeschränkt für seinen Sohn.

Dieser Vater ist wirklich ein Starker. Ein sehr Starker. Sogar in der Krisensituation handelt er auf einer konstruktiven Ebene, nämlich aus der Motivation eigener menschlicher Betroffenheit heraus. An Stelle zornigen Rechthabens und Rechtdurchsetzens, womit er Leben zerstören, zumindest schwer erniedrigen würde, lässt er innere Regung der Zuwendung zu, die den Rechtlosen rettet. In höchster Krise so Rettung schenken - das bedeutet e s p l a n g c h n i s t e.

Aus formaler Rechtsposition heraus kann das Handeln dieses Vaters dennoch nicht ohne Widerspruch bleiben. Ist es wirklich richtig, was der Vater tut? Die spätere Fortsetzung der Geschichte in Vers 25 - 31 mit dem älteren Sohn stellt solch Handeln mit radikaler Schärfe in Frage: Dieser barmherzige Umgang des Vaters mit dem zurückkehrenden Sohn ist gegenüber dem Sohn, der treu und immer pflichtbewusst zuhause geblieben ist, eine schreiende Ungerechtigkeit! Der ältere Sohn wenigstens ist aufs äußerste empört. Er weiß sich in seiner Position voll im Recht - und dieses Recht muss doch Recht bleiben.

Schon richtig. Doch Jesus stellt die generelle Gültigkeit des Rechts überhaupt gar nicht in Frage. Im normalen Leben mag alles über gerechte Regeln und Verhaltensnormen ablaufen. Sie haben auch weiterhin ihre praktische Bedeutung und Gültigkeit. Der Vater bestätigt seinen älteren Sohn ausdrücklich in der Korrektheit ihrer Beziehung, nennt ihn "mein Kind" - und erkennt damit auch gerade seine juristischen Ansprüche uneingeschränkt an. Kein Recht muss unter ihnen beiden in ihrer Gegenseitigkeit als starke Partner verändert werden. Alles Recht bleibt Recht.

Doch es gibt Ausnahmesituationen, in denen Recht haben und Recht durchsetzen Leben nicht mehr regeln und retten, sondern Leben letztgültig zu zerstören drohen. Dann - so dieser Vater - dann muss in anderer Weise gehandelt werden. Dann zwingt die außergewöhnliche Situation den dazu, der Recht hat, sein Recht auszusetzen, auf sein Recht zu verzichten, um Leben zu retten. Deshalb bittet der Vater seinen älteren Sohn um Solidarität bei der Rettung seines Bruders.

Eben deshalb erzählt Jesus diese Geschichte: Handle dann so wie dieser Vater! Handle gegenüber dem, der Not leidet, als ein hilfreicher Partner! Sei ihm schlicht ein Mensch, ein barmherziger Mensch!

Schließlich Jesu Geschichte

Von dem gnädigen König

23b *Ein König wollte mit seinen Beamten abrechnen.*
24 *Als er mit der Abrechnung anfing, wurde einer vor ihn gebracht, der schuldete ihm zehntausend Talente.*

25 *Weil er aber nicht bezahlen konnte, befahl der Herr, dass er, seine Ehefrau, seine Kinder und seine gesamte Habe verkauft würden und die Zahlung zu leisten sei.*
26 *Der Beamte warf sich daraufhin vor ihm zu Boden und sagte: Habe Geduld mit mir, ich will dir alles bezahlen.*

27 *Da fühlte der Herr Erbarmen mit jenem Beamten*
(griechisch: e s p l a n g c h n i s t e),

gab ihn frei und erließ ihm die Schuld.

Matthäus, Kapitel 18, Vers 23b - 27

Anmerkungen zur Interpretation:

(1) Textform und Überlieferung: Eine dritte Beispielgeschichte. Jesus hat sehr viel in Beispielgeschichten und Gleichnissen geredet, ja, diese Sprach- und Redeweise ist nahezu unverwechselbar typisch für Jesus. Deshalb sind Beispielgeschichten und Gleichnisse das Urgestein der verba ipsissima Jesu. Mit diesen Texten kommen wir also Jesus von Nazareth und seiner Botschaft ganz nahe.

Auch diese Handlung ist für den Hörer sachlich wieder in sich plausibel, wenngleich die Schuldsumme so immens hoch ist, dass sie alle Vorstellungen sprengt. König Herodes Antipas von Galiläa und Peräa hatte damals rund 900 Talente als Staatshaushalt für das ganze Jahr zur Verfügung. Jesus hebt also mit 10.000 Talenten das soziale Niveau der Erzählhandlung überdimensional an. Der Hörer muss hier zwangsläufig stocken und geradezu zweifelnd reagieren.

Diese Beispielgeschichte ist nur im MATTHÄUS-EVANGELIUM überliefert, wir nennen diese besondere Quelle MATTHÄUS-SONDERGUT. Zugleich nehmen wir an, dass Matthäus die ursprüngliche Texteinheit Vers 23 - 27 mit einer zweiten Texteinheit Vers 28 - 32 ergänzt hat, wobei dicsc Ergänzung auch schon im MATTHÄUS-SONDERGUT erfolgt sein mag. Als ursprüngliche Beispielgeschichte und damit als Verbum ipsissimum Jesu nehmen wir den Textbestand Vers 23 - 27.

(2) Kernaussage: Die Zielaussage ist auch hier nicht die alte Überschrift "Vom Schalksknecht", wie Luther in seiner Bibelübersetzung getitelt hat. Diese Überschrift führt völlig in die Irre. Der Vergleichspunkt liegt vielmehr in der Person, deren Handeln wieder durch den Begriff e s p l a n g c h n i s t e markiert und hervorgehoben ist - also der König in seinem gnädigen, großmütigen Handeln ist die eigentliche Zielaussage des Textes.

Zum dritten Mal dieselbe Handlungsstruktur mit dem Zielpunkt auf die Gestalt einer starken Person hin. Zum dritten Mal derselbe exklusive Begriff e s p l a n g c h n i s t e, der die jeweils gleiche Handlungsmaxime sprachlich eindeutig zum Ausdruck bringt. Zum dritten Mal derselbe ethische Skopus, mit dem Jesus seine Botschaft hervorgehoben verdeutlicht.

Allein schon dieses formale Gleichmaß legt nahe, dass Textform, Textbestand und Textaussage einheitlich von Jesus stammen. Eine exzellente Bezeugung der Zentralaussage der Botschaft Jesu.

Eine wichtige Nebenbemerkung: Überraschend ist in den Verba ipsissima die sehr nüchterne Rede- und Denkweise Jesu. Sie ist ganz realistisch. In den Beispielgeschichten bisher und auch in all den späteren Texten redet Jesus völlig sachorientiert. Er beschreibt nicht nur menschliche Beziehungen äußerst präzise, schildert Arbeits- und Wirtschaftsabläufe sachlich genau. In den nachfolgenden Beispielgeschichten definiert er vor allem Natur und Naturvorgänge in völlig objektiver Beobachtung. Ebenso punktgenau sind in seinen Beispielgeschichten die Vergleichspunkte gesetzt, mit denen er aus der beschriebenen Wirklichkeit heraus einen Gedankeninhalt verdeutlichen will. Jesu Vergleiche aus der Sachwelt haben eine faszinierende Wirklichkeitsdichte und Zielsicherheit.

(3) Botschaft: Unsere Erzählhandlung hier setzt zwei sachliche Schwerpunkte, die für den Skopus unbedingt Voraussetzung sind,

Zum einen: Der sicherlich hohe Beamte hat wirklich überhaupt gar keine Chance zur Wiedergutmachung. Die Schuldsumme ist derart hoch, dass praktisch keinerlei Möglichkeit besteht, auch nur eine ansehnliche Schadensbegrenzung zu erreichen. Ganz abgesehen von dem Ansehensverlust durch diese Affäre. Mit der Aufdeckung der Schuld gar als Betrug hat er darüber hinaus als Beamter sein Gesicht verloren, seine Reputation, seine Glaubwürdigkeit.

Zum anderen: Der König hat daher jedes Recht gegen den Beamten. Nach antikem Recht haftet der Schuldner mit seinem Leben als Pfand - nicht nur mit seinem eigenen, sondern auch mit dem derjenigen Menschen, die zu ihm gehören. Als Schuldner ist der Beamte zwar zahlungsunfähig, aber keineswegs mittellos. Doch es wird nicht reichen: Die Kinder verkaufen zu müssen gilt pfandrechtlich als eidesstattliche Versicherung. Dem Mann ist auf dem Rechtsweg nicht mehr zu helfen. Sein Leben und das seiner mit ihm lebenden Menschen sind bei Anwendung des Rechts verwirkt. Der Mensch ist fertig - für immer.

Auf diesem Hintergrund ist auch hier das e s p l a n g c h n i s t e als Handlungsmaxime eine völlig andere Ebene. Es ist angesichts der aussichtlosen Situation die einzige Möglichkeit zur Wahrung menschlicher Würde, ja, zur Rettung überhaupt. Nur Gnade vor Recht rettet hier noch Leben.

Die späteren Theologen haben Jesu Vorgabe, dass der König als Mensch aus sich selbst heraus so gnädig handelt, nur schwer ertragen. Theologen haben den Menschen aus sich selbst heraus schon immer ganz generell schlecht gemacht und tun es auch heute noch mit der Behauptung, der Mensch sei zu Gutem gar nicht fähig. Nur Gott sei gut. Der Mensch selbst sei immer ein Sünder. Deshalb könne der gnädige König in dieser Geschichte nur Gott selbst sein.

Folglich haben sie Jesu tolle Geschichte vom Menschen auf Gott hin verdreht und wie auch Jesu E s p l a n g c h n i s t e - Geschichte "Vom liebenden Vater" als von Gott gemeint behauptet. In dieser Absicht hat Matthäus schon in Vers 23a seine fromme Texteinleitung zu dieser Geschichte formuliert. Diese Einleitung ist von daher sekundär, stammt eindeutig nicht von Jesus selbst. Liest man zudem noch die einschlägigen exegetischen Kommentare, dann ist es bestürzend, wie Jesus durch frommes Gerede Sinn verändernd missdeutet wird.

Denn auch in dieser Originalgeschichte steht ursächlich kein einziges Wort von Gott, weder von Gott her, noch auf Gott hin. Gott kommt im ganzen Handlungsablauf nicht mit dem kleinsten Hinweis vor. Der König ist auch hier nicht Gott, sondern ein normaler Mensch. Jesus bleibt mit jedem Wort völlig im weltlich-menschlichen Bereich.

Die Fortführung dieser Geschichte in Vers 28 - 32 wird später erzählen, dass dieser begnadigte Beamte offenbar seine außergewöhnliche Chance gar nicht begriffen habe. Als er den Palast verlässt, trifft er auf einen Mann, der ihm eine nur sehr kleine Summe schuldet. Er fordert ihn zur sofortigen Rückzahlung auf. Der fleht ihn an, ihm damit doch noch etwas Zeit zu lassen. Doch der Beamte stellt den Betrag sofort fällig und schleift den Mann gnadenlos ins Gefängnis in Erzwingungshaft.

Darin liegt ein Einwand, der später prinzipiell immer wieder gegen die Jesus-Ethik zu Felde geführt worden ist, nämlich der Vorwurf, Jesu Ethik sei nach jeder Regel der Wirklichkeit schlicht falsch - allein schon aus pädagogischen Gründen. Diese totale Freilassung ohne Bestrafung durch den König sei etwas Maßloses, etwas Leichtsinniges. Solche Gnade leiste Vorschub zum Missbrauch. Staatsraison gebiete hartes Durchgreifen.

Gerade dagegen steht Jesu fordernde Behauptung: Der Mann hatte persönlich nur eine einzige Chance für sich selbst und für die, die ihm anvertraut waren. Gerade er konnte und musste begreifen:

Handle selbst so wie dieser König! Handle gegenüber dem, der Not leidet, als ein hilfreicher Partner! Sei ihm schlicht ein Mensch, ein gnädiger Mensch!

In diesen Zusammenhang gehört unmittelbar ein Jesus-Logion, das den ethischen Ansatz der drei bisher besprochenen Esplangchniste-Geschichten Jesu klar offen legt, nämlich

Die Goldene Regel

31a *Wie ihr wollt, dass euch die Leute tun,*
31b *das sollt ihr ebenso auch ihnen tun!*

Lukas 6,31 // Matthäus 7,12

Anmerkungen zur Interpretation:

(1) Textform und Überlieferung: Dieses Logion wird innerhalb der Jesus-Forschung nahezu einheitlich als Verbum ipsissimum bezeichnet und ist ein Schlüsselwort der ganzen Jesusbotschaft.

Lukas 6,31 ist für sich ein einzelnes Logion. Zu seiner Stellung im Gesamtzusammenhang in Lukas 6,27 - 31 siehe unten Seite 212 f.

Lukas 6,31 stammt aus der LOGION-QUELLE, die der Fachmann kurz "Q" nennt. Q ist eine Sammlung von Sprüchen Jesu, die schon vor den Evangelien zusammengestellt wurde, also als literarische Einheit schon älter ist als die Evangelien. Diese Q-QUELLE hat nur dem Lukas und dem Matthäus vorgelegen, beide haben sie in ihren Evangelien verarbeitet. Markus kannte diese LOGIEN-QUELLE Q nicht.

(2) Kernaussage: Gegenüber dem Judentum und der frühen Christenheit nimmt die Goldene Regel Jesu eine einzigartige Stellung ein. Ihre Einzigartigkeit liegt in ihrer positiven Fassung: Handle positiv! Packe es konstruktiv an. Sei innovativ, sei kreativ, wage etwas! Die Goldene Regel macht dem Einzelnen also Mut, sich mit aller Kraft helfend und fördernd in die Beziehung zum Anderen einzubringen.

Bekannt dagegen ist im Spätjudentum und im frühen Christentum die Negativfassung dieser Regel. Sie lautet etwa in der DIDACHE, einer frühchristlichen Unterweisungsschrift, Kapitel 1, Vers 2:

> "Aber alles, was du willst, dass es dir n i c h t geschehe,
> das tue auch n i c h t einem andern".

Diese Negativfassung war schon vor und zurzeit Jesu ein Sprichwort, das als Handlungsmaxime allgemein im Umlauf war. Mit ihr definiert sich ein Handlungsverbot: Hüte dich davor, dem anderen Schaden zuzufügen, ihm etwas zu tun, was du selber an dir nicht mögen würdest. Das ist in der ersten Stufe durchaus ein sinnvolles Verbot, weil es die Ausübung aktiver Schädigung des Nächsten abblockt. Also schon ein wesentlicher erster richtiger Schritt zur Humanisierung, doch für positives Handeln bei weitem nicht ausreichend, denn:

Mit dieser Handlungsmaxime als Verbotsform hätte in den drei obigen E s p l a n g c h n i s t e - Texten Jesu keinerlei positive Handlung stattgefunden:

- *Der Samariter konnte sagen:* Ich habe dem Mann kein Leid zugefügt. Ich bin zu nichts verpflichtet. Bloß weg, bevor die Räuber zurückkommen und mich vielleicht auch noch ausrauben. Ähnlich mögen Priester und Tempeldiener gedacht haben.

- *Der Vater konnte sagen:* Ich habe mir überhaupt nichts vorzuwerfen. Ich habe dem Herrn Sohn nichts Böses getan. Im Gegenteil. Ich habe ihm gegeben, was er wollte und was ihm zustand. Ich fühle mich zu nichts mehr verpflichtet. Jetzt muss er sehen, wie er fertig wird.

- *Der König konnte sagen:* Bin ich etwa Täter? Hab ich den Beamten angestiftet? Ich kann doch für seine Situation nun wirklich überhaupt nichts. Ich bin das Opfer seiner Machenschaften. Rechtens ist, dass er jetzt für sein Tun voll einsteht. Das ist ganz allein sein Ding.

Die Handlungsmaxime der Negativform schafft so Entlastung für den, der im Konfliktfall der Starke ist, der Gesunde, der Gerechte, der Reiche, der Mächtige. Jeder von ihnen kann - dann mit Recht - sagen: Ich habe nichts Böses getan. Also halte ich mich raus. Ich gehe an dem anderen vorbei, jage ihn vom Hof, setze mein Recht durch oder fordere gnadenlos, was mir zusteht.

(3) Botschaft: Jesus argumentiert mit seiner positiven Goldenen Regel völlig anders, denn er fragt so, dass der Starke aus seiner unbeteiligten Rolle herausgeholt und in den Fokus der Verantwortung gestellt wird. In der Positivform stellt sich mit Jesus die Frage an den Starken so:

Wenn du selber der Betroffene wärst, was würdest du dann wollen? Was würdest du hoffen? Was würdest du dir dann wünschen?

> Schon in diesem ersten Augenblick erkennt der so Gefragte die Herausforderung. Er ahnt bereits die Konsequenz der Antwort. Deshalb zögert er noch, versucht, der Antwort zu entgehen.

Warum antwortest du nicht? Sag schon. Was würdest du dir wünschen, wenn du der Zusammengeschlagene wärst; oder der mit seiner Lebensgestaltung total Gescheiterte; oder der in seiner sozialen Stellung in Familie und Beruf aufs Höchste Bedrohte? Na, sag schon! Was würdest du dir dann wünschen?

> Natürlich würde ich mir wünschen, dass jemand kommt und mir hilft; dass einer da ist, der mich rettet; dass einer mir eine Chance gibt zum Überleben, zum Neuanfang.

Du weißt es also ganz genau, was der, der dir so hilflos gegenübersteht, braucht. Du weißt es aus dir selber heraus, weil du an seiner Stelle genau das brauchen würdest, was er braucht; genau das wünschen würdest, was er wünscht; genau einen solchen starken Partner erhoffen würdest, wie er sich einen in dir erhofft.

Wenn du das aber so genau weißt, warum tust du es dann nicht? Warum hilfst du nicht? Warum packst du nicht zu und bist deinem Nächsten schlicht ein starker Partner! Worauf wartest du? Tu es!

Mit der Goldenen Regel macht Jesus den externen Betrachter zum direkt Verantwortlichen gegenüber dem, der in Not ist. Er fordert den Betrachter unabdingbar in die Solidarität mit dem Betroffenen, zwingt ihn geradezu aus sich selbst heraus durch eigenes Nachfühlen und Mitfühlen zur Zuwendung zum Nächsten.

Die völlig neue Perspektive bei Jesus ist also die Umkehrung der Handlungsmaxime vom Negativen ins Positive, die Öffnung vom Abblocken zum konstruktiven Handeln, die Änderung vom Verbot zum Gebot. Jesus hat Jesus nie Verbote ausgesprochen, also nie gesagt, was man nicht tun soll. Jesus hat stattdessen immer gesagt, was man tun soll. Jesus war nicht Moses, der in seinen "Zehn Geboten Gottes" das meiste verboten hat. So redet die spätere Kirche.

Jesus war vielmehr ein Mann des konstruktiven Machens, des Handelns mit nützlichem Ziel. Handeln muss sich positiv beweisen. Handeln muss Gutes schaffen. Das ist in der Ethik Jesu eine andere, eine positive Lebenshaltung!

Deshalb: Handle so, wie der andere es braucht. Jesus begründet positives Handeln ausschließlich durch die Bedürfnisse des Menschen, der mir mit seiner Not, seinen Problemen gegenübersteht. Dabei erkenne ich an mir selbst, was der andere braucht. Denn wäre ich an seiner Stelle, wüsste ich genau, was ich brauche.

Deshalb als Faustregel: Handle so am Nächsten, wie du möchtest, dass er an dir handelt, wenn du Hilfe brauchst.

Dabei kommt Gott überhaupt nicht vor.

Traditionsgeschichtlich umstritten ist das andere Logion, das in diesem Zusammenhang immer wie selbstverständlich Jesus zugeschrieben wird, nämlich

Das Gebot der Nächstenliebe

31 *Du sollst deinen Nächsten lieben wie dich selbst!*

Markus 12,31 // Lukas 10,27 // Matthäus 22,39

Anmerkungen zur Interpretation:

(1) Textform und Überlieferung: Umstritten ist die Überlieferung dieses Logions deshalb, weil es nicht von Jesus selbst stammt, sondern von Jesus aus dem Alten Testament zitiert ist. Entsprechend existierte dieses Gebot schon vor Jesus und hat im Judentum vor Jesus eine lange Vorgeschichte der Interpretation.

Jesu Gebot der Nächstenliebe steht innerhalb der Perikope (griechisch: Perikope = Texteinheit) Markus 12,28 - 31 // Lukas 10,25 - 28 // Matthäus 22,34 – 40. Ein komplizierter Text. Die Quelle dazu ist der VOR-MARKUS, eine alte Gemeindeüberlieferung, die dem Evangelisten Markus vorgelegen hat und mit Markus dann später von Lukas und Matthäus in ihren Evangelien übernommen worden ist.

Die Perikope Markus 12,28 ff // Lukas // Matthäus insgesamt ist in ihrer literarischen Form ein Streitgespräch mit Jesus. Das signalisiert sogleich die grundsätzlich strittige Auseinandersetzung um den Inhalt, eben um das Gebot der Nächstenliebe und seine Zitierung. Dabei lautet die exegetisch sehr wichtige Frage: Wie hat Jesus selbst dieses Gebot der Nächstenliebe zitiert? Hat Jesus wirklich das Gebot der Nächstenliebe mit dem Gebot der Gottesliebe verkoppelt oder hat er es alleine als ein in sich eigenständiges menschliches Gebot dargestellt? So oder so würde es jeweils einen völlig anderen Sinn ergeben.

Speziell vom Alten Testament und damit vom Judentum her ist dieses Gebot der Nächstenliebe direkt mit Gott gekoppelt. So steht im LEVITICUS, im 3. BUCH MOSES, Kapitel 19, Vers 18b:

> "Du sollst deinen Nächsten lieben wie dich selbst,
> denn ich bin der Herr (= Gott)".

Jüdische Interpretation der Nächstenliebe setzt unbedingt Gott voraus als den, der diese Nächstenliebe als Gebot der Moses-Tora anweist. Nur wenn der Mensch damit Gottes Willen erfüllt, ist Nächstenliebe legitim. Der Mensch handelt am Nächsten positiv, weil Gott es so befohlen hat. Ohne Gottes Gebot gäbe es keine Nächstenliebe. Gott allein ist Ursache.

Dabei ist der Nächste nur der, der zur Glaubensgemeinschaft gehört, also zu den Erwählten des alttestamentlichen Gottes. Also nur der Jude selber ist Nächster. Der Fremde, der Andersgläubige ist ausgeschlossen. Mit der Nächstenliebe ist folglich nicht die Liebe allgemein zu Menschen gefordert, sondern nur die Liebe zum Volksgenossen.[1]

Jesus steht außerhalb dieser alttestamentlichen Tradition, speziell außerhalb der Gesetzestheologie der Schriftgelehrten, die die Aufrechterhaltung des Willen Gottes in den Geboten und Gesetzen der Tora als höchste Religionspflicht behauptet und kontrolliert haben. Jesus definiert mit dem Gebot der Nächstenliebe nicht als höchstes Ziel die Erfüllung des Willen Gottes in der Tora! Jesus steht konträr zur Tora, kämpft gegen ihr Religionsdiktat.[2]

Von den ersten Christentheologen her ist die Zuordnung des Gebotes der Nächstenliebe ebenfalls sehr umstritten. Das macht unser Streitgespräch insgesamt sichtbar mit seiner gestelzten Verknüpfung der Gottesliebe mit der Nächstenliebe, etwa in Lukas 10,27:

---

[1] Alle wichtigen Belege dazu bei Strack/Billerbeck, Kommentar zum Neuen Testament aus Talmud und Midrasch, München 1926, Band 1, S. 353 ff.

[2] Dazu ausführlich unten Seite 199 ff.

"Du sollst den Herrn, deinen Gott
lieben aus deinem ganzen Herzen und mit deiner ganzen Seele
und deiner ganzen Kraft und deinem ganzen Denken

und deinen Nächsten wie dich selbst".

Auch der glaubende Christ liebt also den Nächsten nicht einfach als Mensch, sondern nur und ausschließlich über theologische Reflexion: Weil eben jeder Mensch von der Liebe Gottes ergriffen ist, deshalb hat der Mensch nicht nur Gott, sondern auch den Nächsten zu lieben. Die Gottesliebe - von Gott her und auf Gott hin, ist die Vorausbedingung der Nächstenliebe. Nächstenliebe ist theologisch gleichsam nur ein Abfallprodukt der Gottesliebe.

Diese ganz eindeutig urgemeindliche Interpretationstendenz des Gebotes der Nächstenliebe stammt auf gar keinen Fall von Jesus selbst. Jesus hat so nirgends argumentiert. Nirgends hat er die Nächstenliebe aus der Gottesliebe abgeleitet. Das zeigen eindeutig unsere E s p l a n g c h n i s t e - Beispiele oben. Dort kommt Gott überhaupt gar nicht vor. Denn: Für Jesus liegt der Grund für die Nächstenliebe nicht in Gott, sondern im Nächsten selbst und seinen Bedürfnissen!

Deshalb muss man geradezu zuspitzend formulieren: Weil Jesus selbst das Gebot der Nächstenliebe ganz gezielt nicht in den alten jüdisch-biblischen Zusammenhängen auf Gott hin bezogen hat, deshalb hat die christliche Urgemeinde speziell auch in dem Streitgespräch Markus 12,28 ff // Lk // Mt verzweifelt versucht, diesen Zusammenhang zwischen Jesus und dem Alten Testament im Nachhinein herzustellen.

Denn die frühe Christengeneration wollte unbedingt die Rechtgläubigkeit Jesu gegenüber der biblischen Tradition beweisen, wollte damit den Konflikt, den Jesus mit der jüdischen Theologie entfacht hatte, entschärfen, und so zugleich ihre eigene biblische, sprich: alttestamentliche Rechtgläubigkeit unter Beweis stellen.

Wir nennen diesen Vorgang R e j u d a i s i e r u n g.

R e j u d a i s i e r u n g bedeutet: Die ersten Theologen versuchten Jesus in seiner Ketzerposition biblisch zu rehabilitieren, indem sie ihn besonders intensiv an die alttestamentlich-jüdische Tradition anbanden. Sie predigten Jesus posthum jüdisch-orthodox fromm.

Jesus selbst aber wollte - so der gesamte Zusammenhang seiner Botschaft - diese Traditionskette als Legitimation ganz bewusst nicht![1]

Wir verstehen deshalb dieses Logion von der Nächstenliebe gegen die biblisch-jüdische Auslegungstradition und zugleich gegen die frühchristliche Gemeindetheologie in Markus 12,28 ff // Lk // Mt singulär, das bedeutet: Der große Verknüpfungsrahmen bei Markus, damit auch bei Lukas und Matthäus, ist sekundär, später konzipiert und hat nichts, gar nichts mit Jesus zu tun.

Nur das singuläre Gebot *Liebe deinen Nächsten wie dich selbst* ohne jede Erweiterung oder Verknüpfung auf Gott hin gilt uns als von Jesus als Verbum ipsissimum überliefert.

(2) Kernaussage: Diese überlieferungsgeschichtliche Feststellung ist sachlich äußerst wichtig. Erst sie gibt den vollen Blick auf den historischen Jesus frei. Denn wie Jesus dieses markante Gebot der Nächstenliebe zitiert, steht natürlich in logischer Beziehung zum Gesamtkontext seiner eigenen Ethik. Als Einzelzitat gewinnt das Gebot der Nächstenliebe deshalb seine Bestätigung durch den Gesamtrahmen aller ethischen Aussagen Jesu - und umgekehrt. Der gesamte ethische Ansatz aller Aussagen Jesu erreicht darin seine Verdichtung, dass Jesus das Gebot der Nächstenliebe einzeln zitiert.

(3) Botschaft: Jesus bezieht das Gebot der Nächstenliebe in seiner Motivation also nicht auf Gott, sondern auf den Menschen selbst:

Liebe deinen Nächsten - ***wie dich selbst.***

Aus diesem "**wie dich selbst**"
oder direkter formuliert: Ich liebe meinen Nächsten - **wie mich selbst**
entstehen drei elementare Erkenntnisschritte:

---

[1] Siehe dazu Seite 297 f.

1. Der Mensch erkennt an sich selbst alle möglichen menschlichen Wünsche und Bedürfnisse, weil er in seinen Selbsterfahrungen ein unmittelbares emotionales und kognitives Verhältnis zu sich selbst hat. Er erlebt und versteht an sich selbst, was ein Mensch hofft und wünscht, was er befürchtet und leidet, was er gerade auch in Grenzsituationen braucht.

In diesem Wissen um sich selbst erkennt und erlebt der Mensch das Selbst des Nächsten. Der Mensch wüsste in der Tiefe nichts um den Nächsten, wüsste er nicht um sich selbst. Er weiß um den anderen nur durch das, was er an und mit sich selber erfährt. Schmerzen, Leid, Angst des Nächsten sind dem Menschen nur vorstellbar, weil er selbst an sich Schmerzen, Leid und Angst erfahren kann, ebenso Hoffnung, Freude, Glück.

In dem Wissen um mein Ich also entsteht das Spiegelbild des Du mit dessen Empfindungs- und Bewusstseinswelt. Die Dimensionen von Freude und Glück, von Verzweiflung und Unglück im Du werden im Ich nur als Nachempfindungen, als Assoziationen bewusst. Das Erkennen der Wertigkeiten des Du hat somit seine unabdingbare Voraussetzung im Erkennen der Ich-Wertigkeiten.

2. In seinem positiven Wollen und Handeln setzt der Mensch das Du an die Stelle des Ich: Das Ich wendet seine Aktionen auf die eigenen Bedürfnisse und Hoffnungen direkt auf das Du an. Ich empfinde für das Du wie für mich selbst, ich agiere auf das Du hin, als würde ich zugunsten meiner selbst, für mich allein agieren.

3. Solche positive Zuwendung des Ich zum Du ereignet sich im Lieben, im Mitleiden und Barmherzigsein, in Fürsorge und jeder konstruktiven Zuwendung. Sie ist die Qualität des e s p l a n g c h n i s t e.

Das Maßnehmen an den eigenen Bedürfnissen und Regungen setzt die positiv-sachgerechte Zuwendung des Ich auf das Du hin frei. Im Ich orientierten Handeln zugunsten des Du ereignet sich immer ein Stück Überwindung von Selbstverweigerung

und damit jedes Mal neu die Bereitschaft zum Selbsteinsatz, zur Selbsthingabe, zum Selbstverzicht.

Summa:

Die E s p l a n g c h n i s t e - Theorie Jesu

Jesus beschreibt ethisches Handeln als konkrete positive menschliche Zuwendung. Er setzt dabei den schwachen Menschen in seinen Bedürfnissen zum Maßstab für das verantwortliche Handeln des starken Menschen.

Unsere These leitet sich ab aus einem festen Grundbestand echter Jesusworte, die wir vorausgehend unter *(3)* dargestellt haben und in dessen Zentrum die Formel esplangchniste - "er erbarmte sich" steht.

Um dic innere Geschlossenheit dieses ethischen Ansatzes hervorzuheben, nennen wir diesen Ansatz E s p l a n g c h n i s t e - Theorie.

Wir wollen damit ausdrücken, dass Jesu ethischer Ansatz nicht irgendwo und irgendwie in Texten verstreut vorkommt, wobei die spätere Textüberlieferung des Neuen Testamentes insgesamt schon den falschen Eindruck vermittelt, Jesu Texte seien nur aphoristisch vorhanden. Es gehört heutzutage zum saloppen Ton der Theologen, so zu tun, als wüsste man nicht wirklich etwas von Jesu verba ipsissima. Das hat seinen Grund aber nicht in korrekter textkritischer Objektivität, sondern in indifferenter dogmatischer Subjektivität der Betrachter.

Es ist sachlich durchaus anders. In sich genommen - also abgegrenzt gegen die Flut nachfolgender Schriften - ergibt das Jesusmaterial einen stabilen Textfundus mit einem Grundbestand seiner Botschaft, speziell für das Zentrum der Botschaft Jesu, für seine Ethik.

Von diesen Texten her erweist sich die Behauptung ohne belegbare Begründung, dass Jesus das ethische Handeln des Menschen aus einem Bezug auf Gott hin ableitet. Ethisches Handeln hat Jesus nicht mit göttlichen Geboten oder Verboten begründet. Jesus hat nirgends gesagt: Erst musst du mal fragen, was Gott will oder was Gott nicht will. Jesu Ethik besteht nicht aus Gottesgeboten, denen einem obersten Befehl gemäß zu gehorchen ist und die von daher - religiös motiviert und damit fremdbestimmt - am Nächsten zu vollziehen sind. Nirgends steht das in den Verrba ipsissima Jesu.

Das bedeutet: Jesus definiert eine Ethik - ohne Gott.

Ethik ohne Gott bei Jesus - das bestätigt sich positiv in der von ihm ständig wiederholten Handlungsmotivation im Menschlichen. Im Rein-Menschlichen liegt die Begründung für die Notwendigkeit der humanen Zuwendung zum Du.

Der Mensch findet die Handlungsmaxime in dem Erkennen seiner selbst. Er erkennt, wie er zu handeln hat, weil er weiß, wie er selbst in Notsituationen, in Krisen, in Grenzsituationen des Lebens betroffen reagieren würde. Handle für den Nächsten, als handeltest du für dich selbst. Dieses "als wäre es für dich selbst" ist der untrügliche Maßstab jeglichen positiven Handelns am Du aus dem Wissen des Menschen um seine eigene Bedürfnisstruktur.

So die Goldene Regel. So das Gebot der Nächstenliebe. So die drei Esplangchniste - Beispiele. Sie alle zeigen ein im Selbst entstehendes Solidaritätsbewusstsein mit dem Du im Wissen um die Bedürfnissituation. Es meint so den Menschen - ohne Umweg über Gott – direkt als Mensch. Der Mensch selbst, der Nächste, das Du ist in sich der einzige, letztgültige Grund allen moralischen Gutwollens.

Im Grundbestand der Esplangchniste - Theorie Jesu findet sich ausschließlich diese Motivationsebene - nirgends auch nur der Ansatz einer metaphysischen, einer von Gott abgeleiteten Morallehre, gar eines religiösen Moralmonopols.

Man muss nicht erst religiös werden, um menschlich positiv handeln zu können. Man muss nicht erst eine komplizierte Glaubensdogmatik absolvieren, um dem Menschen ein hilfreicher Partner, ein Freund zu sein. Man muss nicht einmal Jesus kennen, um dennoch in seinem Sinne moralisch verantwortlich zu handeln.

Das Erkennen solch moralischen Gutwollens als sachgerechtes, nützliches, sinnvolles Handeln vollzieht sich vielmehr in einem langen persönlichen Bewusstwerdungsprozess. Auch er entwickelt sich aus dem individuellen Selbst heraus als der tiefste Ich-Wert, als das Humanum. Das Humanum schafft - ohne Fremdableitungen aus Gott oder sonstigen religiösen Autoritäten - die autonome Ich-Du-Verantwortung des handelnden "Ich" und entfaltet als volle menschliche Hinwendung im Diesseitigen eine atheistische Ethik.

(4) Starke und Schwache

I. Jesus sieht den starken, tatkräftigen, selbstbewussten Menschentyp als leuchtendes Vorbild

- ***den Samariter aus Lukas 10.*** Nicht alle Samariter also. Aber den Samariter, der so handelt wie in seiner Geschichte: Der Starke sieht den Schwachen - und er reagiert sofort mit seinen Hilfsmöglichkeiten. Er aktiviert seine Mittel, um das entstandene Elend abzuwenden. Er setzt sich ein, um dem zu Schaden gekommenen Menschen die Lebensmöglichkeit zurückzugeben.

- ***den Vater aus Lukas 15.*** Nicht alle Väter also. Aber den Vater, der so handelt wie in seiner Geschichte: Der Starke sieht den Schwachen und reagiert sofort mit seinen Hilfsmöglichkeiten. Er verzichtet auf sein Recht. Er lässt eigene Betroffenheit zu und damit ein hilfsbereites Gefühl für den Notleidenden. Er schafft Rettung. Er handelt, um dem Gescheiterten seine Lebenschance zurückzugeben.

- ***den König aus Matthäus 11.*** Nicht alle Könige also. Aber den König, der so handelt wie in seiner Geschichte: Der Starke sieht den Schwachen und reagiert sofort mit seinen Möglichkeiten: Er setzt seine rechtmäßigen Maßnahmen außer Kraft. Er verzichtet auf Wiedergutmachung. Er will das menschliche Elend nicht. Er gibt dem anderen sogar die Chance, neues Vertrauen zu erweisen.

Es ist ein fataler theologischer Irrtum, Jesus hätte in jedem Menschen nur schwache Menschen gesehen und die Menschen als grundsätzlich sündig abgewertet. Das ist überhaupt nicht so! Dieses entsetzliche christliche Gejammer "Ich armer, elender, sündiger Mensch" - das ist nirgends Jesu Ansatz gewesen. Dieses ständige Miesmachen menschlicher Leistung ist nirgends Jesu Haltung. Jesus nörgelt nicht ständig am Menschen herum, sondern fordert von ihm soziale Hilfeleistung. Pack an - dann wirst du merken, was du kannst!

Natürlich wusste Jesus um die Schwächen der Menschen. Aber er hat nicht im großen Rundumschlag alles am Menschen kaputt geredet: Alles Gute kommt von Gott - alles Schlechte kommt vom Menschen. Für Jesus ist der Mensch keineswegs immer nur das Urbild des Versagens, das Schreckgespenst der Selbstsucht, der Ausbund des Bösen.

Jesus sagt vielmehr: Seht euch diese Männer an: Den Samariter. Den Vater. Den König. Die reißen was! Das sind Starke! Die Stärke dieser Männer bewegt das Leben. Wenn sie zupacken, dann gibt es Rettung. Wenn sie sich einsetzen, dann gibt es Hilfe. Mit ihrem Mut und ihrer Tatkraft gibt es Chancen - gerade auch für alle, die nicht mehr können. Diese Männer sind Menschen der Rettung, Menschen des e s p l a n g c h n i s t e.

Das ist die vitale Botschaft Jesu: Handelt wie diese Männer. Mut nach vorn! Alle Konzentration auf die Veränderung des Bewusstseins! Wagt die Kraft des e s p l a n g c h n i s t e ! Dann wird es in der Welt anders zugehen. Dann werden die positiven Kräfte die Oberhand haben. Dann wird die Solidarität der Menschen füreinander weltbewegend. Etwas völlig Neues wird in Gang kommen.

II. Jesus versteht sich selbst als Starker im Sinne seines e s p l a n g c h n i s t e, also als einer, der Erbarmen fühlt mit denen, die Hilfe brauchen, aus welchen Gründen auch immer.

So haben die Synoptiker (griechisch: Syn-optik = Zusammenschau, von daher: Die Schreiber der ersten drei Evangelien Matthäus, Markus, Lukas) wiederholt das Handeln Jesu gegenüber armen und elenden Menschen mit eben diesem exklusiven e s p l a n g c h n i s t e charakterisiert: Als die ihm nachfolgenden Menschen hungernd vor Jesus stehen (Markus 6,34), als ihm zwei Blinde um Hilfe nachschreien (Matthäus 20,34); als er einer Witwe begegnet, die ihren einzigen Sohn zu Grabe trägt (Lukas 7,13):

Da "fühlte Jesus Erbarmen". Die Synoptiker haben diesen zentralen Begriff im Nachhinein auf Jesu eigenes Handeln angewendet, sie haben diesen Begriff gleichsam aus den verba ipsissima (Worten Jesu) in die Gestae ipsissimae (Taten Jesu) übertragen.

In dieser Linie erklärt sich die

Selbstaussage Jesu

17b *Nicht die Starken bedürfen des Arztes,*
sondern die Kranken,

17c *Ich bin nicht gekommen,*
Gerechte zu rufen, sondern Sünder.

Markus 2,17b.c // Lukas 5, 32 // Matthäus 9,13c

Anmerkungen zur Textinterpretation:

(1) Textform und Überlieferung: Ursprünglich sind das zwei einzelne Jesus-Logien in 17b und 17c. Die Traditionsgeschichte hat diese Logien eingebunden in einen sekundären Zusammenhang, nämlich in ein Streitgespräch in Markus 2,13 - 17 // Lukas 5,27 - 32 // Matthäus 9,9 - 13. Zur Textform dieses Streitgespräches siehe unten Seite 207 ff.

Vers 17b hat die Form eines Sprichwortes, das damals zur Zeit Jesu bekannt gewesen ist. Vers 17c ist ein Ausspruch Jesu, mit dem er sich selber erklärt. Solche "Ich-bin-gekommen" - griechisch: E l t h o n-Sprüche finden sich häufig in der synoptischen Überlieferung.

Als synoptische Evangelien bezeichnet der Fachmann die ersten drei Evangelien Matthäus, Markus und Lukas, weil sie in der Überlieferungsgeschichte in enger Beziehung zueinander stehen, denn: Das MARKUS-EVANGELIUM hat sowohl Lukas als auch Matthäus vorgelegen, ist also das älteste Evangelium. Lukas und Matthäus haben beide den Markus-Text übernommen, daher die grundsätzlichen Gemeinsamkeiten.

Darüber hinaus haben Lukas und Matthäus die LOGIEN-QUELLE Q verwendet, die Markus nicht gekannt hat. Außerdem lag Lukas und Matthäus je ein umfangreiches (LUKAS- bzw. MATTHÄUS-) SONDERGUT vor, mit dem sie ihr Evangelium singulär ergänzt haben.

(2) Kernaussage: Vers 17b und Vers 17c sind zunächst im ersten Schritt jeweils einzeln für sich zu verstehen:

Vers 17b
definiert generell Funktion und Bedeutung eines Arztes.

Der Arzt ist mit seiner Arbeit gezielt auf den Kranken ausgerichtet. Denn allein das Kranksein des Kranken verpflichtet den Arzt in seiner Zuwendung und Hilfe - und zwar zur Aufhebung des Krankseins. Diese Verpflichtung auf den Kranken hin ist unabhängig davon, ob dieser weiblich oder männlich ist, alt oder jung, arm oder reich, gut oder böse, fromm oder gottlos. Sie gilt generell.

Bei den Römern wurde der Arzt nur bezahlt, wenn er die Krankheit behoben, also den Gesundheitszustand wiederhergestellt hatte. Nur Heilungserfolg legitimierte den Arzt.

Wenn aber der Gesundheitszustand wieder erreicht ist, ist der Arzt selber überflüssig. Ein guter Arzt schafft sich selbst ab, indem er beim Kranken einen Zustand herstellt, der ihn als Arzt nicht (mehr) nötig macht. Von daher ist der Arzt für den Gesunden nicht da.

Vers 17c
definiert die Funktion und Bedeutung Jesu für die, die als "Sünder" gelten.

Jesus erklärt für sich ganz generell eine persönliche Verpflichtung dem gegenüber, der als "Sünder" gilt - egal durch welche Faktoren und Umstände er als Sünder erscheint.

Damit liegt in der Parallele zum Arztwort eine schwierige Schlussfolgerung: Für die Sünder (parallel Kranken) - nicht für die Gerechten (parallel: Gesunden)? Ist Jesus für die Gerechten nicht da? Diese mögliche Schlussfolgerung hat in der Interpretationsgeschichte der Botschaft Jesu Irritationen und Missverständnisse hervorgerufen, denn

durch die Zusammenstellung beider in sich eigenständigen Texte ergeben sich

- zum einen eine starke Parallelaussage,
- zum anderen aber eine radikale Entgegenstellung.

(3) Botschaft: Zunächst die Parallele: Sie entsteht durch das Bezugspaar Arzt - Jesus. Mittels dieses Bezugspaares lässt sich ein soziales Koordinatensystem zeichnen, das die Grundlage der gesamten Ethik Jesu ausmacht.

Beide Logien parallel trennen scharf in zwei Klassen

Gesunde	Kranke
Gerechte	Sünder

Man kann aus anderen Jesustexten synonym ergänzen

Reiche	Arme
Gerettete	Verlorene
Freunde	Feinde

Jesus hat ganz deutlich in Klassen gesprochen, fast in einer grobschlächtigen Schwarz-Weiß-Malerei. Diese harte Gegenüberstellung entspricht nahezu vollständig dem Bertold-Brecht-Muster aus der Dreigroschenoper:

Und die einen
sind im Dunkeln,

und die andern
sind im Licht,

doch man sieht nur
die im Licht sind

die im Dunkeln
sieht man nicht.

Der Arbeitsbegriff, mit dem der schroffe Klassengegensatz in der Botschaft Jesu am besten aufgeschlüsselt werden kann, ist:

Starke	**Schwache**.

III. Der Gegensatz Starke und Schwache in den beiden Logien Vers 17 b und Vers 17c **schafft im jeweiligen Bezug zu Jesus einen elementaren Gegensatz.**

Erstens:
Wie selbstverständlich ist Jesus - dem Arzt gleich - auf die Kranken und die Sünder als die Schwachen bezogen.

Hier schafft die Gleichsetzung Kranke und Schwache für das Wirken Jesu generell eine sehr deutliche Bestimmung auf die *Schwachen* hin. Sie sind die ursächliche Zielgruppe des Wirkens Jesu.

Zweitens:
Wie selbstverständlich - dem Arzt gleich - haben die Gesunden und die Gerechten als die Starken Jesus nicht nötig.

Hier schafft die Gleichsetzung eine äußerst missdeutungsfähige Bestimmung auf die Gesunden und die Gerechten hin, denn Jesus zielt offenbar nicht auf die Starken. Sind damit die Starken aus dem Wirken Jesu überhaupt ausgeschlossen? Hat Jesus zu ihnen keinen unmittelbaren Bezug? Steht er zu ihnen oder sie zu ihm gar in sachbedingter Gegnerschaft?

In der Feststellung "Ich bin nicht gekommen, Gerechte zu rufen" liegt bei Jesus grundsätzlich ein positiver Zuspruch für die Gerechten als die Starken. Die Gerechten nehmen bei Jesus eine positive Stellung ein, denn Jesus setzt die Gerechten nicht von vornherein mit den Sündern gleich. Das macht erst später Paulus in Römer 2,1-16; 3,9-20, indem er alle Gerechten generell vor Gott zu Ungerechten erklärt. Paulus denkt: All die Gesunden sind eigentlich prinzipiell todkrank. Als solche sind auch sie Sünder unter Gottes Zorn und Strafgericht und deshalb ist Jesus Christus auch für sie unbedingt heilsnotwendig.

Jesus denkt so nicht. Jesu Frage ist nicht, ob die Gerechten vor Gottes Gesetz wesensmäßig wirklich Gerechte sein können. Er stellt ihren hohen Anspruch nicht prinzipiell in Frage, macht sie nicht von Grund auf mies. Möge der Gesunde gesund, der Gerechte gerecht sein. Sie müssen es nur konkret beweisen. Jesu Frage ist deshalb, ob sie ihren Anspruch unter Beweis stellen. Das radikale Kriterium liegt für Jesus darin, ob sie als Gesunde und Gerechte in ihrem konkreten Handeln wirklich den Schwachen ganz praktisch Starke sind.

IV. Die Zuwendung zu den Schwachen hebt Jesu Solidarität mit den Starken prinzipiell nicht auf!

Ganz im Gegenteil! Das hatten die Text-Beispiele
Von dem barmherzigen Samariter
Von dem liebenden Vater
Von dem gnädigen König
eindeutig und überzeugend gezeigt. Jesus formuliert diesen Starken gegenüber eine exklusive positive Identifizierung.

Dieses Einvernehmen mit den Starken findet sich in gleicher Weise in anderen Texten, etwa in der Beispielgeschichte

Von dem fürsorglichen Hirten

4 *Welcher Mensch unter euch, der hundert Schafe hat und eins von ihnen verliert, lässt nicht die 99 in der Wüste zurück und geht dem verlorenen nach, bis er es findet?*

5 *Und wenn er es gefunden hat, legt er es voll Freude auf seine Schultern.*
6 *Und wenn er nach Hause kommt, ruft er seine Freunde und seine Nachbarn zusammen und sagt zu ihnen:*

Freuet euch mit mir!
Denn ich habe mein Schaf gefunden, das verloren war.

Lukas 15,4 - 6 // Matthäus 18,12 - 13

Anmerkungen zur Interpretation:

(1) Textform und Überlieferung: Die Lutherbibel nennt diese Geschichte "Das Gleichnis vom verlorenen Schaf".

Wir haben bisher den alten Gattungsbegriff "Gleichnis" konsequent durch den Begriff "Beispielgeschichte" ersetzt. Der Begriff "Gleichnis" ist in sich missverständlich, weil er keine ausreichende Hilfe dafür bietet, wie der Text verstanden werden muss. Zumindest liegt im Gleichnis von alters her eine große Beliebigkeit des Vergleichens.

Der Begriff Beispielgeschichte beinhaltet dagegen sofort die Frage: Beispiel wofür? Was konkret will die Geschichte vergleichen. Welche Einsicht will das Beispiel vermitteln? Die Vergleichsmöglichkeiten werden damit auf wenige oder gar nur einen Punkt eingeschränkt.

Gattungsgeschichtlich hat eine Beispielgeschichte drei Elemente, die bei und zur Deutung genau unterschieden werden müssen:

Als erstes: Die *Sachebene.* Das ist die vorfindliche Wirklichkeit, so wie die Geschichte sie als real erzählt. Dieser Tatsachenbestand muss realistisch erfasst werden.

Als zweites: Die *Bildebene.* Das ist der Denkrahmen, in dem etwas zum Ausdruck gebracht werden soll, ein übergeordneter Sinngehalt also, eine Vorstellungswelt.

Als drittes: Das *Tertium comparationis.* Das ist das *„Dritte“ des Vergleiches* als der Punkt, der aus der Sachebene in die Bildebene übertragen werden soll, der Skopus also, die Kernaussage, die Botschaft. Jede Beispielgeschichte, so hatten wir schon oben Seite 140 gesagt, hat nur einen einzigen Skopus, ein Tertium comparationis.

Unsere Beispielgeschichte in Lukas 15,4 - 6 ist kein "Gleichnis vom verlorenen Schaf“, wie es in der Lutherbibel steht, denn das Schaf ist nicht das Tertium comparationis, der Punkt des Vergleichs. Das Schaf ist als Konkretion des Verlorenen nur ein untergeordnetes Element der Sachebene. Das Schaf ist schlicht ein verloren gegangenes Schaf. Es ist als Gegenstand beliebig austauschbar, wie etwa in der nachfolgenden Geschichte mit dem Groschen, den eine Frau verloren hat.

(2) Kernaussage: Das Tertium comparationis, der genaue Vergleichspunkt, ist vielmehr der fürsorgliche Hirte, der ein verlorenes Schaf rettet. Dieser Hirte als Retter steht im Zentrum. Er ist der Punkt aus der Sachebene, der als Botschaft Jesu zu transportieren ist, der Starke also, der sich mit aller Kraft um das Verlorene, um das Schwache müht. Ein solcher Hirte, nicht das Schaf, ist das tolle Vorbild, ist beispielhaft.

Mit diesem veränderten Skopus verändert sich die Geschichte von Grund auf. Denn Jesu Pointe ist nicht erst durch Luther verdorben worden, sondern bereits durch den, der die Geschichte als erster tradiert hat. Der zieht nämlich mit seinem späteren Nachsatz in Lukas 15 Vers 7 aus Jesu Geschichte den verhängnisvollen Schluss, der Himmel freue sich über jedes Schaf, das gerettet würde (= Sünder) mehr als über die 99 Schafe, die ruhig zurückgeblieben seien (= störrische Gerechte). Er verlagert damit die Deutung auf die Schafe.

Mag sein, dass das im Himmel so ist. Diese himmlische Prioritätenliste erscheint uns zumindest undurchsichtig. Mit Jesus hat das nichts zu tun! Es steht so nicht in seinem Text. Die Sachhälfte und auch das Tertium comparationis sind im Original anders. Deshalb ist die spätere Deutung auf die Schafe hin schlicht falsch! Fast 2000 Jahre falsche Auslegungsgeschichte - selbst in klugen exegetischen Kommentaren.

(3) Botschaft: Jesus hebt den Retter hervor, der so zupackt wie der Hirte. Das ist die Pointe. Der Starke, der so unermüdlich, so zielstrebig, so verantwortungsbewusst Sorge trägt für das, was in seinem Wirkungsfeld passiert. Das ist es! Dabei spricht Jesus nicht exklusiv von sich selbst. Schon gar nicht von Gott. "Gott" und "Himmel" kommen im Originalgleichnis überhaupt nicht vor!

Jesus spricht vielmehr ganz weltlich von jedem, der in einer entsprechenden Situation zupacken kann wie dieser Hirte.

Mit dem Beispiel vom fürsorglichen Hirten fordert Jesus den vollen Einsatz der Leistungsträger bei der Rettung dessen, was verloren zu gehen droht. Das ist die Logik von der Solidarität Jesu mit den Starken und umgekehrt: Von der Solidarität der Starken mit Jesus!

Die Logik der Solidarität Jesu mit den Starken ist die gemeinsame Zuwendung zu den Schwachen. Jesus weiß sich solidarisch mit den Rettern: Mit dem starken Samariter. Mit dem starken Vater. Mit dem starken König. Mit dem starken Hirten. Alles Rettertypen - im Sinne Jesu!

Diese Deutung bestätigt sich mit der Parallelgeschichte

Von der unermüdlich suchenden Frau

8 *Welche Frau, die zehn Drachmen hat, zündet nicht, wenn sie e i n e Drachme verloren hat, ein Licht an, fegt das ganze Haus und sucht unermüdlich, bis sie die Drachme wieder findet?*

9 *Und wenn sie sie gefunden hat, ruft sie ihre Freundinnen und Nachbarinnen zusammen und sagt:*
Freuet euch mit mir!
Denn ich habe die Drachme gefunden, die ich verloren hatte.

Lukas 15,8 - 9

Anmerkungen zur Interpretation:

(1) Textform und Überlieferung: Auch dies ist nicht ein "Gleichnis vom verlorenen Groschen" wie Luther titelt. Der Groschen ist von der Sachebene her "nur" ein verlorener Groschen, austauschbar mit anderen Wertgegenständen, die verloren gehen können. Auch hier liegt der Skopus also nicht im Verlorenen.

(2) Kernaussage: Das Tertium comparationis ist die Frau, die unermüdlich sucht - nach dem, was verloren ist. Die Frau also steht im Mittelpunkt. Die Frau ist die treibende Kraft! Wenn die Frau nicht sucht und sucht - ist der Groschen weg! Die Frau ist das tolle Vorbild, ist beispielhaft.

(3) Botschaft: Dabei ist Jesu Ethik auf reine Nützlichkeit angelegt! Sie zielt nicht auf schön reden, sondern auf erfolgreich tun. Kein Aufwand ist zu groß, wenn konkrete Hilfe gefordert ist:

- In den E s p l a n g c h n i s t e - Geschichten waren immer Menschen Zielpunkt des Handelns. Der humane Wert war somit in menschlicher Not vorgegeben. Die Rettung hatte in erfüllter Menschlichkeit ihre Würde.

- Bei dem Hirten war es "nur" ein Schaf, ein Tier. Dennoch beschreibt Jesus auch hier ein hohes Maß an Engagement, uneingeschränkte Zuwendung. Der Einsatz zeigt volles Verantwortungsbewusstsein.

- Bei der Frau im letzten Beispiel ist es gar nur ein Groschen, ein einfacher materieller Besitz. Trotzdem mobilisiert die Frau voll ihre Kräfte. Das ihr Wertige will sie nicht verloren geben.

Immer also zielt der Einsatz auf höchste Nützlichkeit. Der Einsatz muss Rettung bringen, Hilfe, erkennbar positive Ergebnisse. Jesus handelt nicht mit ideellen Werten. Abstrakte Ideale sind ihm völlig fremd. Es kommt ihm nicht darauf an, ob man menschliche Werte schön denken kann, sondern ob sie ganz praktisch getan werden. Er ist kein platonisierender Idealist. Er ist ein praktizierender Realist. In Not und Elend engagiert. Immer wieder knallhart direkt. Persönlich konkret. Situationsbedingt fordernd. Einsatzbereit bis zum Letzten.

V. In einem apokalyptischen[1] Gleichnis, das nach breiter Forschermeinung originär nicht von Jesus stammen kann, ist ein Dialog enthalten, der durchaus auf Jesus zurückgehen könnte. Dieser Dialog beschreibt

Die soziale Solidarität der Starken

34 *(Dann sprach der König:*
Kommt her, ihr Gesegneten/Starken)

35 *Denn ich war hungrig und ihr habt mir zu essen gegeben.*
Ich war durstig, und ihr habt mich getränkt.
Ich war fremd, und ihr habt mich beherbergt.
36 *Ich war nackt, und ihr habt mich bekleidet.*
Ich war krank und ihr habt mich besucht.
Ich war im Gefängnis und ihr seid zu mir gekommen.

---

[1] Mit "apokalyptisch" beschreiben wir ein Gleichnis, in dem die geschilderten Inhalte unter ein nahes Weltende gestellt sind.

37a *(Da fragten ihn die Gesegneten/Starken):*

37b *Herr,*
wann sahen wir dich hungrig und haben dich gespeist?
Oder durstig und haben dich getränkt?
38 *Wann sahen wir dich als Fremden*
und haben dich beherbergt?
Oder nackt und haben dich bekleidet?
39 *Wann sahen wir dich krank oder im Gefängnis*
und sind zu dir gekommen?

40a *(Darauf antwortete der König)*

40b *Wahrlich ich sage euch:*
Was ihr diesen meinen geringsten Brüdern getan habt,
das habt ihr mir getan.

Matthäus 25,34 - 40

Anmerkungen zur Interpretation:

(1) Textform und Überlieferung: Wir geben hier nicht das ganze apokalyptische Gleichnis wieder, in dem die Verurteilung der Menschen im Weltgericht dargestellt ist. Wir werten die Weltgerichtsapokalyptik als für nicht jesuanisch. Trotzdem kann in einem solchen späteren Textrahmen ein originäres Jesus-Logion verarbeitet sein.

Wir nehmen einen solchen Text, nämlich den Dialog in Vers 34 - 40, aus dem literarischen Zusammenhang des späteren Gesamt-Gleichnisses heraus. Mit ganz kleinen notwendigen sprachlichen Glättungen in den Einleitungsformeln der wörtlichen Rede (Vers 34.37a.40a) stellen wir ihn singulär als Verbum ipsissimum Jesu.

Das Ursprungslogion in diesem Dialogteil ist Vers 40b. Die Hinführung auf dieses Logion durch den Katalog praktischer Liebeswerke (Vers 35 - 36 und 37b - 39) mag schon von Jesus selbst stammen, könnte aber auch als konkrete Veranschaulichung des Verses 40b später formuliert sein.

(2) Kernaussage: Letztlich geht es in diesem Text bei der Beurteilung der Starken um die Frage, nach welchen Kriterien der Mensch in seinem Leben zu beurteilen ist. Was sind die Bemessensfaktoren, ob ein Leben richtig gelaufen ist? Was sind die Punkte der Qualifizierung? Worauf zielt die Sinnkontrolle?

Zunächst: Kein einziges Wort vom Glauben! Es ist geradezu unfassbar, dass die Gottesfrage hier überhaupt icht vorkommt. Keine Rede davon, ob der Mensch "das richtige Gesangbuch hat", ob er der richtigen Kirche angehört, ob er in irgendeiner theologischen Frage - über das Abendmahl etwa - so oder so denkt. Nichts. Nicht nur hier. Auch sonst nirgends bei Jesus. Das persönliche Credo nimmt Jesus überhaupt nicht wahr. Der richtige dogmatische Glaube? Keine einzige Silbe davon bei Jesus. Nie.

(3) Botschaft: Es geht hier ausschließlich um die soziale Leistung des Menschen. Das Leben erreicht dann Sinn, wenn sich der Mensch um die Lebenskonditionen der Schwachen kümmert. Wenn der Mensch bereit ist, die Not der Schwachen zum Ziel seiner Hilfsmöglichkeiten zu machen. Wenn der Mensch den Menschen positiv in den Mittelpunkt seiner Fähigkeiten rückt.

Unmissverständlich ist, dass mit diesem humanen Bezug nicht eine Absicht gemeint ist, die letztlich Liebeswerke tut, weil sie damit eine göttliche Norm erfüllt. Auch sich selbst schließt Jesus als Handlungsnorm aus, weil die in dem Text überhaupt nichts wissen von der Selbstidentifizierung Jesu mit den Schwachen. Stärker ist das Theologische (speziell das Eschatologische) kaum zu relativieren, auszuschalten, abzuwerten.

In Jesu Geschichte handeln deshalb die Starken ausschließlich um der Menschen willen, die Hilfe brauchen. Es ist eine reine Menschlichkeit für die Menschen um der Menschen willen. Folglich ist ein Leben dann qualifiziert, wenn der Mensch so menschlich handelt, das menschliche Elend bekämpft, die Rechte gerade auch des schwachen Menschen in allem Weltlichen und auch Religiös-Institutionellen durchsetzt und damit die positiven Grundbedingungen des Lebens sichert.

Einen eigenen Raum nehmen die Liebeswerke ein, speziell jene Zuwendungen, die unser Text mit "Kranke und Gefangene besuchen" beschreibt, also mit Trost spenden, Gewissheit geben, Zuspruch schenken - alle Formen psychisch-sozialer, "seelsorgerlicher" Unterstützung.

Auch nicht alle, aber doch sehr viele könnten hier durchaus helfen, auch die, die in den materiellen Bereichen kaum Möglichkeiten zum Helfen haben. Selbst der sonst Schwache kann hier ein Starker sein. Hier hat er uneingeschränkt die Möglichkeit zur Entfaltung seiner solidarischen Fähigkeiten.

Summa:

Die Konturen eines Starken

Jesus definiert die Konturen eines Starken immer wieder von Grund auf positiv:

Über den *barmherzigen Samariter* (Lukas 10), den *liebenden Vater* (Lukas 15), den *gnädigen König* (Matthäus 18) hinaus

sind auch der *fürsorgliche Hirte* und die *unermüdlich suchende Frau* (beide Lukas 15) starke Typen. Auch die *Gesegneten* in dem apokalyptischen Gleichnis Matthäus 25 sind von Jesus vorbehaltlos als positive Gestalten benannt.

Keiner dieser Menschen handelt deshalb gut, weil ihn ein besonderes Verhältnis zu Gott auszeichnet, oder weil er in dogmatischen Fragen besonders glaubensfest wäre. Sie werden auch nicht hervorgehoben wegen regelmäßigen Kirchgangs oder häufigen Besuchs der Beichte, schon gar nicht wegen einer bestimmten Konfessionszugehörigkeit.

Es geht nur und allein immer wieder um ihr positives soziales Verhalten als Starke innerhalb ihres sozialen Umfeldes.

Dabei ist Jesu Ansatz zur positiven Bedeutung der Starken noch einen entscheidenden Schritt weiter zu denken, denn:

Überhaupt nur der Starke kann helfen:

- Nur der, der etwas hat, kann geben. Wer nichts hat, von dem kann man nichts kriegen. Also ist sozial verpflichtet, etwas abzugeben, weil er etwas abgeben kann. Geben können setzt grundsätzlich Haben voraus.

- Nur also der, der reich ist, kann soziale Verhältnisse verändern, kann neue Strukturen schaffen. Wer Niedrigstlöhne empfängt, kann auch sozial nichts investieren. (Sozial) Investieren setzt finanzielle Möglichkeiten voraus.

- Nur der, der Recht hat, kann auf sein Recht verzichten, kann Gnade walten lassen. Der, der kein Recht, der vielmehr Unrecht hat, kann nicht auf Recht verzichten. Verzeihen, vergeben, gnädig sein setzt Recht haben voraus.

- Nur der, der eine wichtige soziale Stellung hat, kann strukturell Einfluss nehmen und so für bessere menschlichc Bedingungen sorgen. Underdogs sind Opfer, bewirken nichts. Veränderungen setzen Chefsein voraus.

- Nur der Sieger kann Frieden machen. Der Verlierer hat selbst sein Mitspracherecht verloren. Frieden stiften setzt den voraus, der Macht, zumindest die Kraft hat, gerade auch ehrenhafte Friedensbedingungen festzulegen und zu garantieren.

Nur mit den Starken und ihren Möglichkeiten lässt sich etwas reißen. Wer ein Schwacher ist, der reißt gar nichts! Das ist ja gerade seine Schwäche. Er w i r d immer nur gerissen. Das ist die harte, die brutale Realität.

Immer ist es der Starke, der etwas leisten kann - und leisten muss: Jedes Haben verpflichtet! Reichtum verpflichtet! Eigentum verpflichtet! Recht haben verpflichtet! Soziale Stellung verpflichtet! Siegen verpflichtet! Macht verpflichtet! Wissen verpflichtet! Jedes Können und alle Fähigkeiten verpflichten!

Bleibt zur E s p l a n g c h n i s t e - Theorie noch eine wichtige abgrenzende Feststellung:

Jesu "Erbarmen fühlen", diese positive Zuwendung zum Du mit der Bereitschaft des Ich zur Selbstöffnung, gar zum Selbstverzicht, meint nicht ein "sich ständig selbst aufgeben". Es bedeutet nicht, selber auf alles verzichten zu müssen, alles preiszugeben. Das wäre völlig falsch. E s p l a n g c h n i s t e ist kein Dauerton zur Selbstzerstörung

- weder aus leidendem Selbstversagen, indem der Mensch sich als Ich verleugnet, weil er etwa sein eigenes Leben minderwertig gering schätzt,

- noch aus schwärmerischem Idealismus, indem der Mensch leichtfertig über die Realitäten und Notwendigkeiten der Welt hinwegträumt.

E s p l a n g c h n i s t e ist zielgerichtetes Handeln auf jeweils konkrete Situationen hin. Es ist bestimmt durch menschliche Nütz-lichkeit, steht also unter der ganz bewussten Sinnfrage, ob denn damit und wie dem Not leidenden Menschen auch wirklich geholfen wird. Es ist als positives Wollen ergebnisbezogen zu kontrollieren.

Ansonsten gelten die normalen Regeln des menschlichen Rechts, die Spielregeln des jeweiligen gesellschaftlichen Umfeldes, die Leistungszwänge des Lebens. Der Samariter, der Vater, der König, der Hirte, die Frau, sie alle leben nach ihrer gezielten Hilfeleistung in den gewohnten Geschäften ihres Alltags ganz normal weiter, mit allen notwendigen Anforderungen an sich selbst und an die anderen

- allerdings mit der Bereitschaft, sofort wieder zuzupacken, wenn Krisen entstehen, die durch Sachzwänge, durch das Recht oder durch allgemeine Spielregeln und Abmachungen nicht ohne weiteres gelöst werden können. Dann müssen erneut Wege gegangen werden, mit denen das Lebensnotwendige am Leben erhalten wird.

E s p l a n g c h n i s t e - "Er fühlt Erbarmen"
ist die präsente soziale Feuerwehr des Starken
im konkreten Fall.

(5) Unterlassungssünde der Starken

Jesus spricht gern als Starker von der Stärke der Starken - und brandmarkt deshalb umso schärfer das Versagen der Starken. Wir verdeutlichen diesen Ansatz Jesu zuerst mit seiner berühmten Geschichte

Von dem reichen Kornbauern

16 *Das Land eines reichen Kornbauern hatte gut getragen.*

17 *Und er dachte bei sich selbst:*
Was soll ich tun? Ich habe nicht genug Raum, wo ich meine Ernte unterbringen kann.
18 *Schließlich sagte er: Das will ich tun! Ich will meine Scheunen abreißen und größere bauen. Dort werde ich dann mein ganzes Getreide und meine Vorräte unterbringen.*

19 *Dann kann ich zu mir selbst sagen:*
Du hast großen Vorrat, der für viele Jahre ausreicht.
Ruhe, iss, trink und freue dich des Lebens.

20 *Aber Gott sprach zu ihm:*
Du Narr! In dieser Nacht wird man dir dein Leben nehmen.
Wem wird dann all das gehören, was du angesammelt hast?

Lukas 12,16 - 20

Anmerkungen zur Interpretation:

(1) Textform und Überlieferung: Wieder eine Beispielgeschichte. Der Text ist in sich plausibel. Die Stimme Gottes in Vers 20 ist für die Zuhörer Jesu übliche Redeweise vom nahe bevorstehenden Tod.

Der Text findet sich nur bei Lukas, ist also von allen Evangelien-Quellen allein im LUKAS-SONDERGUT überliefert.

(2) Kernaussage: Die Geschichte ist in ihrer Grunddarstellung auf den Kornbauern hin wieder äußerst positiv erzählt: Für Jesus arbeitet dieser reiche Kornbauer zunächst einmal im höchsten Maße vorbildlich. Wie der loslegt. Wie der dafür sorgt, dass neue Kapazitäten geschaffen werden. Wie genau der im Blick hat, dass nichts umkommt. Tatkraft, Entschlussfreudigkeit, Kalkulationssicherheit - kein Wort der Kritik von Jesus. Wir müssen uns die Vorstellung abgewöhnen, Jesus hätte die Reichen je kritisiert wegen ihrer Tatkraft, die Unternehmungslustigen wegen ihrer Einfälle, die Leistungsstarken wegen ihrer Arbeitsmoral. Im Gegenteil. Wie dieser Mann zupackt, das führt Jesus hier geradezu begeistert vor.

(3) Botschaft: Warum nennt Jesus diesen Mann dennoch einen Toren, einen Narren? Wo handelt dieser Mann für Jesus falsch?

Man kann diesen Punkt genau markieren: Da nämlich, wo dieser Mann mit allem, was er geleistet hat, auf sich selbst zurückfällt, wo er mit all dem nur an sich selbst denkt, alles nur für sich selber haben will. Da also, wo er in einen Monolog mit sich selber eintritt, statt in einen Dialog mit seinem sozialen Umfeld.

Das ist der Skopus dieser Beispielgeschichte: Gerade der starke Mensch darf nicht in einen Monolog mit sich selber verfallen, so dass sich egoistisch alles nur um ihn selber dreht. Gerade der starke Mensch muss sich immer wieder öffnen auf einen Dialog mit denen, die Hilfe brauchen und Solidarität.

Das meint nicht, dass der Kornbauer Hab und Gut beliebig zu verschenken hätte, um dann selbst güter- und mittellos zurückzubleiben. Es geht darum, dass er überhaupt bereit ist, über sein eigenes Ego hinaus zu denken und zu handeln. Nicht allein die Herstellung von Gütern und Vermögen ist also entscheidend, sondern auch ihre Verwendung, ihre Anwendung. Vermögen stellt automatisch in soziale Verantwortung gegenüber dem, der nicht hat, nicht kann, nicht darf.

Von daher wirft Jesus dem reichen Kornbauern mit seinen Möglichkeiten Unterlassung gegenüber den Bedürfnissen der Schwachen vor. Er ist für ihn ein Beispiel für einen nicht geglückten Sozialisationsprozess auf das soziale Umfeld hin. Als Starker ein Versager am Nächsten. Ein Schwächling in der Mitverantwortung. Deshalb *ein egoistischer* Parasit.

Dazu in synonymer Aussage die Geschichte

Von der Bestrafung des Faulen

[14a ...] 14b *Ein Mann wollte außer Land reisen,*
rief seine Verwalter und übergab ihnen sein Vermögen.

15 *Dem einen gab er fünf Talente, dem anderen zwei,*
dem dritten ein,
jedem nach seinen Kräften und reiste ab.

Alsbald 16 *ging der hin, der die fünf Talente empfangen hatte,*
handelte damit und gewann fünf andere. 17 *Ebenso gewann*
der, der die zwei Talente empfangen hatte, zwei andere,
18 *Der aber, der eins empfange hatte, ging hin, machte*
eine Grube in die Erde, und verbarg das Geld seines Herrn.

19 *Nach langer Zeit kommt der Herr jener Verwalter zurück*
und rechnet mit ihnen ab.

20 *Der, welcher die fünf Talente empfangen hatte,*
brachte fünf weitere Talente herbei und sagte:
Herr, fünf Talente hast du mir übergeben.
Siehe, ich habe fünf anderer Talente gewonnen.
21 *Sein Herr sprach zu ihm:*
Recht so, du guter und treuer Verwalter.
Du bist über Weniges treu gewesen,
ich will dich über Vieles setzen.
(Geh ein zum Freudenfest deines Herrn).

22 *Auch der, welcher die zwei Talente empfangen hatte,*
trat herzu und sprach:

Herr, zwei Talente hast du mir übergeben.
Siehe, ich habe zwei weitere Talente gewonnen.

23 *Sein Herr sprach zu ihm:*
Recht so, du guter und treuer Verwalter.

Du bist über Weniges treu gewesen,
ich will dich über Vieles setzen.
(Geh ein zum Freudenfest deines Herrn).

24 *Aber auch der, der das eine Talent empfangen hatte,*
trat herzu und sagte:
Herr ich kannte dich, dass du ein harter Mensch bist,
dass du erntest, wo du nicht gesät hast und sammelst,
wo du nicht ausgestreut hast. 25 *Ich fürchtete mich,*
ging hin und verbarg dein Talent in der Erde.
Siehe, da hast du das Deine.

26 *Sein Herr aber antwortete und sprach zu ihm:*
Du böser und fauler Verwalter.
Wusstest du, dass ich ernte, wo ich nicht gesät habe
und sammle, wo ich nicht ausgestreut habe?

27 *Dann hättest du mein Geld*
wenigstens den Geldwechslern bringen sollen
und ich hätte bei meiner Rückkehr
das Meine mit Zinsen zurückerhalten.

28 *Darum nehmt ihm das Talent weg*
und gebt es dem, der zehn Talente hat.

Matthäus 25,14b - 28 [29.30] // Lukas 19,12 - 27

Anmerkungen zur Interpretation:

(1) Textform und Überlieferung: Auch dies wieder eine Beispielgeschichte. Die Verknüpfung [Vers 14a: Denn es ist wie …] mit dem vorausgehenden Text in Kapitel 25,1 - 13 ist sekundär. Der übergeordnete Zusammenhang bestimmt diese Geschichte nicht ursächlich, kann also außer Betracht bleiben. Ebenfalls sekundär sind die Abschlussverse [29 und 30]. Der Grundtext steht somit in 25,14b - 28, allerdings mit reichlich matthäischen (…) Zusätzen.

Die Geschichte steht parallel zu Lukas, könnte also aus der Q-QUELLE stammen. Allerdings hat Q sonst nie derart lange Texte, deshalb wäre Matthäus 25,14-28 // Lukas für Q völlig untypisch. Darüber hinaus bestehen zwischen Matthäus- und Lukastext starke Abweichungen, die aus Q nur schwer oder gar nicht zu erklären sind. So ist anzunehmen, dass der Matthäustext nicht aus Q, sondern aus MATTHÄUS-SONDERGUT stammt. Dann wäre der Lukastext als LUKAS-SONDERGUT eine parallele und damit eigenständig überlieferte Variante dieser Geschichte.

(2) Kernaussage: Dies ist ein gutes Beispiel dafür, dass ein Text in verschiedenen Traditionen überliefert wurde, dadurch Abweichungen entstanden, der Skopus aber dennoch ziemlich genau erhalten geblieben ist. In ihm stimmen Matthäus und Lukas hier präzise überein.

Der Skopus ist die Bestrafung dessen, der unterlassen hat, was von ihm erwartet wurde. Dabei liegt der Vergleich nicht im Haben, sondern in der Bereitschaft, mit dem Haben etwas zu tun.

(3) Botschaft: Wieder erzählt die Sachlage zunächst so, dass das tatkräftige Handeln der Verwalter als äußerst positiv erscheint. Jesus versperrt sich überhaupt nicht gegen das Handels- und Geldgeschäft. Ganz im Gegenteil. Er legt es geradezu darauf an, damit ein positives Beispiel zu geben für Mehrwert, für Profit, für Gewinn. "Ein Talent" ist dabei eine ziemlich hohe Kapital- und Risikosumme. Gerade deshalb: So muss Geschäft gemacht werden. Gut so! Bravo!

Anhand der positiven Beispiele kämpft Jesus gegen das negative Beispiel: Gegen das angstvolle Verweigern. Gegen den Stillstand. Gegen die Unterlassung. Haben bedeutet nicht allein Haben, sondern Haben verpflichtet zum Handeln. Wer das Handeln unterlässt, verliert seine Berechtigung zum Haben. Wer nicht bereit ist, seine sozialen Fähigkeiten einzubringen, steigt ab aus Jesu Liga der Verantwortlichen. Der Text ist glasklar.

Mit der Bedrohung und Bestrafung des Faulen und Mutlosen rückt dieses Gleichnis diejenigen ganz in den Vordergrund, die eine positive Leistung bringen. Aus ihrem Erfolg lassen sich die konstruktiven Elemente eines erwarteten Handelns ableiten. Es geht konkret um messbaren Erfolg. Es geht um erkennbaren Nutzen. Es geht um sichtbar positive Veränderung. Dabei zielt Jesus auf mutige Eigeninitiative, auf selbst verantwortete Risikobereitschaft, auf die Selbstdisziplin, sich über die eigene Leistung Rechenschaft abzulegen.

Zum Abschluss dieses elementaren Gedankenansatzes der Text Jesu

Von dem unfruchtbaren Feigenbaum

6b *Ein Mann hatte in seinem Weinberg einen Feigenbaum.*
Als er kam und nachsah, ob Früchte dran wären,
fand er keine.

7 *Da sagte er zu seinem Weingärtner:*
Jetzt komme ich schon drei Jahre und sehe nach,
ob dieser Feigenbaum Früchte trägt. Und ich finde nichts.
Hau ihn ab. Wozu soll er weiter den Boden aussaugen?
8 *Doch sein Weingärtner antwortete:*
Herr, lass ihn noch dieses Jahr stehen.
Ich will um ihn herum aufgraben und düngen.
9 *Vielleicht bringt er auf Zukunft doch noch Früchte.*
Wenn nicht, dann lass ihn umhauen.

Lukas 13,6b - 9

Anmerkungen zur Interpretation:

(1) Textform und Überlieferung: Wieder eine Beispielgeschichte. Nur bei Lukas, damit LUKAS-SONDERGUT. Der große Zusammenhang mit den Logien in Vers 2 f und 4 f ist gerade auch in seinen sprachlichen Verknüpfungen von Lukas redaktionell erstellt, also traditionsgeschichtlich sekundär. Vers 6b - 9 in sich steht als verbum ipsissimum.

(2) Kernaussage: Der Skopus ist in der Beschreibung der Wirklichkeit radikal utilitaristisch: Nur das Bringen von Frucht zählt. Wozu also ein Feigenbaum ohne Feigen? Er ist unnütz, überflüssig, gar schädlich. Keine Frucht zu bringen ist Unterlassung eines Verhaltens, das in sich selbst Bedingung von Existenzberechtigung ist.

(3) Botschaft: Dies ist die schärfste Form der ultimativen Forderung Jesu an den Starken, im Sinne des e s p l a n g c h n i s t e nützlich zu sein! Wenn der Starke seine ihm typische Stärke nicht als Hilfe für den Schwachen zur Frucht bringt, erweist sich der Starke für Jesus als unnütz, das heißt, er wird seiner ihm eigenen Bestimmung nicht gerecht.

Diese Unterlassung ist im ethischen Ansatz Jesu die höchste Form von Nutzlosigkeit. Sie hebt im Letzten die Existenzberechtigung des Starken auf. Sie ist der Vernichtung, des Todes würdig.

Dieses Beispiel will mit seinem brutalen Skopus Einsicht schaffen. Es fordert auf zur Umkehr. Es zwingt, zur Besinnung zu kommen. Die Aufforderung ist dabei völlig unmissverständlich: Sei, der du sein kannst. Bring die Frucht, die dir möglich ist. du bist mit deinen Fähigkeiten zur vollen Leistung verpflichtet.

Summa:

Jesu Forderung der Leistung und Nützlichkeit

Je tiefer wir in Texte einsteigen, die die Basis der Botschaft Jesu darstellen, desto mehr verschwinden die dogmatisch-ideologischen Strukturen, mit denen die späteren Theologen und Kirchenmänner die Gestalt des historischen Jesus verhüllt haben.

Immer stärker entrückt vor allem das Bild von einem heiligen Mann, der fromm durchs Land gezogen ist und ständig von Gott und vom Himmel geredet hat.

Immer mehr entweicht das Glaubensklischee, dass Jesus vom Weltende und Endgericht gesprochen hat und sich dabei selbst als den wiederkommenden Messias gesehen hat, der über die Menschen das Weltgericht halten werde.

Immer weiter verflüchtigt sich die Behauptung, dass Jesus überhaupt von den Sünden der Menschen gesprochen hat und daraufhin von seinem Sühnetod am Kreuz, durch den er die Menschen von den Sünden und vom Tod befreien werde zum ewigen Leben.

Das sind Bilder und Vorstellungen, die die ersten und die späteren Christen aus ihrer theologischen Sicht Jesus aufgedrängt haben. Sie wollten Jesus so haben, haben ihn umgemodelt, ja, haben ihn so für ihre religiösen Erwartungen verdreht.

Zum Beispiel hat der Apostel Paulus in all seinen Briefen nur ein einziges Mal vom historischen Jesus gesprochen, völlig lapidar im 2. Korintherbrief[1]. Sonst nie - mit keinem Wort! Paulus spricht selbst immer nur von seinem eigenen Jesus Christus, so wie er ihn sich theologisch zurechtgebastelt hat. Mit Jesus von Nazareth selbst hat das herzlich wenig zu tun!

Deshalb verblassen all die früh- und spätgemeindlichen Einflüsse immer mehr, je stärker jene Texte in Betrachtung rücken, die auf Jesus selbst zurückgeführt werden können, und dann aus sich selbst heraus und nicht aus dem hermeneutischen[2] Ansatz der christgemeindlichen Nachkommen interpretiert und verstanden werden.

Bei dieser Restaurierung der ursprünglichen Jesusgestalt und seiner Botschaft gewinnt die Jesusgestalt selbst neue, harte Konturen.

Jesus erwartete eine ganz neue Haltung - nicht auf den Himmel hin, sondern für die Welt. Es ist erstaunlich, wie weltbezogen Jesus gedacht und geredet hat, nicht nur in seinen sprachlichen Bildern, sondern auch in seinen inhaltlichen Forderungen.

Eine wesentliche ist, dass er von den Menschen um sich herum Leistungen abgefordert hat, die im Menschlich-Weltlichen sichtbar positiven Nutzen bringen.

Jesus hatte eine hoch aggressive Haltung gegen die sozialen Missstände seiner Umwelt. Jesus hat deshalb die Menschen ganz klar zu einem grundsätzlich veränderten Leistungsverhalten aufgefordert, zu einer konkret zu leistenden humanen Solidarität. Jedes fromme Gerede im Allgemeinen über Menschlichkeit und Liebe ohne erkennbare praktische Nützlichkeit war ihm sinnlos.

---

1 2. Korinther 5,16.

2 Hermeneutik - hier: Metaphysische Methode des Verstehens.

(6) Materielle Verelendung der Armen als Unterlassungssünde der Reichen

Am schwerwiegendsten definiert Paulus "Sünde" in Römer 5,12 so, dass jeder Mensch infolge Adams (griechisch: eph ho) sündigen würde und deshalb unter dem Fluch des Todes stehe. Von hier ist die Behauptung der "Erbsünde" aufgebaut, indem - lateinisch falsch übersetzt - aus dem eph ho (**i n f o l g e Adams**) bei Augustin in quo (= **i n Adam**) omnes peccaverunt (**haben alle gesündigt**) wurde.

Jesus hat so nirgends gedacht. Sünde ist ihm keine abstrakte Wesensbestimmung des Menschen. Keine theoretische Definition des Bösen. Keine dogmatische Spekulation über Dasein und Weltenschicksal.

Jesus bezeichnet Sünde vielmehr als eine Art "Unterlassungssünde": Unterlassung ist für Jesus die entscheidende, ja, die einzige Verfehlung, die ein Mensch zu verantworten hat. Unterlassungssünde ist schlicht ein Versagen im Konkreten, da, wo man hätte in einer konkreten Situation etwas Konkretes leisten können, ja, leisten müssen - und es nicht tut. Jedes Schlechte definiert sich für Jesus als Folge von praktischer Unterlassung vorausgehender guter Möglichkeiten.

Unterlassung manifestiert sich für Jesus zu allererst in der Notlage der sozial Schwachen. Er deckt die Unterlassung der Leistungsstarken auf, indem er für die Armen uneingeschränkt Partei ergreift, etwa in den

Seligpreisungen der Armen

20b *Selig seid ihr Armen,*
denn euch gehört das Reich Gottes.

21a *Selig seid ihr, die ihr jetzt hungert,*
denn ihr werdet satt werden

21b *Selig seid ihr, die ihr jetzt weint,*
denn ihr werdet lachen.

Lukas 6,20b - 21 // Matthäus 5,3.6.11

Anmerkungen zur Interpretation:

(1) Textform und Überlieferung: Die Seligpreisungen sind uns überliefert in der Tradition der Q-QUELLE, also in jener Textsammlung, die schon vor den Evangelien als Logionsammlung bestand und die Lukas und Matthäus gemeinsam vorlag. Markus hat sie nicht.

Seligpreisungen haben eine besondere literarische Form, nämlich ein zweigliedriges Logionformat: Erst eine Zeile Zustand: *Jetzt habt ihr Hunger*. Dann eine Zeile Zukunft: *Ihr werdet satt werden*. Zukunft als Versprechen. Seligpreisungen sind also eine elementare Form der Prophezeiung, sind verwandt mit dem positiven Reden eines Propheten. Jesu Botschaft in Zukunftsperspektive.

(2) Kernaussage: Sowohl Lukas als auch Matthäus übernehmen also wie häufig auch hier gemeinsam die Q-QUELLE, jeder für sich verarbeitet diese Textvorlage aber sehr unterschiedlich. Gerade bei den Seligpreisungen sind die redaktionellen Unterschiede sehr groß:

Lukas schreibt:	Selig seid ihr *Armen …*
Matthäus schreibt	Selig sind die *geistlich Armen …*

Lukas schreibt:	Selig seid ihr, *die ihr jetzt hungert …*
Matthäus schreibt:	Selig sind, *die hungern und dürsten nach der Gerechtigkeit (Gottes) …*

Inhaltlich ist der Überlieferungsunterschied zwischen Matthäus und Lukas hier und an vielen anderen Stellen also gravierend: Matthäus deutet theologisch - Lukas sozialkritisch. Matthäus versucht immer wieder ins Jenseitige abzuheben - Lukas formuliert krass diesseitig. Matthäus stellt Jesus in die altbiblisch-jüdische Tradition - Lukas öffnet Jesus kulturgeschichtlich eher in eine säkulare Wirklichkeit.

Diese Theologisierungen nicht nur der Seligpreisungen, sondern der Gestalt Jesu von Nazareth insgesamt durch Matthäus sind nachträglich erfolgt. Matthäus versucht alles, um Jesus theologisch in altjüdischer Tradition erscheinen zu lassen. Er vor allem betreibt den Prozess der Rejudaisierung. Alle seine Theologisierungsmaßnahmen speziell auch an den Jesustexten sind daher dem historischen Jesus gegenüber sekundär zu werten, sind späte Redaktionsarbeit. Sie haben für den Originaltext keine Bedeutung. Aus textkritischen Gründen gebietet es sich also, bei den obigen Seligpreisungen nicht Matthäus, sondern Lukas zu folgen.

Lukas hält Jesus durchweg aus rejudaisierenden Zusammenhängen heraus. Allerdings ist die überstarke sozialkritische Komponente des Lukas durchaus auch ein redaktionelles Element. Lukas redigiert Texte, die er übernimmt, zugespitzt sozialkritisch.

(3) Botschaft: Dennoch: Die Parteinahme für die Schwachen, wie sie immer wieder bei Lukas in den Vordergrund tritt, spiegelt im gesamten Kontext den originalen Jesus. So kann überhaupt kein Zweifel daran bestehen, dass Jesus mit seinem Eintreten für die Schwachen ganz speziell zuerst die Armen gemeint hat - gegen die Reichen.

Wir hatten schon aus dem apokalyptischen Gleichnis in Matthäus 25,31 - 46 den Dialog in Vers 34 - 40 herausgearbeitet mit dem ursprünglichen Jesus-Logion über

Die soziale Solidarität der Starken

40 b *Wahrlich ich sage euch:*

Was ihr diesen meinen geringsten Brüdern getan habt,
das habt ihr mir getan.

Matthäus 25,40b

Zu **(1)** Textform und Überlieferung, und **(2)** Kernaussage dieses Textes siehe oben Seite 171 ff.

(3) Botschaft: Wir hatten dazu oben schon (Seite 172.174) positiv die "Liebeswerke" herausgestellt. Sie drücken im Judentum zurzeit Jesu eine große Solidarität der Starken mit den Schwachen aus.[1]

---

[1] Dazu Strack-Billerbeck, op. cit., Band IV/1, Seite 559 ff.

Um mit dieser Zuwendung zu den Verelendeten keinen Zweifel aufkommen zu lassen, gegen wen sich Jesu Anklage wegen Unterlassung richtet, ist in demselben apokalyptischen Gleichnis dem solidarisch positiven Handeln im Umkehrschluss die Unterlassung unmissverständlich gegenübergestellt im

Urteil über das soziale Versagen der Starken

41 *(Da sprach der König:*
Gehet weg von mir, ihr Verfluchten!)

42 *Ich war hungrig und ihr habt mir nicht zu essen gegeben.*
Ich war durstig, und ihr habt mich nicht getränkt.
43 *Ich war fremd, und ihr habt mich nicht beherbergt.*
Ich war nackt, und ihr habt mich nicht bekleidet.
Ich war krank, und ihr habt mich nicht besucht.
Ich war im Gefängnis und ihr seid nicht zu mir gekommen.

44a *(Darauf fragten ihn die Verfluchten):*

44b *Herr,*
wann sahen wir dich hungrig oder durstig
oder als Fremder oder nackt oder krank
oder im Gefängnis und haben dir nicht gedient?

45a *(Darauf sagte der König)*

45b *Wahrlich ich sage euch:*
Was ihr einem dieser Geringsten nicht getan habt,
das habt ihr mir nicht getan.

Matthäus 25,41 - 45

Anmerkungen zur Interpretation:

(1) Textform und Überlieferung: Zum Kontext gilt das auf Seite 172 zum Text in Vers 34 - 40 unter (1) Gesagte. Textangleichungen zur wörtlichen Rede in Vers 41.44a.45a.

Der Katalog hier in den Versen 41 - 45 ist parallel zum Katalog der Liebeswerke in den Versen 34 - 40 formuliert. Es besteht eine strenge literarische und inhaltliche Symmetrie. Darüber hinaus ist in den Versen 41 - 45 der Vers 45b das Ursprungslogion und der Katalog in Vers 42.43 und 44b dessen Explikation. Auch dies entspricht genau dem Aufbau von Vers 34 - 40 mit dem Vers 40b als Ursprungslogion zu Vers 35. 36 und 37b – 39 als Explikation.

(2) Kernaussage: Der Skopus ist völlig eindeutig die Anklage wegen Unterlassung sozialer Verantwortung. Dabei gilt auch hier die uneingeschränkte Parteinahme Jesu für die Armen und Elenden. Sie sind Richtmaß.

Jesus hatte schon im positiven Beispiel oben Seite 173 unter (3) ausgeschlossen, dass die Starken den Schwachen helfen sollten in dem Bewusstsein, sie würden damit Jesus helfen, oder gar eine göttliche (eschatologische) Norm erfüllen.

Entsprechend gilt im negativen Beispiel auch nicht die Ausrede, dass man als Starker den Armen nicht geholfen habe, weil man von Jesu Identifizierung mit den Armen nicht gewusst hätte. Ja, hätte man gewusst, dass hinter jedem Schwachen das Gesicht Jesu stecke, dann hätte man doch sofort geholfen. Genau dieser Argumentation folgt Jesus nicht: Hilfe nicht Jesu wegen. Hilfe nicht Gottes wegen. Unterlassungssünde ist nach Jesus kein Mangel an Theologie.

(3) Botschaft: Unterlassungssünde ist Mangel an Menschlichkeit: Mangel an Hilfe für die Schwachen um der Schwachen selbst willen.

Die verweigerten Guttaten zählen im Altjüdischen zu den "Liebeswerken". Speziell die psychisch-sozialen Hinwendungen zum Nächsten verweisen darauf, dass es nicht immer nur um das ganz Große geht, das verweigert wird, also um Gesellschaftsreformen.

Verweigert werden gerade auch die kleinen Zuwendungen: Das freundliche Wort im Alltag. Die Zeit, ein Gespräch zu führen. Die Bereitschaft zuzuhören. Die Absicht, eine Freude zu machen. Die Beherrschung, auf einen Vorwurf zu verzichten. Die Größe, ein Lob auszusprechen. Einen Kranken, einen Gefangenen zu besuchen. Einem Sterbenden Beistand zu leisten. Denn zumindest dies hätten sie natürlich tun können, wenn sie nur gewollt hätten. Sie wollten nicht.

Wenn Hilfe schon nicht im Kleinen zustande kommt, wie viel mehr mangelt es an konstruktiver Hilfe im Großen. Wie im Kleinen beginnt das Fehlverhalten der Starken nicht erst durch direkt Böses Tun, sonderm schon mit der Unterlassung, Gutes zu tun. Versagen der Reichen beginnt nicht erst durch gezielte Ausbeutung, sondern schon durch gewollte Verweigerung!

Von daher versteht sich auch die dramatische Drohung Jesu gerade gegen die Reichen, die ihre Solidarität versagen:

Weherufe gegen die Reichen

24 *Wehe euch, ihr Reichen,*
denn ihr habt keinen Trost mehr zu erwarten!

25a *Wehe euch, die ihr jetzt satt seid,*
denn ihr werdet hungern!

25b *Wehe euch, die ihr jetzt lacht,*
denn ihr werdet klagen und weinen!

Lukas 6,24 - 25

Anmerkungen zur Interpretation:

(1) Textform und Überlieferung: Weherufe sind nicht von Jesus erfunden. Sie stammen aus alttestamentlicher Tradition, hängen von dort mit prophetischer Rede zusammen, weil sie ja etwas über die Zukunft aussagen. Gerade Gerichtsandrohungen sind im Alten Testament zur Mahnung und Warnung Sprachmittel der Prophetie.

Ob Jesus selbst wirklich Weherufe formuliert hat, bleibt umstritten. Sicherlich stammen keineswegs alle ihm später zugesprochenen von ihm selbst. Weherufe korrespondieren als Textform den Seligpreisungen. Wie in den Seligpreisungen Lukas 6,20.21a.21b.[22] positiv auf Zukunft hin prophezeit wird, wird dagegen in Lukas 6,24. 25a. 25b.[26] in den Weherufen auf Zukunft hin negativ prophezeit.

(2) Kernaussage: Inhaltlich zumindest entspricht der scharfe Gegensatz zwischen "Selig" und "Wehe" dem radikalen Kontrastdenken Jesu in seinem ethischen Ansatz. Jesus selbst spitzt seine Kritik an der Unterlassung der Starken gegenüber seiner Esplangchniste-Forderung kompromisslos zu - als Druck auf sie zur Umkehr.

(3) Botschaft: Soziale Verelendung stellt sich in der Kritik Jesu generell dar als Unterlassungssünde derjenigen, die materiell als Starke leben. Dabei kennzeichnen "arm contra reich", "Hunger contra Sattsein", "weinen contra lachen" jeweils elementare menschliche Notlagen, in denen sowohl soziale Unterschiede, wie auch materielle Not und seelischer Selbstwertverlust zum Ausdruck kommen.

In sich einzeln wie generell sind alle Notlagen der materiell Schwachen Unterlassungen der materiell Starken, der Reichen.

In seinem Evangelium Kapitel 10,17 -31 erzählt Markus - ihm nach Lukas und Matthäus - die Begebenheit, dass ein offenbar sehr reicher Mann zu Jesus gekommen sei mit der Frage, wie er das ewige Leben erreichen könne. Der Aufbau dieser Geschichte ist sicher in der Fragestellung auf das ewige Leben und in dcr kompakten Antwort darauf von der späteren Gemeindetradition bestimmt und insofern sekundär.

In ihrem Mittelpunkt steht allerdings ein einzelnes Logion, das sich sehr gut in den jesuanischen Kontext über die Reichen einpasst:

Zur verweigerten Nachfolge eines Reichen

25 *Es ist leichter, dass ein Kamel durch ein Nadelöhr geht,*
als dass ein Reicher in das Reich Gottes kommt.

Markus 10,25 // Lukas 18,25 // Matthäus 19,24

Anmerkungen zur Interpretation:

(1) Textform und Überlieferung: In der direkten Antwort Jesu auf diesen reichen Mann steht Jesu häufige Aufforderung: *Folge mir nach!* Von daher liegt es nahe zu vermuten, dass diese ganze Geschichte in ihrem Ursprung eine Nachfolgegeschichte ist ähnlich denen, die wir unten auf Seite 250 -251 zusammengestellt haben. Das würde auch sachgerecht erklären, warum das Jesus-Logion ja gar nicht auf das ewige Leben antwortet, sondern auf das Reich Gottes, was bei Jesus keineswegs das gleiche ist.

(2) Kernaussage: Der reiche Mann fragt Jesus nach dem Reich Gottes und Jesus sagt: *Folge mir nach.* Bedingungen der Nachfolge? Trenn dich von deinem Reichtum - gib ihn den Armen. Es sei dahingestellt, in welcher Endgültigkeit Jesus diese Forderung gestellt hat, ob total oder in angemessener Teilung im Sinne der Geschichte vom reichen Kornbauern. So oder so stehen die materiellen Güter des Mannes zur Disposition.

Es ist dabei natürlich äußerst wichtig, dass Jesus mit seinen Jüngern selbst in einer güterlosen Gemeinschaft gelebt hat. Er lebte mit ihnen zusammen aus einer Gemeinschaftskasse, die durch Spenden aufgefüllt werden musste. Die Radikalität der Forderung Jesu auf Verzicht materieller Besitztümer war in seinem eigenen Lebenswandel vorgegeben und damit zugleich Ausdruck seiner Botschaft.

Der Reiche geht traurig von Jesus weg. Er hängt an allem, was er hat. Er ist nicht bereit, aus der Ichbezogenheit seines materiellen Vermögens in eine soziale Solidarität im Sinne der Starken einzutreten. Da aber liegt Jesu ethische Forderung.

(3) Botschaft: Am Ende dieser dramatischen Begegnung steht Jesu harte Feststellung: Der Reiche wird es im Blick auf das Reich Gottes schwerlich packen. Materielle Güter versperren ihm die Nachfolge, den Weg in eine solidarische Partnerschaft mit den Notleidenden.

Doch mit diesem Logion kündigt sich zugleich noch eine andere äußerst schwerwiegende Schlussfolgerung an, nämlich das Eingeständnis Jesu, dass seine ethische Botschaft auf die Reichen hin scheitern wird. Kein Reicher wird ihm folgen. Die Solidarisierung der materiell Starken wird ausbleiben. Jesu Gesellschaftsversuch über die Starken wird zusammenbrechen. Sie werden ihn erbarmungslos hängen lassen.

Summa:

Die Unterlassungssünde der Reichen

Wer als Reicher im Kampf gegen die Armut versagt, der verfehlt sein Leben - so kann man Jesu Grundhaltung zusammenfassen.

- Dies war die ganz eindeutige Aussage Jesu mit der Beispielgeschichte vom reichen Kornbauern, der mit seiner riesigen Ernte bei sich selber stehen blieb

- bis hin zum reichen Mann, der Jesus aus eigennützigen Gründen die von ihm selbst beabsichtigte Nachfolge verweigerte.

Eigentlich kämpfte Jesus aber gar nicht gegen die Reichen. Dafür lobte er sie viel zu häufig für ihre positiven Fähigkeiten und Erfolge, stellte sie zum Vorbild für aktive Leistungen. Er sah sie prinzipiell als Starke. Deshalb:

Nicht die Reichen an sich sind sein Problem.

Die Unterlassung der Reichen im Kampf gegen die Armut und damit ihre Verweigerung sozialer Verantwortung gegenüber der Not der Benachteiligten - das ist sein Problem.

Jesus kämpfte prinzipiell gegen die Armut und damit gegen die Not der materiell Benachteiligten. Jesus sah in einem Reichen, in einem materiell Bemittelten, immer zuerst dessen soziale Verantwortung und forderte ihn als adäquaten Partner sozialer Solidarität.

Eben deshalb kämpfte er nahezu zwangsläufig gegen die Unterlassung der Reichen:

Sie verweigern die Frage an sich selbst: Wenn ich der Arme in dessen Situation wäre, was würde ich dann brauchen? Was wäre für mich dann wichtig, ja, geradezu nötig? Diese Bedürfnisstruktur an sich selber erkennen können, sie also zu wissen und dann dagegen nichts zu tun - das ist für Jesus die verwerfliche Unterlassung der Reichen.

(7) Soziale Aussperrung als Unterlassungssünde der Rechtgläubigen

Doch für Jesus gab es auch noch eine ganz andere Front. Jesus stand in aller Schärfe gegen alles Klerikale! Gegen alles Religiös-Manifeste. Gegen alles Theokratisch-Machtausübende.

Von Anfang an befand sich Jesus in dramatischen Auseinandersetzungen mit Pharisäern und Schriftgelehrten als den Vertretern des Synhedriums, der Obersten Religionsbehörde im damaligen Jerusalem. Die *Pharisäer* waren eher eine Partei religiöser Fanatiker. Sie hatten die radikale Durchsetzung aller religiösen Tora-Vorschriften auf ihre Fahnen geschrieben. Die *Schriftgelehrten* waren dagegen Theologie- und Rechtswissenschaftler, die mit ihren Auslegungen alttestamentlicher Texte die Normenstruktur des Staatswesens bestimmten. Beide Gruppen zusammen waren radikale Fundamentalisten und beherrschten mit ihren religiösen Vorschriften und Kontrollen die Gesellschaft.

Gerade in dieser Konfrontation gewinnt die geistige und soziale Gestalt Jesu für uns Kontur. Wir steigen in diesen Konflikt ein mit Jesu

Weheruf gegen die Gesetzeslehrer

46 *Weh euch, ihr Gesetzeslehrer!*
Ihr ladet den Menschen Lasten auf,
die sie nur schwer tragen können.
Ihr selbst aber rührt die Lasten mit keinem Finger an!

Lukas 11,46

Anmerkungen zur Interpretation:

(1) Textform und Überlieferung: Zur Form und Tradition von Weherufen siehe oben unsere Hinweise auf Seite 190 unter (1).

Das Logion steht in Lukas 11,37 - 54 in einer gewaltigen Strafrede Jesu gegen die Pharisäer während eines Gastmahls, zu dem Jesus bei einem Pharisäer in freundlicher Absicht eingeladen war. Jesu radikaler Angriff erscheint gerade deshalb in Form und auch im Inhalt zum Teil beleidigend, gar unverschämt, drückt äußerste Feindseligkeit aus.

Traditionsgeschichtlich ist dieser Gesamt-Text in sich nicht originär Jesustext. Zieht man Matthäus 23,2 - 24,2 als Parallele hinzu, zeigt sich sofort, dass die vielfältigen Argumente und Vorwürfe gegen die Pharisäer und Schriftgelehrten jeweils unterschiedlich zusammen-gebaut sind, die uns vorliegende Redefassung damit also sekundär ist.

Nicht nur Jesus, sondern zwangsläufig auch die spätere Urgemeinde stand gegen die herrschenden Pharisäer und Schriftgelehrten in Existenz bedrohendem Konflikt. Von daher ist die Kontroverse über Jesus hinaus in der Urgemeinde lange weiter angewachsen, sind immer neue Vorwürfe hinzugekommen. Sie finden bei Matthäus und Lukas ihre je spezifische komplexe literarische Form. Das hebt nicht auf, dass die fast unerträgliche Härte des Angriffs gegen die Pharisäer allein auf Jesus selbst zurückgeht. Die Urgemeinde musste sich in Jerusalem langfristig eher vorsichtig arrangieren. Jesus forcierte dagegen einen kurzfristig aufbrausenden Kampf.

(2) Kernaussage: Innerhalb der lukanischen Gesamtrede stehen mehrere Weherufe, unter anderem in Vers 46 der von uns herausgenommene. Er ist in seiner generalisierenden Aussage eher eine Grundsatzerklärung zur Positionsbestimmung zwischen Jesus auf der einen und seinen Gegnern auf der anderen Seite.

(3) Botschaft: Die Streitereien zwischen Jesus und den Pharisäern begannen schon gleich zu Anfang - weit weg vom Religionszentrum Jerusalem - in der abgelegenen Gegend von Galiläa. Dort zog Jesus durchs Land und verkündete seine neue Botschaft. Dabei provozierte er wiederholt ganz gezielt die Pharisäer in zentralen Religionsvorschriften. Die Erstkonfrontation ging also durchaus von Jesus selbst aus.

Jesus stellt sich mit diesem Weheruf seine Gegner gleichsam summarisch in Front auf. Sein Wertungskriterium liegt dabei in der Feststellung, dass Menschen durch religiöse Regeln und Vorschriften menschenunwürdig drangsaliert und unterdrückt werden.

Für Jesus sind die Pharisäer und Schriftgelehrten Akteure und Repräsentanten dieser religiösen Unterdrückung. Indem sie sich selber den Vorschriften und ihren Folgen entziehen, die sie anderen aufdrücken, sind sie zugleich in ihrer sozialen Rangstellung Nutznießer dieser Unterdrückung. Solche Religion ist Ausbeutung der Menschen. Exakt da liegt der Konflikt.

Im Gegensatz dazu das summarische Kontra Jesu mit seinem

Befreiungsruf an alle Schwachen

28 *Kommt alle zu mir,*
die ihr euch quält und belastet seid.
Ich will euch Ruhe geben.

29 *Nehmt mein Joch auf euch und lernt von mir.*
dass ich sanftmütig bin und von Herzen demütig.
So werdet ihr Ruhe finden für eure Seelen.

30 *Denn mein Joch ist sanft und meine Last ist leicht.*

Matthäus 11,28 - 30

Anmerkungen zur Interpretation:

(1) Textform und Überlieferung: Dieser Text ist praktisch ein Kampfwort - zugunsten der Unterdrückten, gegen die Unterdrücker, die Pharisäer und Schriftgelehrten. Er ist nur bei Matthäus überliefert, Markus und Lukas haben ihn nicht. Als Quelle gilt deshalb MATTHÄUS-SONDERGUT. Der vorausgehende Text in Vers 25 - 27 stammt aus Q (// Lukas 10,21 f). Der Zusammenbau bei Matthäus ist sekundär. Die Texteinheit Vers 28 - 30 also in sich eigenständig.

In unserer vorliegenden Texteinheit sind drei ursprünglich eigenständige Logien je in Vers 28, Vers 29 und Vers 30 zusammengefasst. Die Verknüpfung von Vers 28 und Vers 29 brachte das Bindewort "Ruhe geben" / "Ruhe finden", die Verknüpfung von Vers 29 und Vers 30 das Bindewort "mein Joch".

Formal ist dieser Text ein Heilsruf. Seine literarische Form geht zurück auf die altjüdische Weisheitsliteratur. In ihr lehrt ein "Lehrer der Weisheit". Die altjüdische Weisheitslehre zielt auf ein Leben in Gehorsam und Gerechtigkeit. Zurzeit Jesu waren dabei Weisheit und Tora als Offenbarung des Willens Gottes fast identisch. Das "Joch der Weisheit" bedeutete wie das "Joch der Tora" einen Lebenswandel in strenger Gesetzesdisziplin.

(2) Kernaussage: "Mein Joch" steht hier summarisch als Kontra Jesu zu dieser gesamten vorausgehenden Religionswelt. "Mein Joch" steht nicht in Kontinuität, es steht in krassem Gegensatz, so krass, dass sich Jesus in Matthäus 11,46 in unüberbrückbarer Feindschaft darstellt.

Die Übernahme der Sprachform aus der Weisheitsliteratur durch Umfunktionierung mit gegensätzlichem Inhalt und konträrer Autorität verschärft dabei die Kampfansage. Aus der Tradition heraus gegen die Tradition - das greift den Gegner mit seinen eigenen geistigen Waffen (Heilsruf / Befreiungsruf) an.

Das Ziel ist eindeutig "Befreiung". Jesu Heilsruf zum "Ruhe Finden" verheißt Freisetzung aus falschen religiösen Abhängigkeiten, Loslösung von fremdgesetzten religiösen Lasten und Belastungen, Aufhebung fragwürdiger religiöser Autoritätsansprüche. Jesu Heilsruf geht also weit über das Wirtschaftlich-Materielle hinaus, wesentlich über das, was wir oben als Jesu Kampf gegen Verelendung der Armen durch die Verweigerung der Reichen dargestellt haben. Es geht um geistige Befreiung des Menschen von der Fremdherrschaft institutioneller Religionsmacht.

(3) Botschaft: Das Problem in diesem Text liegt in der Frage nach der Autorität des Ichs. Welche Bedeutung hat das "Ich", das diesen Text spricht? Aus dem Text selbst heraus erschließt sich keine übliche christologische Legitimation. Das "Ich" redet aus sich selbst heraus in geradezu ungedeckter Offenheit und damit Vieldeutigkeit.

Wenn dieses Ich = Jesus meint, dann stellt sich konkret die Frage: In welcher Hoheit, mit welcher Autorität und Vollmacht, kraft welchen Amtes hat Jesus diesen schwergewichtigen Text gesprochen?

Es geht dabei nicht darum, was die Gemeinde nach Ostern später über Jesus gesagt und geglaubt hat. Sie gebraucht später all die uns geläufigen Hoheitstitel wie hebräisch: Messias (= griechisch: Christos = *der königlich Gesalbte*), Herr (griechisch: Kyrios), Gottes Sohn, Menschensohn, Prophet, Heiland, Hoherpriester - und viele mehr.

Es geht darum, was Jesus von sich selbst gemeint hat. Welches Selbstverständnis hatte Jesus ganz persönlich? In welchem Selbstanspruch hat er zu den Menschen gesprochen? Wer wollte er den Menschen sein, die ihn direkt gehört haben?

Wir unterscheiden bei dieser Frage:

- **Expliziter Autoritätsanspruch.** So bezeichnen wir eine Selbstdarstellung, die sich in offiziell anerkannten Titeln und festen Personalpositionen manifestiert. Zum Beispiel: Oberstudienrat, Polizeihauptwachmeister, Polier, Staatssekretär, Minister, Papst. Manifeste Positionen und Titel - jeder weiß Bescheid.

Generell gilt: Jesus hat keinen einzigen der Hoheitstitel für sich benutzt, die die spätere Gemeinde auf ihn angewendet hat. Jesus hat von sich selbst weder vom Messias, noch vom Gottessohn, noch in all den anderen Autoritätstiteln gesprochen. Entsprechend fehlt auch in unserem Text eine formale Konkretisierung seines Selbstanspruchs.

- **Impliziter Geltungsanspruch.** Damit meinen wir ein Verhalten, das aus der Person heraus wirkt, das eine Ausstrahlung von innen her hat, ein Charisma, eine menschliche Größe, die zur Frage zwingt: Was ist das für einer? Was will der von mir? Wer mag das sein?

Innerhalb dieser impliziten Geltung agiert Jesus. In seinem Handeln stellt sich wie zwangsläufig die Frage: Wieso tut er das, sagt er das? Welche Vollmacht hat er, obwohl überhaupt kein Titel fällt?

Diese Frage nach dem Geltungsanspruch des historischen Jesus kommt gerade auch in Jesu Konflikt mit den Pharisäern und Schriftgelehrten, seinen eigentlichen Gegnern, ganz deutlich zum Ausdruck.

Wir beschreiben dazu exemplarisch drei Konfliktfelder:

Konfliktfeld 1:

Die Einhaltung des Sabbat zu Ehren Gottes?

Streitgespräch über Jesu Säkularisierung des Sabbatgebotes

23 *Und es begab sich, dass Jesus am Sabbat*
durch die Saaten dahinwanderte und seine Jünger fingen an,
auf dem Weg Ähren abzureißen.
24 *Und die Pharisäer sagten zu ihm:*
Siehe, warum tun sie am Sabbat, was nicht erlaubt ist?

[25.26]

Und Jesus sprach zu ihnen:

A: 27 *Der Sabbat ist um des Menschen willen*
geschaffen worden
und nicht der Mensch um des Sabbats willen.

B: 28 *Der Menschensohn*
ist Herr auch über den Sabbat.

Markus 2,23 - 28 // Lukas 6,1 - 5 // Matthäus 12,1 - 8

Anmerkungen zur Interpretation:

(1) Textform und Überlieferung: Dieser Text ist in seiner literarischen Form ein Streitgespräch. Als solches hat es einen klaren Aufbau:

Vers 23:	Der Streitfall
Vers 24:	Der Einwand der Gegner
Vers 25 - 28:	Die Antwort Jesu

Die Antwort Jesu in Vers 25 - 28 ist formal etwas kompliziert. Sie besteht aus mehreren Logien, die aneinander gereiht sind.

Vers 25 + 26	sind spätere Gemeindezusätze, die wir hier völlig außer Acht lassen.
Vers 27 + 28	sind zwei eigenständige Jesus-Logien als ursprünglich jeweils selbstständige Antworten

Vers 27:	Logion A
Vers 28:	Logion B

Unser Streitgespräch gehört in eine kleine Sammlung von fünf Streitgesprächen in Markus 2,1 - 3,6 // Lukas 5,17 - 6,11 // Matthäus 9,1 - 17 + 12,1-14. Diese fünf Streitgespräche haben wohl nicht der VOR-MARKUS-QUELLE angehört, sondern wurden als eigenständige Textsammlung in der Urgemeinde tradiert. Das erschließt sich daraus, dass diese Textsammlung eine innere Dramaturgie enthält: Die Streitpotenz steigert sich von Fall zu Fall und endet in Vers 3,6 mit dem Beschluss der Pharisäer, Jesus umzubringen. Unter diesem Aspekt von Vers 3,6 mag die Streitgespräch-Sammlung überhaupt angelegt worden sein.

Diese kleine Textsammlung hat dem MARKUS-EVANGELIUM also schon als eigenständige Quelle vorgelegen. Markus hat sie aufgenommen, und von ihm haben sie dann Lukas und Matthäus übernommen. Von daher die grundsätzliche Ähnlichkeit der Texte der Synoptiker.

Diese Streitgespräche werden "Galiläische Streitgespräche" genannt, weil sie in die Zeit datiert sind, in der Jesus durch Galiläa wanderte und dort predigte. Dabei ist er erstmalig mit den offiziellen Vertretern der Religionsbehörde in Konfrontation geraten. Dieser frühe Konflikt setzt sich bis in die Endphase als Auseinandersetzung mit der Religionsbehörde in Jerusalem fort. So korrespondieren die fünf "Galiläischen Streitgespräche" in Markus 11,27 ff // Lukas 20,1 ff // Matthäus 21,23 ff mit den späteren fünf "Jerusalemer Streitgesprächen".

(2) Kernaussage: Der Streit um den Sabbat und seine konsequente Einhaltung spielt in dieser Textsammlung eine zentrale Rolle, speziell in der Perikope Markus 2,23 - 28. Die Einhaltung des Sabbatgebotes ist im Alten Testament in EXODUS, im 2. BUCH MOSES 20,9 - 11 gefordert als drittes der "Zehn Gebote": "Du sollst den Feiertag heiligen". Damit gilt es als ein zentrales Gebot Gottes.

Die Juden verstehen das Halten der Tora-Gebote weniger zum Nutzen der Menschen als vielmehr zur Ehrung und Heiligung Gottes. Speziell das Sabbatgebot dient ihnen primär zur Verherrlichung Gottes. Für sie ist der Sabbat zur Heiligung Gottes geschaffen und der Mensch hat das bedingungslos zu befolgen und zu erfüllen.

Der Judenstaat zurzeit Jesu war ein religiöser Bewachungsstaat. Eines der elementaren Kontrollgesetze war das Sabbatgebot zur Aufrechterhaltung der Sabbatruhe. Umfassende komplizierte Ausführungsvorschriften waren von jedem Juden einzuhalten. Allerdings gab es um einzelne Ausführungen kontroverse Positionen. So hatte sich erst nach langen Debatten als "common sense" durchgesetzt, dass im Falle akuter Lebensgefahr eines Menschen die Sabbatruhe zumindest für die notwendigste Hilfeleistung eingeschränkt werden dürfe.

Doch in keinem der Konfliktfälle zwischen Jesus und den Sabbatkontrolleuren geht es um Überschreitung des Sabbatgebotes aus lebensrettender Notwendigkeit. Das wäre tolerierbar gewesen. Die Anlässe bei Jesus aber waren schrecklich banal.

(3) Botschaft: Die beiden Antworten Jesu auf die Ordnungsfrage der religiösen Überwachungsbehörde in Gestalt der Pharisäer haben in ihrem Inhalt jeweils eigenständige Argumentationslinien.

Logion A in Vers 27:

Jesus hebt apodiktisch die Begründung des Sabbatgebotes als heiliges Privileg von Gott her und auf Gott hin auf. Das Sabbatgebot gilt nicht absolut, hat keinen Wert in sich, der Mensch ist ihm nicht mit bedingungslosem Gehorsam unterworfen. Das Sabbatgebot hat nur einen Wert im Rahmen seiner menschlichen Nützlichkeit!

Diese Feststellung Jesu beinhaltet eine der radikalsten Säkularisierungsmaßnahmen an einem der höchsten biblischen Verhaltenswerte überhaupt. Dass der Mensch zum absoluten Maß eines Gebots erklärt wird, das als von Gott gegeben und zu Ehren Gottes zu halten ist, übersteigt jegliche theologische Toleranzgrenze des Judentums. Jesus stellt sich damit innerhalb des gesamten Ablaufs der spätjüdischen Geistesgeschichte in eine extreme theoretische und praktische Kontraposition.

Logion B in Vers 28:

Auch wenn man "Menschensohn" als einen besonderen Hoheitstitel Jesu versteht, also als einen Geltungsanspruch, der Jesus von alttestamentlichen und spätjüdischen Vorstellungen her eine besondere göttliche Kompetenz zuspricht, dann hat der Menschensohn in diesen vorgegebenen heilsgeschichtlichen Traditionen nirgendwo die Vollmacht, das Sabbatgebot Gottes zu relativieren oder gar aufzuheben. Gemäß LEVITICUS, also 3. BUCH MOSES 23,3 gilt: Allein Jahwe ist Herr über den Sabbat. Es gibt für den rechtgläubigen Juden nirgends eine Begründung, dass "der Menschensohn Herr über den Sabbat" sei. Das ist in seinem Glauben ganz einfach gotteslästerliche Anmaßung.

Wenn man - was an dieser Stelle sachgerecht ist - "Menschensohn" schlicht nur als "Mensch" übersetzt, dann erreicht dieser Satz eine gar blasphemische Schärfe: "Der Mensch ist Herr über den Sabbat". Nie und nirgends kann ein im jüdischen Glauben erzogener Mensch dies sagen. Es ist schlicht Frevel. Es spricht dem Gebot die göttliche Absolutheit ab und setzt den Menschen zum Herrn über den Sabbat.

In Summa: Aus völlig nichtigem Anlass (Vers 23) löst Jesus mit dem Logion A wie auch mit dem Logion B hinsichtlich des Sabbatgebotes den Menschen aus jeglichem zwanghaften Gottesbezug.

Wie dieses Beispiel finden sich andere Texte, in denen sichtbar wird, dass Jesus geradezu mutwillig das Sabbatgebot verletzt und damit provokativ die mosaische Gesetzesfrömmigkeit herausgefordert hat.

Allein schon von dieser Kontroverse her ist es überhaupt gar nicht verwunderlich, dass Jesus den offiziellen Gesetzes- und Ordnungshütern ein lästiger Widersacher war. Dass sie gegen diese Herausforderung ihre theologische Stellung verteidigten, musste dabei als völlig legitim gelten. Das Zentrum war mit Jesus angegriffen. Es ging religiös und damit auch gesellschaftspolitisch ums Ganze.

Konfliktfeld 2:

Absolute Gültigkeit eines mosaischen Ehe-Gesetzes?

Streitgespräch über die Bestrafung einer Ehebrecherin

3 *Aber die Schriftgelehrten und Pharisäer*
brachten eine Frau zu ihm, im Ehebruch ergriffen,
und stellten sie in ihrer Mitte zur Schau.
4 *Und sprachen zu Jesus:*
Meister, diese Frau ist auf frischer Tat im Ehebruch ergriffen.
5 *Moses aber hat uns im Gesetz geboten, solche zu steinigen.*
Was sagst du? [6a]

Antwort A:

6b *Aber Jesus bückte sich nieder*
und schrieb mit dem Finger auf die Erde.
7 *Als sie immer fortfuhren, ihn zu fragen,*
richtetet er sich auf und sprach zu ihnen:
Wer unter euch ohne Sünde ist,
der werfe den ersten Stein.
8 *Und er bückte sich wieder nieder und schrieb auf die Erde.*
9a *Da sie aber das hörten, gingen sie hinaus* [9b]
9c *einer nach dem anderen, vom Ältesten bis zum Geringsten.*
Und Jesus wurde allein gelassen
und die Frau in der Mitte stehend.

Antwort B:

10a *Jesus aber richtete sich auf*
und da er niemanden sah als die Frau,

10b *sprach er zu ihr:*
Frau, wo sind sie, deine Ankläger?
Hat dich niemand verdammt?

11a *Sie aber sprach:*
Herr, niemand.

11b *Jesus aber sprach:*
So verdamme ich dich auch nicht.

[12]

Johannes 8,3 - 11.[12]

Anmerkungen zur Textinterpretation:

(1) Textform und Überlieferung: Überraschend ist, dass dieser Text im JOHANNNES-EVANGELIUM steht. Von Inhalt und Form her erscheint er eher als ein synoptischer Text, also als aus der Überlieferungstradition von Markus/Lukas/Matthäus. Dort ist er aber nirgends zu finden, auch nicht in Ansätzen.

Die wichtigsten Handschriften des Johannesevangeliums enthalten die Verse Johannes 7, 53 – 8,11 nicht. Das bedeutet, diese Verse gehören nicht zum ursprünglichen Text des Johannesevangeliums. Jesu Umgang mit dieser "Sünderin" mag der frühen Christenheit derart anstößig gewesen sein, dass die Geschichte zunächst keinen festen Platz fand in der offiziellen Kanonbildung, deshalb überlieferungsgeschichtlich gleichsam vagabundierte. Gerade deshalb mag sie aus einer alten Quelle stammen, bevor sie sich dann sehr spät, wohl erst im 4. Jahrhundert, im JOHANNES-EVANGELIUM festsetzte.

Die Ähnlichkeit dieses Streitgesprächs bei Johannes mit den Streitgesprächen bei Markus/Lukas/Matthäus liegt allein schon in der literarischen Form, die dem Text stabil und bewahrend zugrunde liegt:

Vers 3	Der Streitfall
Vers 4 + 5	Der Einwand der Gegner
Vers 6b -11b	Die Antwort Jesu:

Das Streitgespräch beinhaltet zwei unterschiedliche Logien mit je eigenständigen Antworten:

Vers 6b - 9c:	Antwort A	an die Gegner.
Vers 10 - 11:	Antwort B	an die Frau

Der Streitfall ist hier von Jesus allerdings nicht direkt herausgefordert, sondern von seinen Gegnern nur indirekt provoziert. Sie meinen, dass er zu ihrer eigenen rechtsgläubigen Position eine gegensätzliche Meinung habe. Deshalb auch ihr Einwand in Form einer Fangfrage.

Der Evangelist Johannes redigiert diesen Gesamttext in einer ihm eigenen Weise durch eigene Zusätze. So sind

[6a] *Das sprachen sie aber, ihn zu versuchen,*
auf dass sie eine Sache wider ihn hätten und

[9b] *von ihrem Gewissen überführt,*

Einfügungen und persönliche Meinung des Johannes.

[12] *Gehe hin und sündige hinfort nicht mehr.*

ist ein Logion, das Johannes gleichsam als moralischen Zeigefinger angefügt hat. Jesus hat auf den Menschen hin nie von Sünde gesprochen, deshalb ist diese Zeile nie jesuanisch, sondern im allerbesten Stil die frühe Christengemeinde. Wie auch die beiden anderen Zeilen ist deshalb auch diese Zeile als Johannes-Redaktion sekundär und von uns aus dem Urtext herausgenommen.

(2) Kernaussage: Antwort A:

Die Frau ist "in flagranti" erwischt - wo ist der Mann? Die Männer stehen vor Jesus und klagen die Frau an. Die sie anklagenden Männer sind zugleich ihre (potentiellen) Liebhaber. Die Geschichte deutet das nur an. Dennoch liegt darin der eigentliche Skandal, der durch Jesu Frage an die Männer aufgedeckt wird. Von daher erklärt sich, warum die "Herren der Anklage" kleinlaut verschwinden. Jesus hat ihnen gleichsam die Maske ihrer Rechtgläubigkeit vom Gesicht gerissen, ihre Heuchelei und doppelte Moral, ihre brutale Vormachtstellung der schwachen Person Frau gegenüber aufgedeckt.

Jedem kundigen Hörer - zumindest damals - fällt dazu natürlich sofort die berühmte Geschichte von der schönen Jüdin Susanna ein, eine Geschichte, die im Spätjudentum, in der Zeit seit etwa 150 vor Jesus, eine große Verbreitung hatte:

Zwei jüdische Älteste, Richter im Amt, sind in unzüchtigem Liebesverlangen auf die schöne Susanna hin entbrannt und versuchen, sie zu vergewaltigen. Als sie zurückgewiesen werden, verklagen sie daraufhin aus Rache die junge Frau wegen Ehebruchs mit einem jungen

Mann: Sie, in flagranti von ihnen, den Richtern, selbst aufgegriffen - der Mann sei leider entwischt. Aufgrund ihrer Zeugenaussage wird Susanna von der Gemeinde zum Tode verurteilt. Da greift der junge weise Daniel ein. Es gelingt ihm durch geschicktes Verhör, die beiden frommen Ankläger der falschen Zeugenaussage zu überführen. Die junge Frau wird freigesprochen, ist gerettet. Die beiden Männer werden zur Strafe vom Felsen zu Tode gestürzt.[1]

(3) Botschaft: Antwort B:

Die anklagenden Männer haben sich verdrückt - Jesus lässt die Frau laufen. Das ist eine Sensation! Er fragt nicht einmal nach. Kein 6. Gebot als Standpauke: Du sollst nicht ehebrechen. Jesus schickt sie auch nicht zum Priester in die Beichte. Lässt sie keine 20 Rosenkränze beten. Nichts. Gar nichts! Jesus gibt die Frau zurück ins normale Leben. Geh nach Hause. Zurück vom Tod ins Leben. Sensationell!

Sollte sie eine Ehefrau sein, was der Text nahe legt, gibt Jesus sie zurück in ihre Ehegemeinschaft. Ihr Leben muss ja weitergehen. Wie? Darin liegt ein ungeheurer Anspruch an den Ehemann. Er muss ein Starker sein. Er muss in der Lage sein, das gemeinsame Leben neu zu gestalten. Die Freisetzung der Frau hat nur Erfolg, wenn ihre Geschichte im Sinne etwa der "Geschichte des liebenden Vaters" weitergeht: Als der Mann seine Frau von Ferne kommen sah, da fühlte er Mitgefühl mit ihr (griechisch: e s p l a n g c h n i s t e). Er eilte ihr entgegen, nahm sie in die Arme, und sagte: Mein Haus ist dein Haus. Wir werden es beide schon schaffen.

Jesus setzt das wie selbstverständlich voraus. Und wenn sie sich beide gut sind, werden sie eine Lösung finden, in der sie ihre sexuellen Probleme auf Zukunft hin offener und besser gestalten können. Ehemoral ist für Jesus Privatsache, Moral ohne Gesetzesgehorsam, Lebensgestaltung ohne institutionelle Voyeure und Aufpasser - selbst wenn Moses das als göttlichen Willen anders befohlen haben sollte.

---

[1] SUSANNA, aus DIE ZUSÄTZE ZU DANIEL II in der SEPTUAGINTA: Siehe E. Kautzsch, Die Apokryphen und Pseudepigraphen des Alten Testaments, Band 1, Darmstadt 1962, 2.Auflage, Seite 184 - 189.

Die Theologen der späteren Urgemeinde haben Jesu offene Einstellung zur Ehemoral und zu den Frauen nahezu vollständig ausgeblendet. Stattdessen sind von ihnen über die Mann-Frau-Beziehung in mosaischer Ehekasuistik sozial beschränkte Texte entstanden, etwa in Matthäus 5,27. 31 - 32. 19,3 - 10. Aber auch Paulus hat die Beziehung zwischen Mann und Frau unter männlicher Vormachtstellung nur auf unterster sexueller Befriedigungsebene begriffen.

Zugleich haben die Theologen Jesus so dargestellt, als sei er auf dem Gebiet Frau und Ehemoral völlig unmusikalisch gewesen. Sie haben nie begriffen, dass Jesus auch hier keine Gehorsamsautorität befohlen hat, die im Gottesglauben begründet ist, sondern eine Orientierungsautorität meinte, die im e s p l a n g c h n i s t e ihre Wurzeln hat.

Gegenüber Jesus von Nazareth ein erbärmlicher Männerhaufen - diese christlichen Moralmonopolisten durch die Jahrhunderte hindurch - bis heute! Ihnen fehlt jeder Freiheitsgeist Jesu. Im Namen Jesu hat ihr Moralanspruch in der Beziehung zwischen Mann und Frau nichts zu suchen. Sie ist Privatsache. Wie damals den Pharisäern weht auch der konservativen Kirche heute der Freiheitsgeist Jesu von Johannes 8,1-11 scharf ins Gesicht.

Konfliktfeld 3:

Göttliche Erwählung als soziale Abgrenzung gegen Schwache?

Streitgespräch über Jesu Gemeinschaft mit Zöllnern

14 *Im Vorübergehen sah Jesus den Levi, den Sohn des Alphäus,*
an der Zollstelle sitzen.
Und er sagte zu ihm: Folge mir nach.
Da stand er auf und folgte ihm.

15 *Und es begab sich, dass er in dessen Haus zu Tische saß,*
und viele Zöllner und Sünder saßen mit Jesus und seinen
Jüngern zu Tische, denn es waren viele, die ihm folgten.

16 *Und als die Schriftgelehrten der Pharisäerpartei sahen,*
dass er mit den Zöllnern und Sündern aß,
sagten sie zu seinen Jüngern:
Warum isst er mit Zöllner und Sündern?
17a *Jesus hörte es und sprach zu ihnen:*

Antwort A:
17b *Nicht die Starken bedürfen des Arztes,*
sondern die Kranken.

Antwort B:
17c *Ich bin nicht gekommen,*
Gerechte zu rufen, sondern Sünder

Markus 2,14 - 17 // Lukas 5,27 - 32 // Matthäus 9,9 -13

Anmerkungen zur Interpretation:

(1) Textform und Überlieferung: Dieses Streitgespräch steht wieder in den "Galiläischen Streitgesprächen". Dazu oben Seite 200 unter (1).

Vers 14 ist eine Berufungsgeschichte. Sie gehört nicht ursächlich zum Streitgespräch. Der Hinweis „dessen Haus" legt zwar nahe, dass das Haus des Zöllners, in dem Jesus eingeladen war, zugleich das Haus des Zöllners Alphäus war, den Jesus in die Nachfolge gerufen hatte. Zwingend ist das ursächlich nicht.

Vers 15 - 17 ist das eigentliche Streitgespräch, dessen Aufbau dem normalen Grundmuster entspricht:

Vers 15:	Der Streitfall
Vers 16:	Der Einwand der Gegner
Vers 17b + 17c:	Die Antwort Jesu

Auch dieses Streitgespräch hat in Vers 17b und Vers 17c zwei Antworten, die jeweils ursprünglich eigenständig waren, aber hier so in Zusammenhang gebracht sind, dass sie sich gegenseitig erklären und inhaltlich ergänzen.

Von dieser Antwortkombination her hat der Erst-Redaktor das Streitgespräch konzipiert. Primär also sind die Logien. Sekundär dazu ist der Handlungsrahmen mit dem Streitanlass und der Frage der Gegner. Die Logien selbst in Vers 17b und Vers 17c haben wir oben bereits als Selbstaussage Jesu auf Seite 171 ff ausführlich dargelegt.

(2) Kernaussage: Es geht in diesem Streitgespräch um die Zöllner. Die *Zöllner* waren zurzeit Jesu in der jüdischen Gesellschaft "outcasts", Verfemte, Verachtete. Sie standen auf der untersten Stufe der sozialen Skala, in gleicher Bewertung mit Dirnen und jeder Art von Sündern, speziell aber mit den verhassten Heiden. Ihre gesellschaftliche Diskriminierung lag in ihrem Job. Sie trieben Zölle ein, direkt für den jüdischen König, indirekt mit Zustimmung des römischen Kaisers. Zum einen arbeiteten sie als Judengläubige also letztlich im Dienste verhasster heidnischer Auftraggeber. Zum anderen gingen sie mit oft willkürlichen Forderungen ihren Volksgenossen lästig ans Geld.

Kein bewusster Jude damals hat deshalb mit einem Zöllner gesellschaftlich verkehrt, gar mit ihm eine Tischgemeinschaft gehalten, ein Gastmahl gefeiert. Die Sperre gegen diese verhasste Klasse wurde mit dem religiösen Verdikt unüberbrückbar gehalten, dass die, die mit diesen Menschen verkehrten, dadurch selber zu Sündern würden, die also - Aussätzigen gleich unrein - aus der Gesellschaft auszusperren seien.

Jesus sitzt dennoch mitten unter den Zöllnern und feiert mit ihnen. Man wird diese Geschichte in Markus 2,15 ff // Lukas // Matthäus traditionsgeschichtlich kaum als eine ganz konkrete Situationsschilderung werten dürfen. Sie ist kein überlieferter Polizeibericht vor Ort. Sie steht vielmehr als exemplarischer Fall. Auch die Berufung des Zöllners Levi in das nahe Umfeld Jesu als Jünger (Vers 14) ist nicht nur überlieferungsmäßig eher exemplarisch zu verstehen.

(3) Botschaft: Die Gemeinschaft mit Zöllnern ist eines der typischen Merkmale des Auftretens Jesu. Sie gilt in Markus 2,14 - 17 // Matthäus // Lukas nicht allein als Einzelfall, sondern steht mit dem Einzelfall beispielhaft als generelle Provokation.

“Beispielhaft“ hat dabei eine besondere Bedeutung. Wir haben immer wieder Beispielgeschichten vorgetragen, die Jesus seinen Zuhörern erzählt hat, in denen er ihnen zwischen Sachebene und Bildebene mit äußerst anschaulicher Logik das Tertium comparationis vermittelt hat, den Skopus, die Kernaussage seiner Botschaft.

Für Jesus typisch sind nicht nur derartige Beispiel-***erzählungen***, sondern auch Beispiel-***handlungen:*** Jesus tut etwas, um damit für ihn zentral Wichtiges demonstrativ sichtbar zu machen. Das heißt: Jesus hat nicht nur in Beispiel-*erzählungen* geredet. Jesus hat darüber hinaus in Beispiel-*handlungen* gleichsam demonstriert. Eine solche demonstrative Beispielhandlung nennen wir

“Zeichenhandlung“.

Zu diesem Begriff “Zeichenhandlung“: Der alttestamentliche Prophet Hosea brandmarkte in seinen prophetischen Drohreden die Gesetzesübertretungen der Juden als Untreue des erwählten Volkes Israel gegenüber ihrem Gott Jahwe. Um diese Untreue Israels gegenüber Gott exemplarisch vorzuführen, heiratete “der Gottesmann“ eines Tages demonstrativ eine Hure (Hosea 1,2. 3 - 9). Das zündete wie eine brutale Provokation: Wo immer er mit dieser Frau in Erscheinung tritt, steht die Anklage im Raum, dass Israel für Gott so untreu sei wie diese Hure ihm gegenüber als Repräsentanten Gottes.

Eine Zeichenhandlung. Eine sichtbare Demonstration. Ein Skandal. Ein fortdauernder Anstoß. Eine ständige Herausforderung.

Jesu Tischgemeinschaft mit den Zöllnern und Sündern ist eine derartige demonstrative Zeichenhandlung. Eine Provokation, die sofort das Kontra der Gegner herausfordern muss. Die echauffierte Reaktion der “Gerechten“, der Schriftgelehrten und Pharisäer, erfolgt auch prompt.

Zeichenhandlung Jesu - wogegen?

- Gegen eine programmatische Unterlassung von Zuwendung durch die Rechtgläubigen (=Gerechten) gegenüber den “outcasts“, den sozial Ausgesperrten der Gesellschaft.

Die erboste Reaktion der Frommen ist Programm. Mit ihr dechiffriert sich sture Selbstgerechtigkeit. Es bewegt sich nichts. Es darf nicht. Es soll nicht. Es will nicht. Nicht einmal im Ansatz. Die Gerechten verweigern sich prinzipiell.

Für Jesus ist ihre Abgrenzung gegen die gesellschaftlich Schwachen Zeichen religiöser Überheblichkeit, ihre Verweigerung der Beweis egoistischen Erwählungsbewusstseins, ihr Sichverschließen menschliche Unbarmherzigkeit und Härte. In ihrer Selbstverweigerung erweisen sich die Gerechten nicht als Gerechte, weil sie dem Anspruch an einen Gerechten nicht entsprechen, denn ihr religiöser Hochmut lebt zulasten der von ihnen Geschwächten und Schwachgehaltenen.

Dagegen steht Jesu Anklage. Anklage wegen Unterlassung. Die Zuspitzung dieser Herausforderung ist nahezu unvermeidbar.

Zeichenhandlung Jesu - wofür?

- Für praktiziertes esplangchniste
  gegenüber den outcasts, den sozial Ausgesperrten

Durch die Tischgemeinschaft mit den outcasts versinnbildlicht Jesus seine ethisch zentrale Forderung nach sozialer Zuwendung zu den gesellschaftlich Schwachen und erfüllt sie zugleich. Tischgemeinschaft ist dafür ein exemplarisches Zeichen, weil Gastmahle in der damaligen Gesellschaft als besonders freundschaftlich galten. Ganz konkret baut Jesus damit für alle erfahrbar die wie starr bestehenden Barrieren und Schranken gegenüber den Ausgestoßenen ab.

Es ist die Versinnbildlichung und Umsetzung speziell seiner Esplangchniste - Botschaft in absoluter Konsequenz. Jesus rehabilitiert durch seine persönliche Anteilnahme und seinen Zuspruch. Er wirkt ganz praktisch gegen alle, die sich verweigern, gemäß seiner Botschaft

in Markus	2,17b	*Nicht die Starken bedürfen des Arztes,* *sondern die Kranken.*
	2,17c	*Ich bin nicht gekommen,* *Gerechte zu rufen,* *sondern Sünder.*

Das extremste Logion Jesu in dieser Konfrontation ist

Das Gebot der Feindesliebe

27b *Liebet eure Feinde!*
27c *Tut denen Gutes, die euch hassen!*
28a *Segnet die, die euch verfluchen!*
28b *Bittet für die, die euch beleidigen!*
29a *Dem, der dich auf die eine Wange schlägt,*
halte auch die andere hin,
29b *und dem, der dir den Mantel wegnimmt,*
verweigere auch den Rock nicht!
30a *Gib jedem, der dich bittet,*
30b *und wenn dir jemand etwas wegnimmt,*
fordere es nicht zurück!

[31 *Wie ihr wollt, dass euch die Leute tun,*
ebenso sollt auch ihr ihnen tun]

Lukas 6,27 - 30. [31] // Matthäus 5,43 - 45. 39 - 42. [7,12]

Anmerkungen zur Interpretation.

(1) Textform und Überlieferung: Die Logienreihe Vers 27b - 30b könnte aus der LOGION-QUELLE Q stammen, jener Texttradition also, die Matthäus und Lukas gemeinsam vorgelegen hat. So wenigstens wird es allgemein von den Textforschern angenommen, weil sich dadurch die vielen Gleichklänge am besten erklären lassen. Markus hat den Text mit keinem Wort.

Allerdings ist die Textverarbeitung bei Lukas einerseits und bei Matthäus andererseits völlig unterschiedlich, so dass der letztgültige Textbestand gegeneinander stark abweicht. Deshalb wird man besser die These vertreten, dass der Text einmal im MATTHÄUS-SONDERGUT und zum anderen im LUKAS-SONDERGUT überliefert ist, für jede Überlieferung also eine eigene Überlieferungstradition.

Diese Annahme betrifft nicht nur diese eine Logienreihe, sondern den gesamten Überlieferungsbestand der so genannten "Feldpredigt Jesu", die im LUKAS-EVANGELIUM in Kapitel 6,17 - 49 steht, gegenüber der so genannten "Bergpredigt Jesu", die im MATTHÄUS-EVANGELIUM in Kapitel 5 bis 7 steht. Die lukanische Feldpredigt hat einen ähnlichen Textbestand wie die matthäische Bergpredigt, ist aber dennoch von ihr in vielem stark abweichend, ist insgesamt offener und ursprünglicher.

Dagegen ist die Bergpredigt durchweg eine streng durchstrukturierte Konzeption des Matthäus. Zum Beispiel ist dort das Logion von der Feindesliebe von Matthäus wie in einem Korsett in die Form von "Antithesen" eingebaut:

> Ihr habt gehört,
> dass zu den Alten gesagt ist …
> Ich aber (Jesus) sage euch …

Diese Redekonstruktion ist ursprünglich nicht von Jesus, sondern eben als Konstrukt des Matthäus sekundär. Bei Lukas findet sich dieses Logion im nahezu gleichen Wortbestand ohne dieses Konstrukt der Antithese und damit frei von redaktioneller Überarbeitung.

(2) Kernaussage: Das Logion von der Feindesliebe steht bei Lukas in einem Summarium von insgesamt acht ähnlichen ethischen Forderungen. Der Inhalt dieser Forderungen ist ganz außergewöhnlich und gehört zu den extremsten Aussagen Jesu überhaupt. Niemandem in seinem geistigen Umfeld sonst sind diese Aussagen zuzuschreiben. Absolut O-Ton Jesu von Nazareth.

Lukas setzt an das Ende dieser Reihe in Vers [31] Jesu berühmte *Goldene Regel,* vom Ursprung her ein eigenständiges Logion.[1] Lukas unterstreicht mit diesem gegenseitigen Bezug noch einmal die außergewöhnliche Bedeutung der gesamten Texteinheit.

(3) Botschaft: Entscheidend wichtig zum Verständnis dieser Forderung der Feindesliebe ist der richtige Einstieg. Er ergibt sich aus dem Kontext der Ethik Jesu, setzt also unbedingt einen ganzheitlichen Ansatz voraus. Als falsch erscheint, diese Forderung in sich absolut zu

---

[1] Siehe oben Seite 150 ff.

setzen. Sie verliert dann jegliche überzeugende Begründung. Dies gilt für alle weiteren einzelnen sieben Forderungen des Summariums.

Uns erweist sich als überzeugender Einstieg die direkte Anknüpfung an Jesu Aussagen über die Unterlassungssünde: Die entscheidende Verfehlung, die der Mensch macht, ist das Versäumnis einer konstruktiven Zuwendung. Daraus folgt:

Jede Feindschaft ist Ausdruck dafür, dass vorausgehend gravierende Fehler miteinander gemacht worden sind. Jede Feindschaft hat ihren Grund in den Versäumnissen rechtzeitiger positiver Zuwendungen. Jede Feindschaft ist also Zustand unerledigter sozialer Beziehungen.

Dies trifft auch zu auf alle weiteren Forderungen des Summariums. Jeder aktuelle Missstand ist zurückzuführen auf den Mangel rechtzeitiger konstruktiver Zuwendung. Das betrifft den in Vers 27c.28a.28b markierten Konflikt mit denen, die hassen, verfluchen und beleidigen; in Vers 29a den Konflikt mit den Gewalttätigen; in Vers 30a.30b den Konflikt mit denen, die friedlich oder gewaltsam abverlangen. Sie alle agieren aus Mangel an positiver Zuwendung.

Feindschaft lässt sich von daher als größtmögliche Unterlassung definieren. Dies gilt auch dann, wenn eine persönliche Schuldzuweisung gar nicht möglich ist, weil der Konflikt schon aus früherer Zeit gleichsam auf Nachfolger überkommen ist, die ursächlich damit gar nichts zu tun haben mögen. Wäre also von Anfang an positives Handeln nicht unterlassen worden, würden Konflikte, von den Ursachen her verhindert, gar nicht bestehen.

Das *Liebet eure Feinde* von Jesus bedeutet von daher

Erstens:

Prinzipiell zu begreifen, dass aktuelle Missstände und Feindschaften in den vorausgehenden Unterlassungen positiven Handelns ihre Ursachen haben, ja, im eigenseitigen Unterlassen begründet liegen können, ja, liegen müssen. Jesus erklärt damit die Bedingungen der Feindschaft aus den ökonomisch-sozialen Verweigerungen der Starken gegenüber den Schwachen. Feindschaft ist in der Ursache immer ein Defizit von Nutzung positiver Möglichkeiten, ein soziales Verweigern, eine Unterlassung zum Guten hin.

Zweitens:

Prinzipiell bereit zu sein, die vorausgegangenen negativen Ursachen aufzuheben, die zur Feindschaft geführt haben oder führen können. Jesus erklärt damit die Verpflichtung der Starken, aus ihrer ökonomisch-sozialen Leistungsfähigkeit heraus die Grundbedingungen für die Schwachen ins Positive zu verändern.

Schlussfolgerung:

Um zu verdeutlichen, wie gesellschaftsverändernd radikal dieser säkulare Ansatz der Ethik Jesu zu verstehen ist, formulieren wir drei kurze provozierende Thesen zu der hoch brisanten weltpolitischen Situation des Terrorismus:

1. Viele soziale und politische Zustände in der islamischen Welt haben ihre historischen Bedingungen in der Kolonisationsherrschaft der christlich-westlichen Welt. Die herrschenden Verelendungen, die ökonomischen und kulturellen Defizite sind manifestiert worden durch westliche Ausbeutung und Unterdrückung, durch religiöse Missachtung und Dummhaltung.

2. Die aktuelle Feindschaft des islamischen Terrorismus gegen die westliche Welt ist Ausdruck berechtigter Interessen, sich als die Unterdrückten von den immer noch praktizierten Abhängigkeiten von der westlichen Welt und ihren Folgen zu befreien. Krieg des Westens gegen widerständige islamische Staaten kann dabei vom Terrorismus nur als Fortsetzung der Ausbeutung und Unterdrückung verstanden werden und deshalb als Verschärfung des Konflikts und nicht als Weg zur Befriedung.

3. Eine Befriedung ist nur dadurch möglich, dass die Verursacher dieser Zustände, also die westliche Welt, die Starken, bereit sind, Ausbeutung und Unterdrückung nicht nur einzustellen, sondern darüber hinaus konstruktiv, das meint mit finanziellen Mitteln, ökonomische und wissenschaftliche Bedingungen herzustellen, mit denen diese Welt schnellstmöglich zur völligen Eigenständigkeit und Gleichberechtigung gelangt.

Seligpreisung der Friedensstifter

9a *Selig sind die, die Frieden machen,*
9b *denn sie werden Söhne Gottes heißen.*

Matthäus 5,9

Anmerkungen zur Interpretation:

(1) Textform und Überlieferung: Dies ist eine der neun Seligpreisungen bei Matthäus, in seiner Logion-Reihe (Matthäus 5,3 - 12) die siebte. Die drei Seligpreisungen in Vers 3, 4 und 6 hat Matthäus parallel mit Lukas in Kapitel 6, Vers 20b, 21a und 21b. Sie stammen wohl aus der gemeinsamen LOGION-QUELLE.

Die anderen sechs hat Matthäus allein, Lukas hat sie nicht. Somit also MATTHÄUS-SONDERGUT. Matthäus hat diese sechs eigenen mit den drei gemeinsamen aus Q zusammengebaut. Als singuläre Matthäus-tradition überrascht es nicht, dass Matthäus auch diese Seligpreisung theologisch überhöht, indem er die Seligen als "Söhne Gottes" bezeichnet, eine Bezeichnung, die nicht aus den verba ipsissima stammt.

Die Erstzeile hier in Vers 9a ist dagegen inhaltlich völlig konform mit der sich uns generell darstellenden Ethik Jesu.

(2) Kernaussage: Luther übersetzt falsch: *Die Friedfertigen.*
Also: Selig sind die Friedfertigen.

Im griechischen Text steht das Grund- und Leitwort:
Eireno poiein - Frieden machen. Frieden stiften.

Von daher: *Eireno poioi - Die, die Frieden machen.*
Also: Selig die, die Frieden machen

Die, die Frieden machen und *die Friedfertigen*, das sind zwei völlig verschiedene Typen. Jesus formuliert hier wieder nicht passiv, nicht duldend, nicht regressiv - wie etwa Luther. Jesus formuliert hier wieder absolut aktiv, dynamisch, aggressiv. Das ist ein gewaltiger Unterschied. "Pazifist" im Sinne Jesu ist eher ein kämpferisch Handelnder.

(3) Botschaft: *Frieden machen* ist die konkrete Fortführung von *Liebet eure Feinde.* Beides basiert auf der Goldenen Regel und auf dem Gebot der Nächstenliebe. Zusammen mit den E s p l a n g c h n i s t e - Texten vervollständigt sich so von völlig unterschiedlichen Seiten und Texten her ein ganz und gar rundes und geschlossenes Konzept der E s p l a n g c h n i s t e - Theorie Jesu.

Jesus ist nicht Mohammed

Mit dieser E s p l a n g c h n i s t e - Theorie ist als Beispiel der Unterschied von Jesus zu Mohammed himmelweit - nicht nur in seinen Worten, auch in seinen Taten:

Jesus hat auf jegliche persönliche Gewaltanwendung verzichtet. **Anders Mohammed.** Er hat zu seinen eigenen Gunsten brutale Gewalt ausgeübt. Die Liquidierung der anderen war Voraussetzung seines persönlichen Aufstiegs.

Jesus hat zur Durchsetzung "seines Reiches" keinerlei Machtausübung gegen andere verlangt und auch nicht geduldet.
Anders Mohammed. Er hat zur Ausbreitung seiner Religion die Ermordung seiner Feinde bedingungslos gefordert. Er hat regelrecht Ausrottungsfeldzüge gegen die geführt, die ihm nicht folgten.

Jesus hat auch für die Weiterführung seiner Botschaft in der Mission durch die Kirche keine kriegerische Gewalt vorgegeben. So ist die christliche Kirche in ihrer großartigen Ausbreitung in den ersten drei Jahrhunderten eine reine Märtyrerkirche gewesen, die das römische Abendland überzeugte durch ihre absolute Gewaltlosigkeit.
Anders Mohammed. Er hat den Dschihad befohlen.

Es ist von größter Wichtigkeit, diesen elementaren Unterschied auch gerade für das Bewusstsein in unserer Welt heute unmissverständlich und ohne jede Beschönigung gegenüberzustellen und klar zu betonen: Jesus ist auf gar keinen Fall Mohammed!

Summa:

Die Unterlassungssünde der Rechtgläubigen

Sie nennen sich Fromme, Gläubige, Gerechte, Erwählte, Kinder Gottes, Söhne des Lichtes - immer behaupten sie damit, dass sie exklusiv auf der Seite Gottes ständen, der höchst denkbaren Autorität.

Zugleich markieren sie damit automatisch die Abtrennung der anderen als Sünder, als Ungläubige oder Ketzer, als Auszusondernde oder Verdammungswürdige. Zwischen sich selbst und diesen anderen ziehen sie unüberbrückbare Gräben, über die es in alle Ewigkeit keine Verbindungen von hüben nach drüben geben soll.

Jesus hasste diese Abtrennungen. Er lief Sturm gegen die überhebliche Selbstgerechtigkeit der Pharisäer und Schriftgelehrten, die sich mit ihrer Exklusivität über die anderen erhöhten, um sie zu erniedrigen. Jesus brandmarkte dieses selbstherrliche Gehabe durch oft schroffe Aktionen, verstieg sich nicht selten zu krassen Verbalinjurien.

Er selbst tat alles, um die tiefen Gräben zu den outcasts zu überwinden, indem er sich auf die Seite der Ausgeschlossenen stellte und mit ihnen gemeinsam demonstrativ (Tisch-)Gemeinschaft praktizierte.

Darüber hinaus aber hat er versucht, die für diese Abtrennung verantlichen Rechtgläubigen für seine Esplangchniste-Theorie zu gewinnen, indem er sie aufforderte, ihre Gerechtigkeit zu Gunsten der outcasts einzusetzen. Es gilt für die Gerechten das Gleiche wie für die Reichen:

Im Grunde hatte Jesus nichts gegen Menschen, die ihr Leben in der Gerechtigkeit Gottes führen. Gerechter Lebenswandel kann menschlich stark sein, wenn er zugleich menschliche Zuwendung für die anderen praktiziert. Als Gerechter leben bedeutet für Jesus, soziale Verantwortung zu übernehmen für die, die schwach sind.

Von daher steht Jesus sofort dann gegen die Rechtgläubigen, wenn sie ihre Gerechtigkeit zur eigenen Hoffahrt missbrauchen, indem sie Fürsorge und Hilfe für die Schwachen verweigern. Solche Verweigerung mitmenschlicher Solidarität ist ihm verwerfliche Unterlassung.

(8) Jesuanische Wertegemeinschaft

Gesellschaftspolitisch bedeutet Jesu ethischer Ansatz den Umsturz aller etablierten Werte - zumindest für die damalige Gesellschaft, in der er lebte und wirkte.

Doch Jesus zielte primär nicht revolutionär auf den Umsturz der bestehenden Verhältnisse, sondern auf Gründung einer völlig neuen Gemeinschaft. Inmitten dieser Gesellschaft. Entscheidend ist ihm seine Initiative für eine Wertegemeinschaft neuer Art.

Den Begriff für diese neue Wertegemeinschaft Jesu zu definieren, ist aus überlieferungstechnischen Gründen sehr schwer. In der frühchristlichen Überlieferung steht griechisch: basileia tou theou, übersetzt: "Königsherrschaft Gottes" oder "Reich Gottes".

Vieles spricht dagegen, dass Jesus diesen Begriff (uneingeschränkt) gebraucht hat. "Reich Gottes" ist vor allem ein Begriff der ganz frühen Christenheit - vor der Etablierung der ekklesia, der Kirche. In ihm werden von der Urgemeinde speziell endzeitlich-apokalyptisch-jenseitige Vorstellungen des Spätjudentums aufgenommen und ausgedrückt. *Endzeitlich* bedeutet dabei: Im Anbruch der letzten Tage der Welt. *Apokalyptisch* bedeutet: Verbunden mit dem Weltgericht und damit mit der Erhöhung der Gerechten und der Bestrafung der Bösen. *Jenseitig* bedeutet: Unter der Steuerung des Geschehens von Gott her auf Gott hin.

Alle drei charakteristische Merkmale der Königsherrschaft Gottes - *endzeitlich, apokalyptisch, jenseitig* - sind dem historischen Jesus fremd, das heißt: Sie sind nicht genuiner Bestandteil seiner Verba ipsissima. Jesus hat in diesen Kategorien nicht gedacht, so nicht geredet. Wenigstens kann sich in der ethischen Theorie Jesu niemand auf verba ipsissima berufen, in denen Jesus endzeitlich-apokalyptisch-jenseitig geredet hätte.

Anders herum: Die jesuanische Wertegemeinschaft speziell ist im Nachhinein von den späteren urgemeindlichen Vorstellungen massiv endzeitlich-apokalyptisch-jenseitig überlagert worden. Derartige redaktionelle Bearbeitungen sind folglich traditionsgeschichtlich sekundär, also nicht bis auf Jesus zurückführbar. Zum Beispiel ist die Einleitungsformel der Gleichnisgeschichten ["... ist gleich dem Reich Gottes"] nahezu ausnahmslos spätere redaktionelle Überarbeitung. Keins der originalen Jesusgleichnisse ist ein Gleichnis im Sinne der urgemeindlichen endzeitlich-apokalyptisch-jenseitigen Gottesreich-Theologie.

Auf den Punkt: Jesu eigens gedachte Wertegemeinschaft bestimmt sich genauso wenig von den späteren Vorstellungen der Urgemeinde zum Reich Gottes, wie sie sich bestimmt durch den noch späteren Begriff der Kirche. Jesus hat mit seiner Gemeinschaft weder die frühchristliche "basileia tou theou – das Reich Gottes" noch die spätchristliche "ekklesia - die Kirche" im Sinn gehabt.

Das Grundproblem liegt darin, dass mit Jesu eigener Wertegemeinschaft zwei unterschiedliche Entwicklungsstadien beschrieben sind,

- zum einen der Anbruch jener Gemeinschaft, die sich um Jesus herum bildete. In dieser Aufbruchsituation befand sich Jesus;
- zum anderen der Endzustand, auf den hin sich diese Gemeinschaft entwickeln sollte. Auf dieses Ziel hin dachte und hoffte Jesus als Zukunftsvision.

Beide Zustände sind zwangsläufig nicht die gleichen gewesen, wenngleich doch aufeinander bezogen. Jesus spricht damit von einer sich auf Zukunft hin entfaltenden, zielgerichtet wachsenden Gemeinschaft.

Mit diesem klärenden Vorbehalt benutzen wir im Folgenden den vor allem synoptischen Begriff "Reich Gottes" auch für Jesus als Arbeitshypothese für seine neuartige Wertegemeinschaft. Auf dieser Ausgangsbasis bestimmen wir zunächst einige "Jesus-Logien zum Reich Gottes." Aus den einzelnen Definitionen mag sich dann eine systematische Perspektive zur neuen Wertegemeinschaft Jesu ergeben.

Definition A zum "Reich Gottes"

36 *Mein Reich ist nicht von dieser Welt.*

Johannes 18,36

Anmerkungen zur Interpretation:

(1) Textform und Überlieferung: Ein singuläres Logion aus der Tradition des JOHANNES-EVANGELIUMS. Es findet sich in dem Verhör, das Pilatus mit Jesus geführt hat über die Frage, ob Jesus König der Juden sei (Vers 33 - 38). Der jetzige Kontext mit der Königsfrage und der Wahrheitsfrage ("Was ist Wahrheit?") ist ganz sicher johannäisch. Das Logion Vers 36 selbst nicht zuletzt wegen seiner Einzigartigkeit gegen alle Tradition wohl aus vorjohannäischer Tradition überliefert.

(2) Kernaussage: Dies Logion ist schon sehr überraschend, denn es spricht eben nicht vom "Reich Gottes", wie sonst alle basileia-Texte mit Gott als König. Das Logion spricht von: "Mein Reich". Dies "Mein" meint fraglos Jesus selbst. Also spricht Jesus hier von "seinem" Reich. Dies sprengt die Annahme, dass Jesus nur von Gottes Reich gesprochen hat. Eine vorschnelle König-Identifikation mit Gott selbst liegt bei Jesus nirgends vor.

Dieses "Mein Reich" schafft zumindest die Perspektive einer von Jesus autonom gedachten eigenen Gemeinschaft. Wollte man die absetzen gegen die Reich-Gottes-Idee, dann ist sie nur zu verstehen in Bezug auf die neue Gemeinschaft, die Jesus um sich herum geschaffen hat.

(3) Botschaft: "Nicht von dieser Welt" wird fast immer lokal oder zeitlich verstanden: Nicht von dieser Welt - also jenseitig. Das steht da nicht zwingend. Näher liegt eine qualitative Deutung: Wohl in dieser Welt, aber nicht nach den Regeln dieser Welt. Jesus setzt seine Wertegemeinschaft nicht lokal oder zeitlich von dieser Welt jenseitig ab, sondern setzt sie in dieser Welt wertmäßig und wertemäßig konträr!

Definition B zum "Reich Gottes"

21b *Das Reich Gottes ist - mitten - unter euch*
Das Reich Gottes ist - mitten - in euch

Lukas 17,21b

Anmerkungen zur Interpretation:

(1) Textform und Überlieferung: Dieses wichtige Logion ist erhalten in der Überlieferung der Lukas-Passage 17,20 - 21 unter der Pharisäer-Frage: Wann wird das Reich Gottes kommen. Der sekundäre Kontext hat auf diese Frage zwei Antworten zusammengebaut, die gegeneinander in logischer Spannung stehen. Gegen das übliche Zukunftsmodell steht in 21b die spektakuläre Behauptung: Es ist schon da!

(2) Kernaussage: Die Übersetzung des Textes ist umstritten. Das griechische entos hymin kann *"mitten unter euch"*, aber auch *"mitten in euch"* bedeuten. Neueste Kommentatoren tendieren zu einer dritten, schon relativ alten Übersetzungsmöglichkeit: Das Reich Gottes *"steht zu eurer Verfügung"*, *"liegt in euren Händen"*, *"liegt in eurer Gewalt"*.

(3) Botschaft: Wie auch immer, so oder so. Das Reich ist da! Da liegt die sensationelle Behauptung Jesu. Das steht gegen alle sonstigen Erwartungen, die alle das Kommen des Reiches Gottes auf die Zukunft verschieben.

Jesus aber erwartet kein Hereinbrechen des Reiches Gottes in irgendwelcher Zukunft. Er steht damit gegen das Spätjudentum und auch gegen das frühe Christentum, die ständig unter dem Stress des baldigen Endes dieser Welt und des Erscheinens der neuen jenseitigen Welt Gottes standen. Jesus nicht - mögen Legionen von Theologen es ihm später auch immer wieder untergeschoben haben.

Jesus behauptet stattdessen am ehesten "sein Reich", als "realized representation" dessen, was seine Zeitgenossen als Gottesreich erwarten. Er bietet "sein Reich" als solches an. Vielleicht als soziale Dimension da, wo er mit seinen Leuten zusammen ist (mitten unter euch). Vielleicht als psychologische Dimension da, wo sich der

Mensch im Innern verpflichtet weiß (mitten in euch). Vielleicht als Handlungsdimension da, wo der Mensch selbst eigenständig als Repräsentant auftritt und handelt (steht zu eurer Verfügung). Wieso nicht entos hymin alles drei in eins: Jesus zielt auf Vertrauen und Solidarität in allen Dimensionen.

Definition C zum "Reich Gottes"

49 *Ich zünde ein Feuer an*
und ich hoffe, es brennte schon.

Lukas 12, 49

Anmerkungen zur Textinterpretation:

(1) Textform und Überlieferung: Dieses Logion aus dem LUKAS-SONDERGUT gilt eher als ein dunkles Jesus-Wort. Das hängt damit zusammen, dass Feuer häufig mit göttlichem Strafgericht verbunden und damit gleichsam auf ein apokalyptisches Szenario bezogen ist. Dieses Logion wird deshalb gern bedeutungsschwer sub specie aeternitatis - im Angesicht der "Letzten Dinge" gesehen. Welch eine Möglichkeit endloser Spekulationen um Jesus und die Vernichtung dieser Welt!

Wir versuchen es dagegen einmal ganz einfach: Ein Feuer anzünden ist ein Bild-Wort. Jesus hat - wie wir gesehen haben - in großer Zahl Beispielgeschichten erzählt und darüber hinaus auch Bildworte benutzt, kurze, punktgenaue Vergleiche aus dem ganz natürlichen Alltag. Ein solches Bildwort ist "Feuer anzünden".

Für jeden, der ein Feuer anzündet, gibt es einen ganz spannenden Augenblick, nämlich: Es ist gezündet, aber es brennt noch nicht richtig. Es ist angesetzt, es zieht aber noch nicht kräftig durch. Es brennt, aber es brennt noch nicht aus eigener voller Kraft. Es könnte sogar noch wieder ausgehen. Das ist die Sachebene.

(2) Kernaussage: Das Tertium comparationis schafft den Zusammenhang mit dem, was Jesus unter Definition A "mein Reich" nennt, und mit Definition B als "realized representation" behauptet.

(3) Botschaft: Die Bildebene: Sein Reich, seine Wertegemeinschaft ist angelegt, ist bereits gezündet - aber es brennt noch nicht voll durch. Es ist mitten unter ihnen wie eine zaghafte Flamme, aber es wird sich zu einem gewaltigen Feuer entfachen. Also: Jesu Reich schon da, aber erst noch im Werden. Kontrast zwischen kleinem Anfang und erhofftem vollen Ende.

In diesen Zusammenhang gehören Gleichnisse Jesu, die der Jesus-Forscher Joachim Jeremias "Kontrastgleichnisse" genannt hat. Jeremias hat in seiner sprachwissenschaftlichen Untersuchung GLEICHNISSE JESU bahnbrechend neue Wege der Gleichnisinterpretation gewiesen. Darin ist seine Definition der Kontrastgleichnisse eine exegetische Bestleistung, hinter die heute kein Interpret mehr zurückkann.

Wir kommentieren hier die vier Kontrastgleichnisse Jesu zum Werden und zur Dynamik des Reiches Gottes, behalten dabei aber wie bisher für die Bezeichnung Gleichnis unsere Bezeichnung Beispielgeschichte bei. Zunächst die Beispielgeschichte

Vom Wachsen der Aussaat

3b *Siehe, der Säemann ging aus, um zu säen.*

4 *Und es begab sich, indem er säte, fiel etliches auf den Weg*
und die Vögel kamen und fraßen es auf. 5 *Anderes fiel auf den*
felsigen Boden, wo es nicht viel Erde fand und ging sogleich auf,
weil es nicht viel Erde fand. 6 *Als die Sonne aufging, wurde es*
verbrannt, und weil es nicht viel Wurzeln hatte, verdorrte es.
7 *Anderes fiel unter die Dornen, und die Dornen wuchsen auf,*
erstickten es und es brachte keine Frucht.

8 *Noch anderes fiel auf den guten Boden*
und brachte Frucht, indem es aufging und wuchs.
Es brachte dreißig, sechzig, hundertfältige Frucht.

Markus 4,3b - 8 // Lukas 8,4 - 8 // Matthäus 13,3 - 9

Anmerkungen zur Interpretation:

(1) Textform und Überlieferung: Dieser Text stammt aus der VOR-MARKUS-QUELLE. Lukas und Matthäus haben diesen Text von Markus übernommen. Markus ist primär.

Um diesen Text sachgerecht zu verstehen, kommt alles darauf an, ihn gattungsgeschichtlich genau zu bestimmen. Denn dieses Jesus-Gleichnis ist geradezu ein Musterbeispiel dafür, wie ein Text falsch verstanden wird, ja, werden muss, wenn er nicht gemäß seiner literarischen Form richtig bestimmt wird. Deshalb führen wir das hier für den Leser einsichtig vor. Wir wollen damit verdeutlichen, dass synoptische Texte nicht beliebig interpretiert werden dürfen.

Eine Beispielgeschichte also. Wir hatten oben Seite 168 dargelegt, dass der Begriff Beispielgeschichte sofort die Frage beinhaltet: Beispiel wofür? Was also will die Geschichte vergleichen?

Unser Tertium comparationis dieser Beispielgeschichte ist das Wachsen der Aussaat von ihren bedrohten Anfängen bis zur vollen Erntefrucht, der Kontrast also zwischen Anfang und Ende der Aussaat.

Im Neuen Testament selber steht in Markus 4,13 - 20 // Lukas // Matthäus - und damit in der ältesten Tradition - eine Erklärung, die dieses Gleichnis ganz anders deutet. Das Neue Testament erweckt dabei den Eindruck, als hätte Jesus selbst diese Erklärung zu seinem Gleichnis abgegeben, als würde er selbst es so interpretieren.

Aber diese Erklärung stammt mit absoluter Sicherheit nicht von Jesus, sondern ist sekundär von der späteren Gemeinde formuliert worden. Die Gemeinde hat Jesus ihre eigene Erklärung in den Mund gelegt, um so ihre Deutung als gültig zu legitimieren. Das ist höchst peinlich! Denn diese spätere Erklärung ist sachlich falsch und zwar völlig falsch. Sie ist aber dennoch als Jesus-Erklärung durch die Jahrhunderte benutzt worden und wird selbst von modernen Kommentatoren und Predigern auch heute noch wie selbstverständlich angewendet.

Sie alle deuten dieses Gleichnis formal als Allegorie. Eine Allegorie ist eine literarische Form, in der die Sachebene mit der Bildebene nicht in einem einzigen Punkt, sondern in möglichst vielen Punkten verglichen wird. Aus der Sachebene werden somit möglichst viele Punkte in die Bildebene übertragen. Dadurch bietet eine Allegorie der subjektiven Meinung eine beliebige Deutungsbreite. Jeder kann in vielen Punkten hineingeheimnissen, was er gerne möchte und was ihm einfällt.

Als Allegorie mit vielen Vergleichspunkten wird Jesu Geschichte zum so genannten "Gleichnis vom vierfachen Acker". Dabei wird der Samen als Wort Gottes, jede der Ackerkonditionen als Unglaubens- bzw. Glaubenszustand des Menschen gegen das Wort Gottes ausgedeutet. Entsprechend gibt es die abenteuerlichsten Beschreibungen der Formen des Unglaubens und des Glaubens.

Mit allen seinen allegorischen Erfindungen hat der Originaltext Jesu herzlich wenig zu tun. Deshalb darf die Interpretation dieses Jesustextes und der Jesustexte allgemein auf gar keinen Fall derartiger subjektiver Beliebigkeit unterliegen, selbst wenn die sekundäre Gleichnisdeutung in Markus 4,13 - 20 dafür Vorschub leistet.

(2) Kernaussage: Wir hatten dagegen gesagt: Diese Beispielgeschichte beschreibt das Wachsen der Saat von ihren bedrohten Anfängen bis zur vollen Erntefrucht, ganz genau: Den Kontrast zwischen Anfang und Ende.

Um dies zu sichern, müssen wir zunächst ausführlicher auf die Sachebene eingehen. Denn wenn man die Sachebene nicht richtig trifft, kann man den Punkt nicht treffen, der der eigentliche Vergleich ist. Je genauer sich aber die Sachebene darstellt, desto treffsicherer wird das Tertium comparationis, das den Vergleich markiert.

Allem voran ist zur Sachebene wichtig, unter welchen Bedingungen zurzeit Jesu in Israel Landwirtschaft betrieben wurde. Denn wenn wir bei uns in Norddeutschland übers Land fahren, gewinnen wir vom Ackerbau einen nur für unsere Landschaft typischen Eindruck: Riesige Felder, tiefer, satter Boden, gerade lange Ackerfurchen. Vor dem Säen ist jedes Feld sorgsam aufbereitet. Von daher mag es uns merkwürdig erscheinen, dass der altisraelitische Bauer derart ungeschickt, geradezu laienhaft sät, sodass so viel von der Aussaat verloren geht.

Die Gegend um Nazareth ist felsig. Deshalb gibt es dort kein weiträumiges Ackerland, sondern nur kleine schmale Feldstreifen. Die Ackerkrume ist oftmals so dünn, dass das Felsige durchschimmert. Überall liegen Steine herum. Meist hat der Feldstreifen keinen Ackerrain, das Land ist also rechts und links ohne feste Abgrenzung. Ein Pfad mag nach der letzten Ernte über das Brachland getrampelt sein. Disteln wachsen empor, Unkraut macht sich unausrottbar breit. Die Eigenart der galiläischen Landschaft erklärt also, was wir als Ungeschicklichkeit empfinden. Nur mit großer Mühe ist dem Boden etwas abzuringen. Ackerbau ist dort ein mühsames Geschäft.

Der altisraelitische Bauer sät die neue Saat auf das Stoppelfeld. Er pflügt das Land also nicht, bevor er es bestellt. Vielmehr sät er den Samen auf das alte Stoppelfeld und pflügt dann erst die Neusaat unter. Absichtlich wirft er Samen auf den Weg, den die Dorfbewohner über den Acker festgetreten haben; er soll mit umgepflügt werden. Absichtlich wirft er Samen unter die Dornen, die überall gewachsen sind; er will sie mit unterpflügen. Absichtlich wirft er Samen auch auf Flacherdiges, auf dem die Tiefe des Bodens nicht genau auszumachen ist; es soll durch das Pflügen Erde draufgeworfen werden.

Zwangsläufig muss bei einer solchen Aussaat vieles umkommen: Weil nicht genügend Boden auf die Samenkörner fällt, bleiben sie offen liegen; die Vögel picken sie auf. Weil vieles auf den felsigen Boden fällt, kann es keine Wurzeln fassen; unter der von früh auf brennenden Sonne versengt es. Weil manches unter die Dornen gefallen ist, geht es zwar auf, aber die Dornen wachsen schnell, so dass die Saat in ihnen hängen bleibt und erstickt. Heuschrecken, heißer Wind, Unkraut und noch vieles mehr könnte das Gleichnis als Bedrohung aufzählen.

Die ganz alltägliche Erfahrung eines altisraelischen Bauern nimmt Jesus hier also zum Vorbild: Die Aussaat in kärglichen Verhältnissen ist aufs äußerste gefährdet. Es muss in vielfacher Form mit Misserfolg gerechnet werden. Was kann überhaupt daraus werden?

Die, die Jesus zuhören, können ihm nur Kopf nickend zustimmen: Genauso ist es jedes Jahr neu. Am Anfang der Aussaat muss man die größten Befürchtungen haben, denn mit der Aussaat droht ein riesiges Verlustgeschäft. Schwer ist eben nicht allein die Härte der Arbeit. Schwer ist vor allem die Ungewissheit, das Bangen und Zittern um das Gedeihen der Ernte.

(3) Botschaft: Und nun, so fährt Jesus in seinem Beispiel fort, nun stellt euch dagegen die Erntezeit vor. Wenn wir dann vor einem reifen Kornfeld stehen, die Ähren sich schwer im Halm wiegen - was ist aus dem geworden, was so kläglich begonnen hat. Welch reiches Feld, mit übervoller Frucht, ein hundertfältiger Gewinn. Der Reichtum des Neugewordenen ist beglückend. Alles ist erfüllt von der Freude über den großartigen Abschluss. Am Ende ist alles Sorgen vergessen.

Auf die Bildebene, die Gemeinschaft Jesu übertragen, bedeutet das Tertium comparationis mit dem Vergleich des scharfen Kontrastes:

- Ein mühsam kläglicher Anfang zuerst,
  ein überwältigendes großartiges Ende zum Schluss.

- Ein zu befürchtendes riesiges Verlustgeschäft am Anfang,
  ein riesiger Gewinn am Ende.

- Skepsis, Sorge, Angst zu Beginn
  Freude, Jubel, Glück zum Abschluss.

Dazu die Beispielgeschichte

Von dem Senfkorn

[Das Reich Gottes ist gleich]

31 *einem Senfkorn.*
Wenn es in die Erde gesät wird,
ist es kleiner als alle anderen Samenarten.
32 *Doch wenn es gesät wird, geht es auf und wird größer*
als alle Gartengewächse und treibt große Zweige,
so dass die Vögel des Himmels unter seinem Schatten nisten
können.

Markus 4,31 – 32 // Lukas 13,18 - 19 // Matthäus 13,31b – 32

Anmerkungen zur Textinterpretation:

(1) Textform und Überlieferung: Auch dieser Bildtext stammt aus der VOR-MARKUS-QUELLE. Markus primär, Lukas und Matthäus als sekundäre Seitenreferenten. Stärkere Text-Abweichungen veranlassen einige Exegeten zu der Annahme, dass Lukas seinen Text zusammen mit dem Gleichnis vom Sauerteig aus dem LUKAS-SONDERGUT übernommen haben könne, also aus einer Parallelüberlieferung. Die Grundaussage des Gleichnisses bleibt aber dennoch vollständig erhalten.

(2) Kernaussage: Wieder ein Kontrastbeispiel. Das Tertium comparationis liegt im Kontrast, im Gegensatz: Ganz kleiner Samen - und dann ein riesiges Gewächs. Kein Baum, wie Lukas in seinem redigierten Text etwas übertreibt. Aber Senfstauden am See Genezareth können eine Höhe von zwei bis drei Metern erreichen.

(3) Botschaft: Wer würde das von Jesu Wertegemeinschaft denken: Aus so einem winzigen Körnchen ein solches Gewächs. Welch eine ungeheure natürliche Dynamik vom Winzigen ins Großartige. Es ist nur eine Frage der Zeit.

Dazu die Beispielgeschichte

Von dem Sauerteig

[Das Reich Gottes ist gleich]

21 *einem Sauerteig,*
den eine Frau nahm und unter drei Scheffel Mehl mengte,
bis das Ganze durchsäuert war.

Lukas 13,21 // Matthäus 13,33

Anmerkungen zur Textinterpretation:

(1) Textform und Überlieferung: Das dritte Kontrastbeispiel, tradiert in der Q-QUELLE, die ja Lukas und Matthäus vorlag. Nicht Markus. Gegebenenfalls haben im LUKAS-SONDERGUT die Gleichnisse Senfkorn und Sauerteig im Verbund vorgelegen, gleichsam als Doppelgleichnis mit den lukanischen Textsonderheiten. Markus und Matthäus können allerdings dieses Doppelgleichnis Senfkorn/Sauerteig nicht über LUKAS-SONDERGUT haben. LUKAS-SONDERGUT oder Lukas haben ihnen nicht vorgelegen.

(2) Kernaussage: Auch hier der Kontrast. Die altisraelitische Hausfrau benutzt zum Brotbacken statt Hefe Sauerteig. Nur eine kleine Menge Sauerteig genügt, um eine riesige Menge Mehl zu durchsäuern. Ein Scheffel, das altisraelitische "Sela"-Maß sind über 13 Liter, die Menge im Gleichnis also rund 40 Liter. Ganz genaue Leute haben errechnet, dass von dieser Brotmenge über hundert Personen satt werden können. Welche Kraft, welche Wirkung also in dieser unscheinbaren Menge Sauerteig auf diese riesige Menge Mehl.

(3) Botschaft: Mit der Dynamik, der Durchsetzungskraft des Sauerteigs, beschreibt Jesus hier seine Hoffnung, dass sich seine neue Wertegemeinschaft in der Gesellschaft, in der Welt in gleicher Weise durchsetzen wird.

Schließlich die Beispielgeschichte

Von der "automatisch" wachsenden Saat

[Das Reich Gottes ist so wie]

26b *wenn ein Mensch den Samen auf die Erde wirft*
27 *und schläft und aufsteht Tag und Nacht.*
Und der Samen sprosst und wird groß,
und er weiß selbst nicht wie.

28 *Von selbst (*griechisch: *a u t o m a t i k e)*
bringt die Erde Frucht, zuerst den Halm, dann die Ähre,
dann den vollen Weizen in der Ähre.

29 *Wenn aber die Frucht es zulässt,*
legt er alsbald die Sichel an,

denn die Ernte ist da.

Markus 4,26b - 29

Anmerkungen zur Textinterpretation:

(1) Textform und Überlieferung: Auch dies ein Kontrastgleichnis, diesmal als MARKUS-SONDERGUT. Ein ungewöhnliches Traditionsstück, denn warum haben es Lukas und Matthäus aus dem ihnen vorliegenden MARKUSEVANGELIUM nicht übernommen? Das MARKUSEVANGELIUM muss dem Lukas und Matthäus in einer Fassung ohne diesen Text vorgelegen haben. Erst später danach ist dem MARKUSEVANGELIUM dieser Text aus einer Sondertradition zugewachsen.

(2) Kernaussage: Mit der Gegenüberstellung von Anfang und Ende ähnelt diese Beispielgeschichte sehr der Beispielgeschichte vom Wachsen der Aussaat in Markus 4,3b - 8 // Lukas // Matthäus. Auch hier die polare Spannung zwischen Aussaat und Ernte.

Hier aber ist die Sachebene so erzählt, dass sich das Tertium comparationis ganz wesentlich verschiebt. Der Skopus ist hier auf das W i e des Wachstums konzentriert. W i e kommt es von dem Anfang zu dem Ende? Dadurch gerät der griechische Begriff "a u t o m a t i k e - von selbst" bringt die Erde Frucht... in den Brennpunkt des Textes. Sicherlich war dem antiken Menschen eine Vorstellung gemäß unserer heutigen wissenschaftlich-biologischen Evolutionstheorie völlig fremd. Dennoch beschreibt dieses automatike im Gleichnistext doch sehr sachlich die Beobachtung eines ganz normalen Entwicklungsablaufes der Natur aus sich selbst heraus, der sich in unserem Sinn eher als E v o l u t i o n verstehen lässt, denn als R e v o l u t i o n, als Umsturz, als Kampf.

(3) Botschaft: In die Bildebene übertragen erhält dieses automatike für die Beschreibung des Reiches Jesu eine tragende Bedeutung. Es betont eine naturgemäße Entwicklung, die in sich in einer unaufhaltsamen Dynamik abläuft, nahezu zwanghaft auf ein Ziel (griechisch: t e l o s = Ziel) zuläuft. Keine Revolution, die ein Ziel gewaltsam herbeiführen soll. Vielmehr Evolution als ein natürliches Wachsen aus sich selber heraus auf ein großes Ziel hin.

Bleibt die Frage nach dem Ziel

Woraufhin entwickelt sich Jesu neuartige Wertegemeinschaft gleichsam aus sich selber heraus?

Nicht auf ein apokalyptisches Ende hin.

Alle Vorstellungen von einem dramatischen Weltende sind Jesus völlig fremd. Jesus hatte keine Erwartung von einem Weltuntergang mit schrecklichem Getöse, mit Vernichtung vor allem der sündigen Welt, allzumal der Heiden.

Solche Erwartungen und Vorstellungen gehören einer speziellen spätjüdischen und frühchristlichen Literatur an, die den Zeitgeist vor, zur Zeit und nach Jesus religiös euphorisiert hat. Solche Vorstellungen haben alles aus der christlichen Zeit damals Überlieferte überlagert, sind auch ganz ohne Frage über die Gestalt des historischen Jesus ausgegossen worden. Ja, Jesus von Nazareth ist als Jesus Christus, der Weltenrichter, sogar zur Leitfigur des apokalyptischen Szenarios gemacht worden.

Wir haben dagegen festgestellt, dass in den Verba ipsissima und damit in originalen Jesus-Texten apokalyptische Vorstellungen nirgends vorkommen. Entsprechend sind alle Annahmen, dass Jesus selbst sich bewusst war oder gar programmatisch verkündet hat, dass er mit seiner Anhängergemeinschaft auf einen Weltuntergang mit dem Weltgericht Gottes zugehe, völlig ohne konkreten Beleg. Jesu Wertegemeinschaft ist überhaupt nicht auf Weltgerichtsereignisse ausgerichtet.

Nicht auf ein endzeitliches (eschatologisches) Ziel zu.

Auch die Vorstellungen, dass sich die Welt in einem Endzustand befinde, weil das erlösende Erscheinen der Gotteswelt bevorstehe, hat Jesus nicht geteilt. Jesus hat nicht geglaubt, dass die Welt überhaupt in Kürze zu Ende gehen werde.

Anders etwa der Apostel Paulus, der mit der heißen Botschaft durch die Welt missionierte, das Ende der Welt sei nahe herbeigekommen und der dazu versprach, dass der einst gekreuzigte und auferstandene Jesus Christus dabei als Erlöser der Welt wiederkommen werde.

Jesus selbst hat davon nichts gewusst oder nicht viel davon gehalten. Denn: Alle Texte, die etwas im Sinne des Paulus vermuten lassen, erweisen sich bei exakter historischer Untersuchung nicht als eigene Rede Jesu, sondern als spätere Reden über Jesus. Jesus selbst hat nirgends gemeint, dass er einst als Pantokrator, als Weltherrscher überhaupt, und gar kurzfristig zurückkehren werde.

Durchaus aber auf eine teleologische Zukunft zu.

Der griechische Begriff t e l o s bedeutet "Ziel". "Teleologisch" beschreibt deshalb die Vorstellung, dass sich eine Sache aus sich selbst heraus auf ein ihr eigenes Ziel hin entwickelt. So definiert Aristoteles über 300 Jahre vor Jesus die Welt und Natur als teleologische Entwicklung, in der jedes Phänomen ein inhärentes (in sich vorgegebenes) Ziel hat und auf Zukunft hin austrägt.

Sicherlich hat Jesus nichts von Aristoteles gewusst, hat keine teleologische Philosophie entwickelt. Aber er hat durch natur- und lebensbezogene Beobachtungen in seinen Gleichnissen, speziell in seinen Kontrastgleichnissen und Bildworten, seine Anschauung ausgedrückt, dass Dinge teleologisch, also aus sich selbst heraus zum Ziel kommen. Diese Texte von ihm liegen handfest vor.

Diese Ansicht hat Jesus auf seine neue Wertegemeinschaft übertragen. Auch das ist mittels der "Gleichnisse" unbezweifelbar. Darin drückt sich seine Überzeugung aus, dass sich die von ihm gegründete Gemeinschaft auf Zukunft hin in voller Kraft durchsetzen wird - als E s p l a n g c h n i s t e - Wertegemeinschaft.

Summa:

Eine neue Wertegemeinschaft Jesu?

Ja. Ganz sicher.
Aber wie? Was hat Jesus erwartet?

Eine Gemeinschaft,
die mit seinem Wirken ihren Anfang nahm? Ja.

Eine Gemeinschaft,
nicht von dieser Welt, aber in dieser Welt? Ja.

Eine Gemeinschaft,
die sich mit neuen humanen Werten
entsprechend seiner Esplangchniste-Theorie
gegen die bestehende Welt durchsetzt? Ja.

Eine Gemeinschaft,
die das materielle Elend bekämpft
gegen Besitzende,
die ihre soziale Verantwortung
nicht wahrnehmen? Ja

Eine Gemeinschaft,
die soziale Abgrenzungen überwindet,
vor allem gegen selbstherrliche religiöse
Amtsträger und Machthaber? Ja.

Eine Gemeinschaft,
die dynamisch auf eine Zukunft zuläuft,
in der sie für die Welt
zur größtmöglichen Wirkung kommt? Ja.

Eine Gemeinschaft,
die alle Bedrohungen der Welt übersteht? Ja.

(9) Jesu Ruf in die Nachfolge und sein Scheitern in Jerusalem

In diese Vorstellung von seiner neuen Wertegemeinschaft baut sich Jesu eigene kurze Wirkungsgeschichte ein. Alles, was Jesus getan und gesagt hat, muss in diesem Rahmen gesehen werden. Die Kontrastgleichnisse haben dabei einen besonderen Erklärungswert für sein Wirken, weil sein persönliches Schicksal mit dem Gelingen seiner Gemeinschaft aufs engste verbunden war. Scheitert er, scheitert sie - und umgekehrt: Scheitert sie, scheitert er.

Jesus hat um sein Reich gekämpft. Dabei ist er durchaus nicht in Hochstimmung durchs Land gezogen, gleichsam in dem stolzen Bewusstsein, wie toll doch alles laufe. Ganz im Gegenteil. Vom ersten Tag an war er selbst mit seiner neuen Botschaft von Ablehnung, Zurückweisung und erbittertem Widerstand bedroht. So ließe sich vieles im Leben Jesu mit der Verlustsituation der Aussaat beschreiben, so als würde sein Reich mit ihm unter Dornen ersticken oder auf Felsigem versengen. Wie jedermann, der auf Widerstand stößt, musste es in dieser Bedrängnis auch bei Jesus zu einem kritischen Selbstverständnis kommen. Er hat die Zwänge der Enttäuschungen an sich selber erlitten.

Die Kontrastgleichnisse vermitteln deshalb den Eindruck, als wolle sich Jesus angesichts solcher Bedrohungen persönlich Zuversicht zusprechen. So als mache er sich damit selber Mut, als treibe er sich damit selbst nach vorn. Jesus mag mit diesen Gleichnissen auch seinen Freunden und Sympathisanten in kritischen Augenblicken Mut gemacht haben: Werdet nicht kopflos! Haltet durch! Zugleich hat Jesus damit jene Kritiker abgeschmettert, die auf seine Sache nicht viel haben geben wollen. Ihnen schlägt seine Gewissheit entgegen: Wartet ab, meine Sache kommt! Seht den Säemann an: Vieles ist eben am Anfang voller Verlust. Aber Mut voran! Es wird dennoch gelingen! Es wird dennoch alles gut! Es wird zu einem vollkommenen kraftvollen Durchbruch kommen!

Unter diesem Aspekt hat Jesus Menschen in seine Gemeinschaft aufgenommen. Er ist gezielt an sie herangetreten, hat sie zum Mitmachen aufgefordert mit seinem

Ruf in die Nachfolge

Folge mir nach! (griechisch: a k o l <u>o u</u> t h e i m o i)

Markus 2,14 // Lukas 5,27 // Matthäus 9,9

Anmerkungen zur Interpretation:

(1) Textform und Überlieferung: Dieses Beispiel haben wir oben Seite 207 f schon kurz angesprochen. Auch das andere in Markus 10,21 // Lukas // Matthäus: Jesu Aufforderung an einen reichen Mann (oben Seite 192 f). Weitere Beispiele für "akolouthei moi - folge mir nach" in Matthäus 8,22 // Lukas; Johannes 1,43, (21,19). Zur Sache besonders Markus 1,16-20.

(2) Kernsaussage: In seiner frühen Wirkungsphase in Galiläa haben sich um Jesus herum schnell Menschen gefunden, die ihm nachgefolgt sind. Jesus, in Nazareth geboren und aufgewachsen, kannte die Gegend sehr gut. In seinen jungen Jahren wird er mit seinem Vater als Zimmermann durch die Dörfer gezogen sein und dabei im Land weit herumgekommen. Sein eigenständiges Auftreten beginnt später in dem kleinen Fischerdorf Kapernaum am See Genezareth. Von da aus ist er zu Fuß unterwegs, hält Reden, lehrt in den Synagogen, redet mit den Menschen in den Dörfern. Leute kommen zusammen, wo immer er auftritt (Matthäus 4,23 - 25).

Seine E s p l a n g c h n i s t e - Botschaft ist für die armen Leute äußerst positiv gewesen, zumal sie sich - wie dargestellt - mit dramatischem Appell an die Reichen richtete, sich um die Armen zu kümmern. Diese Botschaft, sein Reden und Handeln, hatte sicherlich Anziehungskraft auf die einfachen Menschen. Sie verschaffte Jesus schnell einen Ruf, der ihm wie ein Lauffeuer vorauseilte.

Seine Popularität steigerte sich fraglos durch seine Auseinandersetzungen mit den Pharisäern und Schriftgelehrten. Sein Mut, ihren Vorschriften, die die einfachen Menschen oft drangsalierten, zu widersprechen, machte zumindest in der Erstphase Einruck und fand Zustimmung. Sein Reden richtete sich dabei nie gegen Gott, Gott blieb gleichsam der Urkonsens. Sein Reden richtete sich gegen eine starre Auslegung der mosaischen Tora und damit gegen den Absolutheitsanspruch der Mosestradition. Dessen Vertreter waren Pharisäer und Schriftgelehrte.

Der Kreis der Nachfolgenden war von daher sicher sehr offen. Völlig unterschiedliche Interessen mögen in Jesus einen Fürsprecher gesehen haben. Manchmal werden ganze Dorfgemeinschaften zusammengekommen sein, um ihn zu hören. Die Zahlen schwanken. Es wird sogar einmal von 5000 gesprochen (Markus 6, 32 ff). Aber das waren natürlich nur sporadische Hörer, viele Neugierige. Der engere, festere Kreis war viel kleiner, von 70 spricht die Tradition. Die Zahl der engsten Nachfolger, der harte Kern also, waren die "Jünger", ein Kreis, der langsam zusammengewachsen war und später auf zwölf festgelegt wurde.

Natürlich waren auch Frauen dabei. Bei den Massen sowieso. Darüber hinaus ist die Notiz erhalten geblieben, dass auch im engeren Kreis Frauen dazugehörten (Lukas 8,1-3). Danach waren es verschiedene Frauen, die seine Gruppe gesponsert haben. Besonders eine Frau aus höherer, gar aus höfischer Gesellschaft, habe Jesus "mit ihrem Vermögen" finanziell unterstützt (Lukas 8,3: Johanna, die Frau des Chuza, eines Verwalters des Herodes): Das Leben um den historischen Jesus herum war also viel offener als uns die spätere Kirchenlehre zu denken erlaubt. Maria aus Magdala (Maria Magdalena) wird Jesus als Frau in allem ganz nahe und vertraut gewesen sein.

(3) Botschaft: Wer war Jesus? Genauer: Welchen Geltungsanspruch hatte Jesus von sich selbst? Was sollten die Leute von ihm halten, glauben? Ohne Frage wird bei den vielen Menschen um ihn herum frühzeitig die Frage aufgetaucht sein, wer denn dieser Mann sei. Die Masse suchte auch bei Jesus eine besondere Autorität, eine exklusive Vollmacht, einen Titel. Ein Prophet? Der Messias gar?

Exkurs 1:

Jesus von Nazareth. Ein Wander-Lehrer.

Wir nehmen mit dieser Feststellung den Grundgedanken des Jesus-Forschers Gerd Theissen auf. Theissen ist Professor für Neues Testament an der Universität Heidelberg und hat das wichtige Buch DER HISTORISCHE JESUS geschrieben. Allerdings weichen wir in manchem von Theissens Thesen in seinem so genannten LEHRBUCH ab. Allem voran von seiner Meinung, Jesu Ethik sei eine eschatologische Ethik, also entwickelt unter dem Aspekt der damaligen Endzeiterwartungen. Von daher erkläre sich auch, so Theissen, die Radikalität vieler ethischer Forderungen Jesu.

Wir widersprechen Theissen dazu mit dem Verweis, dass sich in den verba ipsissima keine apokalyptischen oder eschatologischen Tendenzen zeigen. Die teleologischen Perspektiven der neuen Wertegemeinschaft Jesu mit der Esplangchniste-Theorie wird von Theissen - und vor ihm schon von Rudolf Bultmann - als "eschatologisch" überinterpretiert.

Dennoch eröffnet Theissens Antwort auf die Frage: "Wer war Jesus" eine sehr plausible Perspektive. Theissen legt dar: Jesus von Nazareth war ein charismatischer Wanderprediger[1]. Mit "charismatisch" meint Theissen, dass Jesus eine außergewöhnliche Ausstrahlung hatte, mit der er Menschen beeinflussen konnte. Sie beruhte eben nicht auf einer institutionellen Kompetenz, etwa auf einem formalen Amt. Vielmehr lag sie in seiner Person, kam informell zur Geltung in seinem aktuellen Reden und Handeln.

Wir hatten ja schon oben Seite 198 unter (3) deutlich gemacht, dass Jesus selbst keinen christologischen Hoheitstitel für sich benutzt hat. All die Kompetenztitel wie "Prophet", "Messias", "Gottes Sohn" sind in seinen verba ipsissima nicht zu finden, kommen also nicht von Jesus. Sie finden sich in der Verkündigung der nachösterlichen Gemeinde, sind folglich im Nachhinein auf Jesus hin definiert.

---

[1] Gerd Theissen/Annette Merz, Der Historische Jesus, Göttingen 2001, 3.Auflage, Seite 175 ff: § 8 Jesus als Charismatiker

Jesus selbst hat dagegen in Kapernaum sein Wirken als Wanderlehrer begonnen. Das war damals eine durchaus gängige Auftrittsform. Solche Wanderlehrer zogen von Dorf zu Dorf und vermittelten den Leuten aktuelle, meist neue religiöse Einsichten. Ihr Erfolg hing davon ab, ob sie eine Ausstrahlung hatten, mit der sie die Menschen begeistern konnten.

Mit diesen Wanderlehrern zogen Schüler mit, die ihren Meister verehrten. Außerdem folgten ihnen oft unterschiedlich lange mitwandernde Menschengruppen. Wo immer die Lehrer Halt machten, strömten Menschen herbei, je nach Popularität. Solche Wanderlehrer lebten mit ihren Schülern von materiellen Zuwendungen der Menschen, mit denen sie redeten. Sie selbst lebten also in kargen Verhältnissen, hatten keinen festen Wohnsitz, waren hier mal oder dort zu Gast. Sie wurden auch schon mal aus einem Dorf vertrieben und verfolgt.

Besonders angesehene Wanderlehrer wurden in Alt-Israel ehrfurchtsvoll mit "Rabbi" angesprochen. Sehr häufig (in der Petrustradition: Markus 9,5; 11,21; in der Judas-Tradition: Markus 14,45; Matthäus 26,25.49; allgemein: Markus 10,51; vor allem im Johannesevangelium) wurde Jesus als "Rabbi" bezeichnet.

Der Ruf Jesu als Rabbi zur Nachfolge ist eng verbunden mit seiner

Aufforderung zum Sinneswandel

Ändert euren Sinn! (griechisch: m e t a n o e i t e)

Markus 1,15

Anmerkungen zur Interpretation:

(1) Textform und Überlieferung: Das Verb "den Sinn ändern" (griechisch: metanoein) und das Substantiv "Sinnesänderung" (metanoia) sind bereits vor Jesus fester Bestandteil der Bußpredigt Johannes des Täufers am Jordan (Matthäus 3,2.8.11).

(2+3) Kernaussage und Botschaft: Durch seine frühe Beziehung zu Johannes dem Täufer hat Jesus diesen Begriff von dort her übernommen. "Sinnesänderung", "Umkehr" haben von daher auch bei Jesus einen sehr strengen Charakter: Nachfolge hat nur Sinn, wenn der Mensch grundsätzlich bereit ist, sein Bewusstsein zu verändern. Ziel und Inhalt dieser Umkehr ist Jesu E s p l a n g c h n i s t e - Botschaft.

Exkurs 2:

Warum ging Jesus nach Jerusalem?

Schon die Endphase in Galiläa war für Jesus eine schwere Zeit. Der Druck auf Jesus und auf die, die ihm nachfolgten, hatte ungeheuer zugenommen.

Das mag vor allem am wachsenden Widerstand der Pharisäer gegen Jesus gelegen haben. Sie hatten sich gegen ihn und seine Angriffe formiert und beschlossen, ihn wegen Ketzerei zu verfolgen und "umzubringen" (Markus 3,6). Darin lag zwangsläufig - von Jesus selber provoziert - eine wachsende Bedrohung seines Umfeldes.

Das wird aber auch seinen Grund darin gehabt haben, dass die soziale Botschaft Jesu zu verpuffen drohte. Kein einziger Reicher war seiner Botschaft gefolgt. Kein Einflussreicher gab ihm irgendwie Unterstützung. Nirgends war ein Starker aus der Deckung herausgekommen, um sich konstruktiv zu Jesus zu bekennen. Seine gesellschaftskritische Theorie der sozialen Solidarität der Starken drohte völlig ins Leere zu laufen. Das musste die einfachen Menschen enttäuschen.

So war die Stimmung umgeschlagen. Es wird berichtet, dass viele, die Jesus als Anhänger zugerechnet wurden, schon bald wieder von ihm abfielen (Johannnes 6,60 - 66). Diese Unruhen drangen ein bis in den Kreis seiner engsten Vertrauten. Jesus fragt sie angesichts des Abfalls vieler, ob auch sie weggehen wollten (Johannes 6,66 - 67). Um Jesus herum drohte ein allgemeiner Zusammenbruch.

So ist Jesu Wirken zunehmend voller Spannungen - nicht nur zu den Pharisäern und Schriftgelehrten, auch zum einfachen Volk. Speziell diese Entwicklung lässt sich mit eindeutigen Daten belegen:

- Schon sehr früh gab es einen ersten großen Eklat in Nazareth, in Jesu Geburtsstadt in Galiläa (Markus 6,1 - 6a // Mt // Lk). Jesu erster Auftritt dort in der Synagoge provozierte die Nazarener aufs äußerste, kannten sie doch seine Familie und ihn selbst seit altersher. Aus Protest gegen seine Selbstdarstellung wird Jesus aus seiner Vaterstadt geradezu schmachvoll vertrieben. *Der Prophet gilt nichts in seiner Vaterstadt und bei seinen Verwandten und in seinem Haus* - Jesu bittere Reaktion (Markus 6,4 - 6).

- Selbst seine Familie geriet zu ihm in Widerspruch, (Markus 3, 20 - 21: *Er ist von Sinnen*). Er selber distanzierte sich von seiner Familie in aller Öffentlichkeit (Markus 3,31 - 35, besonders Lukas 12,51 - 53). Dazu auch "Text 4 zur Nachfolge" unten Seite 252.

- Jesu Weherufe über galiläische Städte (Matthäus 11,20 - 24) // Lukas 10,12 – 15) erscheinen formal zwar eher als ein globales Summarium aus späterer Zeit. Ganze Städte werden verflucht: Chorazin, Betsaida, selbst Kapernaum, die eigentlich zentrale Wirkungsstätte Jesu: *Diesen Städten wird es um ihrer Halsstarrigkeit willen schlimmer ergehen als einst Sodom in seinem schrecklichen Untergang.* Einzelheiten werden nicht greifbar, Hintergründe bleiben verschwommen. Dennoch ist diese Verfluchung kaum denkbar ohne die Vorgabe, dass Jesus sich durch diese Städte oder Städte wie diese bedroht sah: In diesem horrenden Szenario mag - sekundär - die ganze Bedrohung zusammengefasst sein, die auf Jesus gewirkt hat, als er aus Galiläa wegging, ja, weggehen musste.

- Gefahr drohte darüber hinaus offenbar auch von Herodes Antipas, dem König von Galiläa, der Johannes den Täufer hatte umbringen lassen. Ausgerechnet Pharisäer warnten Jesus und gaben ihm den Tipp, aus Galiläa wegzugehen, weil der König plane, ihn gefangen zu setzen und umzubringen (Lukas 13,31).

- Auf seinem Weg nach Jerusalem schickte Jesus seine Jünger voraus, um in einem samaritanischen Dorf Quartier zu machen. Als die Bewohner hörten, dass dieser Jesus komme, verweigern sie ihm den Zutritt zum Dorf. Die Jünger schäumten vor Wut. Jesus beschwichtigte - und ließ weiterziehen (Lukas 9,51-56).

Vertrauenskrise. Sinnprobleme. Zielunsicherheit. Allgemeine Abkehr. Vieles spricht dafür, dass hier die Ursachen dafür gelegen haben, warum Jesus beschloss, aus Galiläa weg und direkt nach Jerusalem zu gehen: Jesus war in Galiläa zur "displaced person" geworden.

Jesu Gang nach Jerusalem war darüber hinaus in jeder Hinsicht eine Radikalisierung seiner eigenen Situation, sichtbar vor allem in der Dramatisierung der Nachfolge. Gerade die Texte zur Nachfolge aus der Spätzeit bezeugen den zunehmenden Druck:

Text 1 zur Nachfolge

57 Und als sie unterwegs waren,
sagte einer auf dem Weg zu ihm:
Ich will dir nachfolgen, wohin du auch gehst.

58 Und Jesus sprach zu ihm

Die Füchse haben Gruben
und die Vögel des Himmels haben Nester.
Der Menschensohn (= Ich) dagegen hat nicht,
wohin er sein Haupt legen kann.

Lukas 9,57 - 58 // Matthäus 8,19 – 20

Text 2 zur Nachfolge

59 Er sagte zu einem anderen:
Folge mir nach.
Der antwortete:
Laß mich zuerst nach Hause gehen
und meinen Vater begraben.

60 Jesus sagte zu ihm:

Lass die Toten ihre Toten begraben!
Du aber geh hin und verkündige das Reich Gottes!

Lukas 9,59 - 60 // Matthäus 8,21 – 22

Text 3 zur Nachfolge

61 Es sagte aber auch ein anderer.
Ich will dir nachfolgen, Herr;
zuvor jedoch lass mich
von meiner Familie Abschied nehmen.

62 Da sprach Jesus zu ihm:

Niemand, der seine Hand an den Pflug legt
und zurückschaut,
taugt für das Reich Gottes.

Lukas 9,61 - 62

Text 4 zur Nachfolge

26 *Wenn jemand zu mir kommt*
und nicht seinen Vater und seine Mutter hasst,
und seine Frau und seine Kinder
und seine Brüder und seine Schwestern
und dazu auch sein Leben hasst,
der kann nicht mein Jünger sein.

Lukas 14,26

Text 5 zur Nachfolge

33 *Wer sein Leben zu erhalten sucht,*
der wird es verlieren
Und wer es verliert,
der wird es neu finden.

Lukas 17,33

In diesen Texten zur Nachfolge spiegeln sich drei wesentliche Merkmale für Jesu Gang nach Jerusalem:

1. Schutzloser Raum

Der Weggang aus Galiläa Richtung Jerusalem brachte Jesus in völlig unsichere Verhältnisse. *Text 1* drückt dies deutlich aus. Er hatte den Schutz seiner heimatlichen, allzumal dörflichen Umgebung verloren und geriet zunehmend in den Sog der Hauptstadt mit ihren völlig anderen sozialen Bedingungen, die er nicht kannte und nicht beherrschte. So wird Jesus schnell und immer stärker in einen schutzlosen Raum hineingetrieben.

Jesus steht dabei unter niemandes Schutz. Keiner ist in seiner Nähe, der ihn irgendwie protegieren könnte. Es ist auch hier kein Starker dabei, der durch Beziehungen oder höhere Einflussnahme eine schützende Obhut wahrnehmen könnte. Einer wenigstens, ein Sympathisant offenbar, versteckt ihn vor den Toren Jerusalems, bietet ihm Bleibe und Herberge (Markus 14,12 - 16).

2. Radilake Trennung und Loslösung

Der Gang nach Jerusalem zwingt Jesus zur Einsicht, dass angesichts der Bedrohungen der Hauptstadt alle normalen Beziehungen ihre Bedeutung verlieren, nicht nur für ihn selbst, sondern auch für die anderen in seinem Nahfeld. Jesu Konsequenz zur Trennung und Loslösung kann in der Radikalität der *Texte 2,3 und 4* nur entsetzen, drückt totale Zusammenbrüche aus.

Es gibt offenbar kein Zurück mehr, nur noch ein unbedingtes Vorwärts. Das mag die Tatsache verdeutlichen, wie stark für Jesus die Bedingungen in Galiläa zerstört gewesen sind, aus denen er persönlich zum Aufbruch und Weggang gezwungen war.

3. Todesgewissheit

Die Befürchtung, dass der Besuch in Jerusalem für ihn und auch für seine Freunde tödlich ausgehen würde *(Text 5)*, drängte sich Jesus schon früh auf. Die Tradition hat in den so genannten Leidensankündigungen (Markus 8,31 ff. 9,31 ff. 10,33 ff // Lukas // Matthäus) die Erinnerung bewahrt, dass Jesus im Blick auf Jerusalem von Anfang an Leiden und Tod vor Augen hatte. Seine Jünger waren darüber unmissverständlich informiert.

Was also wollte Jesus in Jerusalem?

Er hatte keinerlei Chance. Die jüdische Religionsbehörde dort war übermächtig, die römische Besatzungsmacht durch häufige jüdische Politkrawalle in ständiger Alarmbereitschaft.

Auf gar keinen Fall ist Jesus von Galiläa nach Jerusalem gezogen, um dort für die Sünden der Menschen zu sterben. Das ist eine Erfindung der späteren Gemeinde, speziell von Paulus. Jesus hat davon nichts gewusst. Wenigstens finden wir in den Verba ipsissima nirgends auch nur einen einzigen überzeugenden Beleg dafür.

Da die nachösterliche Gemeinde aber nur noch Interesse hatte an den heilsgeschichtlichen Dimensionen von Tod und Auferstehung Jesu und damit die Jerusalemer Ereignisse allein als großartigen Heilsplan Gottes interpretierte, sind die realistischen Konditionierungen Jesu von daher eher verwischt worden.

Wir skizzieren - ohne diesen späteren theologischen Überbau - drei mögliche weltliche Ablaufmodelle für Jesus in Jerusalem:

Modell 1:

Jesus ist ziemlich naiv nach Jerusalem gegangen.

In Jerusalem wurde das Passahfest gefeiert. Viele Juden pilgerten nach Jerusalem, um dort an den Hochfest-Feierlichkeiten nach altem Brauch teilzunehmen. So auch Jesus.

Als Wanderprediger aus Galiläa wird ihm ein gewisser Ruf vorausgeeilt sein. Sein Kommen mag eine begrenzte Aufmerksamkeit erregt haben. Dabei gerät er, als er auf einem Esel nach Jerusalem hereinkommt, in eine zwielichtige Situation: Passahfest-Pilger umringen ihn, rufen ihn, wohl eher höhnisch als ernsthaft, als Messias aus - die Palmsonntagstory (Markus 11,1-10 // Matthäus 21,1-9 // Lukas 19,28 - 38); hat etwas Don-Quichotteskes.

Mit diesem Vorfall gerät Jesus ins Visier des Synhedriums, der jüdischen Religionsbehörde, die sich angesichts der Besuchermassen mit ihm jeden Aufruhr ersparen will. Passahfeste in Jerusalem hatten schon immer etwas hoch Explosives. So läuft nach nur kurzem Auftritt, ehe Jesus sich versieht, eine schnelle, über weite Strecken verdeckte Verfolgungsaktion ab, der sich Jesus nicht mehr entziehen kann. Nach kurzer Zeit erfolgt der Zugriff und sein Coming-out ist vorbei. Er wird so zum schnellen Opfer einer gezielten Kampagne der obersten Jerusalemer Religionsbehörde.

Konnte Jesus in der Einschätzung der Situation um sich selbst nach den Erfahrungen in Galiläa so naiv nach Jerusalem zum Passahfeiern gezogen sein? Kaum.

2. Modell:

Jesus hat mit seinem Einzug und Auftreten in Jerusalem das Hereinbrechen des Gottesreiches vom Jenseits her erwartet.

Die Essener waren davon überzeugt, dass beim Kampf der "Söhne des Lichts" gegen "die Söhne der Finsternis" im entscheidenden Augenblick die göttlichen Heerscharen aus dem Jenseitigen hereinbrechen würden, um den Kindern Gottes zum endzeitlichen Sieg zu verhelfen. In der in Qumran am Toten Meer gefundenen essenischen Kriegsrolle 1QM steht eine Schlachtordnung für einen solchen Endkampf der "Söhne des Lichtes".

Petrus trug unter seinem Gewand heimlich ein "essenisches?" Schwert - und zog es gegen die, die Jesus gefangen nehmen wollten. Judas Ischariot mag Jesus nicht - wie böse Zungen später behaupteten - aus Geldgier verraten haben - sondern mit dem "essenischen?" Vorsatz, ihn zum endzeitlichen Handeln zu zwingen. Endlich sollte er als Messias im Sinne der Essener zum entscheidenden Endkampf der "Söhne des Lichtes" antreten. Eschatologie pur.

Doch: Jesus ist diesen Weg einer jenseitigen Waffenbrüderschaft zum eschatologischen Sieg mit keinem Schritt gegangen. Jesus fühlte sich keine Sekunde als Messias (griechisch: Christos). Der historische Jesus als Christos ist von Anfang an eine fatale christliche Fehldeutung.

3. Modell:

Jesus suchte eine ultimative Provokation gegen die jüdische Religionsbehörde - mit dem bewussten Risiko zu scheitern.

Vieles spricht dafür:

Jerusalem in Feststimmung. Sehr viele Menschen, ein riesiges Publikum. Jesus mag gehofft haben, wenigstens hier ein aufnahmebereites Publikum für seine E s p l a n g c h n i s t e - Botschaft zu finden, zumindest mit seiner Botschaft überhaupt erst einmal Fuß zu fassen. Er musste damit rechnen, dass seine Konfrontation mit den Pharisäern, allzumal mit den Schriftgelehrten, von Galiläa her bei der obersten Behörde bereits aktenkundig war, und sich dieser Kampf zuspitzen könnte. Die "Jerusalemer Streitgespräche" (Markus 12,7 - 13,7 // Matthäus // Lukas) deuten eine solche Auseinandersetzung zumindest an. Nimmt man Jesu Entschlossenheit aus den obigen "Nachfolge-Texten" Seite 242 f, muss man durchaus den Eindruck haben, dass er zu einer allerletzten Provokation bereit war.

Doch anders als in Galiläa befand er sich in Jerusalem mitten im Gebiet der religiösen Feinde - und damit in der Falle. Aus der harmlosen Provinz angereist hat Jesus die schnellen Abläufe der Hauptstadt völlig falsch eingeschätzt, hat außer einigen gezielten Vorstößen so richtig keine Ansatzmöglichkeit für sich gefunden. Die dort herrschenden Kräfte haben ihn - wie unter Modell 1 - ganz schnell vom Hauptgeschehen abgedrängt. Alles weitere bis hin zur Verurteilung war nur noch Vollzugsroutine der Staatsorgane.

Jesus gewinnt dann darauf auch als Verurteilter keinerlei positives Echo bei den Pilgern. Die Behörde kann sich sogar leisten, der Masse als Benefiz einen Verurteilten freizugeben: Den verurteilten Jesus von Nazareth gegen den verurteilten Verbrecher Barrabas. Die johlende Masse entscheidet sich für die Freigabe des Verbrechers Barrabas (Markus 15,6 - 15 // Lk // Mt).

Dagegen für Jesus: Sofortige Hinrichtung durch Kreuzigung. Ende.

Exkurs 3:

Der Tod des Jesus von Nazareth

Das "letzte Worte" am Kreuz ist

Jesu Klageruf zu Gott

34 (Aramäisch:) *Elohi! Elohi! l a m a sabachthani?*
Mein Gott, mein Gott, warum hast du mich verlassen?

Markus 15,34 // Matthäus 27,46

Anmerkungen zur Interpretation:

(1) Textform und Überlieferung: Nach der alten Vormarkustradition ist dieser Klageruf das letzte Wort Jesu am Kreuz. Matthäus hat es sorgfältig von Markus übernommen. Die Absicht, dass dieses Logion möglichst als "authentisch letztes Wort" erscheinen möge, zeigt sich darin, dass es erst im aramäischen Urtext zitiert wird, bevor es in griechischer Übersetzung erscheint.

Nach Lukas lautet das letzte Wort Jesu am Kreuz gemäß Lukas 23,46:

Vater, in deine Hände befehle ich meinen Geist.

Weder Markus, noch Matthäus, haben dieses Logion, schon gar nicht als Schluss. Also wohl LUKAS-SONDERGUT. Dass Lukas gerade dieses Wort ganz ans Ende stellt, ist Absicht. Er will unbedingt vermeiden, dass Jesu Klageruf aus Markus in seinem Evangelium am Ende steht. Der Verzweiflungsruf Jesu passte Lukas nicht in sein "Heilands"-konzept, das er schon am Anfang seines Evangeliums in Kapitel 2,1 ff mit der Weihnachtsgeschichte programmatisch vorgelegt hatte. Er hat deshalb den ihm mit Sicherheit vorliegenden Klageruf aus der Markustradition ganz bewusst weggelassen und in seinem Vers 46 durch das "Ergebenheitsgebet" Jesu ersetzt. Nicht also LUKAS-SONDERGUT, vielmehr persönlicher redaktioneller Texteingriff des Lukas mit gezielter theologischer Harmonisierung.

(2) Kernaussage: Der Klageruf, ja, Verzweiflungsruf also als letztes Wort Jesu. Der Klageruf hat seine Wurzeln im alttestamentlichen Klagepsalm: Der Fromme beschreit aus tiefer Not seine Gottverlassenheit. Als solcher ein schonungslos offener Text, der Schrei eines Gescheiterten - womit keineswegs Gott aufgegeben wird. Der Beter bricht vielmehr in seiner Selbst-Gewissheit zusammen.

(3) Botschaft: Jesus ist gescheitert. Kein Dennoch auf diese Welt hin. Der Gedanke, dass er durch den Tod hindurch in Kürze zu einem Neuanfang wieder da sein werde, taucht auch hier nicht auf. Jemand der weiß, dass der Neuanfang mit ihm unmittelbar bevorsteht, müsste in diesem Augenblick zwangsläufig ganz anders in Überzeugung und Gewissheit agieren. Doch kein Verbum ipsissimum sichert ein göttliches Selbstbewusstsein Jesu am Kreuz. Jesus bleibt - bis in sein letztes Wort hinein - ein Mensch von und in dieser Welt.

Der Kampf um Jesus als Mensch hat in den folgenden drei Jahrhunderten nach seinem Tod dramatische Formen angenommen. Der große Teil der Christen, zum Beispiel auch fast alle germanischen Völker, wurden "arianische Christen" und haben Jesus als einen besonderen Menschen gesehen, von Gott als Sohn adoptiert. Auf dem berühmten Konzil von Nicäa 324 hat Bischof Arius diese Überzeugung vertreten.

Gegen ihn und die Arianer stand Bischof Athanasius mit der These, Jesus sei in allem Gott gleich: vom Vater geboren vor aller Zeit und Welt, Gott von Gott, Licht vom Licht... mit dem Vater eines Wesens...

Wenn wir dagegen Jesus als Mensch aus Nazareth darstellen, dann berufen wir uns auf die früheste Überlieferung, auf Jesus selbst. Alle dogmatischen Indoktrinationen, Jesus als griechisch: Christos (= hebräisch: Messias = der königlich Gesalbte) oder als wesenhaft Sohn Gottes darzustellen, sind spätere Erfindungen der Kirche.

Das Dogma gar, "Jesus sei Gott gleich" ist nichts weiter als eine machtpolitische Entscheidung Kaiser Konstantins auf dem Konzil zu Nicäa gewesen, die Basis von Staat und Staatskirche. Mit dem erhöhten Jesus Christus als Gott auf dem Thron regiert sich's besser als mit Jesus am Kreuz, dem hingerichteten Rabbi aus Nazareth.

(10) Jesus. Urgemeinde. Kirche

Dreimal Nein! Von allem her, was wir bisher dargestellt haben, gilt es, den total eingefahrenen dogmatischen Vorstellungen über Jesus mit Entschiedenheit zu widersprechen: Dreimal Nein!

Zum ersten Mal: Nein!

Jesus von Nazareth ist nicht gleich Jesus Christus.

Der historische Jesus, der selber verkündet hat, ist auf keinen Fall gleich Jesus Christus, der von der Urgemeinde verkündigt worden ist. Jesus von Nazareth hat selber eine eigene Botschaft verkündet. Mit unserer Darstellung der verba ipsissima haben wir als Zentrum dieser Botschaft die E s p l a n g c h n i s t e - Theorie herausgearbeitet. In ihr ist ganz wesentlich seine Ethik erhalten. In seinem Auftreten und Wirken erschien Jesus als Wanderlehrer, als Rabbi. Wegen seiner Lehre von der obersten Religionsbehörde in Jerusalem verurteilt, wurde er per Kreuzigung hingerichtet: ***Der h i s t o r i s c h e J e s u s.***

Die Gemeinde hat dann nach seiner Kreuzigung und Ostern Jesus als "Christus" (hebräisch: Messias, deutsch: Der Gesalbte) dargestellt. Sie hat damit eine völlig neue Verkündigung (griechisch: k e r y g m a) hergestellt. In ihrem Mittelpunkt steht der Tod Jesu als Erlösung der Menschen und die Auferstehung Jesu als Ermöglichung des Ewigen Lebens. In ihr wird zugleich der "Jesus Christus" als "Gottes Sohn", als "Erlöser", als "Weltenrichter" und mit vielen anderen christologischen Hoheitstiteln verherrlicht: ***Der k e r y g m a t i s c h e C h r i s t u s.***

Der historische Jesus - Der kerygmatische Christus.
Grundsätzlich sind das zwei völlig verschiedene Dinge, je eigenständige Größen. Keineswegs ist das eine mit dem anderen automatisch identisch. Ein klares Verstehen des Christentums zwingt zur Trennung dieser beiden Grundpositionen.

Zum zweiten Mal: Nein!

Jesu Reich, seine Wertegemeinschaft, ist nicht gleich christliche Kirche, schon gar nicht gleich Amtskirche.

Die Menschen, die Jesus selbst um sich gesammelt hatte, bildeten eine informelle menschliche Gemeinschaft. Wir haben sie oben als "Wertegemeinschaft" Jesu, als "realized representation" des Reiches Gottes dargestellt. Die offene Gemeinschaft war keine Institution, stand konträr zur jüdischen Religionsbehörde und provokativ außerhalb deren religiösen Normen und Zwängen. Sie war in sich frei.

Aus dem harten Kern dieser Gemeinschaft bildete sich nach Jesu Tod in Jerusalem die nachösterliche Gemeinde. Aus ihr entstand die Kirche, eine zunehmend feste religiöse Institution mit immer festeren Glaubensregeln und Ritualen. Für die ersten Jahrhunderte war diese frühe Kirche eine Märtyrerkirche ohne Macht und Staatspräsenz. In ihr mussten die Christen in oft schweren Verfolgungen ihr persönliches Christsein beweisen. Der "Märtyrer" war hoch angesehen in seiner sinnbildlichen Vergegenwärtigung des Todes Jesu.

Im Jahr 321 nach Christus erhob der römische Kaiser die Kirche zur Staatskirche. Die Kirche wurde von daher eine Macht- und Obrigkeitskirche durch die europäische Geschichte hindurch - bis heute. Sie repräsentiert sich auch heute in den jeweils unterschiedlichen Denominationen in manifesten Organisationen und Hierarchien, in dogmatischen Glaubenssystemen, in grandiosem Festgepränge.

Dieser Kirche gehört Jesus Christus

- zu Recht, denn Jesus Christus ist ihr spekulatives Glaubensprodukt. Sie hat ihn eingemauert in dogmatische Formeln und Bekenntnisse, in Gebete, Liturgien und Rituale, in hierarchische und politische Ansprüche, in jedwede Art von Selbstpräsentation und Amt. Jesus Christus ist ihr religiöses Faustpfand der Macht.

Dieser Kirche gehört nicht Jesus von Nazareth.

Jesus hat nie da gestanden, wo die kirchlichen Würdenträger ihren Platz haben. Er trägt keine klerikalen Talare, zelebriert keine Hochämter. Er steht auf Distanz zu allem Religionsbehördlichen. Er ist nicht Vorsitzender der Glaubenskongregation, nicht Synodaler. Er würde den Vatikan nur betreten, würde er zwangsweise vorgeführt, um exkommuniziert zu werden. Jesus von Nazareth wäre auch heute religiöses Opfer jedweder obersten Religions- und Kirchenbehörde.

Zum dritten Mal: Nein!

Jesu Botschaft ist nicht identisch mit der christlichen Religion, schon gar nicht mit der kirchlichen Dogmatik.

Diesen Jesus von Nazareth haben die einfachen Menschen damals verstanden ohne 2000 Jahre komplizierte Theologie- und Dogmengeschichte. Jesus hat ja nicht gesagt, wartet erst einmal ab, was die Herren Theologen die nächsten 2000 Jahre über mich sagen werden - und dann wisst ihr endlich, was ich gemeint habe.

2000 Jahre christliche Theologie mag natürlich religionsgeschichtlich hoch interessant sein - für Jesus von Nazareth mit Sicherheit völlig sekundär. Theologische Theorien haben ihn wenig interessiert, weil er die Menschen nicht an ihren dogmatischen Glaubensfähigkeiten gemessen hat. Von seinem eigenen Abendmahl wäre er heute ausgeschlossen, weil er dafür die falsche Glaubenstheorie hätte.

Die verba ipsissima sind deshalb eine Herausforderung: Sie bedeuten, Jesus allein gegen alle theologischen und kirchlichen Traditionen zu Wort kommen zu lassen. Unser Beitrag ist ein Versuch - in der Überzeugung, dass Jesus von Nazareth nicht da ist, wo die Kirche sitzt, sondern da, wo ganz allgemein Menschen sind.

Jesus gehört allen, gerade auch denen, die die Kirche vergrault.

(11) Ich bin Jesuaner - Atheist für Jesus

Ich selbst bin Jesuaner, bin Sympathisant dieses Jesus von Nazareth

- mit allen Neins und Kontras. Ich habe mich mit niemandem so viel und so radikal gestritten wie mit diesem Jesus. Wie oft sind wir beide um die Alster gezogen, und ich habe ihm alle meine Argumente an den Kopf geballert gegen all die Thesen, die ich von ihm weiß. Immer wieder sind wir kontrovers gewesen. Wir haben auch lange gegeneinander geschwiegen, weil wir uns einfach nichts mehr zu sagen hatten.

Eigentlich ging es dabei nie um das Thema Gott. Das hat sich für mich in anderen geistigen Zusammenhängen entschieden, in der säkularen Vernunftphilosophie der altgriechischen Philosophen, des Sokrates vor allem, und in den heutigen erkenntnistheoretischen Prinzipien des naturwissenschaftlichen Denkens[1]. Das ist zwischen uns lange schon tabu, denn da hat Jesus eben seinen sehr intimen Gottesbezug und das ist okay. Der ist seine private Angelegenheit, die ich respektiere, wie ich den religiösen Glauben jedes einzelnen Menschen als sein persönliches Recht respektiere.

Gestritten haben wir uns um seine Ethik, um die Radikalität seiner menschlichen Forderungen, zugespitzt etwa in der "Feindesliebe". Das betrifft unmittelbar meine konkrete Lebensgestaltung. Deshalb standen und stehen für mich seine extremen Handlungsmaximen zur Disposition, privat und generell.

Immer wieder bin ich in eigene Lebenssituationen geraten, in denen es mir unmöglich schien, seine ethischen Forderungen umzusetzen. Sachzwänge machten es unmöglich. Menschliche Beziehungen machten es unmöglich. Eigenes Wollen machte es unmöglich. Um mich herum Menschen mit hohem Verantwortungsbewusstsein hatten ganz ähnliche begrenzende Selbsterfahrungen gemacht.

---

[1] Dazu unten Seite 315 ff unsere Darlegung
Geist zu Materie - Materie zu Geist. Die elementare Frage des Seins.

Immer wieder konnte ich Jesus in seiner eigenen Lebensgeschichte nachweisen, dass er selbst seine Maximen des esplangchniste und vor allem der Feindesliebe etwa auf die Pharisäer hin als seine Gegner nicht hat durchhalten können. Hätte er sie einhalten wollen, dann hätte er seine Botschaft von der Befreiung der religiös Unterdrückten aufgeben müssen. Befreiungskampf für die Opfer ermöglicht prinzipiell keine Liebe für die Täter.

Immer noch bin ich zugleich der Meinung, dass sich ein Mensch nicht so zum Opfer machen darf wie es Jesus auf seinem Weg nach Jerusalem fast blind gegenüber den Machthabern getan hat. An seinen eigenen Höchstforderungen zugrunde zu gehen, kann nur im höchsten Notfall ein ethisches Ziel sein. Im klugen Durchhalten seiner Höchstforderungen, ohne seine Meinung oder sich selber aufzugeben, darin kann sich dagegen schon eine Lebensaufgabe definieren.

Das sind nur einige Ansätze aus meiner generellen Jesus-Kritik. Doch aber dann immer wieder dies dagegen:

Es gibt ursächlich nirgends einen ethisch konsequenteren Ansatz der Menschlichkeit als in Jesu Esplangchniste- Theorie mit all den daraus entwickelten und daraus entwickelbaren Folgerungen. Die sich von daher ergebene Gedankenfülle setzt Innovationen frei in der Gesamtbreite des menschlichen Lebens. Selbst jetzt als bekennender Atheist nehme ich deshalb immer erneut an der jesuanischen Menschlichkeit Maß, durchdenke seine Beispiele immer erneut als Muster möglicher Lebensgestaltung, versuche mein eigenes Handeln an seinen Modellen zu orientieren, auszurichten.

Jesus als weltliche Orientierungsautorität. Allzumal auch deshalb, weil ich anhand der verba ipsissima überzeugt bin, dass Jesus diese Menschlichkeit nicht formuliert hat unter dem eschatologischen Druck göttlicher Forderung, sondern im Blick auf die menschliche Bedürfnisstruktur allein um des Menschen willen. Seine Motivation zum positiven Handeln liegt nicht in irgendwelchen endzeitlichen Gerichtsdrohungen Gottes. Die Motivation zum positiven Handeln liegt in der Bewusstwerdung, dass und was der andere genauso wünscht und braucht, wie ich es an seiner Stelle wünschen und brauchen würde.

Alle von uns analysierten Jesus-Texte drücken genau dies aus.

Jesus - für Atheisten wie ich!

In meinem säkularen Denken werte ich Jesu Esplangchniste-Botschaft als Real-Utopie! Es ist der Entwurf einer "optimalen sozialen Spieltheorie". Sie steckt die Spielräume ab, in denen der Mensch und die Menschen am besten miteinander zurechtkämen. Als solche ist sie ständig neu das Korrektiv im "trial and error", also richtungweisend innovativ. Das bedeutet: Verfehlungen stellen das Korrektiv nicht in Frage. Sie zeigen nur, dass es immer auch noch anders gehen könnte, anders gehen sollte, anders gehen müsste. Jeder Verfehlung folgt deshalb der Versuch, sich diesen positiven Zielwerten besser zu nähern. Die Zielwerte sind also Anreiz, Ermutigung, Hoffnung, auf Zukunft hin - die Vision der Bestheit.

Ich als Atheist - für Jesus!

In ihm suche ich die Solidarität des Starken und versuche, in seinem Sinne stark zu sein. Ich bin stolz, ihn zum geistigen Vater zu haben, denn er ist - wie für mich auch Sokrates - ein ganz Großer der menschlichen Geistesgeschichte durch die Jahrhunderte hindurch. Ihm in der Menschlichkeit nachzufolgen, mitzudenken also und mitzuhandeln ist ein tolles Vermächtnis. Denn mit ihm geht es natürlich um die ganz großen Dinge des Menschseins, um Ich- und Du- Verwirklichung, um Menschenrechte, um Humanität, um Frieden, letztlich ums Zusammenleben, ja, ums Überleben der Menschheit überhaupt.

Doch es geht eben nicht nur um die ganz großen gesellschafts- und weltpolitischen Dimensionen. Es geht auch um die kleinen Dinge, die uns und unseren Alltag bewegen.

Dazu eine kleine Begebenheit:

Kurz vor Abschluss dieses Manuskriptes. Noch einmal auf dem Weg in die Seminarbibliothek. Gedankenschwer.

Unterwegs zur Bibliothek komme ich an einem großen KITA-Garten vorbei, in dem meist viele Kinder spielen. Heute ist wunderschönes Spätsommerwetter. Die Sonne wärmt noch einmal so richtig wohlig durch. Viele kleine Kinder spielen draußen, lustig und vergnügt.

Am Gartenzaun drei kleine Mädchen. Sie haben aus einer großen Pappe einen Tisch gebaut. Auf ihm haben sie eine riesige Anzahl von kleinen Steinen aufgestellt - 70, 80 vielleicht gar 100, sorgfältig in geraden Reihen sortiert, eine tolle Dekoration, eine ziemliche Arbeit.

Möchten sie einen Stein kaufen? fragt neben mir eins der kleinen Mädchen. Irgendwie schrecke ich hoch. *Ich bin ganz schrecklich in Eile*, sage ich flüchtig. *Morgen, ja morgen gern, wenn ich wieder vorbeikomme, dann habe ich bestimmt Zeit* - und schon bin ich schnellen Schrittes vorbei. *Morgen regnet es*, höre ich gerade noch hinter mir. Die Stimme des Mädchens klingt ganz enttäuscht.

Da hat es mich gepackt, hat sich ein Gedanke in meinem Kopf festgezurrt: Was haben sich diese drei Mädchen am liebsten gewünscht? Was haben sie sicher von dir erhofft? Was hättest du wohl an ihrer Stelle am liebsten gehabt?

Da bin auf dem Hacken umgedreht und sofort zurück. *Vielleicht möchte ich doch jetzt schon einen Stein kaufen, nein, zwei Steine, bitte. Was soll denn ein Stein kosten?* Plötzlich geschäftiges Treiben hinterm Ladentisch. *Ein Cent für einen Stein,* sagt ein Mädchen. *Welche Steine möchten Sie denn*, fragt ein anderes. *Sucht mir besonders schöne aus. – Diesen oder diesen? - Nein, vielleicht diesen und den da. Die finde ich schön.*

Eins der Mädchen kommt - ohne Steine: *Das Geld, bitte*. Ich gebe ihr 20 Cent. *Oh, 20 Cent, danke,* sagt sie überrascht. *Dann kriegen Sie noch einen schönen Stein dazu. Diesen hier,* ruft das andere. *Find ich toll*, sage ich. *Gute Geschäfte wünsche ich euch weiter. Bis bald wieder. Tschüss. - Kommen Sie aber wirklich wieder.* Glückliche Kinderaugen. *Tschüss!*

Beschwingt bin ich mit meinen drei Steinen ins Seminar gegangen zu meinem Jesus-Text. Ich hatte den Eindruck, mein Jesus-Bewusstsein sage mir: *Siehst du, es geht doch.* Ich musste schmunzeln und hab laut vor mich hingeredet: *Hast ja wieder mal Recht gehabt, Alter.*

Die drei Steine liegen auf meinem Schreibtisch - nicht nur als kleine Erinnerung an ein schönes Erlebnis. Auch als Ermutigung für schwierigere Situationen und der Zuversicht: *Es geht doch!*

(12) *Jesu Ethik - ohne Gott*

Grundzüge einer utilitaristischen[1] Humanität

Humanität ohne konkrete Nützlichkeit ist sinnlos. Ein allgemeines Philosophieren über das Gute, das Wahre, das Schöne ist Jesus völlig fremd. Zumindest bildet konkrete Nützlichkeit die Grundforderung der Ethik Jesu, weil Jesus ethisch verantwortliches Handeln ausschließlich darstellt als menschliche Zuwendung in ganz konkreten Situationen.

Jesu Ethik ist somit Situationsethik - dergestalt, dass die Situation des Betroffenen den Betrachter zur Handlung herausfordert. Der so einbezogene Betrachter kann dabei in zweierlei Weise reagieren:

- Entweder engagiert er sich in einer für den Betroffenen nützlichen Zuwendung. Er steht damit dem Notleidenden mit den ihm zur Verfügung stehenden Hilfsmöglichkeiten zur Seite.

- Oder er wendet sich ab und unterlässt notwendige Hilfeleistung. Damit lässt er den in seiner Notsituation Betroffenen im Stich und überlässt ihn allein seinem Schicksal.

Nützlichkeit definiert sich deshalb ganz konkret in der Forderung, dem Hilfsbedürftigen in seiner Situation zu helfen. Entsprechend geht es immer um Hilfe in adäquater Form zur rechten Zeit. Menschen, die derart materiell oder arbeitsmäßig, gesundheitlich, psychisch oder sozial Hilfe benötigen, beschreibt Jesus als Schwache.

Solche Hilfeleistung fordert vom Helfenden persönlichen Einsatz, Offenheit gegenüber jeder neuen Problemstellung, Risikobereitschaft. Menschen mit den Fähigkeiten und Möglichkeiten, Hilfe leisten zu können, beschreibt Jesus generell als Starke.

---

1 "Utilitaristisch" ist innerhalb der allgemeinen Diskussion der Ethik der Fachbegriff für "nützlich": Philosophisch wird dabei als sittlich nur anerkannt, was dem Einzelnen oder der Gemeinschaft von Nutzen ist.

Es genügt deshalb nicht, dass der Mensch Böses vermeidet. Bewusst Böses zu tun, ist für Jesus sowieso völlig indiskutabel. Jedes sozial Negative beginnt aber für ihn bereits damit, dass vorausgehend nicht das möglich Positive und Gute, das notwenig Nützliche und Richtige getan wird. In der Unterlassung positiver Möglichkeiten sieht Jesus die Wurzel allen Übels. Es ist ihm deshalb schon verwerflich, Gutes zu verweigern - grundsätzlich und immer, ohne Ansehen der Person.

Die Motivation dafür, positiv und damit im entscheidend richtigen Augenblick nützlich handeln zu können, liegt für Jesus begründet in der gefühlsmäßigen Betroffenheit des externen Beobachters. Der Wille positiv zu handeln entsteht in dem jeweiligen Leidensdruck des Betrachters, nämlich in seiner Betroffenheit und Fähigkeit, mitzuleiden, liegt also ganz unmittelbar und eng im persönlichen Kontaktfeld zwischen dem Starken und dem Schwachen.

Das drückt exemplarisch Jesu Esplangchniste - Formen - Der Mensch hat Erbarmen" aus. Dieser Mensch ist im Inneren berührt. Der mitmenschliche Funke ist übergesprungen. Seine Reaktion ist primär eine Bauchentscheidung, eine Handlung aus dem Gefühl - eine emotionale Kategorie. Es ist - so sagen wir heute - Reaktion aus der Emotionalen Intelligenz, Reaktion aus dem Limbischen System[1].

Deshalb: Lass deine Gefühle zu. Lass dich spontan bewegen, erweichen, anrühren. Reagiere offen und zugewandt. Bring dich selber so ein, als würdest du für dich selbst fühlen. Was tust du alles, wenn du in Not etwas für dich willst und brauchst. Du weißt doch für dich selbst, wie es geht: Also handle für den andern so, wie du für dich selbst handeln würdest. Tu das doch auch dem, der Hilfe braucht.

Deshalb ist ethisches Handeln bei Jesus so ursächlich menschlich, weil die Aufforderung zum Handeln aus den Bedürfnissen erkennbar und aus dem Mitfühlen heraus lösbar wird. Das gibt den Menschen in seiner sittlichen Entscheidung völlig frei in seine eigene innere Ich- und Selbsterfahrung, macht ihn moralisch sich selbst zum Maßstab.

---

[1] Zur erkenntnistheoretischen Erklärung dieser Vorgänge siehe ausführlich unten Seite 243: Das Limbische System.

Eine Ethik also ganz und gar aus dem Menschen heraus in der unmittelbaren polaren Spannung zwischen Ich und Du. Deshalb vertritt Jesus eben keine statische Moral, die sich in Geboten oder in Verboten ausrückt. Deshalb kommen bei ihm Gebote oder Verbote überhaupt nicht vor. Jesu ethische Verantwortung ist deshalb frei von fremdbestimmten abstrakten Forderungen welcher institutionellen Form auch immer. Es ist nie eine Befehls- und Gehorsamsethik.

Deshalb ist im Letzten Jesu Ethik auch eine Ethik ohne Gott. Lapidar formuliert: Auch Gott passt ihm als fremd bestimmende Außeninstanz mit fremd bestimmten Geboten und Verboten überhaupt nicht in das direkte Spannungsfeld zwischen Ich und Du. Gott ist immer ein Umweg bei der Frage nach dem Nächsten, weil ein hoch komplizierter, kontroverser theologischer Prozess. Müsste man sich erst über Gott einig werden, bevor man menschlich nützlich handeln kann, gäbe es nie ein nützliches Handeln.

Mit Jesu ethischem Ansatz unmittelbar aus dem Menschsein heraus lösen sich allerdings keine globalen Weltprobleme. Dafür hat auch Jesus keine umfassenden Lösungskonzepte, keine die Welt rettende Ideologie, kein praktisches Sozialsystem, keinen Weltfriedensplan.

Jesus hat mit der Propagierung seiner eigenen Wertegemeinschaft den Methoden der Welt in ihren statisch-formalen Strukturen zutiefst misstraut, weil er sie in der Eigendynamik ihrer Macht- und Hierarchiestruktur negativ bewertet hat. In ihren Entscheidungen sah er nicht die Lösung, sondern die Problematik für die Menschen.

In diese globale Welt hinein lässt sich von seiner ethischen Botschaft der menschlichen Nützlichkeit her nur ganz allgemein eine prinzipielle Forderung ableiten: Der Mensch darf nie Opfer werden.

Von daher sind Lebensverhältnisse zu schaffen, in denen der Mensch positiv im Zielpunkt steht, das Humanum höchster Orientierungswert ist. Frieden zu machen ist ihm im Letzten der Versuch, alle positiven Möglichkeiten (wieder)herzustellen, die die Opferrolle des Menschen aufheben. *Der Mensch ist frei geboren, überall liegt er in Ketten.* Rousseaus Satz (dazu unten Seite 483 ff) könnte von Jesus stammen mit der Aufforderung: Du aber hilf, ihn zu befreien!

Jesus sah dabei die Lösung nicht in einem formalen Staatsapparat, nicht in politischen Institutionen oder Behörden einschließlich Religionsbehörden oder "Kirchen", nicht in Gesetzen oder Vorschriften. Von all dem erwartete er keine konstruktive Veränderung. Das wäre zu seiner Zeit und ihren politischen Zeitbedingungen auch völlig unmöglich und deshalb weltfremd gewesen.

Jesus geht einen anderen Weg. Er argumentiert auch hier ganz und gar vom einzelnen Menschen her auf den einzelnen Menschen hin mit dem Appell an die persönliche Verantwortung auch in öffentlichen Funktionen: Immer steht für ihn der Mensch selbst im Brennpunkt auch in allem öffentlichen Handeln, ist immer Ausgangs- und Endpunkt, ist der, der im Großen oder Kleinen entscheidet oder zumindest mitentscheidet und befiehlt, oder der, der gehorcht und ausführt. Hinter jedem Gemeinschaftsprozess steht je ein Mensch.

Entwicklungen zum Positiven kann deshalb auch nur der Mensch selbst beeinflussen. Die positiven Chancen aber gehen da verloren, wo der Einzelne die menschlich nützlichen Möglichkeiten unterlässt - aus welchen Gründen auch immer. Denn alle schlechten späteren Entwicklungen sind auch hier Folgerungen von Unterlassungen des positiv Nützlichen durch den, der an seiner Stelle Entscheidungen mit nützlichen Perspektiven verweigert hat.

Deshalb wendet sich Jesu Botschaft von der nützlichen Menschlichkeit an jeden ganz persönlich. Sein Appell strahlt deshalb so große Faszination aus, weil er ausnahmslos f ü r j e d e n über alle Grenzen von Politik und Religion, von Rassen und Kulturen hinweg mit der ganz menschlichen Einsicht beginnt:

Es gibt nur so viel Liebe,
wie wir selber lieben.

Es gibt nur so viel Zuwendung, Hilfe, Fürsorge,
wie wir uns selber zuwenden,
selber Hilfe und Fürsorge leisten.

Es gibt nur so viel Menschenwürde, Frieden und sichere Zukunft,
wie wir selber bereit sind,
für Menschenrechte, Frieden und sichere Zukunft zu kämpfen.

3.1. Der Verrat der christlichen Kirche an der säkularen Welt

am Beispiel Martin Luthers

(1) Der junge Martin Luther und "Die Freiheit eines Christenmenschen"

Für einen Augenblick - aber wirklich nur für einen kurzen historischen Moment - scheint in die Reihe der gewaltigen Renaissance-Umbrüche auch der protestantische Aufbruch in Deutschland zu gehören[1]. Zumindest stellen die geistigen und politischen Geschehnisse infolge des lutherischen Thesenanschlags 1517 in Wittenberg einen wesentlichen Faktor der neuzeitlichen Geschichte Europas dar und deshalb als ihr Ausgangspunkt auch der junge

Martin Luther (1483 - 1546).
Er ist in einfachen bäuerlichen Verhältnissen in dem Städtchen Eisleben in Sachsen geboren. Sein Vater, ein aufstrebender Mann, hat mit ihm Höheres vor, schickt ihn auf die Lateinschule nach Eisenach. Er soll Jurist werden. Zweiundzwanzigjährig, schon Magister artium und gerade Student der Rechte, gerät der junge Martin in ein verheerendes Gewitter. In seiner Todesangst gelobt er, Mönch zu werden, wenn er da heil rauskommt. Kaum 14 Tage später tritt er in das Augustinerkloster in Erfurt ein und wird - gegen den Willen seines erbosten Vaters - zwei Jahre später zum Priester geweiht.

Im November 1510, Luther ist 27 Jahre alt, schickt ihn sein Augustinerkloster in Ordensgeschäften nach Rom. Luther wohnt an der Piazza del Popolo bei seinen Mönchsbrüdern der Kirche Santa Maria del Popolo mit der würdigen Renaissance-Fassade. Noch heute verweist

[1] Zu diesem Zusammenhang siehe oben Seite 117 f.

der Kirchenwärter den Besucher eher indigniert auf den Seiten-Altar, an dem Luther damals die Messe gehalten hat. Viele Jahrhunderte wurde dieser Altar wegen des Ketzerfrevlers nicht mehr benutzt, bleibt auch heute eher unscheinbar verborgen.

Luther damals in Rom erlebt die Welt der Renaissance-Päpste. Er ist entsetzt über den leichtfertigen Lebensstil der Geistlichen in Rom. Dem bäuerlich-biederen Mönch aus dem lustlosen Norden erscheint die glitzernde Welthauptstadt als Inbegriff des Frevels. Er sieht mit eigenen Augen das gewaltige Bauvorhaben des Petersdoms, das neue Machtsymbol der Papstherrschaft. Als er nach einigen Monaten nach Erfurt ins Kloster zurückkehrt, ist er in seiner tiefen Frömmigkeit voller Aggressionen - gegen das papistische Rom. In immer schärferer Form charakterisiert er das Papsttum als den "Antichristen".

Diese Aggressionen brechen bei Luther dann 1517 neu auf, als er zu Hause - Luther ist längst Theologie-Professor an der Universität Wittenberg - miterlebt, wie im Auftrag des Papstes ein "Jubiläums-Ablass" an die Gläubigen verkauft wird: Für viel Geld kann sich jeder - für sich selbst und für seine auch bereits verstorbenen Verwandten - von den Strafen im Fegefeuer freikaufen. Allen voran der gewitzte Tetzel erzielt Rieseneinnahmen mit seinem markanten Werbespruch: *Wenn das Geld im Kasten klingt, die Seele aus dem Fegefeuer springt.* Billigster Jahrmarkt mit Sündenerlassen. Die Geldeinnahmen dienen dem Papst zum Weiterbau des Petersdoms.

Luther schreibt darauf wutentbrannt gegen diesen Ablasshandel seine 95 THESEN *DE VIRTUTE INDULGENTIARUM* - ÜBER DIE KRAFT DES ABLASSES als Disputationsvorlage für seine Theologenkollegen. Er setzt darin drei Widerspruchsschwerpunkte:

- **Zum einen theologisch:** Wahre Reue über Taten gegen den Willen Gottes sind nicht mit Geld zu sühnen, sondern nur durch eine aufrechte Buße des Menschen.

  Dazu These 4:
  Währet derhalben Reue und Leid, das ist wahre Buße.

- **Zum zweiten kirchenpolitisch**: Der Ablass überschreitet die Kompetenzen des Papstes, allzumal dann, wenn er mit falschen theologischen Argumenten unters Volk gebracht wird.

  Dazu These 52:
  Durch Ablassbriefe vertrauen selig zu werden ist ein nichtig und erlogen Ding, wenn gleich ... der Papst selbst seine Seele dafür wollte zu Pfande setzen.

- **Zum dritten sozialpolitisch:** Der gewaltige Dombau St. Peter scheint als eine ungeheuerliche Ausbeutung der Gläubigen.

  Dazu These 50*:*
  ... lieber, dass St. Peters Münster zu Pulver verbrannt würde, denn dass es mit Haut, Fleisch und Bein seiner Schafe erbaut werde.

Doch weniger der theologische Inhalt von Luthers 95 THESEN zum Ablasshandel beeindruckt seine Zeitgenossen. Das war doch eher Sache der Fachtheologen. Furore macht vielmehr sein damit verbundenes öffentliches Auftreten. Denn der Papst verlangt den Widerruf von 41 der 95 Thesen. Als Luther das verweigert, schickt der Papst schließlich eine Bannandrohungsrolle gegen Luther, die landesweit verlesen wird. Luther verbrennt dieses Papstdokument öffentlich vor seinen Professoren und Studenten in einem feierlichen Akt. Die breite Masse hat vor allem diese Verbrennung der päpstlichen Bannandrohungsrolle als Fanfarenstoß gegen die Vormachtstellung der Kirche in Rom vernommen.

Dann aber steigert 1520 Luthers aufrechte Haltung auf dem Reichstag zu Worms, auf dem er vor Kaiser und versammelter Reichsgewalt den Widerruf seiner reformatorischen Theologie ablehnt, den öffentlichen Respekt geradezu zu jubelnder Begeisterung. Überall wo Luther erscheint, feiern die Massen "den kleinen Mönch" wie einen Volkshelden, als einen aufrechten Mann gegen die päpstliche Kircheninstitution einerseits und gegen den weltlichen Machtapparat des Kaisers andererseits.

Luther rückt an die Spitze einer reformatorischen Volksbewegung.

Diese Massenwirkung Luthers entstand primär in der mit ihm geweckten Hoffnung, dass ein einzelner Mensch in eigener Überzeugungsgewissheit aufrecht stehen konnte, unbeirrt in seiner Meinung selbst den herrschenden Machtsystemen der Kirche und des Staates gegenüber. Darin lag für das Volk ein erwachendes Autonomiebewusstsein. Luthers mutige Selbstverteidigung auf dem Reichstag zu Worms mit seinem berühmten Schlussstatement. ... *widerrufen kann und will ich nichts, da gegen das Gewissen zu handeln weder ungefährlich (tutum) noch ehrenhaft (integrum) ist* ... propagierte die Eigenständigkeit und Unabhängigkeit des persönlichen Ich-Bewusstseins.

Entsprechend wurde Luthers kleine Schrift von 1520 mit dem reißerischen Titel VON DER FREIHEIT EINES CHRISTENMENSCHEN von den Massen weniger in ihrem eigentlichen Sinn theologischer Freiheit verstanden, sondern vielmehr als Durchbruch zur persönlichen Autonomie und damit als Aufruf zur konkreten gesellschaftlichen Befreiung. Denn das erschien doch einsichtig: Wenn Gott den Menschen durch Christus frei gemacht hatte - wieso konnte dann der Mensch der "Leibeigene" von Fürsten und Lehnsherren sein? War die Freiheit eines Christenmenschen eine von Gott gewollte, wie konnten dann christliche Herren den Menschen in verzweifelter Knechtschaft und Unterdrückung, in Armut und Verelendung niederhalten?

Nicht so sehr Luthers hoch theologische Schriften selber, sondern das profanisierte Verständnis seiner Schriften wirkte in ein damals höchst labiles gesellschaftliches Umfeld. Denn das Volk war voller Hass und Aggression. Es hasste die "welsche" Machtpolitik, gestützt auf das fremdartige Römische Recht. Das Volk hasste den Papst mit seinem papistischen Klerus und den kirchlichen Geldgeschäften. Das Volk missachtete und verhöhnte die Pfaffen und ihren feisten Lebenswandel. Das Volk hasste die Fürsten und die adelige Hierarchie in ihrer Selbstsucht und nationalen Zerstrittenheit. Die - vor allem niederen - Massen fühlten sich bevormundet und erniedrigt, gequält durch ständige Ungerechtigkeiten, durch Ausbeutung, durch Unterdrückung. Rebellion lag in der Luft.

So brachen schon 1521 und 1522 in den Tagen von Luthers Zwangsaufenthalt auf der Wartburg erste Volksrevolten in seiner Uni-Stadt Wittenberg auf: Während seiner Abwesenheit hatte Andreas Karlstadt,

Luthers befreundeter Kollege, versucht, ganz praktisch antirömische Reformen zum Beispiel im Gottesdienst durchzusetzen. Er zelebrierte unter riesigem Zulauf eine Art "Deutsche Messe". Dazu: Priester heirateten, Mönche und Nonnen verließen demonstrativ die Klöster. "Zwickauer Propheten", schwärmerische Neuerer, kamen in die Stadt und lösten "von Gottes unmittelbarem Geist erfüllt" Tumulte aus. Diese aufrührerische Stimmung mündete gezielt in einen Bildersturm, bei dem Seitenaltäre und Bilderschmuck als "Papistenkult" gewaltsam aus den Kirchen entfernt wurden. Aufgeschreckt verließ Luther sein Versteck auf der Wartburg, um in der Stadt Wittenberg wieder Ordnung zu schaffen.

Doch diese Unruhen mündeten in größere Unruhen mit sozialpolitischem Hintergrund. Die alles vorantreibende gesellschaftspolitische Kraft waren die Bauern. Sie eben waren Leibeigene, das bedeutete: Sie waren höheren Herren "auf den Leib hin verpfändet".

Natürlich sind die sozialpolitischen Verhältnisse zur Zeit Luthers nicht gleichzusetzen mit denen der Zeit Solons. Dennoch sind deutlich Parallelen erkennbar zu den Verhältnissen, die wir oben für das frühe Athen beschrieben haben, als Solon zwischen Adel und Bauern als Schlichter eingesetzt wurde. Brutal hatten die adeligen Schichten ihre gesellschaftliche Vormachtstellung ausgenutzt und als "die Herren" die eigentlich freien Bauern in totale Abhängigkeit getrieben, sie schließlich sogar auf fremden Märkten als Sklaven verkauft.[1]

Solche "Herren" zur Zeit Luthers waren durchweg mittel- und niederständische Ritter. Deren gesellschaftliche Stellung war schwierig geworden, weil sie nicht wie der höhere Adel am Aufschwung der beginnenden Geldwirtschaft beteiligt waren. Die Geldpolitik etwa des Bankhauses der Fugger in Augsburg blieb den Fürstenkreisen vorbehalten. Dadurch geriet der niedere Adel gegenüber dem höheren Adel selber in Überlebensdruck. Dem niederen Adel blieb deshalb nur die verstärkte Ausbeutung der Bauern, um sich materiell standesgemäß behaupten zu können. Also schlugen sie aus den Bauern heraus, was rauszuschlagen war. Der Bauernstand war ihrer Schinderei speziell durch Frondienste völlig recht- und schutzlos ausgeliefert.

---

[1] Siehe dazu oben ausführlich Seite 16 ff.

Auf diese Bauern hin musste Luthers FREIHEIT EINES CHRISTENMENSCHEN wie eine Detonation wirken. Das "neue Evangelium" konnte von ihnen gar nicht anders verstanden werden als ein Aufruf gerade auch zu ihrer weltlichen Befreiung. So gipfelten die Neuerungsbewegungen der Bauern schließlich Ende Januar 1525 in ihren berühmt gewordenen 12 SCHWÄBISCHEN ARTIKELN mit der zentralen Freiheitsforderung:

- *Zum dritten ist der Brauch bisher gewesen, das man uns für ir aigenleut (ihre Leibeigenen) gehalten haben, woelchs zu erbarmen ist, angesehn, das uns Christus all mit seinem kostparlichem plutverguessen erloesst und erkauft hat, den hirten gleich alswol als den hoechsten, kain ausgenommen. Darumb erfindt sich mit der geschrift, das wir frei seien und woellen sein...*

Die Bauern sahen ihre Forderungen als einen Kampf für eine gerechte, ja, für eine gottgewollte Sache. Immer wieder beriefen sie sich auf Gott und seine Zusagen. Sie mögen geradezu naiv angenommen haben, dass eine christliche Gesellschaft mit Einsicht in die Reformation Martin Luthers sich wie selbstverständlich bereit erklären müsse, ihnen ihre eingeforderten Rechte zuzusprechen. Aber natürlich dachte überhaupt gar kein einziger Christ daran, ihnen freiwillig derartige Rechte einzuräumen.

Überall wo die Bauern vorstellig wurden, sahen sie das blanke Schwert der christlichen Machthaber. Die wachsende Enttäuschung und Verbitterung der Bauern über die Reaktionen auf ihre Forderungen radikalisierten ihre Auftrittsformen. In Süddeutschland vor allem hatten sich fast 40.000 Bauern in Kampfgruppen zusammengerottet, um die Durchsetzung ihrer Forderungen auf eigene Faust zu versuchen. Dabei verbreiteten sie durch entsetzliches Morden und Brandschatzen Angst und Schrecken. Ihre Sache weitete sich schnell Richtung Norden aus nach Thüringen und Sachsen, schlug um in einen regelrechten Bauernaufstand, ja, Bauernkrieg.

Dazu sprang die Bauernrevolte auf die Aufruhrstimmung in den Städten über, denn deren unteren nahezu besitzlosen Schichten - verarmte Handwerker, Gesellen, Lohnarbeiter, Fahrende und Bettler - lebten in Zuständen, die den sozialen Bedingungen der unfreien Bauern gleich kam. In den Städten waren die Patrizier und Zunftbosse die finanzstarken Wirtschaftsherren und als solche Unterdrücker der plebejischen Massen. So waren etwa die "Zwickauer Propheten", die 1521 in Wittenberg eingefallen waren, verarmte arbeitslose Tuchmacher, die sich schon früh der Befreiungsbewegung in der Stadt Zwickau angeschlossen hatten, um für soziale Reformen zu kämpften.

Zum Wortführer und Antreiber zunächst der Städter, dann aber vor allem auch der Bauern hatte sich Thomas Müntzer gemacht, ebenfalls ein früher Wegbegleiter Luthers in Wittenberg. Er hatte gleichsam eine Theologie der Volksrevolution entworfen: Gott steht auf der Seite des armen Volkes, nicht auf der Seite der Fürsten und Ausbeuter. Mit radikalen Ultimaten und Androhungen des unmittelbaren Gerichtes Gottes über die Verweigerer forderte er immer erneut die sofortige Freilassung der Bauern aus der Knechtschaft der christlichen Herrschaften. Als ein "vom Geist Gottes Getriebener" wütete er mit den Bauern durchs Land, versuchte die Massen zu koordinieren, um sie so in eine Entscheidungsschlacht gegen die anrückenden Fürstentruppen führen zu können. Doch seine nur halbfertigen kriegerischen Aktionen steuerten auf eine Katastrophe zu.

Zumindest im frühen Stadium ihres Aufbegehrens war den Bauern die Führerschaft von Thomas Müntzer kaum mehr als eine Verlegenheitslösung. Eigentlich wollten sie von Anfang an Luther, den Kopf der Reformation. Es war nur zu verständlich, dass die Bauern erwarteten, dass der geistliche Führer der Reformation zugleich auch der geistige Führer ihrer weltlichen Sache sein würde. Sie schickten eine offizielle Deklaration an Luther mit der Bitte um Unterstützung. Sie waren sich sicher, im Sinne Luthers zu denken und zu handeln. Sie waren sich genau so sicher, dass ein deutliches Wort Luthers ihrer Bewegung kraft seiner reformatorischen Autorität politisch einen wirkungsvollen Effekt verschaffen müsse. Bis zum Ende hin hofften sie von Luther auf eine konstruktive Wegweisung.

Eben in dieser höchst kritischen Situation der Jahre 1524 und 1525 hatte Luthers theologische Bewegung ihre Chance zum Vorstoß in die weltliche Neuzeit als eine Umsetzung des Theologischen in die konkrete gesellschaftliche Veränderung. Natürlich war das eine hoch brisante Situation: Das Land stand in Flammen.

Um Luther herum wussten alle um die Dramatik der Situation. Friedrich der Weise, Kurfürst von Sachsen, Luthers Schutzpatron, sagte auf seinem Sterbebett kurz vor Ausbruch des Entscheidungskampfes der Bauern im Mai 1525: Wenn das Volk die Macht übernimmt, dann ist das Gottes Wille. Ebenso hatten die Fürsten klar erkannt, dass ihre von oben gesetzte und legitimierte Macht auf dem Spiel stand. Luther selbst sah ganz realistisch den Umsturz der deutschen Nation bevorstehen. Und Müntzer ließ seine Bauern aufmarschieren mit dem Kampfruf, das neue sozialrevolutionäre Reich Gottes auf Erden herzustellen. Das Volk stand bereit.

Zweifellos konnte ein grundsätzlicher sozialer Wandel in eine neue Ordnung nur durch Opfer erreicht werden, denn die Herrschenden waren viel zu mächtig und brutal. Deshalb bestand gar kein Zweifel daran, dass fortschrittliche Veränderung nur durch Sturz der Fürstenherrschaft von unten, vom Volk her, erreicht werden konnte

- ein Umsturz, wie er sich dann etwa 120 Jahre später in England aus einem religiös bedingten Aufruhr unter Oliver Cromwell ereignete:

Damals regierte Karl I (1625-1649), Enkelsohn der katholischen Maria Stuart aus dem Haus Stuart aus Schottland. Karl I erstrebte uneingeschränkte Königsgewalt im Sinne absolutistischer Herrschaft. Seine katholische Restauration gegen die Puritaner, die wiederholte Auflösung des Parlaments und schließlich die gesetzeswidrige Verhaftung der Opposition führten 1641 zum Bürgerkrieg in England.

Mit einem schlagkräftigen, religiös begeisterten Reiterheer aus Freibauern schlug Cromwell 1644/45 die Königlichen in zwei dramatischen Schlachten und brachte die puritanischen "Interdependenten" an die Macht. Karl I wurde der Prozess gemacht, und er wurde 1649 in London hingerichtet. Cromwell schuf so die "englische Republik", die Repräsentanz des Volkes im Parlament ohne König, die erste protestantische Volksmacht in Europa, das "freie Commonwealth".

Nach Cromwells Tod 1658 brach diese erste Republik der Neuzeit durch Restauration der Monarchie (Karl II und Jakob II) zwar wieder zusammen. Doch 1689 kam Wilhelm III durch eine unblutige "glorious revolution" an die Macht und erneuerte mit endgültiger Absetzung des Hauses Stuart durch seine DECLARATION OF RIGHTS die englische Demokratie dauerhaft - zukunftsweisend für Europa.

Diesem Cromwell-Umsturz voraus war die reformatorische Volksbewegung mit der Spitze der für ihre weltlichen Rechte kämpfenden Bauern ganz ohne Frage die erste dramatische sozial-revolutionäre Volksbewegung der Neuzeit - von Luther ausgelöst. Doch es bedurfte eines geistigen Führers, der in der Lage war, die aufbrechende Kraft des Volkes auf ein gesellschaftliches Konzept hin auszurichten. Es musste jemand die Zügel fest in die Hand nehmen, um den ansetzenden Galopp auf ein konstruktives Ziel hin sicher auszusteuern.

Ja, noch viel mehr. Jemand war nötig, der ein mögliches säkulares Gesellschaftsziel überhaupt erst erkannte. So wie die demokratische Freisetzung der altgriechischen Polis Athen ja auch begonnen hatte mit der Befreiung der Bauern von einer durch den herrschenden Adel erzwungenen Leibeigenschaft. Dabei war Solon der Weise von einem solchen Format[1]. Es gelang ihm, in einem aufbrechenden Bürgerkrieg mit kluger Vernunft ein rechtsstaatliches Modell herzustellen, in das nicht nur die Bauern, sondern auch die Adelsbürger eingebunden wurden und in einer wachsenden Demokratie gemeinsam zu leben lernten.

Von daher war es von entscheidender Bedeutung, wie sich Luther - und wirklich ganz konkret der vom Volk geliebte und verehrte Reformator Luther - zu den weltlichen Forderungen der Bauern entscheiden würde

- nicht nur wegen der Bauern und ihrer berechtigten Interessen, denn natürlich haben sich deren Forderungen dann später als selbstverständliche säkulare Rechte voll durchgesetzt;

- sondern vor allem auch wegen des Fortgangs der Reformation als einer breiten Volksbewegung, denn die Masse des Volkes trug die lutherische Reformation von Anfang an mit. Die rasante Ausbreitung der Reformation in den großen Städten wurde vom Volk getragen und besaß in sich auf Zukunft hin die Innovationskraft zur Erneuerung der Gesellschaft. Kaum je war ein Volk in seinen breiten Massen so positiv veränderungsbereit wie in den frühen Tagen Luthers.

1 Siehe oben Seite 16 ff.

(2) *Der Vernichtungskampf der katholischen Inquisition gegen den autonom denkenden Menschen*

und Martin Luthers fatale Verketzerung der weltlichen Vernunft

Auf breiter Basis ist die säkulare Flut in der Zeit der Renaissance losgebrochen. Petrarca, Botticelli, Columbus, Kopernikus, Machiavelli, Pacioli, der junge Luther - sie sind je in ihrer Art die herausragenden Beispiele für insgesamt großflächige geistige Umbrüche in der Zeit von 1350 bis 1550.

"Säkulare Flut" beinhaltete dabei einen enormen weltlichen Denkdruck, der nahezu an allen Stellen die christlich-religiösen Wahrheiten in Frage stellte, ja, fast immer aufhob. Nicht nur einzelne völlig neuartige Erkenntnisse brachen auf. Der gesamte Denkansatz wandelte sich von Grund auf.

Dieser Umbruch war ein geistiger Aufbruch in die Säkularisation. Das bedeutet: Fragen, auf die bisher wie selbstverständlich kirchlich-dogmatische Antworten gegeben wurden, versuchten jetzt weltlich denkende Menschen vernunftgemäß zu erklären. An die Stelle von Glaubensüberzeugungen traten deshalb zunehmend Vernunftargumente. Himmlische Begründungen wurden durch weltliche Begründungen ersetzt. Die theologische Rationalität mit all ihren spekulativen Vorstellungen wurde Stück um Stück abgelöst durch die säkular-objektive Rationalität mit immer genaueren, zunehmend wissenschaftlichen Untersuchungsmethoden.

Doch die aufbrechende Säkularisation der Renaissance hat noch keinen vollen Atheismus geschaffen. Ein "Gottloser" trat damals für die katholische Kirche und auch bei Luther noch nicht als ein Mensch in Erscheinung, der prinzipiell ohne Gott dachte. Ein "atheos" war damals eher jemand, der nicht an die offizielle kirchliche Lehre glaubte, einer von der kirchlichen Lehre Abweichender, ein Ketzer. So konnten selbst fromme Andersgläubige als "gottlos" bezeichnet werden, nur weil sie in einzelnen Punkten von einem Generalkonsens abwichen.

Die völlige Loslösung von Gott als Befreiung des Menschen zu einem autonomen Ich wird in dieser Geistesepoche noch nicht überzeugend erreicht. Das zeigt sich speziell in dem zwiespältigen Bewusstsein gerade jener Personen, die die Säkularisation damals wesentlich vorangetrieben haben:

- einerseits greifen diese führenden Männer weit vor in säkulare Erkenntnisse, die in Zukunft die Welt bestimmen werden;

- andererseits hängen sie auch weiterhin tief verwurzelt in den Glaubensmustern der Kirche: Petrarca, Botticelli, Michelangelo, Columbus, Kopernikus, Galileo Galilei (später wohl auch Voltaire) und mit ihnen ihre ganze Zeit. Sie können sich noch nicht lösen von der Angst um ihr persönliches Seelenheil. Sie befürchten, dass sie mit der tieferen Erfahrung der säkularen Welt letztlich ihr Leben nach dem Tod verspielen, und deshalb geben sie auf und fallen - oft ängstlich und zitternd - wieder zurück in die alt gewohnten kirchlichen Glaubensmuster. Die Kirche behält sie mit ihrer Drohung des Entzugs ihres Seelenheils fest am Zügel.

Atheismus ist deshalb nicht allein die Erklärung der Welt ohne Gott - die ja auch schon in der Renaissance weit vorangekommen ist. Atheismus ist vielmehr im Letzten die Frage, ob der Mensch ein Bewusstsein erreicht, in dem er ohne Gott und ohne all die damit zusammenhängenden religiösen Heilsversprechungen autonom leben kann. Eben dieses autonome Bewusstsein wird im Renaissancemenschen noch nicht erreicht.

Dennoch: In dieser Aufbruchepoche liegen die Wurzeln unserer modernen Welt. Was dort neu gedacht wurde, hat die Welt auf Zukunft hin bewegt und verändert. Hier liegen die geistigen Grundlagen unserer heutigen Zeit, auch die Grundlagen des heutigen Atheismus. Hier tritt an die Stelle der religiösen und theologischen Spekulation, die bisher die Welt beherrscht hat, immer stärker die säkulare Rationalität, die kognitive Vernunft. Ohne diesen Aufbruch der Renaissance gäbe es unserer säkulare Welt heute nicht, zumindest nicht ansatzweise so.

Mit radikaler Schärfe hat die katholische Kirche in diese Entwicklung eingegriffen und gegen die Freisetzung der säkularen Vernunft gekämpft. Ihr Kampf war also nicht ein Kampf gegen einen radikalen Atheismus - den gab es eben noch gar nicht. Ihr Kampf zielte auf die Verhinderung jedweder säkularen Rationalität, die sich außerhalb des vorgegebenen kirchlichen Glaubenssystems betätigte.

In diesem gnadenlosen Verhinderungskampf war das schärfste Kampfmittel der katholischen Kirche die Inquisition:

- Im Jahr 1199 hat Papst Innozenz III die bischöflichen Inquisitionsgerichte geschaffen zur "Abwehr der vermeintlichen Gefährdung der Kirche durch so genannte Ketzer"[1]. Er institutionalisierte damit ein altes Edikt von Kaiser Justinian I aus dem Jahr 380, in dem mit staatlicher Unterstützung die Aufspürung und Verfolgung von Häretikern angeordnet und legalisiert wurde.

- 1232 zentralisierte dann Papst Gregor IX die Inquisition auf eine reine Papstbehörde. Wesentlich war dabei die Übertragung der Leitung auf den Dominikanerorden, wodurch dem Papst der unmittelbare Zugriff auf alle Machtmittel der Inquisition garantiert wurde. Der berühmteste Inquisitionsprozess lief 1431 in Frankreich gegen Jeanne d´Arc. Ihre schärfste Form erreichte die Inquisition in Spanien und Portugal durch das mächtige Amt des Großinquisitors. Allein unter diesem Amt wurden mehr als 31.000 Menschen Opfer einer brutalen Inquisition mit Folter und Autodafé.

- Zur Zeit der lutherischen Reformation schuf Papst Paul III 1542 das Heilige Officium, die oberste Glaubensbehörde für alle Glaubensgerichte. Sie war die Spitze gegen alle aufbrechenden säkularen Neuerungen. Ihre berühmtesten Opfer wurden Giordano Bruno und Galileo Galilei[2]. Diese Inquisitionsbehörde gibt es heute noch, 1965 umbenannt von CONGREGATIO ROMANAE ET UNIVERSALIS INQUISITIONIS in ein zahmes KONGREGATION FÜR GLAUBENSLEHRE. Von 1981 bis 2005 hat Kardinal Karl Ratzinger, heute Papst Benedikt XVI, dieser Behörde als "oberster Glaubenshüter" vorgestanden.

---

[1] Damals die Katharer (= Wortstamm für Ketzer) und Waldenser.

[2] Siehe dazu oben Seite 56 f.

Letztlich aber wurde auch Martin Luther selbst mit seiner Reformationstheologie ein Akt schärfster Reaktion gegen die säkulare Flut. Dabei war seine Verdammung der weltlichen Vernunft durchaus eine Form von theologischer Inquisition. Das heißt: Luther stand mit seiner neuen Theologie nicht für den Aufbruch des Geistes in eine neue Zeit. Luther war kein Durchbruch der Vernunft in die säkulare Welt. Luther leistete keine Bewusstwerdung eines aufgeklärt denkenden Menschen.

Luther war ganz im Gegenteil eine völlige Rückwendung in den altchristlichen Glaubensfundamentalismus. Schon im September 1517 - einen Monat vor den 95 THESEN zum Ablass - hatte er 97 THESEN GEGEN DIE SCHOLASTIK und damit gegen Aristoteles veröffentlicht. Die waren ein frontaler Angriff gegen jeglichen weltlichen Vernunftansatz. Zwar hat so ziemlich niemand der Theologen damals von Luthers brutalen Thesen gegen die weltliche Vernunft Notiz genommen. Umso mehr sind sie heute noch ein offen zu legendes Zeugnis für Luthers pervertierte Haltung gegen jedes selbst verantwortete menschliche Denken.

Luther spitzt später dieses Kontra gegen die Vernunft des Menschen zu in seinem berühmt-berüchtigten Satz: *Die Vernunft ist eine Hure.* Eine Hure - vom ihrem Wesen her - beliebig, treulos, unmoralisch, verwerflich. Luther zielt damit auf eine vernichtende Diffamierung des selbstständig denkenden Menschen. "Hure" ist in diesem Sinn für Luther radikale Kampfansage gegen jedwede autonome Vernunft.

Erkenntnistheoretisch bedeutet das:
Indem er die autonome Vernunft verteufelt, hat Luther keinerlei direkten weltlichen Zugang zur diesseitigen Wirklichkeit. Ihm ist eine vernunftbegründete Sicht der Dinge versperrt. Er sieht und beurteilt diese Welt immer nur durch die Brille seiner Glaubensvorstellungen. Redet man über die Welt, dann muss man mit Luther immer erst endlos über seine Glaubensprinzipien diskutieren und nur, wenn man diese uneingeschränkt akzeptiert, ergibt sich die Frage nach der Welt. Doch dann eben nicht, wie sie sich der Vernunft real erschließt, sondern nur so, wie sie unter Luthers Glaubensprinzipien erscheint.

Theologisch konkretisiert: Luther fasst seinen jenseitigen Zugang zur diesseitigen Wirklichkeit in ein alles umfassendes

"***solus deus*** - allein Gott". Dieses "*solus deus*" differenziert er durch ein dreifaches "*sola* ... - allein durch ...":

"***sola scriptura***" - allein durch die Heilige Schrift:
Für Luther gilt ausschließlich und ganz allein das, was in der Bibel steht. Deshalb ergießen sich weltliche Fragen immer wieder in endlosen Streit um unterschiedliche Bibelstellen und ihre jeweiligen - gerade auch bei Luther völlig subjektiven - Interpretationen.

"***sola gratia***" - allein durch die Gnade (Gottes):
Für Luther gibt es nur einen einzigen Wirklichkeitsschlüssel, nämlich Gottes Gnadenhandeln am Menschen durch den Sühnetod Christi am Kreuz. Diesem theologischen Grundfaktum ordnet er ausnahmslos jede weltliche Frage zu oder unter.

"***sola fide***" - allein durch den Glauben (an Gott):
Für Luther kann der Mensch ein Gott gefälliges Leben nur führen, wenn er sich in einem vollständigen Glaubensgehorsam dem Willen Gottes ergibt. Jede Regung, die aus der selbst bestimmenden Vernunft kommt, ist ein folgenschwerer Abfall von Gott.

Dieses theologische Prinzip begründet Luthers Glaubensfundamentalismus als eine totale Rückwendung in die konservative Dogmatik. Luthers mutiger Kampf gegen den Papst und die papistische Kirche hatte überhaupt keine geistige Liberalisierung gebracht, sondern ganz im Gegenteil eine Radikalisierung alter christlichen Glaubensinhalte in schärfster Form.

Luthers Glaubensfundamentalismus bedeutet deshalb eine grundsätzliche Verschlossenheit gegenüber der neuen säkularen Welt. Mit ihm blockt er alle aufbrechenden säkularen Entwicklungen kategorisch ab. Es gibt keine Freiheit der Vernunft. Es bleibt keinerlei Spielraum für selbst bestimmendes Denken und Handeln. **Was Luther die Freiheit des Christen nennt, ist die Unfreiheit des säkularen Menschen. Was Luther die Gewissheit des Glaubenden nennt, ist die Verketzerung des Denkenden. Was Luther den Geist Gottes nennt, ist die Verdammung des Geistes des autonomen Menschen.**

Dramatisches Beispiel für Luthers geistige Verschlossenheit gegenüber der säkularen Welt und ihren akuten Problemen ist nun seine radikale Selbstverweigerung gegenüber der Bauernbewegung. Nicht die Zurückweisung der Bauern als solche weist ihn als Glaubensreaktionär aus, denn natürlich konnte man gegenüber dieser Aktion durchaus unterschiedlicher Auffassung sein und die Lage des Bauernkonfliktes politisch kontrovers einschätzen. Immerhin herrschten Aufruhr und Revolutionsstimmung, drohte gar Bürgerkrieg.

Vielmehr das Wie seiner Ablehnung dechiffriert Luthers reaktionäre Geisteshaltung, mit der er seinen "*solus deus*"-Standpunkt voll gegen die Bauern zur Wirkung bringt:

- *sola scriptura*: Im Alten Testament gibt es auch Knechte, in der Urchristenheit auch Sklaven. Warum soll es in der jetzigen Zeit nicht Leibeigene geben. Von der Bibel - und damit von Gott her - zwingt deshalb nichts, diese alte Ordnung aufzugeben. Weil es so in der Schrift steht, hat nichts Neues zu gelten.

- *sola gratia*: Mit seinem Heilshandeln in Jesus Christus schafft Gott dem Menschen das Seelenheil im Himmel, nicht auf Erden. Das Evangelium ist deshalb dem wahren Christen Wegweiser der Gnade Gottes in den Himmel, nicht Maßstab für sein Wohlergehen auf der Erde. Wer sich um sein irdisches Heil kümmert, steht deshalb in Gefahr, sein himmlisches Heil zu verspielen.

- *sola fide:* Dem gläubigen Menschen steht es an, sich in Gottes Ordnung, so wie sie besteht, gehorsam zu fügen. Der im Glauben gefestigte Christ nimmt sein Leben - und sei es auch noch so mühsam - klaglos aus der Hand Gottes. Ist es wider ihn, muss er es bereitwillig annehmen als Gottes gerechtes Strafgericht. Widerstand gegen die von Gott verfügten Verhältnisse ist Ausdruck von Unglauben und führt zur ewigen Verdammnis.

Das schreit geradezu nach Karl Marx und seiner Kritik, dass die Herrschenden mit der Vertröstung auf den Himmel die verelendeten Massen davon abhalten, konkrete Veränderungen herzustellen: Religion, die einfach blöd macht, wird zum Opium des Volkes. Kaum je ist eine religiöse Theorie so hemmend gewesen für eine gesellschaftskritische Veränderung wie Luthers "*solus deus*", das er das "Evangelium" nennt, gegen die Bauern und ihre weltlichen Forderungen. Von Luther aus bleibt theologisch nichts übrig für eine säkulare Neugestaltung der Welt der Bauern. Es gibt von Luthers Gott her keinerlei Recht für ihren Kampf um ihre zu verbessernde Daseinsberechtigung. Es gilt nicht einmal ihr Anspruch auf Veränderung.

(3) Luthers Verrat an der säkularen Welt

Mit einer sich derart als fundamentalistisch erweisenden Geisteshaltung musste Luther zwangsläufig mit unerbittlicher Brutalität in die inquisitorische Verurteilung der Bauern geraten:

Die Obrigkeit, die ... solche Bauern schlagen und strafen kann und will, will ich nicht wehren. Denn die Bauern fechten nun nicht mehr um das Evangelium, sondern sind offenbar treulose, meineidige, ungehorsame, aufrührerische Mörder, Räuber, Gotteslästerer geworden ... Es gilt hier nicht Geduld oder Barmherzigkeit; es ist des Schwertes und des Zorns und nicht der Gnaden Zeit ... Darum, liebe Herren, ... steche, schlage, würge hier, wer da kann ...

- *Wie ich dazumal geschrieben habe, so schreibe ich noch. Der halsstarrigen, verstockten Bauern erbarme sich niemand, sondern haue, steche, würge, schlage drein als unter tolle Hunde ...*

Damit war der "vom Volk geliebte und verehrte Reformator Luther" für die Bauern nicht nur als Hilfe verloren, sondern sie hatten ihn zum schärfsten Gegner. Mehr noch: Luther hat den Aufbruch der Bauern in einzigartiger Weise in Verruf gebracht - bis in unsere Tage. Er hat suggeriert, dass Gefahr immer dann vorliegt, wenn Erneuerer Veränderung fordern. Er ist damit zum Prototyp des Verteidigers der Herrschenden geworden, des Bekämpfers von Veränderung und damit zum Stabilisator der bestehenden Machtverhältnisse in der Gesellschaft.

Natürlich brach der Bauernaufstand zusammen. Militärisch geradezu dilettantisch zogen Tausende Bauern in der Nähe von Eisenach bei Frankenhausen in die Schlacht gegen die völlig überlegenen Fürstentruppen. Am 15. Mai 1525 traten sie an unter dem Banner, das Thomas Müntzer selbst entworfen hatte: Weiße Fahne mit Regenbogen. Kurz vor Beginn der Schlacht erscheint am Himmel plötzlich ein Regenbogen. Die Bauer stehen fasziniert, fast ehrfurchtsvoll unter diesem Zeichen des Himmels. Gott mit uns!

Da schlagen die Fürstentruppen erbarmungslos zu. Nahezu ohne Gegenwehr jagen sie die Bauern in die Flucht, setzen ihnen mit radikaler Brutalität nach. Über 5000 Fliehende werden niedergemetzelt, der Rest bis in die Stadt hinein verfolgt und gefangen genommen. Standrechtliche Hinrichtungen - tagelang haben die Henker alle Hände voll zu tun, die Bauern als öffentliches Strafgericht zu liquidieren. Kriegsrecht. Auch Müntzer selbst wird gefangen genommen, tagelang grausam gefoltert. Lutheraner behaupten später, er hätte seiner Sache dabei erbärmlich abgeschworen. Augenzeugen dagegen berichten, er wäre - trotz seines elenden Zustandes - seiner Sache bis in den Tod treu geblieben.

In diesem Zusammenbruch des Bauernaufstands sah Luther die konsequente Erfüllung des Willens Gottes. Die gottgewollten Sieger waren für ihn die Fürsten und damit die Inhaber der von oben eingesetzten Macht. Zwar sieht Luther das Unrecht des Adels. Schon 1523 in seiner Schrift VON WELTLICHER OBRIGKEIT, WIE WEIT MAN IHR GEHORSAM SCHULDIG SEI hat er die menschlichen und religiösen Qualitäten der Fürsten und Obrigkeitsherren streng getadelt. Er ermahnt sie, sich der Sache der Unterdrückten anzunehmen, ihnen mit sozialer Verantwortung zu helfen, wohl wissend, wie er selber sagt, dass sie es ihres eigenen Vorteils wegen nicht tun werden.

Dennoch entscheidet er sich für deren uneingeschränktes Obrigkeitsrecht. Den Herrschenden spricht er alles Recht Gottes zu in geradezu erbärmlicher Obrigkeitshörigkeit. Dass er dieses Recht auf deren weltliches Regiment beschränkt, verschärft nur den menschlichen Konflikt der Unterdrückten, denn indem Luther das Volk innerlich willenlos an den Glauben an Gott anbindet, verrät er es gleichzeitig äußerlich an die mit göttlicher Gewalt von oben Herrschenden.

Deshalb: Luther, "der Fürstenknecht". Es war zwangsläufig, dass Luther in seiner Abwendung von den Bauern und damit vom Volk mit seiner Reformationskirche in die Abhängigkeit der absoluten Fürstenherrschaft geraten musste. Dabei berief Luther sich natürlich wieder einmal auf die Bibel, immer und immer wieder auf Römer 13,1 ff:

13,1 *Jedermann Sei untertan der Obrigkeit,*
die Gewalt über ihn hat.
Denn es ist keine Obrigkeit ohne Gott;
wo aber Obrigkeit ist,
da ist sie von Gott verordnet.

13,2 *Wer sich nun der Obrigkeit widersetzet,*
der widerstrebt Gottes Ordnung;
die aber widerstreben,
werden über sich ein Urteil empfangen.

Dies ist das reaktionäre Paradigma der Bibel, mit dem Luther der neuen Welt schwerste ideologische Fesseln angelegt hat, eben dieses Pauluswort als Gottes Wille zur Stabilisierung der Macht.

So entsteht mit Luther eine verhängnisvolle Liaison zwischen der als von oben - von Gottes Gnaden - gesetzt verstandenen Fürstenmacht und speziell der lutherischen Kirche. Der Fürst als Landesherr wird zugleich der Oberste der Kirche in seinem Land, gemäß der berühmten Staatsrechtsformel "*cuius regio, eius religio* - wes das Land, des der Glaube". Da Deutschland damals in viele Fürstentümer zersplittert war, war in jedem Gebiet, in dem die lutherische Kirche die Vormacht erlangte, der jeweilige weltliche Landesherr der oberster Herr der lutherischen Kirche.

Deshalb war die lutherische Kirche schon immer Obrigkeitskirche in Form eines landesherrlichen Kirchenregiments. "Thron und Altar" bedeutete Staatsreligion, Vormachtstellung von Fürst und Kirche, König und Kirche, Kaiser und Kirche gegen das eigenständig werdende Volk. Jede Verselbstständigung, gar jeder Widerstand des Volkes gegen die absolute Obrigkeit galt der Kirche der Reformation deshalb als doppelt feindlich, nämlich innerlich gegen Gott und äußerlich gegen den Staat. Diese Kirche war deshalb immer wieder bis in radikale Formen hinein staatserhaltende Kraft.

Die lutherische Staatstheorie von Thron und Altar hat sich noch bis in die jüngste deutsche Geschichte fortgesetzt, und zwar in kontrapunktischer Struktur:

- *Garnisonskirche Potsdam 21. März 1933:*
In einem großen Staatsakt demonstrierte Hitler mit Hindenburg den neuen NS-Staat im Rahmen der schon immer staatstragenden Reformations-Kirche. Doch mit dieser Aktion wurde nicht nur alt-preußische Tradition bis auf Friedrich II zurück aufgenommen. Vielmehr wurde dieses Ereignis für die "Deutschen Christen" zugleich der Aufbruch in eine nationalsozialistisch geprägte Reichskirche mit engster Verbindung von Thron und Altar: Eid der Pfarrer auf Hitler. Germanisierung der Theologie. Ausrottung der Juden, denn Luther war ein entsetzlicher Judenhasser. Zentrale Kirche in Deutschland für das nationalsozialistische Luthertum wurde die Frauenkirche in Dresden. Wieder einmal war lutherische Obrigkeitshörigkeit in eine verhängnisvolle Unterwerfung der Kirche unter den Staat geraten.

- *20. Juli 1944:*
Deutsche Generäle verübten ein Attentat auf Hitler - nach endlosen Debatten über das Recht auf einen "Tyrannenmord". An dieser Debatte waren vor allem auch Lutheraner beteiligt, die in der "Bekennenden Gemeinde", und damit als erbitterte Gegner der "Deutschen Christen", im inneren Widerstand gegen Hitler standen. Durch die Verfolgungen des Regimes selbst aufs äußerste gefährdet, verweigerten sie letztlich dennoch in ihrer Mehrheit ein Attentat auf Hitler aus theologischen Gewissensgründen gemäß Römer 13 "Jede Obrigkeit ist von Gott". Selbst dieser Hitler war von daher als gottgewollte Obrigkeit für einen Lutheraner trotz größter Volks- und Völkerschädlichkeit unantastbar.

Erst vor diesem Hintergrund wird die Wirkung Luthers in ihrer verhängnisvollen Tragik für die nachfolgende Welt voll erkennbar: Mit dem Zusammenbruch des Bauernaufstandes brach 1525 die reformatorische Bewegung als Volksbewegung zusammen. Der vehemente reformatorische Aufbruch des Volkes verlor seine Luther entgegengebrachte Kraft des Vertrauens. Verloschen war, was mit dem Volk die eigentliche Dynamik der neuen Gesellschaftsveränderung hätte werden können - und blieb für Jahrhunderte in der Politik der deutschen Nation vergessen.

Zugleich ist die häufige Annahme ein verhängnisvoller Irrtum, dass Luther mit seiner Verweigerung gegenüber den Bauern und seiner Solidarität mit den Fürsten eine nationale Katastrophe verhindert hätte. Das gilt bestenfalls verzögernd. Denn der mit Luther nicht ausgetragene geistig-soziale Gesellschaftskampf ist dann umso brutaler im Dreißigjährigen Krieg speziell auf deutschem Gebiet ausgetragen worden mit unvergleichlich viel größeren Gräueltaten und Opfern. Dabei ist die dort auftretende Kampffront der lutherischen Landesfürsten eben überhaupt erst durch Luthers "Bauernopfer" zustande gekommen. Mit ihr, der Kampffront der religionsgestützten lutherischen Landesfürsten, rächte sich die verschleppte gesellschaftliche Veränderung in Deutschland am Volk mit unsagbarem Leid und Elend.

Denn ein notwendiger Gesellschaftswandel war nicht aufzuhalten. Hätte sich Luther nicht so sturköpfig fromm ununterbrochen auf Römer 13 berufen, sondern sich stattdessen auch nur einmal ernsthaft etwa mit den bürgerrechtlichen Grundvorstellungen der klassischen Antike befasst, also mit Solon dem Weisen und dessen säkular vernünftigen Gesellschaftsgrundsätzen, dann hätte sich ihm ein weiter politischer Horizont geöffnet, und er hätte viel leisten können als geistiger Führer in eine neue Zukunft hinein. Doch er hatte nicht das Format von Solon dem Weisen, der den epochalen Wandel der Gesellschaft gegen den Adel bewirkt hatte. Ihm nach hätte Luther mutiger dem menschlichen Verstand vertrauen müssen, der säkularen Vernunft nach dem Vorbild der säkular denkenden heidnischen Antike. Doch genau das hat Luther als Teufelswerk verketzert und bekämpft.

Deshalb muss der "Faktor Luther", Luthers Einfluss auf die spätere Volks- und Gesellschaftsentwicklung in Deutschland, unter säkularen Gesichtspunkten als verheerend gewertet werden. Auch die ihm nachfolgende lutherische Kirche verweigerte unter dem Schutz monarchistisch-konservativer Obrigkeit jedes konstruktive Bewusstsein für die autonome säkulare Entwicklung der Welt, speziell vor allem für alles Demokratische, und damit für die Autonomie des Volkes und des Individuums.

Schon die so genannte "Lutherische Orthodoxie" des 16. und 17. Jahrhunderts war total weltabgewandt, weltfremd. Sie zerriss sich introvertiert in endlosen Debatten über dogmatische Spezialfragen, zum Beispiel über "Verbalinspiration" - ob jedes Wort in der Bibel direkt von Gott diktiert sei ... Theologie. Theologie. Theologie ... bis in allerletzte dogmatische Spitzfindigkeiten ... alles natürlich "reine göttliche Wahrheiten".

Kein einziges konstruktives Wort aber auf die neu entstehende säkulare Welt hin. Kein Ansatz von Bemühen, hier zumindest irgendeine konkrete Verantwortung mit zu tragen gegenüber der neu entstehenden säkularen Gesellschaft mit ihren unendlich vielen neuen Fragen und Problemen. Stattdessen immer und immer wieder Beschimpfungen des säkularen Menschen. Der Mensch wird in seiner natürlichen Menschlichkeit verunglimpft, speziell in seinem Vernunft bestimmten Handeln.

Bis heute behauptet nicht nur die katholische, sondern auch die lutherische Kirche, sie könnten den rein säkularen Menschen, den Atheisten, wenn sie ihn denn hier auf Erden nicht unter ihre Gewalt kriegen, nach dem Tod für immer in die Hölle verdammen oder davon freisprechen. Entsprechend ist etwa ihre (Beicht-) Liturgie noch heute finsterstes Mittelalter in Vorstellung und Anspruch, bindende Gewalt zu haben über anders denkende Menschen. Das ist - scharf gefasst - ein strafrechtlicher Tatbestand: Nötigung in härtester Form. Diskriminierung mit niedrigsten Angstmitteln als Verfolgung bis in den Tod.

Gerade aber diese frühe Selbstabgrenzung der christlichen Religion durch die Radikalisierung ihrer Theologie gegenüber einer sich wandelnden Gesellschaft

- sei es im Katholizismus mittels Inquisition, Gegenreformation und verabsolutierter Papstautorität

- sei es im Luthertum mittels Glaubensfundamentalismus und Kirchenregiment

hat zwangsläufig jenen Raum geschaffen - in dem sich die säkulare Welt entwickeln konnte und musste. Es vollzog sich hier in direkter Konsequenz die Theorie der "Zwei Wahrheiten" der Averroaner aus deren Kampf gegen die Scholastik.[1] Hatten sie doch als erste die

---

1 Siehe oben Seite 87 ff.

kirchlich-theologische Welt strikt von der säkular-wissenschaftlichen Welt getrennt mit dem Ziel,

- gerade wenn die Kirche ihre Wahrheit absolutistisch ausbaute und sich damit in sich selbst verkapselte,

- dann umso zwingender die Entwicklung der Säkularisation eigenständig zu vervollkommnen und zu einer eigenen wissenschaftlichen Wahrheit zu finden. Die strikte Selbstabgrenzung der anderen schuf so den notwendigen säkularen Eigenraum.

Mit diesem sich neu entwickelnden säkularen Freiraum lief die Zeit des christlichen Abendlandes ab. Weit über 1000 Jahre hatte die christliche Religion Zeit und Vollmacht, eine Welt zu gestalten, in der Grund- und Menschenrechte aller Menschen hätten entwickelt und hergestellt werden können. Doch sie hat auf ganzer Linie - von Italien über Spanien bis in den deutschen Norden - versagt. So sind die Auswirkungen des ausgehenden christlichen Abendlandes verheerend: Ausbeutung, Unterdrückung und Dummhaltung der niederen Massen. Glaubensterror selbst gegen christlich Andersdenkende. Monarchistische Herrschaftswillkür. Entwicklung eines grausamen dreißigjährigen Glaubenskrieges, der wie ein Inferno die Vormachtstellung der Kirchen und der Religion in der Welt zerstören sollte.

Im Abgang kann man aus dem gesamte christlichen Abendland eine Summe ziehen:

- so verblendet das christliche Abendland angefangen hatte mit der Ausrottung der autonomen antiken Vernunft

- so verblendet lief das christliche Abendland aus mit der Verfolgung der neu aufbrechenden säkularen Vernunft.

Aber die Welt läuft weiter. Eine neue Zeit bricht an, eben die Zeit der neuen Vernunft. Nichts, gar nichts kann die Durchsetzung der säkular-objektiven Rationalität mehr aufhalten. Damit stehen große Umbrüche bevor, in denen die aufklärende Vernunft ein neues Abendland, das säkulare Abendland, schafft.

3.2. "Christliche Wertegemeinschaft?"

Die Geschichtslüge der Christlich-Konservativen heute

(1) Was meint eigentlich "christliche Wertegemeinschaft"?

Wie selbstverständlich wird immer wieder das Schlagwort "Christliche Wertegemeinschaft" gebraucht. In den politischen Erklärungen und Debatten im Deutschen Bundestag etwa spielt der Begriff besonders in der Argumentation der Christlich-Konservativen eine Rolle, wenn es darum geht, gegenwärtiges westliches Handeln gegen andere Kulturbereiche abzugrenzen, speziell gegen die islamische Kultur und Religion.

Der Gebrauch dieses Begriffs "Christliche Wertegemeinschaft" erweckt den Eindruck, als hätte es je eine Gemeinschaft gegeben, die als christliche Gemeinschaft für unsere Gesellschaft und gerade auch für unseren Staat heute Vorbild sein könnte, ja, sein müsste. Als hätten unserem Staat und unserer Gesellschaft christliche Staatsgebilde beispielhaft vorzuschweben.

Zunächst wird dabei unserem Staat und unserer Gesellschaft gleichsam unterstellt, dass sie in sich ohne das Christliche nicht viel wert seien, als genügten sie sich nicht als "nur säkularer Staat" und "nur säkulare Gesellschaft". Sie müssten sich deshalb über das Christliche definieren und qualifizieren. Erst dann bekämen sie eine glaubhafte Struktur, wenn sie sich in christlichen Vorbildern widerspiegelten.

Demnach wären also christliche Gemeinschaften zu benennen, die mit ihren christlichen Werten besonders vorbildliche gesellschaftliche Leistungen vollbracht haben. Diese wären dann wohl die Basis- und Orientierungswerte unseres demokratischen Rechtsstaates?

Zunächst aber doch noch eine notwendige Klarstellung zur Begriffsdefinition:

Der Begriff "Christliche Wertegemeinschaft" kann hier nicht privat gemeint sein, etwa in dem Sinn wie die alten Römer rechtsgültig von

res privata

gesprochen haben, also von den Dingen, die einen Menschen nur ganz persönlich betreffen und deshalb von ihm selbst und für ihn selbst verantwortet werden.

In unserem demokratischen Staat ist Religion in diesem Sinn res privata – "Privatsache". Als solche geht sie nur den Einzelnen an, nicht aber den Staat oder die Gesellschaft. Es besteht Religionsfreiheit und niemand darf wegen seiner Religion benachteiligt werden, selbst wenn sie von der Mehrheit abweicht oder er überhaupt keine Religion hat. "Christliche Wertegemeinschaft" kann also nicht in diesem Sinn des Privatverhaltens des Bürgers im Staat gemeint sein.

Der Begriff kann also nur in dem Sinn gemeint sein, in dem die Römer von der

res publica

gesprochen haben, von den Dingen also, die sich in der Öffentlichkeit, mit der Öffentlichkeit und für die Öffentlichkeit abspielen, in die alle Einzelnen als Gesamtheit einbezogen und für sie verantwortlich sind.

Entsprechend müssen wir also nach öffentlichen Gemeinschaften suchen, die in der Vergangenheit eine christliche Wertegemeinschaft gelebt und dargestellt haben, und deshalb für uns heute als res publica vorbildlich erscheinen können.

Natürlich müsste eine solche Gemeinschaft unserem kulturellen und zivilisatorischen Standard schon ähnlich sein, sonst könnte gar nicht richtig verglichen werden, weil die Voraussetzungen für die Vergleichswerte zu stark voneinader abweichen würden. Deshalb bleiben wir ganz bewusst innerhalb der abendländischen Geschichte.

(2) Auf der Suche nach einer christlichen Wertegemeinschaft uns zum Vorbild

Suchet, so werdet ihr finden! Also suchen wir in der Geschichte und machen einfach einmal ein paar Stichproben von Gemeinwesen, die sich uns aus der Geschichte heraus als typisch christlich darzustellen scheinen, zum Beipiel:

1. Der reiche christliche Stadtstaat Venedig um 1200

Das ist schon ein höchst interessantes Modell, denn Venedig war damals ein christliches Kultur-, Wirtschafts- und Machtzentrum:

Venedig ab 1200 hatte eine außerordentliche Wirtschaftskraft durch Produktion und Handel. Zeitweise arbeiteten im riesigen Werftgebiet "Arsenale" bis zu 16.000 Werftarbeiter in Fließbandproduktion. Jeden Tag lief ein neues Schiff aus der Produktion in den Hafen, voll proviantiert, mit Kapitän, Mannschaft und Fahrtziel. Präzise Produktion, lückenlose Logistik, einwandfreie Finanzierung: Venedig - Geburtsstätte des Frühkapitalismus in allerfeinster Form.

Dieser Frühkapitalismus als solcher war natürlich überhaupt kein speziell christlicher Wert, denn ansonsten galt im christlichen Herrschaftsgebiet katholischer Feudalismus. Weite Bereiche des Wirtschaftlichen, ursächlich im adeligen Großgrundbesitz begründet, waren in die Hände der katholischen Kirche geraten, weil sie durch die Jahrhunderte hindurch zur größten Großgrundbesitzerin aufgestiegen war. Sie beherrschte mit ihrer wirtschaftlichen Übermacht allerorts auch geistig und sozial die Gesellschaft in Europa.

Venedig war darüber hinaus eine Republik wie auch Florenz und Genua und eine Reihe anderer Kleinstaaten in Norditalien. An Venedigs Spitze stand ein gewählter "Doge", der eingebunden war in eine Stadtverwaltung mit sehr ausgewogener Gewaltenteilung. Insgesamt war das noch keine Demokratie in heutiger parlamentarischer Form, dennoch eine elementare Form der Volksherrschaft. Als solche hat Venedig über 600 Jahre in direkter Dogensukzesssion exisiert.

Nun war diese republikanische Gesellschaftstruktur natürlich auch überhaupt kein christlicher Wert. Überall sonst im christlichen Europa herrschte lupenreine Monarchie, Macht allein von Gottes Gnaden. Kein einziger Christ begehrte irgendwo als Einzelner oder als Volk demokratisches Mitspracherecht. Niemand hätte mit ihm darüber auch nur gesprochen. Für weltliche Macht war allein der christlich-katholische Gott zuständig in Repräsentation seiner westlichen Könige, Kaiser und Päpste. Venedig war dagegen anders, war Republik.

Venedig war schließlich zu einer steinreichen Stadt geworden mit starker selbstbewusster Arbeiterschaft. Diese Arbeiterschaft wurde von der Stadtregierung ganz besonders wertig gehalten - überhaupt nicht aus christlichem Barmherzigkeitsprinzip, sondern aus der Einsicht, dass sie für die Industrieleistung Venedigs und damit für seinen Reichtum Grundlage war. Sozialpolitik war somit wesentlicher Bestandteil der Gesellschaftspolitik. Die Zahl der Prokuratoren, die Venedigs Kapital gerade auch im Blick auf die Sozalleistungen gegenüber der Arbeiterschaft verwalteten, stieg mit der Zeit von vier auf über 140. Venedig baute für seine Arbeiter und ihre Familien hinter dem Arsenale eine Musterwohnsiedlung, die noch bis ins 20. Jahrhundert hinein beispielhaft war für sozialen Wohnungsbau.

Venedigs gesamte Macht-, Wirtschafts- und Gesellschaftspolitik war unchristlich, einschließlich der notwendigen immensen Bank- und Geldgeschäfte, die hinsichtlich der Geldzinsen damals immer noch kirchlich verboten waren.

Als der Papst 1204 zum vierten Kreuzzug rief, um die heiligen christlichen Stätten in dem von Mohammedanern besetzten Palästina zu befreien, traten die Venezianer mit ihrer riesigen Flotte sofort an, weil sie genau wussten, dass es ihre verdammte christliche Pflicht und Schuldigkeit war, ins fremde Land zu ziehen und die Feinde der Christen zur Strecke bringen. Der Doge persönlich, der hochangesehene Enrico Dandolo, führte die Flotte Venedigs an. Er war 92 Jahre alt, in Seeschlachten erprobt, voller heiligem Tatendrang.

Auf halber Strecke nach Palästina ließ Dandolo seine Flotte plötzlich links abbiegen und nahm direkten Kurs auf Konstantinopel, seit den Tagen Kaiser Konstantins die grandiose christliche Machtmonopole des oströmischen Reichs mit der prunkvollen Reichskirche Hagia

Sophia, das geistliche Weltzentrum des Christentums. 300 Jahre hatten bis dahin die christlich-griechisch-orthodoxen Bürger ihr altes Byzanz gegen den Anstrum des Islam erfolgreich verteidigt.

Venedig, einst als Vorposten der oströmischen Reichshauptstadt auf italienischem Boden gegen das weströmische Reich gegründet, erledigte jetzt die Eroberung Konstantinopel im Handstreich. In der Stadt wurden die Bewohner grausam niedergemetzelt und ihre Häuser und öffentlichen Gebäude, Paläste vor allem und Kirchen, entsetzlich geplündert: Christen von Christen. Zitat aus der Schilderung des Chronisten Niketas Choniates, einem oströmischen Kaiserbeamten:[1]

…Sie begannen gefühllos zu plündern ... schleuderten die verehrten Ikonen zu Boden, warfen die Reliquien derer, die für Christus gelitten, auf abscheuliche Orte. Wovor man schaudert, wenn man davon nur hört, das musste man damals sehen: Das göttliche (Abendmahls-)Blut ausgegossen auf die Erde, der (Abendmahls-)Leib Christi, gestreut in den Staub … Die Freveltaten, die sie in der grossen Kirche Hagia Sophia verübten, sind kaum zu glauben. Der Altartisch, aus lauter edlen, im Feuer aneinandergefügten Stoffen, ein einziger vielfarbiger Gipfel der Schönheit, der auf der ganzen Welt als außerordentlich galt, wurde von den Plünderen zerstückt und verteilt. Desgleichen auch der ganze Kirchenschatz, der ungeheuer groß und unendllich prachtvoll war. Als sie die allerheiligsten Geräte und Gefäße … aus der Kirche fortschaffen wollten, führten sie Maulesel und Packtiere bis zum Allerheiligsten vor und beluden sie schwer … Fazit neben dem menschlichen Elend: Der halbe Reichtum des christlichen Konstantinopel versank damals in den Schatzkammern des christlichen Venedig.

Zugleich mit der Eroberung wurde der oströmische Kaiser durch einen weströmischen Kaiser ersetzt und somit das oströmische Reich dem weströmischen Reich unterworfen. Weströmische Kaiser regierten dann 60 Jahre in Konstantinopel, bis die Westler endgültig wieder vertrieben wurden und Ostrom erneut die Macht ergriff.

Die alten Machtverhältnisse waren damit zwar wiederhergestellt. Aber die Macht Konstantinopel als christliches Bollwerk gegen den Islam war so geschwächt, dass es sich nie wieder richtig erholte. 1453 wurde Konstantinopel von den osmanischen Heerscharen erobert und ging an den Islam verloren. Es wurde zur Machtzentrale des osmanischen Reiches. Eine Spätfolge des christlich-venezianischen Irrsinns.

---

[1] Katalog des Römisch-Germanischen Museums der Stadt Köln, Der Schatz von San Marco in Venedig, Mailand 1984, Seite 69/70.

Christliche Wertegemeinschaft? Unsere Darstellung Venedigs zeigt, dass man die Antwort auf unsere Frage zumindest in zwei unterschiedliche Bereiche sorgfältig differenzieren muss:

- *Zum einen:* Die frühkapitalistische Gesellschaftsentwicklung Venedigs hat ursächlich mit dem Christentum gar nichts zu tun. Sie ist sogar wesensmäßig gegen das gültige christliche Gesellschaftsmodell abgelaufen. Es wäre deshalb völlig falsch, ihre für uns auch heute gültigen säkularen Merkmale positiv auf das Christliche zu übertragen.

-*Zum zweiten*: Das Christliche liegt allein in der Ideologie, mit der diese Gesellschaftstruktur benutzt worden ist. Wie waren die Menschen, die damals als Christen gehandelt haben, als Christen Verantwortung trugen für Staat und Gesellschaft? Unter dieser Frage zeigt die Gesellschaft Venedigs damals einen grausigen Geisteszustand, der, da er sich ganz bewusst als christlich definierte, in gar keiner Hinsicht als Vorbild für unseren demokratischen Rechtsstaat und unsere Gesellschaft gelten kann. Man kann nur beschwörend das daran "typisch Christliche" als abschreckend deklarieren.

Wir haben zunächst Venedig als Modell ausführlicher dargestellt, wobei die damals abgelaufenen politischen und persönlichen Machenschaften noch viel hinterlistiger und gemeiner abgelaufen sind. Uns reicht das Grundmodell. Ähnlich müssten wir jetzt alle weiteren Modelle analysieren. Dafür ist hier nicht der Raum. Wir beschränken uns deshalb darauf, die jeweiligen Gemeinwesen auf den typischen Zeitgeist und seine bleibenden Folgen hin darzustellen, in dem die christlich Alleinverantwortlichen damals gehandelt haben.

2. Das heilige Rom im 13. Jahrhundert unter 5 Päpsten

Ein sehr markantes Modell für unsere Frage: Die heilige Stadt der Päpste des christlichen Abendlandes im hohen Mittelalter.

Am Anfang des Jahrhunderts stand Innozenz III, ein sehr intelligenter Mann, eine große Persönlichkeit unter den Päpsten. Ihm "verdankt" die Welt zwei besondere Beiträge zur christlichen Wertegemeinschaft:

- Zum einen: Die bischöfliche Verfolgungsbehörde der Ketzer und damit die Inquisition. Durch die Jahrhunderte hat sie unendlich viele Menschen nicht nur grausam verfolgt, sondern auch - meistens durch Verbrennen auf dem Scheiterhaufen - zu Tode gebracht. Allein in Spanien verzeichnete die Großinquisition 31.000 Autodafes. Das ganze christliche Abendland war von diesem Terror beherrscht.

- Zum anderen: Die Judengesetze. Per Papstdekret wurde die Judenfrage geregelt. Zur Neuerfindung gehörten unter anderen die Anweisungen, dass Juden einen gelben Davidstern zu tragen hätten zur Unterscheidung von den Christen; dass die Juden nur noch in Ghettos wohnen durften; dass die Juden kein ehrbares Handwerk ausüben, sondern nur tätig sein durften in den diskriminierten Geldgeschäften. Nicht Hitler hat das erfunden, sondern der Christ und Papst in Rom: Innozenz III. Es hat die Christen immer wieder zu Untaten gegen die Juden hingerissen durch das ganze folgende christliche Abendland hindurch.

Seine drei Nachfolger - Honorius III, Gregor IX, Innozenz IV - führten als "geistliches Schwert Gottes zur Rechten" einen brutalen Machtkampf gegen Kaiser Friedrich II als "weltliches Schwert Gottes zur Linken" mit entsetzlichen Intrigen und Gewaltanwendungen - jeweils im Namen und Auftrag Gottes.

Dieses unmenschliche Jahrhundert schloss ab mit Bonifaz VIII und seiner Bulle Unam Sanctam, mit der er in einem größenwahnsinnigen Machtanspruch des Papstes die schärfste theokratische Doktrin formulierte. Ideenpolitisch führte sie zum Zusammenbruch des Papsttums in Rom. Philpp IV, le Bel - der Schöne, König von Frankreich, machte 1303 dem Papstterror ein Ende und setzte den Papst (und seine Nachfolger bis 1378, bzw 1415) in Avignon als Gefangene fest.

***Christliche Wertegemeinschaft des Heiligen Roms** im Mittelalter und dann in der Renaissance?* Der junge Luther hat in seiner einfachen Frömmigkeit Rom mit Grauen den Rücken gekehrt und den Papst und seine Kirche den "Antichristen" genannt und als solchen bekämpft.

3. Spanien und das christliche Jubeljahr 1492

Die spanische Herrschaft in Kastilien erlebte 1492 als ein Jubeljahr, das die nachfolgende christliche Weltherrschaft Spaniens begründete, jenes Reich von Karl V und Philipp II, in dem die Sonne nicht unterging.

1492 - Das Ende der spanischen Reconquista.
Nach fast 800 Jahren Besetzung eroberte Spanien mit Granada das letzte Bollwerk des maurischen Islam zurück. Damit waren die iberische Halbinsel und damit das christliche Volk frei von den feindlichen islamischen Machthabern. Mit dieser Befreiung verfolgten die Spanier erbarmungslos alles, was im Land maurisch oder jüdisch war. Geschätzt werden an die 500.000 Morde an muslimischen und jüdischen Menschen - wobei die meisten davon längst zum christlichen Glauben übergetreten waren.

1492 - Die spanische Entdeckung Amerikas.
Columbus entdeckte unter spanischer Flagge auf seinem Seeweg gen Westen nach Indien den Kontinent Amerika. Ein Sturm brach los auf das neue Amerika mit Eroberungswut und Habgier. In seiner Folge wurde nahezu die gesamte Urbevölkerung in Mittel- und im nördlichen Südamerika ausgerottet. Ein entsetzliches Völkermorden - fast immer unter dem Vorwand, diese heidnischen Völker müssten zu ihrem Seelenheil dringend getauft werden - notfalls "mit Schwert".

Christliche Wertegemeinschaft? Das ist erst gerade 500 Jahre her. Kann irgendetwas an dieser "christlichen Gesellschaft" Vorbild sein? Eigentlich müsste man heute noch ganz Spanien vor einen Weltgerichtshof bringen mit der Anklage für vielfachen ungesühnten Völkermord.

4. Luthers Verrat am Bauernaufstand und das Bündnis von Obrigkeitsstaat und Staatskirche

Dieses Thema haben wir gerade vorausgehend ausführlich dargelegt mit dem Ergebnis, dass Luthers Reformation zwar innertheologisch Veränderungen bewirkt hat. Eine gesellschaftspolitische Basis für eine

christliche Wertgemeinschaft unserer modernen Welt ist dabei nicht entstanden.

5. Der französische Absolutismus von Gottes Gnaden in Paris

Nach Heinrich II, vermählt mit Katharina von Medici, erlebten die katholischen Könige Ludwig XIII, der XIV, der XV und der XVI im Absolutismus eine herausragende Epoche durch ihre herausgestellte Position als Alleinherrscher von Gottes Gnaden. Sie genossen im christlichen Volk verherrlichende Verehrung. Zwei Herrschaftsereignisse heben wir als typisch “abgehoben“ hervor:

August 1572. Die Bartholomäusnacht oder Pariser Bluthochzeit. Die Hugenotten, französische calvinistische Protestanten, hatten in Frankreich viele Anhänger gefunden, auch unter dem hohen Adel. Am ehesten könnte diese Gemeinschaft wegen ihrer hohen Eigenmoral und ihres Verantwortungsbewusstseins als eine genuin christliche Wertegemeinschaft gelten. Anlässlich der Hochzeit des jungen protestantischen Heinrich IV wurden in seiner Hochzeitsnacht auf Befehl der katholischen Katharina von Medici zwischen 20 bis 30.000 Hugenotten umgebracht. 30 Jahre herrschte Bürgerkieg, der mit dem Toleranzedikt von Nantes endete. Nach Aufhebung des Toleranzedikts 1685 flohen einige hunderttausend Hugenotten aus Frankreich.

1789 - am Vorabend der Französischen Revolution:
Der Aufstand der Mütter
Die Brotpreise war erhöht worden. Die soziale Lage der Massen spitzte sich damit in Paris zu. Eine Demonstration von Müttern zog mit ihren Kindern auf dem Arm zum Schloss in Versailles direkt vor das Gemach der Königin Maria-Antoinette, der Frau von Ludwig XVI. Indigniert fragte die Königin, was denn die da draußen so schrien. *Sie schreien nach Brot, Eure Majestät*, sagte der Kammerdiener. *Warum nach Brot? Gebt ihnen doch Kuchen.*

Christliche Wertegemeinschaft? Was, um Himmels willen, war an diesem absolutistischen französischen Staatswesen christlich außer sein gnadenloser katholischer Machtanspruch?

6 Elisabeth I contra Maria Stuart. Die Briten und ihre Königshäuser

Nachdem die protestantische Königin Elisabeth I die Thronanspüche der katholischen Maria Stuart mit deren Hinrichtung erledigt hatte, kam mit Marias Sohn Jacob I und ihrem Enkel Karl I dann doch das katholische Haus Stuart an die Macht. Ein dramatischer Kampf gegen Oliver Cromwell um die parlamentarischen Rechte des Volkes begann. Am Vorabend des folgenden englischen Bürgerkriegs kam es in Irland in Ulster zu einem katholischen Aufstand und Gemetzel unter den Protestanten. Noch heute nach 400 Jahren ziehen die Protestanten jährlich ihren Gedenkmarsch provokativ durch das katholische Wohngebiet im Hass der einen Art von Christen gegen die andere Art von Christen. ***Christliche Wertegemeinschaft?***

(3) Das Christliche und die Macht

Seit 380 ist die christliche Kirche absolut Staatskirche, die christliche Religion absolut Staatsreligion. Der römische Staat hat sie in die Macht genommen, nicht zuletzt, um seine eigene Macht zu retten. Die Kirche hat sich voll in diese Pflicht nehmen lassen. Seitdem spielt sie die Staatsrolle auf allen gesellschaftlichen Ebenen von unten bis ganz oben, über 1600 Jahre lang.

Sie ist in dieser Position immer schuldig geworden. Die Macht hat sie korrumpiert. Eigentlich hatte sie fast 2000 Jahre lang Zeit, mit den ungeheuren politischen Potential etwas Konstruktives zu gestalten, ja, die Welt zu verbessern. Das Fazit ihrer Arbeit ist eine weltliche Katastrophe. Sie hat alle negativen Möglichkeiten nicht nur mitgemacht, sie hat sie vorgemacht. Sie hat jede Form von Machtmissbrauch betrieben, oft in schlimmster Form. So ist sie erkennbar nirgends zu einer christlichen Wertegemeinschaft geworden, die für uns heute auch nur im Ansatz ein positives Beispiel sein könnte.

(4) Auf der Suche nach christlichen Werten

Wenn´s christlich mit Gemeinschaften so schwer fällt, geht's vielleicht mit einzelnen ethischen Werten besser?

Also: Welche christlichen Werte sind eigentlich gemeint bei christlicher "Werte"-Gemeinschaft. Der Begriff suggeriert, dass es ja zumindest zwei Werte sein müssten, die typisch christliche Werte wären. Also Werte, die in der "res-publica"-Gesellschaft absolute Vorrangstellung hatten. Doch zunächst auch hier eine Klarstellung:

Es geht nicht darum,
ob die Kirchen heute bereit sind, nach endlosem Widerstand die Grund- und Menschenrechte der säkularen Demokratie "innerlich" zu akzeptieren. Diese sind Verfassungsrecht unserer Demokratie!

Es geht hier darum,
welche Werte die christlichen "res-publica"-Gemeinschaften in ihrer eigenen Verantwortungsgeschichte als christliche Werte mit verfassungsähnlicher Gültigkeit praktiziert haben. Nach welchen konkreten Handlungsmaximen haben sie gearbeitet? Welche ideellen Gemeinschaftswerte haben sie geschaffen, die für die Gesellschaft konkret nützlich und praktizierbar waren? Nicht himmlisch in der Luft schwebend, sondern konkret in historischen Rahmenbedingungen, wie wir sie oben dargestellt haben. Fragen wir also nach Beispielen:

1. Toleranz - ein christlicher Wert?

Für nichts war eine christliche "res-publica" - Gemeinschaft weniger ein Beispiel als für Toleranz. Sie war die Intoleranz im Prinzip. Die absolute Unduldsamkeit. Nicht nur die katholische, auch die evangelische Kirche haben jedes ihrer Bekenntnisse mit damnamus - "wir verdammen" oder mit anathema - "Verfluchung" drapiert. Wer sich nicht unterwarf, der war draußen, wurde schwer bedroht mit Scheiterhaufen, Weltgericht, Fegefeuer, Hölle.Toleranz gab es nie.

2. Recht auf Selbstbestimmung, auf Glaubens- und Religionsfreiheit?

Es gab überhaupt nicht den Ansatz, religiöse Fragen außerhalb des klar vorbestimmten Rahmens auch nur zum Nachdenken freizugeben. Mit einer unglaublichen Unterdrückungskriminalität ist der Mensch in seinem eigenen Glauben immer niedergehalten worden, mit einem Anspruch der Unterdrücker, der in jeder Hinsicht unmenschlich war - und ist. Dieser Punkt 2 korrespondiert natürlich direkt mit Punkt 1.

3. Recht auf freies Denken und Vernunft, auf Forschung, auf Bildungs- und Meinungsfreiheit?

Die Menschen sind durch die Kirchen immer gezielt dumm gehalten worden. Ein weltliches Bildungsrecht für die Allgemeinheit gab es nicht. Erkenntnisse waren nur im Rahmen des Religiösen erlaubt. Noch heute hat der "Antimodernisteneid" der katholischen Kirche von 1910 Gültigkeit, der die Forschungsarbeiten katholischer Wissenschaftler grundsätzlich religiös einengt, ihnen deutlich Denkgrenzen zieht. Oder Luther: Natürlich hat er Schulunterricht für die Kinder gewollt, doch nur, damit sie selber in der Bibel lesen könnten, um frommer zu werden. Gelernt wurden Gesangbuchverse, Kleiner Katechismus. Realien gab es nicht. Freies Denken des eigenständigen Menschen haben die Kirchen immer bekämpft.

4. Recht auf Sicherheit und Eigentum, auf Unantastbarkeit der Person?

Man kann nicht sagen, dass christliche Gemeinschaften den Einzelnen im Prinzip nicht geschützt hätten. Die Zehn Gebote beinhalten die Verbote von Mord, Diebstahl, Ehebruch, Falsches-Zeugnis-Reden und damit implizit deutliche Schutzmaßnahmen für die einzelne Person. Dennoch war für die Kirchen die Verelendung der Massen in Sklaverei und Leibeigenschaft nie ein Problem. Luther hat sogar die Unfreiheit und Unterdrückung der Bauern als Gottes Willen verstanden. Unantastbarkeit der Person war eher ein jenseitiges Versprechen, willkürliche Antastbarkeit durchweg diesseitige Praxis.

5. Recht auf Frieden, auf Friedensstiftung und Völkerversöhnung?

Dies ist kaum ein ernsthaftes Thema in einer christlichen "res-publica"- Gemeinschaft gewesen. Frieden ist immer nur geschlossen worden, wenn die eine Seite ausgeblutet war, oder wenn es taktisch Vorteile ergab. Kaum aus christlich-menschlicher Friedensgesinnung.

Es gibt nur ein überzeugendes Beispiel:
Als Kaiser Friedrich II vom Papst gedrängt 1227 zum Kreuzzug antratt, empfing ihn der Sultan bei seinem Eintreffen in Palästina vor allen Kampfhandlungen zu einem Besuch. Friedrich war berühmt als großer Kenner und Liehaber der islamischen Kultur, ihrer Kunst und ihrer Wissenschaftt. Im Gespräch fragte der Sultan den Kaiser: *Warum bist du hier in Palästina?* Der Kaiser: *Ich will das Heilige Land zurück. Du willst mein Heiliges Land?* fragte der Sultan? *Nicht ich, der Papst*, antwortete Friedrich. Der Sultan überlegte lange, dann sagte er: *Ich gebe es D i r. Ich s c h e n k e es dir. Du bist mein Freund.* Beide schlossen einen Übergabevertrag und der Kaiser erhielt die heiligen Stätten einschließlich Jerusalem - ohne dass die schwerbewaffneten Heere auch nur einmal in Aktion traten. Friedrich II konnte sich in der Grabeskirche Jesu sogar sofort selbst zum König von Jerusalem krönen.

Als der Papst das erfuhr, geriet er in rasende Empörung und bestrafte den Kaiser mit Kirchenbann. Er wollte nicht Versöhnung und Frieden mit dem Islam. Er wollte Krieg und seine Vernichtung.

(5) Die Entwaffnung der Staatskirchen durch den modernen säkularen Staat

Eine Lüge ist eine Lüge. Auch eine Geschichtslüge ist eine Lüge. Wir reden hier ja gerade von Wertegemeinschaft und damit von Ethik und Moral.

Eine Lüge ist, wenn jemand Dinge, die er besser weiß, bewusst anders darstellt. Wenn er etwa die Verhältnisse, für die er selbst verantwortlich war, so verdreht und schönt, dass die ehemals begangenen Irrtümer, Verfehlungen oder Straftaten vertuscht oder sogar noch denen angehängt werden, die gegen die Verhältnisse gekämpft haben.

Gerade die Kirchen stellen ihre Vergangenheit so dar, dass ihre Handlungen für die moderne Gesellschaft nicht in ihren gesellschaftlichen Gräueltaten in Erscheinung treten, sondern eher als milde Heilsgaben. Sie stellen sich selbst so dar, als seien sie die Wegbereiter unserer modernen Gesellschaft, als seien aus ihrem Geist die Grund- und Menschenrechte entstanden, als sei ihre Herrschaftsmethode die Basis völkerverbindender Friedensordnung.

Die christlichen Kirchen heute lügen,[1]

**1. wenn sie behaupten,
dass aus ihrem christlich-theokratischen Staatsmodell
der Geist der demokratischen Verfassung entstanden sei.**

In der Geschichte des Christentums hat die christliche Macht nie auf einen demokratischen Staat gezielt und ihn nie gewollt. Demokratie widerspricht bis in die tiefsten Wurzeln dem christlichen Machtmodell aus Gott. Die ursächlich christliche Staatheorie steht deshalb auch heute noch im schärfsten Gegensatz zur Demokratie.

**2. wenn sie behaupten,
dass aus dem Geist des Christentums
die Grund- und Menschenrechte entstanden sein.**

---

[1] Zu den folgenden Punkten siehe unten Seite 419 ff unsere Darstellung: Der säkulare, demokratisch-verfasste Staat.

Die Zehn Gebote sind nicht christlich. Sie sind altisraelitisch-jüdisch. Als solche sind sie vorderasiatisches Kulturgut, das in seinen Wurzeln als Gottesrecht bis auf Hammurabi zurückgeht[1]: Von oben befohlen.

Grund und Menschenrechte sind dagegen säkulare Rechte, die aus dem Bewusstsein demokratischen Denkens entwickelt sind, nicht aus theokratischen Befehlen und Untertanengehorsam. Alle Grund- und Menschenrechte ohne Gott vertreten dazu ursächlich ein konträres, ein autonomes Menschenbild.

**3. wenn sie behaupten,
der säkulare Wille zur Völkerversöhnung
stamme aus dem kirchlichen Anspruch der Ökumene.**

Der die Welt beherrschende Absolutheitsanspruch der katholischen Kirche in der Ökumene hat nichts zu tun mit einer Völkergemeinschaft, die eine weltweite Einigung im Geist der Völkerversöhnung sucht. Ziel der Völkerversöhnung ist in ihrem Gegenteil der Repekt vor der absoluten Autonomie des Partners, der Wille zur gleichberechtigten Stellung aller, das Recht auf völlige Kultur- und Religionsfreiheit.[2]

Im Kontra:

Es ist der säkulare Staat gewesen, der den aggressiv-militanten Herrschaftswillen der katholischen Kirche der Demokratie als weltlicher Obrigkeit untergeordnet hat.

Es ist der säkulare Staat gewesen, der der katholischen Kirche das Schwert aus der Hand genommen hat und ihr damit untersagt hat, Menschen wegen Glaubensfragen weiterhin umbringen zu dürfen.

Es ist der säkulare Staat gewesen, der seinen Bürgern die Grund- und Menschenrechte geschaffen hat, einschließlich Meinungs-, Glaubens und Religionsfreiheit und sie damit zu freien Menschen macht.

Der säkulare Staat ist aufgerufen, den Menschen auch aus der Gewaltherrschaft der Religionen und Kirchen über den Tod des Menschen zu befreien: **Ein freier Mensch ist auch im Tod frei!**

---

1 Siehe dazu unten Seite 419 f.
2 Dazu unten Seite 467: Plädoyer für eine multikulturelle Welt.

4.1. Die Aufdeckung der Religion als Projektion des Menschen

durch Ludwig Feuerbach

(1) *Hegelkritik*

Anders als der Katholizismus hat der Protestantismus philosophisch offener auf die naturwissenschaftliche Herausforderung der Neuzeit reagiert, ja, er hat versucht, den "Faktor Gott" noch einmal geradezu offensiv in den generellen gesellschaftlichen Denkprozess einzubringen. Mit diesem Ziel erreichte die Philosophie im "Deutschen Idealismus" zum letzten Mal ein in sich geschlossenes metaphysisches System - mit dem Göttlichen als das Maß aller Dinge. Ihr wirkungsvollster Repräsentant war.

Georg Wilhelm Friedrich Hegel (1770 - 1831).
1818 erhielt er einen Ruf an die Universität Berlin als Professor für Philosophie. Berlin war damals schon unter dem Preußen-König Friedrich Wilhelm III und seiner geistvollen Frau Luise eine wissenschaftliche Hochburg. Denn seit Johann Gottlieb Fichte die Universität 1810 als Rektor eröffnet hatte, strahlte ihr Glanz weit über Berlins Grenzen hinaus.

Bereits in seiner Antrittsvorlesung am 22. Oktober 1818 hatte Hegel angekündigt, dass er die Philosophie zu völlig neuen Ufern führen werde. Und in der Tat: In wenigen Jahren erlangte Hegel von Berlin aus eine zentrale geistige Stellung in ganz Deutschland. Er wurde nicht nur bestimmend für Philosophie und Theologie. Sein Denksystem überwölbte unter dem Postulat des Göttlichen letztlich alle Wissensbereiche bis hin zu den Naturwissenschaften als eine grandiose metaphysische Zusammenschau des Wirklichen insgesamt.

Einzigartig dabei war Hegels Lehre vom "Weltgeist". Schon als Privatdozent in Jena hatte er darüber Vorlesungen gehalten, hatte am Vorabend der Jena-Schlacht 1806 das gerade fertige Buchmanuskript PHÄNOMENOLOGIE DES GEISTES wie einen Schatz in einem Wäschekorb aus der Stadt geschmuggelt, das grundlegende Werk seiner Philosophie. In ihm gibt er mit der Kategorie "Geist" eine umfassende Deutung des "reinen Seins".

Der Geist ist immer:

Der Geist bestand
v o r aller Welt als die Totalität aller Ideen.

Der Geist durchdringt
i n der Welt die Natur und die Geschichte.

Der Geist erreicht
n a c h der Welt seine höchste Stufe als absolute göttliche Vollkommenheit.

Diese Geist-Entfaltung will Hegel verstanden wissen als einen ständigen Prozess des Werdens, in dem sich das Sein in einem dialektischen Voranschreiten in These - Antithese - Synthese zu immer höheren Vollkommenheitsformen entwickelt. Der Mensch selbst ist durch sein Denken an diesem Prozess der Entfaltung des Geistes beteiligt. Hegel sah nicht zuletzt seine eigene Philosophie als höchstmöglichen Ausdruck des Geistes in der Welt.

Unter Hegels Katheder in Berlin saßen die Hörer dicht gedrängt, nicht nur Studenten aller Fakultäten, auch Offiziere, Ministerialräte, obere und untere Chargen der Verwaltung, Bürger aus allen Schichten. Hegels Vorlesungen waren ein gesellschaftliches Ereignis, ein staatspolitisches Officium. Dabei war die Hörerschaft in zwei konträre Gruppen gespalten:

- die eine bildeten die "Rechtshegelianer". Das waren all die erklärten Konservativen, die in Hegels Weltgeist die Aufrechterhaltung der absoluten Autorität sahen und zwar in der christlichen Religion als Sitte und Moral und im monarchistischen Staat als Recht und Staatsraison. Ihnen galt Hegel als d e r preußische Staatsphilosoph;

- die andere bildeten die "Linkshegelianer". Das waren dagegen die jungen Wilden, Männer von nachfolgend großer Bedeutung, etwa David Friedrich Strauß, der liberale Theologe, Walter Bauer, der mutige Verleger, Pierre Lassalle, der brillante Arbeiterführer; und im weiteren Umfeld auch Friedrich Engels und Karl Marx, die Träger der kommunistischen Internationale, Männer also von gesellschaftsveränderndem Geist. Ihr philosophischer Spitzenreiter war unbestritten

Ludwig Feuerbach (1804 - 1872).
Er wurde in Landshut in Bayern geboren. Sein Vater war ein höchst angesehener Jurist, beauftragt vom bayerischen König, ein neues Strafgesetzbuch für das Königreich Bayern zu entwerfen, das 1813 auch genehmigt und eingeführt wurde. Der junge Ludwig Feuerbach sah dagegen seine persönliche Berufung in der Theologie. Voller Enthusiasmus ging er zunächst an die Universität Heidelberg. Unter dem Einfluss des Theologen Karl Daub, einem begeisterten Hegelfreund, wurde dort aber schnell sein Interesse an der Philosophie entfacht, und nicht einmal die verbieterischen Bedenken seines strengen Vaters konnten ihn daran hindern, von Heidelberg nach Berlin zu gehen und damit von der Theologie in die Philosophie zu wechseln.

So saß Feuerbach in Berlin dem großen Philosophen Hegel zu Füßen, fasziniert von der Realitätsnähe hegelscher Denkweise. Denn Hegel entwarf mit seiner Weltgeisttheorie zwar eine total spekulative Philosophie, ein gleichsam "virtuelles Seinsmodell"; aber zugleich durchschritt er in seinen Vorlesungen in großen Bögen konkrete Weltgeschichte, öffnete seinen Hörern ungeahnte universalhistorische Perspektiven. Er hielt auch gerne Vorlesungen etwa zum Thema Philosophie der Weltgeschichte, und gab somit seinen philosophischen Spekulationen ganz konkreten Stoff. Gerade damals entwickelte sich mit dem positiven Historismus zunehmend die Darstellung der Weltgeschichte als objektive, ja, geradezu naturwissenschaftliche Wissenschaft innerhalb der Geisteswissenschaften.

Feuerbach war von Hegel hingerissen: *Ich atme die freie Luft des freien Geistes ...*

Feuerbachs eigenständiges philosophisches Denken verfing sich in einer Feststellung Hegels, die aufs Ganze gesehen wohl eher eine religionshistorische Randbemerkung gewesen sein mochte. Hegel hatte zur Religion der alten Griechen festgestellt, dass diese wegen ihrer "Anthropomorphismen" zugrunde gegangen sei. Das sollte heißen: Die alten Griechen hätten in ihre Götter ihr eigenes menschliches Wesen hineingelegt. Deshalb seien ihre Götter letztlich nichts anderes als das Spiegelbild ihres eigenen Menschseins. Folglich sei die Götterwelt des Olymp mit all ihren menschgestaltigen Wesen nichts anderes als menschliche Projektion - und damit so vergänglich, wie Menschliches eben vergänglich sei.

Diese Ausführungen hatte Feuerbach in Hegels Vorlesung zur Ästhetik gehört. Dass Hegel solch Urteil über die griechische Religion ungestraft aussprechen konnte, lag natürlich daran, dass die Götterwelt der Griechen ja seit über 2000 Jahren zusammengebrochen war. Niemand musste sich dadurch heute verletzt fühlen. Im Gegenteil. Diese Feststellung machte die Bedeutung des Christentums als einer lebendigen Religion nur um so strahlender, denn mit der niederen Stufe der griechischen Religion wurde die höhere Stufe des Christentums um so plastischer herausgestrichen als ein Voranschreiten des absoluten Geistes.

Brisant wurde Hegels Projektionsthese aber in dem Augenblick, in dem sie über die griechische Religion hinaus auf die Religionen allgemein und auf das Christentum insbesondere weitergedacht würde. Das hieß dann: Die Religionen insgesamt - auch die christliche Religion - sind nichts anderes als Spiegelbild des Menschen; alle transzendentalen Offenbarungsaussagen der Bibel - auch alle kirchlichen Dogmen - sind nichts weiter als spekulatives Reden des Menschen.

Das allerdings war Feuerbach schon gleich an Hegel aufgefallen, dass er in seiner Gottphilosophie eigentlich nicht anders redete als ein Pastor - rein spekulativ, aber viel hochtrabender. Wie anders sollte man Hegels Feststellung bewerten, wenn er auf die Frage, was denn der Gegenstand seiner WISSENSCHAFT DER LOGIK sei, antwortete: *Ich schreibe das, was Gott vor der Schöpfung gedacht hat*. Genau das ist spekulative Theologie oder theologische Spekulation.

(2) Alle Theologie ist Anthropologie

Gott - selbst der christliche Gott - ist nicht mehr als menschliche Projektion. Das war Feuerbachs nüchterne Antwort. Der Mensch schafft sich seinen Gott.

Eben diese These vertritt Feuerbach in seiner revolutionierenden Schrift DAS WESEN DES CHRISTENTUMS, die er 1841 veröffentlichte. Gleich zu Beginn des ersten Teils führt Feuerbach seine These kompromisslos durch: *Die Religion ist das bewusstlose Selbstbewusstsein des Menschen. In der Religion ist dem Menschen sein eigenes Wesen Gegenstand, ohne dass er weiß, dass es das seinige ist; das eigne Wesen ist ihm Gegenstand als ein andres Wesen. Die Religion ist die Entzweiung des Menschen mit sich selbst. Er setzt sich Gott als ein ihm entgegengesetztes Wesen gegenüber.*

Nicht Gott ist Schöpfer des Menschen, vielmehr: Der Mensch ist Schöpfer Gottes. Nicht Gott schuf den Menschen nach seinem Bilde, der Mensch, jeder Mensch, schafft sich Gott nach seinen menschlichen Vorstellungen. Deshalb ist Gott kein eigenständig existierendes Wesen, Gott existiert nur als Vorstellung des Menschen. Der Mensch ist Ausgangspunkt für das Sein Gottes, der Mensch ist Mittelpunkt für das Sein Gottes, der Mensch ist Ende für das Sein Gottes. Deshalb hat noch nie und nirgends Gott zu den Menschen geredet, sondern immer nur haben Menschen auf Gott hin geredet.

Von daher definiert Feuerbach staccato:

Gott ist des Menschen entäußertes Selbst.
Oder
Das göttliche Wesen ist nichts anderes als das menschliche Wesen.
Oder:
Das Wissen von Gott ist das Wissen des Menschen von sich, von seinem eigenen Wesen
Oder:
Die Lehre von Gott ist die Lehre vom Menschen.
Oder:
Homo homini deus - der Mensch ist dem Menschen Gott.

In summa:
Redet der Mensch von Gott, dann redet der Mensch von sich selbst.

Feuerbach setzte damit eine radikale Antithese zur gesamten spekulativen Denkweise Hegels:

- Der absolute Geist, der Geist Gottes gar, ist eben nicht die vorausgehende Qualität des "reinen Seins",
- er ist vielmehr die Folge menschlichen Bewusstseins.

Seine Kritik am "Unsinn des Absoluten" bedeutete deshalb konkret: Alle spekulativen Seinstheorien und damit jede spekulative Philosophie und Theologie zielen mit ihrem Postulat des eigenständig Absoluten auf eine fatale Verdrehung der Realität. Sie gaukeln damit der realen Welt eine transzendente Scheinwelt vor, die es als eigenständige Realität überhaupt gar nicht gibt.

Damit kam es jetzt noch einmal voll zu jenem fundamentalen Erkenntniskonflikt, den schon Wilhelm Ockham[1] mit seiner Kritik an der thomistischen Theologie der Scholastik heraufbeschworen hatte. Gegen die universalistische Absolutsetzung des Allgemeingültigen in einer fiktiven Eigenwelt hatte Ockham festgestellt: Alles Reden von den Universalien als den Grundlagen des Seins an sich ist nichts anderes als das spekulierende Denken des Menschen darüber. Deshalb seine These: universalia p o s t rem - die Universalien bestehen nur im Kopf des Menschen. Jetzt nahm Feuerbach diese Fundamentalkritik neu auf und formulierte in unerbittlicher Schärfe gegen jedwede spekulative Philosophie und Theologie:

Alle Theologie ist Anthropologie.

Schon damals im Mittelalter wurde Ockham wegen seiner kirchenwidrigen Aussagen verfolgt. Ihm wurde die Lehrlizenz verweigert, seine Bücher wurden verboten, er selbst eingesperrt und exkommuniziert. Feuerbachs Thesen waren der christlich-bürgerlichen Gesellschaft zur Mitte des 19. Jahrhunderts ebenso eine Ungeheuerlichkeit. Sie galten den Verantwortlichen als Umsturz aller bisher geltenden Denkvoraussetzungen.

---

[1] Zu Ockham siehe oben Seite 85 f.

Mit Recht. Denn Feuerbach selbst glaubte, mit seiner Analyse der christlichen Religion alle spekulative Theologie und Philosophie endgültig überwunden zu haben und damit eine menschliche Selbstbefreiung zu bewirken. Doch die Offiziellen reagierten mit heller Empörung. Die institutionellen Akademikerkreise verschlossen ihm den Zugang zu einer Professur und zerstörten Feuerbachs letzte Hoffnung auf eine Universitätskarriere. So blieb er immer "nur Privatgelehrter". Der Wirkung seiner Religionskritik hat das allerdings kaum Abbruch getan.

Für seine These nun, dass Gott nichts als eine Projektion des Menschen sei, führt Feuerbach in seinem "Wesen des Christentums" eine Vielzahl von Belegen als "Beweismaterial" an. Immer wieder zeigt er auf, dass religiöse Bekenntnisse rein menschlichen Ursprung haben, theologische Aussagen menschliche Konstruktionen sind, das Göttliche sich als das rein Menschliche erklärt.

Doch streng genommen ist keiner seiner Belege im Sinne einer wissenschaftlichen Beweisführung ein Beweis dafür, dass es nicht dennoch einen außermenschlichen Gott gibt. Gott als Projektion des Menschen schließt einen außermenschlichen Gott zwingend nicht aus. Selbst wenn alles bisherige Reden Gottes anthropologisch bedingt wäre, könnte Gott theoretisch sehr wohl als eigenständige Größe außerhalb des Menschen manifest sein.

Feuerbachs Schlussfolgerung, dass es Gott nicht gibt, ist deshalb - ganz streng genommen - nur ein "anthropologischer Atheismus". Das heißt: Sein Atheismus gilt nur insoweit, als er sich auf die menschliche Selbsterkenntnis bezieht, das Sein also nur innerhalb des menschlichen Bewusstseins definiert, die Wirklichkeit nur als menschliche Naturerfahrung reflektiert wird.

Selbst wenn man alle seine Belege dahingehend akzeptierte, dass wirklich keiner von ihnen einen Beweis für einen außermenschlichen Gott bringt, hieße das doch letztlich nur: Was sich im speziellen Menschsein ausschließt, bleibt im generellen Weltsein als Option offen. Der Schluss allein aus dem rein Menschlichen auf das generelle Sein definiert nicht letztgültig das Sein.

Dennoch ist Feuerbachs anthropologischer Atheismus von ungeheurer Bedeutung. Denn der Beweis, dass es Gott über einen Anthropologischen Atheismus hinaus dennoch gäbe, wird jetzt zur Bringeschuld derjenigen, die Gott als eine außermenschliche Größe behaupten. Die transzendentale Spekulation muss beweisen, dass es über die anthropologische Konditionierung hinaus Gott dennoch im Außermenschlichen, gar Außerweltlichen, gibt. Die Gottbehaupter selbst sind also im Zugzwang. Sie müssen jetzt reale Belege für das von ihnen optierte Jenseits bringen.

Die - mit Feuerbach - vollzogene Abkehr des Atheisten von einer solchen jenseitigen Gottsuche gilt deshalb uneingeschränkt bis zu einem Beweis des außermenschlich Transzendenten. Hochtrabende Hermeneutik, gläuberische Apologetik, gar schlicht fromme Entrüstung sind selbst immer erneut nur eine Verschleierung der Tatsache, dass über die anthropologischen Erklärungen der Religion hinaus auch weiterhin keinerlei Beweise für einen eigenständigen außermenschlichen, gar außerweltlichen Gott vorliegen.

(3) Anthropologischer Materialismus

Feuerbachs Rückführung der Gottes- und Religionsvorstellungen auf das menschliche Bewusstsein wurde noch in einem ganz anderen Sinn richtungweisend. Denn Feuerbach stellte nicht nur fest, d a s s der Mensch Gott projiziert, sondern zunehmend auch w a r u m und w i e. Er analysierte die menschlichen Gründe der Religionsbildung.

Damit dringt er immer stärker in die Psyche des Menschen ein, und es öffnet sich ihm das weite Spektrum der menschlichen Bedürfnisse als Frage nach dem Menschen selbst. Philosophie wird ihm somit zu einer anthropologischen Philosophie, der Einstieg in eine differenzierte Psychologie in der Zuspitzung: *Der Mensch in seinem Eigennutz* (Feuerbach: *Egoismus*) *ist die Wurzel aller Religion und Theologie.*

So erkennt Feuerbach Sehnsüchte und Wünsche des Menschen, aus denen heraus Religion freigesetzt wird: *Was der Mensch nicht wirklich ist, aber zu sein wünscht, das macht er zu seinem Gotte oder das ist sein Gott.*

Der Gottesbegriff stammt nicht aus der Erfahrung mit einem wirklich handelnden Gott. Der Gottesbegriff stammt aus der menschlichen Sehnsucht, also aus einem psychosomatischen Mangel.

- Der Mensch ist sterblich, Gott ist unsterblich:
  der Mensch will wie Gott ewig leben.
- der Mensch ist böse, Gott ist gut:
  der Mensch will wie Gott edel, hilfreich und gut sein;
- der Mensch ist geistig begrenzt, Gott ist allwissend:
  der Mensch will erkennen und wissen wie Gott.

Eine endlos dualistische, gegenpolige Reihe: All das, was der Mensch nicht ist, nicht vollständig ist, setzt er in Gott absolut und über Gott und einer gläubigen Teilhabe an ihm zum vollkommenen Ziel seiner selbst: Religion sind unbegrenzt Träume der Glückseligkeit.

Mit seiner anthropologischen Philosophie vollzieht Feuerbach zugleich einen bedeutsamen Einstieg in einen anthropologischen Materialismus. Er sucht - kompromisslos gegen Hegel - nach dem Ort des "wirklichen Seins" und findet ihn in der Wesenhaftigkeit des Menschen, das heißt in der menschlichen Natur. Die ureigene Natur des Menschen ist ihm dessen Sinnlichkeit, das bedeutet: Die Sinne, also die physiologischen, das heißt, materialistischen Reize, bilden die Grundlage aller Erkenntnis. In den Wahrnehmungen der Sinne wird dem Menschen das Dasein als die einzige unmittelbar gegebene reale Welt fassbar, *Wahrheit, Wirklichkeit, Sinnlichkeit sind identisch.*

Von diesem anthropologischen Materialismus aus kommt Feuerbach immer überzeugender zu einem atheistischen Materialismus: Es gibt nichts am Menschen, was nicht im Menschen selbst liegt. Gerade auch der Geist ist wesenhaft nicht übersinnlich außerhalb, sondern sinnlich in der Natur des Menschen begründet. Indem sich aber alles am Menschen so aus dem Menschen heraus erklärt - auch sein Geist, auch seine Religion, auch sein Gott - wird Gott als übermenschliche Größe überflüssig. Nichts sprengt den Rahmen atheistisch-materialistischer Definition menschlicher Natur.

Den Menschen so aus sich selbst heraus atheistisch-materialistisch als Natur zu verstehen, heißt zugleich, die Natur aus sich selbst heraus atheistisch-materialistisch zu verstehen. Es gibt nichts in der Natur, was nicht aus der Natur selbst ist. Die Natur ist somit autonom. Indem sich aber Natur als Natur erklärt, wird Gott letztlich auch als supranaturale Größe überflüssig. Offene Fragen zur Natur dürfen nicht als spekulative Fluchtwege benutzt, sondern nur zum Anlass genommen werden, tiefer in die Natur hinein zu fragen.

Denn wenn der Mensch die Natur noch nicht ausreichend versteht und sie deshalb supranatural begründet, sagt das nichts über einen außerweltlichen Gott, sondern nur wieder, dass der Mensch Gott aus rein menschlichen Gründen formuliert, eben weil er es (noch) nicht besser weiß. Wieder ist der (Erkenntnis-) Mangel Ursache, Gott zu erfinden.

Ein solcher elementarer Erkenntnisfortschritt der Natur war für ihn Darwins neue Evolutionstheorie. Nicht, dass er sie als Prinzip der Natur in seinem Anthropologischen Materialismus hat bereits voll umsetzen können. Aber in seinen späten Arbeiten hat er den Evolutionsgedanken in der Beurteilung der Religion über das Wesen des Christentums hinaus zumindest generell aufgenommen mit der Feststellung, es mache keinen Unterschied, ob Polytheismus oder Monotheismus geglaubt wird. Immer seien die Götter oder Gott nur der Inbegriff der Gattung Mensch, der Mensch des Wunsches, der Idealmensch.

Dieser konsequent anthropologische Denkansatz Feuerbachs -atheistisch-materialistisch - gilt als bahnbrechend. Die Philosophiegeschichte hat ihn als "Anthropologische Wende" gewürdigt.

Feuerbachs Axiomatik im ausschließlich Menschlichen ist ein elementarer Vorausgriff auf Sigmund Freud: Dessen Psychoanalyse - Triebstruktur als Grundbedingung der menschlichen Natur - wird diesen anthropologischen Ansatz in letzter Konsequenz aufnehmen und damit Feuerbachs großartige Denkleistung empirisch weiterführen.

Es versteht sich, dass auch Sigmund Freud sich selbst und seinen Wissenschaftsansatz rein atheistisch verstanden hat.

(4) Karl Marx
11 Thesen gegen Feuerbach

Die epochale Denkleistung Feuerbachs gegen alle spekulative Philosophie hat Friedrich Engels in einem berühmten Votum gewürdigt:

Da kam Feuerbachs "Wesen des Christentums". Mit einem Schlag zerstäubte es den Widerspruch, indem es den Materialismus ohne Umschweife wieder auf den Thron erhob. Die Natur existiert unabhängig von aller Philosophie; sie ist die Grundlage, auf der wir Menschen, selbst Naturprodukte, erwachsen sind; außer der Natur und den Menschen existiert nichts, und die höhern Wesen, die unsere religiöse Phantasie erschuf, sind nur die phantastische Rück-spiegelung unsers eigenen Wesens ... Man muss die befreiende Wirkung dieses Buches selbst erlebt haben, um sich eine Vorstellung davon zu machen. Die Begeisterung war allgemein: Wir waren alle momentan Feuerbachianer.

In geistiger und menschlicher Nähe zu Friedrich Engels stand

Karl Marx (1818 - 1883).
In Trier geboren, stammte Marx aus einem Pastorenhaus. Als er Feuerbachs WESEN DES CHRISTENTUMS las, war er 22 Jahre alt. Wie sehr diese Lektüre sein Bewusstsein verändert hat, beschreibt er selbst mit dem Satz: *Wir wären alle nicht, hätte uns Ludwig Feuerbach nicht die Augen geöffnet. Er war es, der uns befreit hat.*

Dennoch setzt er sich in seiner wichtigen Frühschrift DIE DEUTSCHE IDEOLOGIE aus den Jahren 1845/46 äußerst kritisch mit Feuerbach auseinander. Er legt damit zugleich den Grundstock für das KOMMUNISTISCHE MANIFEST[1] von 1849. Erst sehr viel später wird DAS KAPITAL fertig: Erster Band 1867. Nach seinem Tod: Zweiter Band 1885, dritter Band 1894. Friedrich Engels, sein treuer Freund, mit dem er sein Leben lang eng zusammengearbeitet hat, stirbt 12 Jahre nach ihm 1895.

---

[1] Genau: MANIFEST DER KOMMUNISTISCHEN PARTEI.

Marx hat sich lange Zeit bemüht, Feuerbach in das Lager der kommunistischen Bewegung hineinzuziehen. Doch Feuerbach hat sich nicht ziehen lassen. Er hat sich standhaft geweigert, aus seiner philosophischen Position in die Gestalt eines gesellschaftspolitischen Revolutionärs zu mutieren. Er wollte Philosoph, radikaler Philosoph bleiben. Ganz unabhängig davon fühlte er sich mit der Revolution von 1848 der demokratischen Bewegung verbunden und war davon überzeugt, dass nicht der absolute Herrscher, sondern das Volk der Souverän sei. Kurz vor seinem Tod hat er Marx´ KAPITAL gelesen und ist schließlich doch noch in die Sozialistische Partei eingetreten.

Dennoch hat Marx den Philosophen Feuerbach scharf angegriffen und in diesem Angriff seine eigene Position weiterentwickelt. So schreibt er schon 1845, also nur vier Jahre nach Feuerbachs WESEN DES CHRISTENTUMS seine wichtige Schrift DIE DEUTSCHE IDEOLOGIE mit den (ELF) THESEN ÜBER FEUERBACH, gipfelnd in der folgenschweren Schlussthese

These 11: ***Die Philosophen***
haben die Welt nur verschieden interpretiert,
es kommt darauf an, sie zu verändern.

Der Philosoph interpretiert die Welt nur.
Marx meint das böse. Das Denken der Philosophen und Theologen strebt hochtrabend immer über das Irdische hinaus, sucht Begründungen außerhalb der Welt, Erklärungen also, die gar nicht in unserer Welt liegen, sondern in der Welt der Ideen, in der Welt des Göttlichen, des Jenseitigen überhaupt. Mit diesen Ideen und Begriffen kapseln sich die Philosophen von der weltlichen Wirklichkeit ab, sind immer irgendwie auf der Flucht vor dem, was unsere Welt ist.

Friedrich Nietzsche hat später speziell die Schulphilosophen der Universitäten noch viel schärfer kritisiert. Er wirft ihnen vor, dass sie mit ihrem Philosophieren nur solche Ergebnisse herausbekämen, die sie herausbekommen wollen. Sie stellten ihre Problemfragen immer schon so, dass nur ein gutes, ein sittliches, ein Gott wohlgefälliges Ergebnis herauskommen könne. Solches Philosophieren aber ist Selbstbetrug. Denn wer von Anfang an nur auf das Gute hin fragt, kriegt zum Schluss auch nur das erwartungsgemäß Gute heraus.

Die Philosophieprofessoren sind ihm deshalb denkende Scharlatane, die nicht offen sind für das, was real ist, sondern nur für das, was sie in ihren Vorstellungen gerne möchten, was wirklich sein solle.

Nur wer offen in die Wirklichkeit hineindenkt mit dem Risiko ins Negative, ins Nichts, der erfährt - so Nietzsche - dass die Wirklichkeit ganz anders ist. So reißt Nietzsche selber mit seiner neuen nihilistischen Philosophie alle bestehenden etablierten Denkgebäude ein, sprengt mit "Gott ist tot" alle konstruktiven Seins-Interpretationen.

Der Philosoph muss sich der krassen Wirklichkeit auf radikale Veränderung hin stellen.

Diesen realistischen Ansatz haben Marx und Nietzsche gemeinsam - allerdings liegen sie beide in ihren jeweiligen Schlussfolgerungen daraus völlig konträr. Uns geht es hier nur um den Ansatz des neuen Philosophieverständnisses bei Marx, um seinen Versuch, die *Welt vom Kopf auf die Füße zu stellen.*

Marx beschreibt in seinem KAPITAL (Band 1) ganz bewusst und gezielt das Elend der Proletarier im kapitalistischen Produktionsprozess, Bedingungen vor allem von Kindern, die schon mit 7 Jahren in einem bis zu 16stündigen Arbeitstag an Maschinen angekettet sind; von Kindern, die als lebende Schornsteinfegermaschinen in die Schlote hinuntergelassen werden und fast immer nach kurzer Zeit sterben - doch immer ist sofort Ersatz für sie da: 2000 derartige Kindertote pro Jahr, Marx nennt das *Verwandlung von Kinderblut zu Kapital,* nur ein kleines Zeichen für das dramatische Elend der Menschen in der (damaligen) kapitalistischen Industriearbeit.

Was hat das mit Philosophie zu tun, mit den schönen Ideen der Philosophen von einer heilen, abstrakt-geistigen Wirklichkeit?

Alles - kontert Marx. Das sind Menschen! *Die Voraussetzungen, mit denen wir beginnen*, sagt Marx, *das sind die wirklichen Individuen, ihre Aktionen, ihre materiellen Lebensbedingungen* - die materielle Wirklichkeit gegen alles geistig Ideelle, Abstrakte, Fiktive. Es nützt nichts, das Gute abstrakt zu denken. Es gilt, *die realen Verhältnisse umzuwerfen*, in denen der Mensch ein erniedrigtes, ein geknechtetes, ein sich selbst entfremdetes Wesen ist. Gerade von den Philosophen muss das Gute, das Humane konkret gedacht und praktisch in die reale Wirklichkeit hinein zur Veränderung gebracht werden.

Diese Schluss-These 11 mit der Neubestimmung der Philosophie zur Veränderung der konkreten sozialen Verhältnisse gründet in Auseinandersetzung mit Feuerbach in den vorausgehenden äußerst wichtigen Thesen 5 - 8:

These 5: ***Feuerbach,***
mit dem abstrakten Denken nicht zufrieden,
will die Anschauung; aber er fasst die Sinnlichkeit
nicht als praktische menschlich-sinnliche Tätigkeit.

Anschauung ist Sinnlichkeit, ja.
Zunächst bestätigt Marx Feuerbach ausdrücklich in der Grundeinsicht, dass die reale Wirklichkeit nur durch Anschauung fassbar ist. Was der Mensch und die Welt ist, erfährt der Mensch sinnlich, über seine Sinne. Feuerbach hatte Sinnlichkeit und Wirklichkeit in eins gesetzt.

Sinnlichkeit aber ist praktische Tätigkeit des Menschen.
Warum nur - so Marx ziemlich fassungslos - bleibt Feuerbach in der sinnlichen Betrachtung des Menschen bei dessen Beschreibung in ontologisch-statischen Positionen stehen, im Geistig-Prinzipielle also als eine Art Hardware? So wichtig diese als Voraussetzung ist, so entscheidend ist für das Individuum im Einzelnen und für die Individuen insgesamt dagegen die Software: Das Geschehende. Das Sich-Ereignende. Das Handelnde und Tätige. Das Gelebte.

These 6: ***Feuerbach löst das religiöse Wesen***
in das menschliche Wesen auf.
Aber das menschliche Wesen ist kein
dem einzelnen Individuum innewohnendes
Abstraktum.
In seiner Wirklichkeit ist es
das Ensemble der gesellschaftlichen Verhältnisse.

Das menschliche Wesen ist kein Abstraktum.
Der Mensch ist kein fest errichtetes Gebäude, das von religiös-philosophisch-ideellen Architekturmaßen vorgegeben steht und nach diesen Vorgaben vermessbar wäre. Der Mensch ist keine fixe Idee hinter den Sternen, kein spekulatives Hirngespinst, kein Dogma aus der Transzendenz, kein Sein an sich, kein geistiges Nichtdingliches.

Das menschliche Wesen
ist das Ensemble der gesellschaftlichen Verhältnisse.
Das ist die alles entscheidende Feststellung bei Marx. Der Mensch ist etwas Gewordenes, noch schärfer: Etwas Gewordenes in und aus der realen Wirklichkeit heraus, aus den materiellen Bedingungen des Daseins. Alles Sein, nicht nur biologisch, alles Bewusstsein, auch alles Soziale, ist Produkt materieller Entwicklung. Das Materielle ist der Ausgangspunkt allen Seins, deshalb Materialismus.

Das Ensemble der gesellschaftlichen Verhältnisse umfasst somit alle denkbaren Faktoren der Daseinsbestimmung in Geschichte und Gegenwart. Was der Mensch ist, ist er in Sozialgeschichte, in Kommunikations- und Kulturgeschichte, in Erkenntnis- und Bildungsgeschichte, in Religions- und Geistesgeschichte geworden.

Den denkbar größten Einfluss in Ursache und Wirkung im Ensemble der gesellschaftlichen Verhältnisse haben allerdings die ökonomischen Bedingungen, in denen sich der Mensch entwickelt hat und noch entwickelt. Für Marx sind die wirtschaftlichen Voraussetzungen die entscheidenden Kräfte der gesamten Menschheitsgeschichte.

These 7: Feuerbach sieht nicht, dass das religiöse Gemüt selbst ein gesellschaftliches Produkt ist und dass das abstrakte Individuum, das er analysiert, einer bestimmten Gesellschaftsform angehört.

Das Gemüt ist ein gesellschaftliches Produkt.
Damit wird das Ensemble der gesellschaftlichen Verhältnisse nicht nur konkretisiert, sondern inhaltlich noch verschärft. Denn "Gemüt" als Ausdruck des Innenlebens des Menschen, als seine geistige und seelische Gesamtverfassung, auch in seinem religiösen und Gott bezogenen Wesen, wird als gesellschaftliches Produkt definiert.

Jede Momentaufnahme vom Individuum ist Ausdruck eines bestimmten gesellschaftlichen Zustandes.
Der punktuelle Befund eines Individuums bringt immer einen spezifischen gesellschaftlichen Entwicklungsstand zum Ausdruck. Er ist der Focus des Ensembles der gesellschaftlichen Verhältnisse je Augenblick, aus dem sich das Individuum ableiten und erklären lässt.

“Historischer Materialismus“.
Der generelle Materialismus, der ja schon lange vor Marx entstanden war, wird durch die besondere Betonung der geschichtlichen Entwicklung bei Marx zum “Historischen Materialismus“. Die Historizität als solche ist ein ganz wesentliches Objektivitätskriterium des Materiellen. Zugleich ist dieser historische Materialismus zwangsweise voll atheistisch. Denn insofern er von unten aus dem Weltlichen heraus definiert ist, werden aller geistiger Überbau und alles Theoriegesetzte, zum Beispiel Religion und Wissenschaft, Recht und Moral, letztlich natürlich auch Ökonomie und Produktionsverhältnisse, Staat und klassenlose Gesellschaft zu Folgeerscheinungen, zu “Epiphänomene“ der materiellen Wirklichkeit.

These 8: ***Das gesellschaftliche Leben ist wesentlich praktisch.***
Alle Mysterien,
welche die Theorie zum Mystizismus veranlassen,
finden ihre rationelle (so!) ***Lösung***
in der menschlichen Praxis
und in dem Begreifen dieser Praxis.

Das gesellschaftliche Leben ist wesentlich praktisch.
Marx betont noch einmal mit starkem Übergewicht gegen das Abstrakte das Menschsein aus dem tätigen Geschehen, aus dem handelnden Erleben, aus der Dynamik der Kommunikation. In all dem ereignet sich die Vielfalt des individuellen und kollektiven Daseins.

Alles religiös-philosophisch Spekulative lässt sich aus der praktischen Wirklichkeit heraus erklären.
Alle aufs Jenseitige ausgerichteten Praktiken welcher Form auch immer (Mysterien), natürlich auch alles Religiöse und Göttliche, sind Produkte der generellen Gesellschaftspraxis. Das Ideell-Geistige ist nicht Subjekt, sondern Objekt. Hier geht Marx ganz auf Feuerbach zurück, allerdings auch hier wieder mit dem Zusatz, dass dies nicht ontologisch zu verstehen ist, sondern gesellschaftlich-ökonomisch.

Speziell die Religion ist das Produkt ökonomischer Konditionierungen der Menschen. Als solches ist sie in ihrer Entstehung und ihrer gesellschaftlichen Funktion und damit Wirkung unmittelbar ableitbar und erklärbar. Sie kann und muss bei der Veränderung der Gesellschaft als sozialer Faktor genau eingeschätzt und beurteilt werden.

(5) "Opium des Volkes" als Kritik an der Gesellschaft

Dieses berühmte, viel zitierte Wort *Opium des Volkes* stammt ursächlich nicht von Karl Marx. Wir finden es wohl zuerst bei Paul H. Th.Holbach[1], neben Denis Diderot einer der maßgeblichen Enzyklopädisten[2] in Paris, Vorkämpfer des atheistischen Materialismus der französischen Aufklärung. Bei Marx steht dieses Wort in seiner Einleitung ZUR KRITIK DER HEGELSCHEN RECHTSPHILOSOPHIE von 1844: *Religion ist der Seufzer der bedrängten Kreatur, das Gemüt einer herzlosen Welt ... Sie, die Religion, ist das Opium des Volks.*

Wenngleich nicht von ihm selbst, wird dieses Wort dennoch zu einer urtypischen Definition von Karl Marx, weil es sich aus der originären Gedankenfolge seiner Religionskritik aufbaut und so zum Fundament seiner gesamten philosophischen Grundsatzkritik wird. *Kritik der Religion*, sagt Marx , *ist die Voraussetzung aller Kritik.*

Das häufige Missverständnis dieses Opium-Wortes beginnt schon mit seiner Verkürzung auf "Religionskritik". Natürlich kritisiert Marx auch die Religion. Aber ihn kümmert wenig eine Auseinandersetzung um die religiöse Wahrheit von Dogmen oder Glaubensaussagen. Religionsinhalte als solche spielen für ihn nahezu keine Rolle.

Marx kritisiert vielmehr mit diesem Wort die Verhältnisse, die Religion in der Gesellschaft notwendig machen. Das Wort ist eine radikale Kampfansage an jede Gesellschaft, deren unverzichtbarer Teil die Religion ist. Denn der allgemeine Gebrauch von Religion macht erkennbar, dass die Gesellschaft Mängelzustände aufweist, die das Volk dazu zwingen, als Ersatz für irdisches Glück Religion zu gebrauchen, so wie jemand, der wegen seines elenden Krankheitszustandes Opium als Trost- und Schmerzmittel braucht.

---

1 1761 in seinem Buch: Entschleierung des Christentums.

2 Von 1762 - 1772 erschien in 17 Bänden die Encyclopédie ou Dictionnaire raisonné des sciences ..., das Standardwerk der französischen Aufklärung, herausgegeben von Diderot und d´Alambert. Die wichtigsten Autoren, etwa Rousseau, Voltaire und auch Holbach und die Herausgeber selbst werden "Enzyklopädisten" genannt.

Religion als Opium des Volkes als Angriff auf die gesellschaftlichen Verhältnisse beinhaltet also ursächlich die gesamte Breite Marxscher Gesellschaftskritik. *Die Forderung,* so Marx, *die Illusionen über einen Zustand aufzugeben, ist die Forderung, einen Zustand aufzugeben, der der Illusionen bedarf.*

Es geht also nicht vordergründig darum, das Opiat Religion zu bekämpfen, sondern vom Grundsatz her darum, die Bedingungen, die das Opiat Religion nötig machen, außer Kraft zu setzen. Mit der Aufhebung dieser Bedingungen erledigt sich das Opiat Religion als Folge dann von selber.

Marx sieht in Hunger und Armut, in persönlichem Wertverlust und in der Entfremdung die ursächlichen Gesellschaftszustände, die die Proletarier verzweifeln und ihre Illusion der Religion wie eine notwendige Flucht in den Himmel erscheinen lässt. Nicht aus Kritik am Himmel selber, sondern im Widerstand gegen Verhältnisse auf der Erde, die den Himmel nötig machen, muss Religion als falscher Weg aufgedeckt werden.

Von daher erklärt sich Marx´ exzessive Bereitschaft zur Veränderung der bürgerlich-kapitalistischen Gesellschaft als politischer Atheismus. Gesellschaftsveränderung muss notfalls durch Revolution erfolgen, mit dem Ziel der Vernichtung der herrschenden Klasse, die schuld an den Verhältnissen ist. Marx hat den Umsturz nicht nur angekündigt, sondern in seinen politischen Aktivitäten zum konkreten Ziel gesetzt. Allerdings war er selbst nie am konkreten Umsturz beteiligt. Der erfolgte erst später durch Lenin in der Russischen Revolution 1917.

Marx´ Revolutionsziel war die "klassenlose Gesellschaft", eine Gesellschaft, in der die radikalen Fronten zwischen Kapital und Lohnempfängern, Bürgern und Proletariern aufgehoben sind. Dafür mussten die kapitalistischen Produktionsverhältnisse, die die Verelendung der Massen bewirkten, aufgehoben werden. Das aber ging nur durch Revolution mit Auflösung des Privatbesitzes. Allen gehört alles! Damit entsteht für Marx die wirkliche Gleichheit aller Menschen.

Karl Marx war im letzten ein reiner Humanist, Idealist und Utopist: Er wollte allen Menschen das Paradies auf Erden schaffen.

(Zur direkten Fortsetzung siehe unten Seite 449 ff.)

4.2. Geist zu Materie oder Materie zu Geist? Die elementare Frage des Seins

(1) Geist zu Materie

Unser Menschenbild muss völlig neu durchdacht werden. Denn noch immer wird der Mensch eher jenseitig beheimatet als diesseitig definiert. Noch immer wird das Menschsein von mythischen Anfängen her abgeleitet. Noch immer wird das Menschliche mit einem magisch-transzendenten Schein umhüllt. Gott bleibt weiterhin offen oder verdeckt creator hominis, Schöpfer des Menschen.

Letzter Grund dafür ist noch immer die Vorstellung, dass der Mensch als ein lebendes Wesen dem Geist Gottes entstammt. So erzählt die älteste Schöpfungsgeschichte des Alten Testamentes in Genesis[1] 2,7, dass Gott dem Menschen seinen Odem, seinen Geist, eingehaucht habe. Theologen zu allen Zeiten haben von daher eine göttliche Geistgebung als den außergewöhnlichen Akt der Menschwerdung behauptet. So bezeichnet etwa der Alttestamentler Gerhard von Rad[2] Genesis 2,7 als den klassischen Beleg für die biblische Anthropologie und folgert bedeutungsschwer: "Der sich mit dem Stofflichen verbindende göttliche Lebensodem macht den Menschen zu einem “Lebewesen“ sowohl nach der Seite des Physischen wie des Psychischen hin. Dieses Leben stammt direkt von Gott ...".

Von daher wird der Mensch bis heute von sich selbst den Eindruck nicht los, dass das, was ihn speziell zum Menschen macht, eben sein von Gott persönlich eingegebenes geistiges Wesen sei. Darin liegt

---

1 = Entstehung. Hier: 1. Buch Mose mit der ältesten biblischen Schöpfungsgeschichte in Kapitel 2, 2,4b - 24 (etwa 1200 vor Christus) und der jüngeren Schöpfungsgeschichte in Kapitel 1,1- 2,4a (etwa 500 vor Chr.).

2 Gerhard von Rad, Das erste Buch Mose, ATD, Göttingen 1961, Seite 62.

zugleich von alters her der Erwählungsstolz des Menschen: Der Mensch mag wissenschaftlich erscheinen wie er will. Im Letzten versteht er sich als etwas aus Gottes Geist Geschaffenes und sieht sich damit der Natur und der materiellen Welt gegenüber als qualitativ einzigartig. Auch der moderne Mensch mag sich am liebsten als Krone göttlicher Schöpfung.

Das aber führt zur Vorstellung, dass der Mensch eben in seinem eigentlichen Sein gerade nicht Natur ist, sondern etwas der Natur gegenüber wesensmäßig Überhöhtes. Deshalb sieht er sich auch nicht gerne an die Kette der Evolution gelegt, sondern stellt sich lieber dar als ihr gegenüber etwas Außergewöhnliches. Damit sträubt sich der Mensch im letzten Bewusstsein, seinen Platz in der Evolution des weltlichen Seins einzunehmen. Der Mensch ist bis heute noch immer nicht in seiner totalen Diesseitigkeit angekommen.

In und mit diesem Selbstverständnis wird die spekulative Hypothese festgeschrieben, dass der Geist der Materie vorausgeht. Setzt doch eine göttliche Geistvermittlung an den Menschen notwendigerweise voraus, dass der Geist vor dem Menschen da war und mit dem Geist auch Gott als Schöpfer des Geschaffenen. Speziell in der christlichen Dogmatik ist der Geist im "Heiligen Geist" wie Gott - Geist ist sogar Gott gleich, Gott selbst, allem voraus, immer schon und ewig. Geist ist damit die Beschaffenheit des wahren Seins, die Urqualität des Transzendenten, das Wesen des Göttlichen.

Alle Religion und Theologie denken mit dieser Geist-Vorstellung dualistisch, in zwei qualitativ unterschiedlichen Ebenen: Der Geist, das Immaterielle steht in seiner Jenseitigkeit der diesseitig minderwertigen Materie antithetisch gegenüber: Das Licht der Finsternis. Das Leben dem Tod. Das Heilige der Sünde. Das Gute dem Bösen. Das Ewige dem Vergänglichen. Der Dualismus kennzeichnet also den unüberbrückbaren Gegensatz zwischen Himmel und Erde, Gott und Mensch, Schöpfer und Geschöpf. Von daher hat das Geschöpf, der Mensch, keinen Geist aus sich selbst heraus. Geist hat alles Irdische - so Religion und Theologie - allein aus dem Jenseitig-Göttlichen.

Die spekulative Philosophie des Abendlandes hat weitgehend den religiös-theologischen Geist-Ansatz übernommen. Allen voran war der altgriechische Philosoph Platon dafür der frühe Wegweiser.[1] Gerade er hat in seiner Philosophie gegen die diesseitige Welt eine jenseitige Welt der Ideen behauptet, in der alle positiven Seinswerte ursächlich gegenwärtig und wirksam sind. Der platonische Pendelschlag in der abendländischen Philosophie bedeutet also immer ein Denken auf eine geistige Idealwelt hin, die der diesseitigen materiellen Welt unüberwindbar gegenübergestellt ist.

Nach Platon sind dann später durch den permanenten Einfluss der christlichen Theologen Paulus, Augustin, Luther, Karl Barth - um nur die Brückenköpfe in der Theologiegeschichte zu nennen - metaphysische Geistparameter tief in das philosophische Denken des Abendlandes eingedrungen, ohne dass (oft bis heute) deren idealistisch-spekulative Erkenntnisprämissen vernunftgemäß hinterfragt wurden. Wie selbstverständlich denkt speziell die etablierte deutsche Schul-Philosophie - von Kant über Heidegger und Jaspers bis hin zum stark gealterten Habermas - idealistisch-religiös.

Der letzte ganz große exponierte Vertreter dieser Denkweise war Friedrich Hegel[2] am Anfang des 19. Jahrhunderts. Mit der Kategorie "Weltgeist" entwickelte er eine umfassende Spekulationstheorie des "reinen Seins" mit der Behauptung, dass unabhängig vom Materiellen der Geist schon immer war und ewig sein wird:

- Der Geist bestand *v o r* aller Welt als die Totalität aller Ideen, die gleichsam in der göttlichen Weisheit ruhten.

- Der Geist durchdringt *i n* der Welt die Natur und die Geschichte als dialektisch-zielstrebende Vernunft.

- Der Geist erreicht *n a c h* der Welt die höchste Stufe absoluter Vollkommenheit gleichsam als Ganzheit göttlicher Wahrheit.

---

[1] Die platonische Ideenwelt haben wir oben Seite 59 ff unter dem Stichwort logos ante rem ausführlich dargestellt.

[2] Zu Hegel oben Seite 297 ff.

Zurzeit feiert der christlich-religiöse Weltgeist "fröhliche Urständ" in den Kampfthesen der "Intelligent Designer" in den USA. Sie, die "Intelligent Designer", sind eine Gruppe, die in Amerika mit ihren Thesen zum Thema "Gottes Schöpfung der Welt" viel Wirbel macht:

- *Zum einen* setzen sie die Erkenntnisse Darwins zur Evolution außer Kraft, indem sie bestreiten, dass der Mensch das Entwicklungsergebnis einer langen Naturevolution sei. So stürmen sie Naturmuseen und behaupten, die Datierungen der paläontologischen Funde[1] seien Betrug, manipuliert nur um zu beweisen, dass Darwin mit seiner Evolution Recht habe. Die angegebenen Altersdaten könnten aber gar nicht stimmen, weil nach der Bibel die Erde und mit ihr die Welt überhaupt gar nicht so alt seien.

- *Zum anderen* setzen sie also die Aussagen der Bibel als absolut gegen Darwin. Sie nehmen die Bibeltexte 1. Mose 1 und 1. Mose 2 wortwörtlich und erklären s i e als d i e naturwissenschaftliche Wahrheit. Von diesem Ausgangspunkt entwickeln sie ihre These vom

"Intelligent designer". Das ist natürlich ein toller Werbeslogan: "Designer Gott". Inhaltlich theologisch meinen sie nichts anderes als dass der biblische Gott die Welt geschaffen hat. Die Intelligenz Gottes habe die Materie in Form gebracht, das Stoffliche "designt". Sie nehmen mit diesem "design" sogar einen zentralen Begriff von Aristoteles auf (ob sie es wissen? - zumindest argumentieren sie damit nicht), dass nämlich ein entscheidender Faktor des Werdens "die morphe - die Form, die gestaltete Struktur" sei[2]. Allerdings meint Aristoteles das nicht biblisch als Schöpfungsakt, sondern als innerweltlichen Werdeprozess, also: logos in re, *die Idee, der Geist in der Welt*.

Damit wird natürlich sofort klar, dass die "Intelligent Designer" in das Theologiesystem von Platon bis Hegel gehören, also: logos ante rem, *die Welt in der Idee, im Geist, in der Intelligenz/Vernunft Gottes*[3].

Der Erzbischof von Wien hat in einer programmatischen Predigt im Stephansdom mit dem Designer-Gott aus Amerika den wissenschaftlichen Durchbruch gegen die von Darwin verseuchten Naturwissenschaften bejubelt.

---

[1] Dazu unten Seite 322.
[2] Dazu oben Seite 62.
[3] Zum Gegensatz Platon - Aristoteles oben Seite 57 - 70.

.. ### *(2) Materie zu Geist*

Gegen diesen spekulativen Ansatz von Religion, Theologie und speziell Platon geprägter Philosophie kommt die säkular-objektive Rationalität der Naturwissenschaften zu völlig anderen Ergebnissen, letztendlich zu einer radikalen Aufhebung dieser spekulativen metaphysischen Geistvorstellung. Denn alle naturwissenschaftlichen Erkenntnisse weisen darauf hin, dass die These

Der Geist geht der Materie voraus und schafft die Materie

ersetzt werden muss durch die Feststellung

Die Materie geht dem Geist voraus und schafft den Geist.

Es waren die ionischen Naturphilosophen[1] als die ersten Denker überhaupt, die aus ihren Naturbeobachtungen heraus den Schluss zogen, dass gegen alle mythisch-religiösen Geist-Spekulationen die Grundlage des Seins Materie sein müsse. Das war 600 vor Christus in Kleinasien, speziell in der damals bedeutenden Stadt Milet. Dort lebten die ersten Vernunftphilosophen. Sie erklärten die Grundlage der Welt zum ersten Mal materiell ohne Göttervorstellungen:

- Thales von Milet lehrte, der Urstoff des Seins, aus dem alles entstanden sei, sei das *Wasser*.

- Anaximander von Milet lehrte, der Urstoff des Seins, aus dem alles entstanden sei, sei das *Unbegrenzt-Stoffliche*.

- Anaximenes von Milet lehrte, der Urstoff des Seins, aus dem alles entstanden sei, sei die *Luft*.

Keine dieser damaligen Behauptungen hält heutigen säkular-objektiven Erkenntnissen stand. Dennoch begann damals mit diesen ersten

---

[1] Zur Ionischen Naturphilosophie siehe unsere Darstellung oben Seite 30 f. und Seite 108 f.

Deutungsversuchen der lange Weg vom Mythos zum Logos, vom Religiös-Spekulativen zum Wissenschaftlich-Realen, vom Jenseitigen zum Diesseitigen. Es begann ein umfassender Prozess der Entmythologisierung, in dem immer erneut religiöse Daseinserklärungen abgebaut und durch säkular-objektive Erkenntnisse ersetzt wurden.

Dieser materialistische Denkprozess führte zwangsläufig schnell zu einem Denken ohne Gott und damit zu einer atheistischen Daseinsdeutung. Denn schon früh bestand die Einsicht, dass die Götter selbst nicht Ursache des materiellen Entstehungsprozesses, sondern selber nur dessen Produkte sein könnten. Dann aber bestand naturphilosophisch alles Geistig-Göttliche nicht außerhalb der materiellen Welt - weder vor noch über noch nach der materiellen Welt. Das Geistig-Göttliche war vielmehr seinsimplizit in der Welt. Damit gab es nur eine einzige real existierende Welt - das materiell Diesseitige.

Dieser radikale Bewusstseinsumbruch rief damals sofort die antike griechische Staatsraison in Athen auf den Plan. Sie fürchtete um ihre mythisch-religiösen Staatsgrundlagen. Denker ohne Gott wurden deshalb von ihr durch Gottlosigkeitsprozesse verfolgt und zum Tode verurteilt, allen voran ihr größter Philosoph Sokrates aus Athen. Gerade dessen Schüler Platon aber war so in seiner religiösen Ideenphilosophie verfangen, dass er noch als alter Mann der Nachwelt Argumente dafür lieferte, warum und wie die Gottlosen erbarmungslos auszurotten seien. Durch das ganze christliche Abendland hindurch hatte er damit gerade auch bei den machthungrigen Christen mit ihrem absoluten Glaubensanspruch durchschlagenden Erfolg.

Erst mit der europäischen Aufklärung im 18. Jahrhundert - also fast 2400 Jahre später - wurde der materialistische Naturansatz der antiken Denker neu aufgenommen. Denn nachdem die Kirche Jahrhunderte lang ihre christlichen Geistspekulationen in dogmatischen Zwangsvorstellungen durchgesetzt hatte, war durch die Renaissance und ihren Rückgriff auf die Antike das weltliche Denken inzwischen wieder so erstarkt, dass es sich nicht mehr durch kirchliche Inquisition unterdrücken ließ. Wenn auch von der Kirche immer noch massiv bekämpft, konnte dennoch endlich wieder säkular gedacht werden.

Als erste waren es damals die Vernunftaufklärer La Mettrie, Denis Diderot und Paul H. Th. Holbach, die als Grundstoff des Seins wieder die Materie einsetzten und damit ein materialistisches Welt- und Menschenbild entwarfen.[1] Deshalb wurden sie “Materialisten“ genannt - ein böses Schimpfwort damals und auch noch heute. Denn den göttlichen Geist als Grundlage des Seins durch die "verruchte Materie" zu ersetzen, das konnte und kann dem christlich geschulten Denken nur als entsetzlicher Frevel erscheinen. Denn was wird dann aus Gott, dem Schöpfergeist, und aus dem Menschen als der beseelten Krone seiner Schöpfung?

Mit der Aufklärung hatte dieser Materialismus denkerisch direkt den Atheismus zur Folge. Ja, der Atheismus wurde geradezu zum Korrelat für Materialismus. Denn wenn Gott als Geistwesen nicht mehr als prima causa des materiellen Seins zu denken war, dann lag der Umkehrschluss zwingend auf der Hand: Das materielle Sein musste dann für alles Geistige, auch für Gott selber, prima causa sein.

Eben nicht: ***Geist* (damit Gott) *schafft Materie*,**

sondern: ***Materie schafft Geist* (und damit Gott).**

Dieser erste atheistische Materialismus oder materialistische Atheismus war zwar noch nicht ausreichend wissenschaftlich begründet. Methodisch eher geistreiches Feuilleton hatte er dennoch dramatische Wirkungen auf das europäische Denken.

So fanden die frühen Materialisten in Ludwig Feuerbach[2] einen Nachfolger, der zu den allerersten Philosophen des 19. Jahrhunderts zu zählen ist. Er baute ihren Ansatz aus zu einer fundierten Religions- und Gotteskritik mit der berühmten These: *Nicht der Geist Gottes hat den Menschen geschaffen, sondern der Geist des Menschen hat Gott geschaffen. Gott ist Projektion des menschlichen Denkens.*

---

[1] Dazu Fritz Mauthner, Der Atheismus und seine Geschichte im Abendland, Stuttgart/Berlin 1922, Band 3, speziell S.116 ff. Dazu auch Georges Minois, Geschichte des Atheismus, Weimar 2000, Seite 426 ff.

[2] Zu Ludwig Feuerbach und seinem anthropologischen Materialismus siehe unsere vorausgehende Darstellung oben Seite 304 ff.

Feuerbachs anthropologischer Atheismus hat die Welt verändert, denn er wurde unmittelbar von Karl Marx in die gesellschaftskritische Kampfparole *Religion ist Opium des Volkes* umgesetzt und damit zur Grundlage eines weltweiten politischen Atheismus.

Die wissenschaftliche Grundlegung materialistischer Vorstellungen des Seins aber entstand erst durch die Forschungsergebnisse von Charles Darwin in seinem berühmten Werk DIE ENTSTEHUNG DER ARTEN aus dem Jahr 1859[1]. Mit ihnen veröffentlichte er die völlig neue Theorie der Evolution und gab damit wissenschaftlich den Denkrahmen vor für die materialistische Begründung, dass sich alles Sein in einem innerweltlichen Prozess entwickelt habe, auch der Mensch. Das führte im Letzten zu der revolutionierenden These, dass gerade auch das Denken und der Geist nach endlosen Entwicklungsprozessen der Natur erst in dem Augenblick entstanden sind, in dem dafür beim Menschen mit dem Gehirn die materiellen Grundlagen vorgegeben waren. Geist als Produkt des Gehirns.

Alles wissenschaftliche Denken ist heute weitgehend von diesem Evolutionsansatz her bestimmt. Mit ihm arbeiten auch drei Wissenschaftsbereiche, die speziell für unsere Frage nach der Entwicklung der Denkfähigkeit im Menschen von großer Wichtigkeit sind:

1. Die Anthropologische Paläonthologie:[2] Sie hat in den letzten Jahrzehnten mit ihrer akribischen Arbeit wesentlich zur Erhellung der frühmenschlichen Entwicklungsgeschichte beigetragen. Dabei sind von ihr durch viele Funde uralter Knochen weltweit nicht nur sehr differenzierte Artenentwicklungen belegt worden, sondern auch innerhalb der Arten unterschiedliche Entwicklungsstufen. Als entscheidende Wachstumssprünge ist dabei der evolutionäre Ausbau des Schädels infolge des sich aufrichtenden Ganges der Hominiden zu erkennen. Das Wachsen des Schädels ermöglichte ein Wachsen auch des Gehirns und damit eine Gehirnveränderung mit jeweils weiterführen-

---

1 Als Wiedererscheinung in Reprographischem Nachdruck bei der Wissenschaftlichen Buchgesellschaft, Darmstadt 1992.

2 Als Einstieg sehr anschaulich und informativ: Donald Johanson & Blake Edgar, Lucy und ihre Kinder, Heidelberg/Berlin 1998.

den Funktionen. Die Anthropologische Paläontologie liefert uns damit heute generelle Erkenntnisse über das Wesen Mensch überhaupt.

2. Die Gehirnforschung:[1] Die genaue Bestimmung des Gehirns erfolgte vor allem durch die Neurologen und durch die Gehirnärzte. Denn bei der Behandlung von Geisteskrankheiten und Gehirnschäden mussten sie versuchen, die Veränderungen und Abweichungen anhand von Normalität genau zu vermessen. Denn immer setzt ja die Definition der Abweichung eine möglichst genaue Definition der Norm voraus. Große Fortschritte entstanden deshalb vor allen unter dem Druck speziell der Gehirnchirurgen, weil für sie natürlich eine punktgenaue Organbestimmung mit jeweiligen Funktionskenntnissen völlig unerlässlich war, um sich mit operativen Eingriffen in das Gehirn zu wagen. Heute ist die Bestimmung der Gehirntopographie durch die Neurologen und Gehirnforscher weit fortgeschritten, nicht nur in den Hauptpunkten und -funktionen, sondern auch in vielen Einzelheiten. Ohne die Erkenntnisse der Gehirnforschung sind Aussagen über den denkenden Menschen nahezu belanglos.

3. Die Bio-Psychologie, speziell die Bedürfnisforschung: Auf der Grundlage Freudscher Psychoanalyse entwickelte sich speziell über die Humanistische Psychologie von Abraham Maslow[2] die Frage nach der Bedürfnisstruktur des Menschen. Es verdichtet sich dabei die Annahme, dass jedem menschlichen Handeln notwendigerweise ein körperliches Bedürfnis, eine physische Mangelkondition, vorausgeht - auch allen geistigen Tätigkeiten. Diese Körperlichkeit ist selbstverständlich rein materiell. Handlungen des Menschen in allen ihren pyramidalen Ebenen und Schichtungen sind von daher materiell zu definieren als Bedürfnisbefriedigungen oder -versagungen bis in die höchsten Denkstrukturen. Mittels der Bedürfnisforschung erschließt sich das Wesen des Menschen ganz neu in seinen psychosomatisch-sozialen Bezügen. Dies wird in den neuen Versuchen in der Forschung zur emotionalen Intelligenz fortgesetzt.[3]

---

1 Gerhard Roth, Das Gehirn und seine Wirklichkeit. Kognitive Neurologie und ihre philosophischen Konsequenzen. Frankfurt/Main 1995, 3. Aufl. John C. Eccles, Die Evolution des Gehirns - die Erschaffung des Selbst, München (1989) 2002.

2 Abraham Maslow, Motivation und Persönlichkeit, Reinbek 1989.

3 Daniel Goleman, Emotionale Intelligenz, Frankfurt/Main 1997 12. Aufl.

Wesentlich für die naturwissenschaftlichen Erkenntnisse innerhalb der Evolution gerade auch des Menschen ist die Tatsache, dass sich in den letzten hundert Jahren der Begriff "Materie" verändert hat. Durch die Erkenntnisse der Quantenphysik, durch die Informationstheorie der Kybernetik und Computerwissenschaften, durch die Codierungsprinzipien der Biogenetik sind völlig neue Dimensionen der Materie entstanden bis hin zu multifunktionalen Wirkungsstrukturen - insgesamt eine faszinierende Differenzierung der physikalischen und chemischen Prozesse und damit der materiellen Welt. Dieser Differenzierungsprozess von Materie ist heute noch keineswegs abgeschlossen, sondern steht gerade in unserer Zeit im offenen Forschungsprozess:

Je universeller und komplexer sich dabei
das Phänomen Materie darstellt,
desto zwingender liegt in ihm selbst
die Möglichkeit allen Ursprungs - auch der des Geistes.

Heute über Materialismus zu diskutieren bedeutet deshalb keineswegs, noch einmal geschlagene Schlachten des 19. und 20. Jahrhunderts zu schlagen. Es bedeutet vielmehr, aufgrund neuer Materievorstellungen und deren revolutionärer Konsequenzen noch einmal neu nachzudenken über die totale Diesseitigkeit der gesamten Wirklichkeit.

Unsere nachfolgende Darstellung hat zum Ziel, diesen elementaren Konflikt noch einmal aufzuschlüsseln und neu zu klären, denn

Geist zu Materie oder Materie zu Geist - das war im abgelaufenen abendländischen Denken die elementare Frage, durch die sich das Wirklichkeitsverständnis polarisierte: Auf der einen Seiten die spekulativ-subjektive Religionsposition, auf der anderen Seite die säkular-objektive Wissenschaftsposition.

Diese Kontroverse ist auch in unserer modernen Welt die grundlegende Frage der allgemeinen Bewusstseinslage. Der Mensch für sich wird nur zu sich selber finden, wenn er in dieser Frage für sich selber Klarheit findet. Die Menschen auf Zukunft hin werden darüber hinaus dringend eine gemeinsame Verständigung brauchen, um die schwierigen Aufgaben einer immer komplizierteren Welt lösen zu können.

(3) Machbarkeit

Wir gegenwärtigen Menschen stehen an der Spitze einer atemberaubenden Evolution der weltlichen Vernunft. Wir sind menschheitsgeschichtlich ganz vorn, denn: Zu keiner Zeit und nie war das säkulare Denken so weit fortgeschritten wie in unserer Generation. Noch nie waren die Naturgesetze so differenziert zu bestimmen. Noch nie waren die mikro- und makrokosmischen Strukturen der Welt so umfassend zu verstehen. Noch nie waren das Leben und seine Erscheinungsformen so entstehungsnah zu erklären. Und der säkulare Erkenntnisprozess rast weiter:

- Zunächst in der Quantität der Erkenntnisse. Jedes Jahr wächst die gesamte objektive Wissensmenge der Menschheit um ein Mehrfaches. Das heißt: Unmengen von bisher spekulativen Meinungen werden durch objektive Informationen falsifiziert und ersetzt. Völlig neuartige Forschungsergebnisse kommen hinzu. Weltweit läuft ein hochdramatischer Erkenntniskampf der Naturwissenschaftler aller Wissensbereiche gerade auch um kleinste Sachdetails.

- Dann aber vor allem auch in der Qualität der Erkenntnisse. Der Mensch beobachtet und beschreibt nicht mehr nur, was er sieht. Er bleibt nicht stehen beim Experimentieren und Theoretisieren. Das alles ist zwar auch weiterhin elementar wichtig. Darüber hinaus aber sieht sich der Mensch aufgrund seines erforschten Wissens zunehmend in der Lage, seine säkularen Erkenntnisse in konkretes Handeln umzusetzen. Die Denkbarkeit wird ihm zur Machbarkeit.

Mit der Machbarkeit aufgrund säkularer Rationalität entstehen völlig neue Dimensionen des menschlichen Selbstbewusstseins, denn in der Machbarkeit liegt ein entscheidender Sprung vom quantitativ-passiven zum qualitativ-aktiven Wissensstand. Dieser Sprung lässt sich am aktuellen Beispiel der Biogenetik besonders gut verdeutlichen:

- *Zum einen*
  zeigt ihre Forschungsgeschichte in den letzten 40 Jahren eine fantastische Denkleistung in einer schier unglaublichen Zahl von Einzelergebnissen. In akribischer Laborarbeit wurden immer erneut

Fragen entwickelt, Versuche projektiert, Testreihen ausgewertet, Ergebnisse formuliert. So wurde die hoch komplizierte menschliche Genetik entschlüsselt vom molekularen Zellenaufbau bis hin zur jüngst gelungenen Bestimmung des Erbanlagecodes DNA.

- *Zum anderen aber*
  entwickelt sich eben aus dieser Masse des exakten Wissens ein viel weiterführender höherer Anspruch der menschlichen Vernunft, der Anspruch der Machbarkeit. Der Mensch greift jetzt selbst direkt in die Lebensnatur ein. Er kann Organteile nachbauen und funktional implantieren. Er kann Zellen duplizieren. Er kann Erbgut entziffern und korrigieren. Er kann aus adylen oder embryonalen Stammzellen natürliche Gewebe nachwachsen lassen, etwa Herzmuskel, Zahnschmelz, Hautgewebe oder Hirnsubstanz. Der Mensch wird mit seiner weltlichen Vernunft noch vieles machen können, was jetzt noch kaum vorstellbar erscheint.

Die Machbarkeit ist die zwingende Erkenntnisform der säkular-objektiven Rationalität. Denn in ihr erreicht die weltliche Vernunft des Menschen ihre größtmögliche Annäherung an die objektive Wirklichkeit. Wo es dem Menschen gelingt, aus der Erkenntnis der Natur und ihrer Gesetze die Natur selbst nachzubauen oder aus Naturgesetzen heraus Neues zu schaffen, erweist sich das Erkannte als objektiv, als wirklich, ja, als die diesseitige Realität selber, denn:

Was machbar ist, das ist real existent.

Natürlich hat dieser Prozess der Machbarkeit schon in frühester menschlicher Kultur angesetzt, im Prinzip mit jeder gezielten Einflussnahme des Menschen auf die Veränderung der Natur, etwa in Ackerbau und Viehzucht, im Städte- und Landschaftsbau, mit jeder technischen Anwendung wie die der Metalle Kupfer, Bronze, Eisen. Methodisch geradezu zwanghaft aber entwickelt sich der Prozess der Machbarkeit mit den Forschungsergebnissen der Naturwissenschaften und der Technik seit 200 Jahren:

Wenn wir heute an einem späten Abend im Landeanflug über eine Großstadt fliegen, unter uns das Lichtermeer von Wolkenkratzern, von breiten Boulevards mit endlosen Verkehrsströmen, von Fabrikanlagen und Vergnügungsparks - dann begann das alles einmal damit, dass der Mensch Thomas A. Edison vor 125 Jahren bei Kerzenlicht in seiner Studierstube saß und in einem naturwissenschaftlichen Experiment einen Kohlestoffstab zum Glühen brachte - die sensationelle Nutzung der Elektrizität als Glühbirne. Ihm nach leuchtet unsere Welt heute bis nahezu in die letzten Winkel der Erde.

Wie er haben unzählige Männer und Frauen in den letzten 200 Jahren an wissenschaftlichen Erkenntnissen und Techniken gearbeitet, durch die unsere Welt von Grund auf verändert wurde. Durch ihre akribischen Denk- und Forschungsleistungen, durch ihre schöpferischen Ideen und Konstruktionen fahren oder fliegen wir heute in Rekordzeiten um die Welt; nehmen wir teil an multikulturellen Freizeit- und Erlebniswelten; sind wir mittels fantastischer Kommunikationstechniken in Sekunden mit fast jedem Ort der Erde verbunden. Noch mehr: Trotz aller politischen Mängel werden dennoch mittels wissenschaftlichen Fortschritts horrende Bevölkerungsmassen durch Produktion, Handel und Finanzwelt ernährt und durch ständig verbesserte Medizinforschungen versorgt; werden Gesellschaften und Nationen durch immer stärkere waffentechnische Bedrohungspotentiale gegeneinander vor Willkürakten und einseitigen Eroberungsgelüsten geschützt; können gar interplanetarisch Sonden auf den Mars und anderswohin geschickt und kann in Folge einst vielleicht menschliche Zivilisation auf ferne Sterne expandiert werden.

Speziell die letzten 200 Jahre sind voller faszinierender Umbrüche ins Machbare. Sie haben die Dimensionen des Daseins ins Immense erweitert und so die Welt grundlegend verändert. Die Menschen sind überall in ganz neue Verantwortungsrahmen hineingewachsen.

Die letzte Machbarkeit allerdings steht noch aus: Die Machbarkeit des Lebens. Doch die gesamte Entwicklungsdramatik der säkularen Rationalität des Menschen zielt darauf, auch dieses Naturphänomen in absehbarer Zeit verstandesbedingt beherrschbar zu machen. Der gewaltige Prozess der Veränderung mittels Erkenntnisfähigkeit der Menschen erfährt dann seine letzte Steigerung in der Faktizität der Machbarkeit des Lebens.

In der Faktizität der naturwissenschaftlich-technischen Machbarkeit kommt der Faktor Gott überhaupt gar nicht mehr vor. Gott erscheint in keiner mathematischen Formel, nicht in einer einzigen Position: Weder als Axiom, noch als Hypothese, noch als irgendein Rechenfaktor. Auch nicht in auch nur einem all jener Ergebnisse, die in mathematischer Sprache definiert werden. Selbst im Noch-nichtwissen ist Gott keine Arbeitshypothese mehr, weil mit Sicherheit wissenschaftlich nicht ergebnisfähig. Es gibt heute weltweit keinen einzigen ernsthaften naturwissenschaftlichen Forschungsansatz, der in seinen Untersuchungen den Faktor Gott in die Rechnung einbezieht.

Im als real Erklärbaren und darauf hin Machbaren ist Gott nicht nötig. Die Macht der objektiven Faktizität bedeutet in jedem Fall die Aufhebung Gottes. Säkular-rationale Erkenntnis ist ohne Gott, naturwissenschaftlich-technische Welt absolut atheistisch.

Mit der Zukunft der säkularen Rationalität liegt die Zukunft des atheistischen Bewusstseins überhaupt erst noch vor uns, denn indem der Mensch so die Welt mit seiner säkularen Rationalität verändert, wird der Mensch selbst kreativer Macher, wird selbst Bauherr der Natur, ja, Bauherr des Lebens, Schöpfer einer sich neu gestaltenden Welt, wird autonomer Mensch.

Der Mensch muss autonom werden. Nur wenn er die Dinge, die er kann, auch selbstbewusst vertreten kann, nur dann wird er die Dinge, die er kann, auch beherrschen. Nur mit der Sicherheit seiner selbst kann seine Eigenverantwortung wachsen.

Die christliche Religion hat dem Menschen diese Fähigkeit zur Selbstverantwortung durch die Jahrhunderte hindurch ausgeredet. Sie hat ihn immer klein gemacht, immer tief gehalten, hat ihm immer den Eindruck vermittelt, er sei aus sich heraus moralisch zu nichts fähig. So sind viele Menschen zur selbstbewussten Verantwortung auch kaum bereit, weil sie sich viel zu wenig zutrauen. Wer immer hört, du kannst nicht und du darfst auch nicht, der kann auch nicht.

Doch der Mensch muss aufwachen, um selbstbewusster zu eigener moralischer Qualität zu wachsen, zu einer inneren Sicherheit und Größe, die seinen weltlichen Fähigkeiten entspricht.

(4) Zeittabelle zur Evolution des Denkens

Diesen einzigartigen Entwicklungsprozess auf den autonomen Menschen hin verdeutlichen wir zunächst mit einer Zeittabelle, die das Anwachsen der säkularen Rationalität in unsere moderne Welt hinein und damit auf Zukunft hin sichtbar macht:

Wir Menschen heute leben in einer Zeit

4.500.000.000 (4,5 Milliarden) Jahre seit dem Entstehen der Erde. Durch Gravitation und Abkühlung bildete sich damals aus einem gasförmigen Materieball ein fester Stern innerhalb eines stabilen Planetensystems um die Sonne.

4.000.000.000 Jahre seit Ausbildung einer Uratmosphäre auf der Erdoberfläche, einem Gemisch aus Wasserstoff, Methan, Ammoniak, Kohlendioxyd und Wasserdampf. In ihr fand in vielschichtigen chemischen Prozessen eine präbiotische Revolution statt, in der sich in einer einzigartigen molekularen Synthese die erste belebte Materie ausbildete. Aus ihr heraus entstand vor etwa
3.000.000.000 Jahren mit der Urzelle das Leben auf Erden.

560.000.000 Jahre seit explosionsartiger Ausbildung des Lebenden. In unterschiedlichen Natursystemen entwickelten sich eine Pflanzen- und eine Tierwelt bis in jeweils höchst differenzierte Funktionsstufen und komplexe Sozialsysteme.

80.000.000 Jahre seit Ausgliederung eines auf den Typ Mensch zulaufenden Lebewesens, einem Insektenfresser. Dieser mutierte vor 50.000.000 Jahren zum Urwaldaffen, vor 25.000.000 Jahren zum Raubaffen.

5.000.000 Jahre seit Ausbildung des "Urzeittyp Mensch" zum afrikanischen Menschenaffen, dem ersten menschenähnlichen Lebewesen mit aufgerichtetem Gang. Die Erhebung des

Kopfes bewirkte einen Wachstumssprung des Schädels und in Folge eine Ausweitung des Gehirns und damit der Fähigkeit zu elementarem technischen Denken, das sich in Herstellung und Gebrauch einfacher Werkzeuge ausdrückt. Vor 3,2 Millionen Jahren lebte die Menschenaffenfrau "Lucy" - schon fast ein Mensch. Ihre Art starb aus.

3.000.000 Jahre seit Ausgliederung des Homo speciales, jener mehrgliedrigen Artenlinie, die auf den modernen Menschen zuläuft. Seine Schädelgröße nahm sprunghaft zu und ermöglichte so eine erhebliche Steigerung des Gehirnvolumens. Diese führte seit etwa

1.000.000 Jahren ganz allmählich zur Steigerung der Lernfähigkeit, zur Ausbildung von Sprache und zu allerersten Stufen einer Selbstreflexion.

180.000 Jahre seit Auftreten des Neandertalers als moderner Typ des Homo erectus mit deutlich ausgeprägtem Selbstbewusstsein. Bevor er vor 30.000 Jahren ausstarb, dominierte schon der Homo sapiens, der Jetztmensch.

100.000 Jahre seit erster Selbst-Bewusstwerdung beim Homo sapiens, dem Jetztmenschen. Er differenzierte in zunehmender Form zwischen sich selbst als Subjekt und seiner Umwelt als Objekt. Erste frühreligiöse Reflexion mit animistischem Naturverständnis. Totenkult-Ritual. Körperbemalung. Totemfärbung.

50.000 Jahre seit Zivilisierung des Homo sapiens. Zunächst als Jäger und Sammler. Dann aus dem Nomadentum heraus erste Ansiedlungen mit Landwirtschaft und Viehzucht.

40.000 Jahre seit erster künstlerischer Betätigung des Jetztmenschen. Höhlenmalerei als Alltags- und Lebensreflexion und wahrscheinlich auch zu Bezauberungszwecken. Totenbestattung in Erdhöhlen mit animistischem Ahnenkult.

6.000 Jahre seit Ausprägung des Jetztmenschen zu einem Kulturmenschen. Ausprägung von Stadtkulturen mit Viel-Götter-Religion, Staatswesen und Gemeinschaftsform. Entstehen von ersten Mythologien und Geschichtsbewusstsein. Hochkultur in Sumer vor 5.500, in Ägypten vor 4.900, in Indien vor 4.800, in China vor 4.300, in Kreta vor 4.000, in Babylon vor 3.900, in Mykene vor 3.500, in Israel vor 3.200, in Griechenland vor 3.000 Jahren.

5.300 Jahre seit den Anfängen der Bilderschrift bei den Sumerern und damit einfachste Fähigkeit zu abstrakten Begriffen (z.B. achteckiger Stern = Gott). Keilschrift 5.000, Buchstabenschrift 3.000, arabische Schrift 1.000, Buchdruck 500, binäre Systeme 30 Jahre alt.

3.500 Jahre seit der Entstehung des Monotheismus. Gegen primäre komplexe Götterwelten erste Ausprägung einer Ein-Gott-Religion im Aton-Kult in Ägypten. Der Monotheismus im Judentum ist etwa 3.200, im Christentum 1.970, im Islam 1.300 Jahre alt.

2.600 Jahre seit den ersten Ansätzen demokratischer Bewusstwerdung im alten Griechenland als dem Kernland des antiken Abendlandes. Solon der Weise hebt die Leibeigenschaft Athener Bürger auf. Daraus entwickelt sich das demokratische Freiheitsbewusstsein des Individuums.

Direkte Folge ist die Freisetzung des individuellen Denkens. Erste vernunftbegründete Definitionen der Welt - ohne Gott. Die altgriechische Philosophie mit einem Höhepunkt in Sokrates von Athen entwickelt einen Logos-Begriff, in dem die Wirklichkeit vom Menschen in rein weltlichem Denken gedeutet wird. Damit beginnt im antiken Abendland in seinen ersten Anfängen die Geschichte der säkularen Rationalität und in ihr die Grundlegung des Atheismus.

Säkulare Denkansätze zugleich im Buddhismus in Indien unabhängig von der abendländischen Geistesgeschichte.

1.970 Jahre seit Entstehen einer christlichen Religion im Orient mit schneller Expansion in das westliche Abendland, wo sie schließlich seit dem Jahr 321 durch den römischen Kaiser Konstantin geduldet und im Jahre 380 zur alleinberechtigten Religion im Römischen Reich und damit zur Staatsreligion erklärt wurde. Ende des antiken, Beginn des christlichen Abendlandes.

1.450 Jahre seit Schließung der letzten Philosophen-Schule der heidnisch-griechischen Antike durch den christlichen Kaiser Justinian I. Das absolute Glaubenspostulat des Christentums stellt die antike Vernunftphilosophie radikal in Frage und führt schließlich zu deren gewaltsamen Unterdrückung, speziell zur Vertreibung der Philosophie der autonomen Vernunft des Aristoteles. Die Folge ist über Jahrhunderte eine europaweite Vormachtstellung einer vernunftverarmten christlich-katholischen Glaubensdiktatur.

800 Jahre seit Wiederentdeckung des Aristoteles und damit der autonomen Vernunft als radikale Herausforderung des christlichen Glaubenspostulates. Beginnender Säkularisierungsprozeß durch wissensorientiertes Denken gegen den christlich-religiösen Glaubensgehorsam. Erste nihilistische Ansätze etwa bei dem Staufer-Kaiser Friedrich II. Dadurch verstärktes Denken ohne Gott, also allererste moderne Ansätze zum Atheismus.

550 Jahre seit der Kulturbewegung der Renaissance mit breiter Rückorientierung auf das antike Abendland. Sie verstärkt den säkularen Erkenntnisdrang. Trotz brutaler Inquisition der Kirche gegen jede weltliche Vernunft Freisetzung der säkular-objektiven Rationalität aus kirchlich-dogmatischer Bevormundung.

350 Jahre seit dem Zusammenbruch der christlich-abendländischen Theokratiestruktur "Papst - Kaiser". Beginn des säkularen Abendlandes. Nach kurzer Zeit absolutistischer Nationalstaatlichkeiten entstehen erste säkulare Republiken mit per Verfassung garantierten zunehmenden demokratischen Grundrechten: England (1654), Frankreich (1789), auch Deutschland (1919).

300 Jahre seit Beginn der Aufklärung - speziell durch Voltaire - als Durchsetzung eines neuen Vernunftdenkens. Grundlegend wird von daher die Erforschung und Erklärung der Wirklichkeit mittels säkularer Rationalität. Was mit exakten Planetenbeobachtungen (Galileo Galilei) vor 380 Jahren begann, setzt sich in immer neuen Entdeckungen fort: Gravitationsgesetz (Isaak Newton) vor 300, Wahrscheinlichkeitstheorie (Pierre Laplace) vor 200, Evolutionstheorie (Charles Darwin) vor 150, Psychoanalyse (Sigmund Freud) vor 110, Radioaktivität (Madame Marie Curie) vor 110; Quantentheorie (Max Planck) vor 100, Relativitätstheorie (Albert Einstein) vor 95, Kybernetik und Biogenetik vor 40 Jahren.

250 Jahre seit wissenschaftlich argumentierendem "materialistischen Atheismus" bzw. "atheistischen Materialismus" mit der Kampfthese der französischen Enzyklopädisten d`Alambert, Diderot und Holbach: "Nicht der Geist schafft die

Materie, sondern die Materie schafft den Geist". Ludwig Feuerbachs "Projektionsthese" 170 Jahre, Karl Marx´ These von der "Religion als Opium des Volkes" 150 Jahre, Jean-Paul Sartres "existentialistischer Nihilismus“ 60 Jahre alt.

200 Jahre seit zunehmenden Erfindungen revolutionierender Techniken: 1765 Niederdruck-Dampfmaschine (J.Watt); 1800 Hochdruck-Dampfmaschine (R.Trevithick); 1808 Elektrisches Licht (H.Davy); 1825 Elektromagnet (W.Sturgeon); 1833 Schreibtelegraph (S.F.B.Morse); 1837 Fotographie (W.Tabot); 1861 Telefon (J.Ph.Reis); 1862 Plastik und Kunststoff (A.Parkes); 1876 Ottomotor (N.A.Otto); 1877 Phonograph und 1879 Elektrische Glühbirne (Th.A. Edison); 1879 Impfstoffe (L.Pasteur); 1886 Lochkartenmaschine (H.Hollerith); 1887 Grammophon und Schallplatte (Th.A.Edison); 1887 Radio (G.Marconi); 1895 Röntgenbilder (W.C.Röntgen); 1895 Cinematograph (A. und L.Lumière); 1901 Motorflugzeug (G.Weißkopf); 1904 Radar (Ch.Hülsmeyer); 1924 Fernsehen (W.K. Zworykin); 1930 Binärer Computer (K.Zuse); 1942 Kernkraft (E.Fermi); 1952 Lichtleitfasern für Breitbandkabel (N.S.Kapany); 1957 erster Weltraumsatellit (UDSSR); 1969 erste Mondlandung (USA); 1969 Mikroprozessor (M.E.Hoff); 1969 Internet (ARPA); 1972 Handy (Deutsche Bundespost); 1972 Computertomographie (G.N.Hounsfield und A.M. Cormack); 1982 Laptop (Epson/Hewlett Packard); 1986 Raumstation Mir (UDSSR); 1990 Weltraumteleskop Hubble (USA); 1996 Klontechnik (I.Wilmut); 1995 Nano-Techniken; 1998 Licht emittierende Polymer-Verfahren (CDT).

100 Jahre seit Entstehung der kommunistischen Weltmacht der Sowjetunion mit atheistischem Grundprogramm und generellem Religionsverbot. Die östliche Hemisphäre einschließlich China nominell weitgehend (politisch)-atheistisch.

50 Jahre seit säkularer Gründung der Organisation der Vereinten Nationen (UNO). Allgemeine Erklärung der Grund- und Menschenrechte (1948) auf humanistischer Vernunftbasis ohne religiöse Grundlegung.

30 Jahre seit naturwissenschaftlicher Erforschung des Menschen ohne religiöse Tabus. Der Mensch macht sich selbst zum Objekt seiner Forschung, ohne dass in den For-

schungsmethoden und -ergebnissen der Faktor "Gott" irgendeine Rolle spielt: (Herz)transplantationen. Gehirnforschung. Entschlüsselung des DNA-Codes. Adyle und embryonale Stammzellentechnologie.

15 Jahre seit Zusammenbruch der Sowjetunion und damit der "Balance of Power". In Folge des Zusammenbruchs der UDSSR gerade auch als Ideologiesystem weltweite Diskreditierung des politischen Atheismus. Wiedererstarken der einzelnen Kulturen und Religionen. "Kampf der Kulturen bzw. der Religionen" als Auseinandersetzungen um geistige und politische Befreiungen und Vormachtstellungen.

1 Jahr nach Fertigstellung der Verfassung der Europäischen Union ohne eine Berufung auf Gott und die christliche Religion. Damit Positionierung des säkular-verfassten Abendlandes gegen die religiösen Kräfte.

Der kosmische Zeitrahmen

Unsere Zeittabelle umreißt die faszinierende Entwicklungsgeschichte des Menschen und der Menschheit - von den elementaren Anfängen der Erde bis hin zu den geistigen und kulturellen Fähigkeiten unserer modernen Welt. In dieser Evolution entfaltet die Natur mit uns und um uns herum eine schier unbegrenzte Vielfalt an Organisationsmodellen und Logistik, an Wandlungsfähigkeit und Durchsetzungsdynamik, an Kreativität und Formenreichtum.

Dabei stellt die geradezu explosionsartige Expansion der weltlichen Vernunft in unsere Gegenwart hinein in der Menschheitsgeschichte einen außergewöhnlichen Vorgang dar, denn die naturwissenschaftlich-technische Machbarkeit gibt dem Menschen nicht nur völlig neue Lebensmöglichkeiten, sondern stellt ihn zugleich vor außerordentliche Herausforderungen auf die Zukunft hin. **Der Mensch befindet sich dadurch in sozialen Umbrüchen von noch gar nicht absehbaren Dimensionen. Das verlangt von ihm ein von Grund auf neuartiges Weltbewusstsein und darüber hinaus generell ein qualitativ vollständig verändertes Selbstverständnis in seinem Menschsein.**

Noch vor knapp 150 Jahren haben die Wissenschaftler angenommen, dass der gesamte Schöpfungsakt der Erde mit der Erschaffung des Menschen kaum mehr als 6000 Jahre zurück liege. In der ersten großen dramatischen Diskussion um Darwins Thesen über die ENTSTEHUNG DER ARTEN 1860 erklärte Bischof Samuel Wilberforce als schärfster Darwin-Gegner eine lang laufende Evolution für völlig unmöglich, weil die gesamte Welt eben nicht älter sei als 6000 Jahre. Er gab damit die herrschende Meinung der wissenschaftlichen Fachwelt seiner Zeit wieder. Noch vor 150 Jahren also war der Erd- und Weltzeitrahmen ein geistiger Käfig, der das Denken des Menschen räumlich und zeitlich auf das Engste beschränkte.

Heute berechnen die Experten das Alter der Erde auf etwa 4,5 Milliarden Jahre. Dieser immense Zeitraum lässt sich am besten verdeutlichen, indem wir diese Jahre auf Lichtjahre umrechnen und damit auf die Entfernung, in der sich das Licht als die schnellste Geschwindigkeit in den leeren Weltraum hinein entwickelt, eine Rechnung wie folgt:

300.000 Kilometer in der Sekunde x 60 (Sekunden) x 60 (Minuten) x 24 (Stunden) x 365 (Tage) x 4,5 Milliarden (Jahre) = 4,26 x 10^{22} Lichtjahre = 4,26 x 100 Milliarden x 100 Milliarden Ausdehnungskilometer des Kosmos. Die Forscher berechnen die ausstehende Lebensdauer unserer Sonne und damit unseres Sonnensystems auf weitere 4 Milliarden Jahre, also eine ähnliche Strecke.

Der "kosmische Urknall" und damit der Beginn unseres Weltalls liegt etwa 14 Milliarden Jahre zurück, unser Kosmos ist etwa 3 mal so alt wie unsere Erde. Die Weltraumforscher nehmen an, dass unser Kosmos nur ein Kosmos von vielen anderen ist, die mit unserem Kosmos zusammen in einem noch viel umfassenderen Universum expandieren.

Die primäre revolutionäre Grunderkenntnis Darwins war also die Aufhebung der begrenzten Zeitvorstellung, die die Menschen noch bis vor 150 Jahren von der Lebensdauer der Erde und ihrer Natur hatten. Nur mit der unbegrenzten Öffnung des kosmischen Zeit- und Entwicklungsraums konnte er überhaupt seine These entwickeln, dass der Mensch auf der Erde von präbiotischen Voraussetzungen bis zu uns heute hin entstanden sei. Den Menschen als integrierten Bestandteil einer evolutionären Natur innerhalb einer kosmischen Weltzeitdimension zu definieren war also ein letzter säkularer Denkschritt.

(5) Zehn Grundsätze zur Evolution der säkularen Rationalität

Auf unsere Frage nach der Denkfähigkeit des Menschen und damit speziell nach der Entstehung und Entwicklung der säkularen Rationalität heben wir aus der Gesamtfülle der Evolution zehn Essentials heraus. Mit ihnen formulieren wir zunächst ZEHN GRUNDSÄTZE ZUR EVOLUTION DER SÄKULAREN RATIONALITÄT. Diese definieren die Entwicklungsbedingungen des Denkens ohne Gott und damit den Atheismus in seinen wissenschaftlichen, in seinen politischen und in seinen persönlichen Grundmustern gerade auch auf Zukunft hin.

ZEHN GRUNDSÄTZE ZUR EVOLUTION DER SÄKULAREN RATIONALITÄT

1. Das Denken
definiert sich innerhalb der Evolution des Lebenden
als Funktion des Gehirns.

2. Rationalität
ist die Fähigkeit des Denkens,
Begriffe zu bilden
und damit abstrakte Zusammenhänge zu knüpfen.

3. Das Denken entwickelt
innerhalb der jüngsten Gehirnevolution
ein Ich-Bewusstsein,
in dem für den Denkenden
ein Verhältnis zu seiner Umwelt und zu sich selbst entsteht.

4. Das Gedachte bildet die Welt des Geistes.

5. Mit seiner spekulativ-subjektiven Rationalität
schafft sich der Mensch
ein Selbstverständnis auf das Göttliche hin.

6. Mit seiner säkular-objektiven Rationalität
schafft sich der Mensch
Erklärungen der Wirklichkeit ohne Gott.

7. Die säkular-objektive Rationalität
erscheint als höchste Stufe
der sich selbst erfüllenden Evolution.

8. Mit der säkular-objektiven Rationalität
als höchste Komplexität der Materie
droht implizit
der Zusammenbruch des Geistes auf Erden.

9. Der moderne Mensch heute
steht in einer schweren Bewusstseinskrise
zwischen seiner spekulativ-subjektiven
und seiner säkular-objektiven Rationalität.

10. Die Explosion der säkular-objektiven Rationalität
innerhalb der jüngsten Menschheitsgeschichte
schafft auf Zukunft hin den Zwang
zur atheistischen Selbst- und Weltverantwortung
als höchst notwendige Kulturleistung
gerade auch im ethisch-humanen Bereich.

(6) Faktoren zur Evolution der säkularen Rationalität

Ganz bewusst haben wir unsere ZEHN GRUNDSÄTZE ZUR EVOLUTION DER SÄKULAREN RATIONALITÄT hier zunächst einmal im Gesamten vorausgestellt. Die Einzelheiten je für sich erklären wir in jeder einzelnen These nachfolgend.

Wir wollen damit zuerst die Geschlossenheit unserer Argumentation sichtbar machen, den sachlichen Gedankenbogen in sich. Denn eine wissenschaftliche Theorie ist immer der Versuch, möglichst viele Einzelergebnisse in ein logisches System einzubinden und so eine größtmögliche Wirklichkeitserklärung zu geben.

Wir werden jetzt darüber hinaus jede These in ihren wichtigsten Sachfaktoren belegen. Denn jede Theorie ist nur so viel wert, wie sich ihre jeweils einzelnen Ergebnisse als evident erweisen. Stimmen die einzelnen Fakten nicht, fällt die Theorie in sich zusammen.

In dieser formalen Präsentation stellen wir somit unsere GRUNDSÄTZE ZUR EVOLUTION DER WELTLICHEN VERNUNFT in größtmöglicher Offenheit zur Diskussion und fordern damit vor allem alle religiös-spekulativen Behauptungen sachgezielt heraus. Denn die Diskussionslage zwischen naturwissenschaftlich denkenden und religiös glaubenden Menschen, speziell mit christlichen oder islamischen Fundamentalisten, ist erfahrungsgemäß schon formal verheerend.

Der Streit beginnt allein damit, dass selbst einfache Erkenntnisse der naturwissenschaftlichen Forschung von religiös denkenden Menschen nicht anerkannt werden. So laufen theologisch-religiöse Streitgespräche über "Gott, Geist und Mensch" oft ab, ohne dass auch nur ein einziges Mal der Begriff "Gehirn" fällt. Das ist sogar in theologisch-dogmatischen Büchern so. Religiöse Gesprächspartner vermitteln den Eindruck, sie könnten alles menschlich Wesentliche ohne rationale Wissenschaft erklären. Mit unseren ZEHN GRUNDSÄTZEN ZUR EVOLUTION DER WELTLICHEN VERNUNFT halten wir gezielt mit unserem rational-wissenschaftlichen Menschenbild dagegen.

Zu These 1:

Das Denken
definiert sich innerhalb des Lebenden
als Funktion des Gehirns

Das Denken ist uns bisher nur als Fähigkeit jener Primatenart erwiesen, die sich zum Menschen entwickelt hat. Allein der Mensch in seiner Denkfähigkeit ist deshalb das empirische Forschungsfeld für das Denken und alle sich aus ihm ergebenen Erscheinungsformen wie Erkenntnis, Wissen, Intelligenz, Bewusstsein - Geist, Kultur. Sonstige Ableitungen des Denkphänomens von außerhalb des Menschen - speziell alle religiösen Behauptungen - sind reine Spekulation.

Die Denkfähigkeit und die sich aus ihr ergebenen Erscheinungsformen treten innerhalb der Evolution erst an der Stelle auf, an der die materiellen Voraussetzungen dafür durch die Natur entwickelt sind. Ihre gemeinsame materielle Vorausbedingung ist das Gehirn. Empirisch feststellbar ist folglich das Denken als Funktion des Gehirns. In dem Augenblick, in dem das Gehirn eine qualitative materielle Masse darstellt, verselbständigt sich in ihm eine ihm eigene Funktionalität zum Denken.

Das Gehirn ist nicht statisch vorgegeben. Es hat sich innerhalb des langwierigen Evolutionsprozesses des Lebenden auf der Erde in verschiedenen Schichten zu einem schließlich äußerst komplexen Organ ausgebildet. Das Gehirn war folglich bereits vor der Entstehung des Menschen in voller Entwicklung. In seinen elementaren Anfängen lässt sich eine Schaltzentrale, die den individuellen Organismus in sich kontrolliert und steuert, bereits in den Urlebewesen nachweisen und hat damit seinen Ursprung im Zellkern der Urzelle. Von diesen allerersten Anfängen vor drei Milliarden Jahren ist das Gehirn in der Evolution der Lebewesen ständig mitgewachsen.

Der Mensch steht mit seinem Gehirn uneingeschränkt in dieser Entwicklungskette. Dabei hat das Gehirn im Menschen seinen uns erkennbar höchsten Stand erreicht. Allerdings ist die Evolution des Gehirns prinzipiell weder auf den Jetztstand des Menschen zu begrenzen, noch überhaupt auf die Spezies Mensch einzuschränken. Vorstellbar sind jedwede Weiter-, aber auch Andersentwicklungen des Gehirns.

Das erste in Ansätzen denkfähige Gehirn, das der Prähominiden vor 2,5 Millionen Jahren, hatte ein Volumen von 450 ml und ein Gewicht von 700 Gramm. Das schon stark entwickelte Gehirn des Neandertalers vor einhundertfünfzigtausend Jahren hatte ein Volumen von 1100 - 1850 ml und ein Gewicht von 1800 Gramm. Das menschliche Gehirn heute hat ein Volumen von 1959 - 2500 ml und ein Gewicht von 1245 - 1375 Gramm. Die wachsende Denkfähigkeit des Gehirns ist massenmäßig und damit materiell quantifizierbar.

Dabei ist allerdings die absolute Masse keine letztgültige Kennzahl der kognitiven Leistungsfähigkeit, weil zum Beispiel ein Elefant oder der Pottwal ein viel größeres Gehirn besitzt als der Mensch. Die Denkfähigkeit ergibt sich vielmehr in einer komplizierten Relation zwischen Körpergröße und Schädelinhalt bei evolutionären Wachstumskoeffizienten der einzelnen Hirnteile. Das bedeutet: Je nachdem, welche Gehirnregion und damit welche Spezialfunktionen sich innerhalb eines bestimmten Zeitraums verstärkt ausgebildet haben. Beim Menschen ist der Neo-Kortex in überproportionierter Weise gewachsen, speziell der Stirnlappen mit dem Stirnhirn. Er ist derjenige Teil, in dem die Denkfähigkeit angesiedelt ist und damit speziell die Begriffsbildung, die Handlungsplanung und das Ich-Bewusstsein.

Damit deutet sich schon an, dass die Organisation des Gehirns für die unterschiedliche Leistungsqualitäten von entscheidender Bedeutung ist. Gehirnmasse hat gerade auch beim Menschen eine exakte Topographie, Sie stellt sich dar als eine Landschaft, in der die unterschiedlichen Kommandostellen gegeneinander abgrenzbar angesiedelt sind:

Das Stammhirn.

Das Limbische System.

Der Neo-Kortex.

1. Die elementare Stufe: **Das Stammhirn**

Im Stammhirn wird kein Denken entwickelt. Als ein in sich geschlossenes Nervensystem ist es eine Art Vorschaltzentrale für die Tätigkeit der beiden anderen großen Hirnteile, für das Limbische System und für den Neo-Kortex. Dabei leistet das Stammhirn schwerpunktmäßig regulative Aufgaben:

- Nach außen gerichtet nimmt es Eindrücke aus der Umwelt auf. Dazu werden unterschiedliche Sensoren, die "fünf Sinnesorgane", mit je völlig eigenen Funktionen benutzt: Die Augen etwa nehmen Erscheinungsformen der Umwelt in visuellen Einprägungen auf; die Ohren setzen äußeren Bewegungen in auditorische Eindrücke um; Mund und Nase, als Geschmacks- und Geruchssinn eng verbunden, ermöglichen eine Unterscheidung zwischen Essbarem und Ungenießbarem; die Hautoberfläche nimmt unmittelbare Berührungen wahr in Tast- und Gleichgewicht. Alle Sinne sind nach außen gerichtete Empfangsantennen mit je eigenen Aufnahmekriterien.

- Nach innen gerichtet steuert und kontrolliert es die Funktionen und Bedürfnisse der verschiedenen Organe und ihr Zusammenspiel. Die Organe mit ihren jeweils komplizierten Funktionssystemen arbeiten nur korrekt, wenn sie ausreichend mit Energie versorgt werden. So etwa Herzfrequenz und Blutkreislauf, Atmung und Gasaustausch, Stoffwechsel und Ausscheidung, Lymphgefäßsystem und Immunreaktion, Sexualtrieb und Fortpflanzung. Ähnlich alle anderen organischen Prozesse.

Das Stammhirn ist in seinen Wahrnehmungen signalgesteuert, das heißt, seine äußerst komplexen Sinnesrezeptoren reagieren auf Reize. Seine entscheidende Leistung besteht darin, diese Reize in neuroelektronische oder neurochemische Codes umzusetzen und an das Limbische System, die nächst höhere Hirninstanz, weiterzuleiten - zur Bewertung und zum Handlungsvollzug. Dabei unterscheidet das Stammhirn schon voraus, ob überhaupt die Notwendigkeit zur Weiterleitung besteht. Genauer: Nur Reize mit auffallender Intensität werden vermittelt. Das sind im Normalfall maximal 5 Prozent des auflaufenden Wahrnehmungsvolumens von zigtausend pro Minute.

Damit zeigt das Stammhirn speziell im Störfall seine elementare Bedeutung als die einzige Möglichkeit für das Individuum, Bedrohungen von der Basis her wahrzunehmen:

- Vom Außenbereich her werden externe Bedrohungen ausschließlich durch die Sinnesorgane aufgenommen. Es gibt für das Individuum keinen anderen Wahrnehmungszugang: Die Sinnesorgane erfassen in völlig unterschiedlicher Methodik eine große Vielfalt der Außenweltimpulse, allen voran jene, die ein feindliches Gegenüber signalisieren, zum Beispiel übergroße Hitze (über die Haut), unerträgliche Helligkeit (über die Augen), berstende Lautstärke (über die Ohren). Hier und in allen anderen Fällen werden aus dem Stammhirn heraus auf dem direktesten Weg codierte Gefahrenmeldungen an die höhere Gehirnstelle weitergeleitet als Aufforderung zur Vermeidung.

- Vom Innenbereich her werden Bedürfnisse als physische Mangelerscheinungen signalisiert, etwa die notwendige Zufuhr von Sauerstoff - als Atemnot; von Nahrung - als Hungerreiz; von Erholung - als Müdigkeit. Auch diese Negativreize werden jeweils an die höheren Gehirnstellen weitergeleitet und dort zu emotionalen Erregungszuständen umgearbeitet. Zunehmende Intensität verschärft die Aufforderung zur dringend notwendigen Mangelbehebung.

Das Stammhirn ist also ein elementarer Hirnteil. An ihm ist die unmittelbare nervliche Verbindung des Gehirns mit dem gesamten Körper erkennbar, denn mit seinem *Verlängerten Mark,* der wichtigen *Medulla oblongata*, geht er direkt in das Rückenmark über. Dabei entspringen die 12 *Hauptnervenpaare*, die *Hirnnerven* des Rückenmarkes, fast alle, nämlich 5 bis 12, direkt im Stammhirn. Jeder Hirnnerv hat ganz exakt seine Funktionen, z.B. VIII Hör- und Gleichgewichtsnerv, X Eingeweidenerv, XI Nackenmuskulaturnerv, XII Zungenmuskelnerv.

In seiner einfachsten Form reicht das Stammhirn als sensorisches Warnsystem und motorisches Aktionssystem für das Individuum bis in die Urzelle vor drei Milliarden Jahren zurück. Es ist somit allen Lebewesen anteilig als lebensnotwendiges Grundinstrument. Auch beim Menschen ist dieses Stammhirn der älteste Hirnteil.

2. Die höhere Stufe: **Das Limbische System**

Auch im Limbischen System entsteht kein Denken, wenngleich in diesem Hirnteil Aktivitäten stattfinden, die schon immer unmittelbar mit dem Denken in Verbindung gebracht worden sind. Im Limbischen System sitzen die Emotionen, Regungen also, die wir landläufig als Gefühle bezeichnen. In der gegenwärtigen Diskussion ist dieser ganze Bereich neu benannt als Ort der Emotionalen Intelligenz (EQ).

Das Limbische System ist entwicklungsgeschichtlich eng mit dem Stammhirn verbunden, gleichsam seine funktionale Weiterentwicklung. Es setzt die Leistung des Stammhirns direkt voraus, indem es dessen Meldungen unmittelbar aufnimmt. Deshalb gibt es eine Fülle von direkten Nervenverbindungen speziell vom Stammhirn zum Limbischen System. Über sie werden durch neuroelektronische, neurochemische oder neurophotosynthetische Signale unterschiedliche limbische Empfangszonen in Erregung versetzt. Diese Erregungszustände bewirken immer neue limbische Informationsbefunde, die dieses System dann auswertet und in motorische Reaktionen, also in Handlung, umsetzt.

Dabei besteht die ursächliche Aufgabenstellung darin, das Lebewesen am Leben zu erhalten. Denn das einzelne Leben hat natürlich nur so viel Überlebenschance, wie es nicht nur entsteht, sondern wie es dann vor allem auch möglichst lange weiter existieren kann. Das Verlängern des Lebens ist ein äußerst komplexer Vorgang, kaum weniger kompliziert als das Reproduzieren von Leben. Natürlich musste in der natürlichen Entwicklung für eine solche Lebenssicherung überhaupt erst ein System ausgeprägt werden. In endlos vielen experimentellen Abläufen der Evolution stabilisierte sich schließlich dafür überaus effektiv das *Limbische System*.

Das Limbische System wiederum ist nur dadurch arbeitsfähig, dass sich in ihm mit dem *Hippocampus* ein Bauteil entwickelt hat, der Informationszustände zu speichern vermag, also ein Gedächtnis. Die dort gespeicherten Informationen können auf Signal aus dem Gedächtnis wieder abgerufen werden. Der Hippocampus, das limbische Gedächtnis, funktioniert als kybernetischer Regelkreis, also durch Input - Speichern - Output.

Kommt vom Stammhirn ein neuer Bedrohungsimpuls herein, greift das Limbische System auf sein Gedächtnis zurück und prüft, ob dort für diesen neuen Fall ähnliche Fälle vorliegen, auf die schon einmal reagiert worden ist. Bei "Ja" löst der Impuls wie mit "o.k." auf ein Link das gespeicherte Handlungsprogramm aus. Durch diese direkte Automatik kommt es zu unglaublich kurzer Reaktionszeit.

Diese hohe motorische Reaktionsfähigkeit des Limbischen Systems gründet in seiner überraschend einfachen Methode, eingehende Impulse emotional sofort zu bewerten ohne den verzögernden Einfluss rationaler Reflexion. Da das Limbische System vorgeschaltet ist, bleibt dabei das Denkhirn ausgeschaltet. So kann bei Bedrohung das limbische Nervensystem selbst direkt auf "Unlust" schalten. In diesem eindimensionalen Signal "Unlust" liegt die limbische Blitzreaktion zum Schutz des Individuums gegen das Bedrohungspotential.

"Verhinderung von Unlust" ist das Primärziel des Limbischen Systems. Das widerspricht der früheren Annahme, "Lusterfüllung" sei die Primärmotivation der Gefühlswelt. Man bewertete damals die Gefühle eher eudämonistisch als ein Handeln aus einer ständigen Suche nach Lustgewinn. Natürlich wollte man damit den Gefühlen unter christlich-moralischem Aspekt einen ganz und gar negativen Charakter anheften. Körperliche Gefühle als Lustgewinn waren religiös verpönt.

Dagegen ist die Unlustverhinderung moralisch wertneutral das ureigene Wesen jedes Lebewesens, der Urinstinkt im Limbischen System als ein ständiges Handeln zur Abwehr von Bedrohung, von Mangel, von Bedürfnisregungen. Nur die direkte limbische Blitzreaktion ermöglicht den Erfolg = gleich Überleben in höchster Gefahr.

Unlustverhinderung
bei externer Bedrohung des Individuums
wirkt automatisch, das heißt im Limbischen System einprogrammiert, jeweils als eine von zwei möglichen Reaktionsmodellen

- *entweder durch Flucht:*
  Das Lebewesen weicht der Gefahr aus. Zum Beispiel ist das Pferd ein typisches Fluchttier. Auf äußere Bedrohung wendet es sich ab und flieht in "panischer (ohne Nachdenken) Angst". Diese Flucht ist eine triebgesteuerte Reaktion des Limbischen Systems;

- *oder durch Aggression:*
  Das Lebewesen leistet Widerstand gegen die Bedrohung. Zum Beispiel greift der Stier als ein typisches Kampftier in "besinnungsloser" Wut an. Auch diese Aggression ist eine triebgesteuerte Reaktion des Limbischen Systems.

Unlustverhinderung
bei interner Bedrohung des Individuums, also von innen aus dem Körper heraus wirkt *ebenfalls automatisch und zwar*

- als Mangelsignal, etwa "Hunger" für Nahrungsmangel. Das Hungersignal setzt die Aufforderung zur Nahrungsaufnahme in Gang und entsprechend sind alle anderen physischen Mangelsignale wie Durst, Müdigkeit, Frieren Stimulanzen zur Bedürfnisbefriedigung;

- als Warnsignale, etwa ein Stechschmerz für Organbeschwerden oder Krankheit. Auch diese erzwingen besondere Maßnahmen der Schonung oder mögliche Therapie zur Aufhebung der "Unlust".

Jedes aus dem Stammhirn empfangene Mangelsignal "Unlust" im Limbischen System zielt auf Aufhebung der gefühlten Bedrohung zum Schutz des Individuums. Es löst emotional Gegenreaktionen aus, die automatisch über gespeicherte Handlungsmuster abgerufen werden können. Bei Nichtvermeidung geht das Lebewesen letztlich zugrunde.

Dieser angezielte Bedrohungsabbau, gesteuert von einer in sich geschlossenen Triebstruktur im Limbischen System, ist schon immer bei den Tieren als Grundausstattung aktiv gewesen. Auch beim Menschen liegen die ursächlichen Verhaltensmuster bei externen und internen Bedrohungen in diesem limbischen Hirnteil.

Das Ausbleiben von Unlust ergibt den Spielraum zum Lustempfinden. Indem keine Bedrohung wahrgenommen wird, entsteht ein Zustand der Entspannung, primär beim Tier eine automatische Ruhereaktion als Antwort des gefühlten Eindrucks, die Gefahr sei vorbei: Ein Löwe bricht in eine Herde von Zebras ein. Alle Tiere gehen in panischer Angst auf die Flucht. Der Löwe schlägt ein Tier. Sofort bleibt die gesamte Herde stehen und grast seelenruhig weiter - um den Löwen mit seiner Beute herum.

In der Spannung zwischen Bedrohung und Nicht-Bedrohung liegt der Spielraum für eine gesteigerte Situationswahrnehmung. Dieses emotionale Wechselspiel zwischen Unlust und Lust setzt zugleich eine Aufmerksamkeitsverschärfung auf Lustempfinden frei.

Beim Menschen hat die zivilisatorische Stabilisierung des Daseins mit der Abnahme elementarer Lebensbedrohung in der Natur die Überzahl der Unlustsensoren genetisch abgebaut und zugleich die Anzahl der Lustsensoren deutlich vermehrt und damit die organischen Fähigkeiten zur positiven Wahrnehmung verstärkt. In der Steigerung, Natur und Dasein unter vermehrt positiven Erfahrungswerten aufnehmen zu können, liegt der Einstieg des Menschen in die Kulturfähigkeit.

Inwieweit man dabei im Limbischen System - sowohl im Bezug auf den Menschen, wie auch auf Tiere, speziell höherer Gattung hin - bereits von einem "Bewusstsein" sprechen sollte, ist eine Definitionsfrage.

Zum einen: Soweit die Forschung im Limbischen System einen *erhöhten Wachheitszustand* definiert, in dem alle Nervensysteme höchst angespannt auf Lebenserhalt ausgerichtet sind, und im Gegensatz dazu einen *Ruhestand*, in dem alle Sinne weitgehend entspannt sind und diese emotionalen unterschiedlichen Zustandslagen und ihre Übergänge "Bewusstsein" nennt, lässt sich sowohl beim Tier wie auch beim Menschen selbstverständlich von einem limbischen Bewusstsein als von einem "Aufmerksamkeitsbewusstsein" sprechen.

Zum anderen: Dieses limbische Bewusstsein aber ist nonverbal, es kann sich selbst nicht in abstrakte Begriffe fassen. Kein Limbisches System kann "Ich" sagen, weil es keinen abstrakten Begriff "Ich" bilden, also auch nicht denken oder sagen kann. Deshalb hat ein limbisch definiertes Bewusstsein überhaupt gar nichts zu tun mit dem kognitiven Bewusstsein, also mit dem, was wir in der Denkstufe des Neo-Kortex als Selbstbewusstsein definieren werden.

Erst im Neo-Kortex entsteht ein denkendes Selbstbewusstsein.

Zu These 2:

Rationalität
ist die Fähigkeit des Denkens,
Begriffe zu bilden
und damit abstrakte Zusammenhänge zu knüpfen.

3. Die höchste Stufe: **Der Neo-Kortex**

Allein der Neo-Kortex ist der Hirnteil, in dem sich das Denken ausbildet. Ausschließlich in und mit ihm ist das Denken möglich, zugleich alle daraus entstehenden Erscheinungsformen wie Erkenntnis, Wissen, Bewusstsein, Intelligenz, Rationalität - Geist, Kultur.

Trotz dieser Sonderstellung wäre es falsch, den Neo-Kortex isoliert zu verstehen, gleichsam als eine Art aufgepfropften Fremdkörper. Vielmehr ist auch der Neo-Kortex von seinen Anfängen her eine kontinuierliche Weiterentwicklung speziell des vorausgeschalteten Limbischen Systems. Es ist insofern auch schon ganz früh bei Wirbeltieren in elementaren Ansätzen vorhanden und bildet insgesamt ein einheitliches Ganzes.

Dennoch muss man die Stellung des Neo-Kortex als höhere Entwicklungsstufe bewerten. Denn der ursprüngliche Neo-Kortex hat vor drei Millionen Jahren innerhalb der Evolution der Primaten einen wesentlichen Entwicklungssprung gemacht durch den Ausbau der Großhirnrinde. Vor 200.000 Jahren ist er noch einmal sprunghaft expandiert. In seinem jetzigen Zustand der Höchstentwicklung ist er ausschließlich beim Homo sapiens, beim Jetztmenschen, ausgeprägt.

Wenn man den Neo-Kortex des heutigen Menschen auseinanderfaltet, ergibt sich eine Gesamtfläche von bis zu 36 m². In dieser Fläche sind etwa 100 Milliarden Gehirnzellen (Neuronen) vernetzt. Dieses mikrokosmische Leistungssystem entspricht in etwa dem makrokosmischen Funktionssystem der 100 Milliarden Sonnensysteme in unserer Milchstraße, wobei die Verbindungsnetze der Neuronen zueinander nicht nur zweidimensional angelegt sind, also von einem über den anderen laufen, sondern zugleich dreidimensional in Querverbindungen, wodurch die Schaltkapazität wesentlich potenziert wird.

Der Aufbau dieses gewaltigen Systems macht verständlich, warum Albert Einstein sagt, dass der normale Mensch seine Gehirnkapazität maximal zu fünf Prozent zu nutzen vermag.

Die wiederholt sprunghafte Expansion des Neo-Kortex in der Evolution liegt in der Vergrößerung der "grauen Hirnmasse", die Zunahme also der Nervenzellen, der *Neuronen*. Neuronen haben immer einen sehr ähnlichen Aufbau: Die Zelle bildet im Eingang einen Dendritenbaum, *Dendriten* als eine Art Nervengeäst zur Übernahme von erregenden oder hemmenden Informationen von anderen Neuronen, zum Ausgang das *Axon* zur Weitergabe an andere Neuronen. Die Schnittstellen mit anderen Teilen sind *Synapsen*, an denen die Weiterleitung elektrisch oder mit chemischen "Botenstoffen", *Transmittern*, erfolgt. Eine Nervenzelle kann mit hundert, mit tausend, mit zehntausend anderen Zellen verbunden sein.

Die Schaltzentrale, der Neo-Kortex, in dem alle Nervenleitungen letztlich zusammenlaufen, sitzt im vordersten Teil des Stirnlappens, im Stirnhirn. Dieser präfrontale Kortex ist das eigentliche Zentrum der Denkfähigkeit der Menschen - und darüber hinaus der Ort, wo für uns nachvollziehbar überhaupt je Denken stattgefunden hat.

Gerade mit dieser Ortung der Denkfähigkeit im Stirnhirn wäre es aber falsch, den Neo-Kortex begrenzt exklusiv als geschlossenes geistiges Denkzentrum zu definieren. Es ist vielmehr verbunden mit einer großen Zahl von Aufgabenbereichen, die wesentliche Zuarbeit leisten. Das Stirnhirn arbeitet in seiner kognitiven Leistung also in Arbeitsteilung mit den anderen Teilen des Kortex zusammen, den so genannten *assoziativen Kortex-Arealen*[1]*:*

- *Der Hinterhirnslappen* enthält wesentliche Teile unseres zentralen Sehsystems.

- *Der Schläfenlappen* beinhaltet im Wesentlichen unser zentrales Hörsystem. Hier liegt auch das sensorische Sprachzentrum, das das Sprachverstehen ermöglicht.

---

1 Nach Gerhard Roth, op.cit. (Das Gehirn und seine Wirklichkeit, oben Seite 323), Seite 49 – 51.

- *Der Scheitellappen* umfasst die "Erregungsgebiete" der Körpersensorik, in denen Haut-, Muskel-, Gelenkstellungs-, Temperatur- und Schmerzempfindungen angesiedelt sind. Nach hinten abgesetzt liegen hier auch die verschiedenen Bereiche der komplexen Raum- und Bewegungswahrnehmungen und generell die Raumorientierung. Ein Sonderbereich ist das Spezialzentrum, das die komplizierten Handhabungen von Werkzeugen steuert.

In dieser Aufgabenverteilung ist der Kortex in zwei Hirnhälften geteilt, die jeweils unterschiedliche Arbeit leisten:

- *Die linke Hemisphäre:* Sie arbeitet eher analytisch-begrifflich. Sie entwickelt rationales Denken, folgerichtiges Ordnen, digitales Rechnen, Verständnis für zeitliche und sprachliche Abläufe. Die linke Gehirnhälfte kontrolliert die rechte Hand und das rechte Blickfeld.

- *Die rechte Hemisphäre:* Sie arbeitet eher synthetisch-kreativ. Sie entwickelt Intuition, künstlerische Fähigkeiten, visuelle Vorstellungskraft, ganzheitliches Denken, gleichzeitige Zusammenschau verschiedener Dinge. Die rechte Gehirnhälfte kontrolliert die linke Hand und das linke Blickfeld.

Beide Hälften sind durch den *Balken* miteinander verbunden und können im Normalfall nicht unabhängig voneinander arbeiten.

Der Stirnlappen, direkt im vordersten Kopfteil hinter der stabilen Stirnwand, leistet in Zusammenführung aller Zuarbeiten die Endarbeit des Denkens in drei Schwerpunktbereichen:

- Die Begriffsbildung: Alles, was der Mensch so in Sprache ausdrückt, dass ein anderer dem einen feststehenden Sinn entnehmen kann und mit diesem in seinem eigenen Denken arbeiten kann.

- Die Handlungsplanung: Alles, was der Mensch in Begriffe fasst, um sein Handeln auf Zukunft hin gezielt zu verändern, indem er nicht nur ein Ziel bestimmt, sondern auch den Weg dahin festlegt.

- Das Persönlichkeitsempfinden: Alles, was der Mensch für die Selbstfeststellung ICH entwickelt und unter diesem Begriff seinen Wahrnehmungen zentral zuordnet, bewertet und zum Maßstab macht.

Das korticale Hirnsystem, in dem die Denkfähigkeit des Neo-Kortex in Zusammenarbeit mit dem gesamten Kortex entsteht, setzt unabdingbar jene drei elementaren Gehirnarbeiten voraus, die in der Verknüpfung mit den beiden anderen subkorticalen Hirnteilen, mit dem Stammhirn und mit dem Limbischen System entstehen:

- Diese Wahrnehmung der Umwelt durch die Reizaufnahme des Stammhirns und die Umwandlung dieser Reize in weiterleitbare elektrische oder chemische Codes.

- Die Aufnahme dieser Codes und ihre Verarbeitung in Erregungszustände im Limbischen System bis hin zur direkten Umsetzung in motorische Reaktionen, also in Handlungsabläufe.

- Die Speicherung der Erregungszustände und Handlungsabläufe im Gedächtnis des Limbischen Systems mit der Fähigkeit, diese Speicherungen bei Neuimpuls über das Stammhirn abzurufen und als Handlungsmodell für spätere Handlungsplanungen zu nutzen.

Die innere Verknüpfung des Denkhirns (= Neo-Kortex) mit den subkorticalen Basisfunktionen (= Stammhirn und Limbisches System) veranschaulichen wir - zum besseren Verständnis bewusst etwas lockerer - mit einem Slow-Motion-Bericht eines unserer Probanden:

Nachts, alles ist dunkel. Auf dem Weg zur Toilette. Vom Schlafzimmer geht es durch einen schmalen Türrahmen ins Badezimmer. Tausendmal gegangen - bei Tag und bei Nacht. Reine Routine. Das Gehirn tappt durch das Dunkel wie im Schlaf.

Plötzlich schwere Erschütterung im ganzen Körper. Das Denkhirn wird in einen spontanen Wachzustand hineingerissen: Was ist eigentlich los? Ist etwas Schlimmes passiert? Erste Versuche, den Ablauf - wie folgt - zu erklären:

(1) Der linke Zeh ist an den Türpfosten geknallt - brutaler Zusammenstoß einer der Kontrollposten des ***Stammhirns*** *mit der Außenwelt. Der Druckreiz am Zeh wird vom Stammhirn in höchster Geschwindigkeit als Schmerz in einen Sendecode verschlüsselt und an das Limbische System geschickt.*

*(2) Nahezu gleichzeitig kommt diese Sendung im **Limbischen System** als Alarm an, direkt in die Auswertungszentrale. Alle Aufnahmesensoren werden dabei in Erregungszustand versetzt. Der dramatische Emotionsausschlag bewirkt eine hohe Bewertungsstufe von Unlust. Das löst als sofortige motorische Reaktion den generellen Handlungsbefehl für eine schützende Gegenmaßnahme aus: Flucht - gleich Rückzug des Körpers. Auf diesen Befehl reagieren alle motorischen Körperteile einheitlich rückwärts. Damit wird der weitere Aufprall des Körpers auf das feindliche Hindernis verhindert.*

Nur Bruchteile von Sekunden sind bisher vergangen. Nach Vollzug legt das Limbische System den Vorfall als Sendebericht über Erregungszustand und Handlungsreaktion in seinem Gedächtnis ab und schickt gleichzeitig eine Meldung an das Denkhirn: Unlust verhindert. Das Ausbleiben von weiterer Unlust bewirkt den langsamen Abbau des limbischen Erregungszustandes.

*(3) Erst jetzt, nachdem Wahrnehmung und Reaktion bereits verarbeitet sind, wacht das **Denkhirn** auf und fragt: Was ist hier eigentlich los? Ist etwas Schlimmes passiert? Damit beginnt das Denken, den ganzen Vorgang noch einmal zu rekonstruieren und ihn in einen größeren Zusammenhang zu stellen:*

Das Denkhirn lässt sich dafür die im Gedächtnis bereits abgelegte Akte gleichsam noch einmal vorlegen, um sich von dem Geschehen ein eigenes Bild zu machen. Dafür übersetzt sich das Denkhirn alle ihm verfügbaren Daten in von ihm selbst geschaffene Begriffe und ordnet diese einem von ihm selbst angelegten Begriffssystem zu. Mit diesen Zuordnungen schafft es zugleich übergeordnete Kategorien, mit denen es das Ereignis in einen Zusammenhang ganzheitlicher Bewertung stellt. Dieser Werterahmen bildet die Grundlage für das denkende Handeln.

Von dieser ganzheitlichen Bewertungszentrale her kann das Denken Einfluss nehmen auf das Handeln, indem es neue Handlungspläne erstellt. Das Denken plant jetzt etwa, die Wand einzureißen und eine breitere Tür zu bauen oder gar überhaupt in ein neues Haus zu ziehen mit einer besser zugänglichen Sanitäranlage. Bevor es daraufhin aktiv wird, nimmt es sich Zeit, um diese Ideen gegeneinander abzuwägen - zum Beispiel in Bezug auf eine Kosten-Nutzen-Rechnung angesichts notwendiger Bankgespräche zur Geldbeschaffung. Ein vielschichtiger

Reflexionsprozess zur Vorbereitung der Handlung läuft ab. Schließlich beschließt das Ich, doch erst einmal wieder ins Bett zu gehen und nächstes Mal besser aufzupassen. Das Stammhirn gähnt, das Limbische System empfindet Müdigkeit - das Denkhirn schläft wieder ein.

Am nächsten Morgen sind die limbischen Erregungen abgeklungen, die aus aktuellem Anlass hohen kognitiven Bedeutungswerte heruntergestuft, der Vorfall erscheint insgesamt nicht mehr wichtig. Der Handlungsbedarf ist damit abgesagt. Nur ein blau angelaufener Zeh zeugt von der perfekten Arbeit des Stammhirns. Nebenbei erzählt der Mann seiner Frau, dass er sich "in der Nacht an dieser Scheißtür entsetzlich den Zeh gestoßen habe". Allein die Sprache erinnert noch an die emotionale Erregung und an den aktuellen rationalen Bedeutungswert. Du musst eben besser aufpassen, sagt die Frau von Verstand zu Verstand. Warum machst du nicht einfach das Licht an?

Stammhirn (1) und Limbisches System (2) funktionieren auch im Tierischen. Auf (1) und (2) basierend funktioniert das Stirnhirn mit den assoziativen Kortex-Arealen (3) rein menschlich, weil es allein dem menschlichen Denken zur Verfügung steht. In dieser neuen Stufe des Denkhirns (3) liegt die Erweiterung der menschlichen Gehirnrevolution - in fünf Punkten:

1. Das Denken ist in seinem Zugriff auf die im Limbischen System gespeicherten Informationen nicht gebunden an den starren technischen Abruf über die Reize des Stammhirns. Es kann die gespeicherten Informationen eigenständig abrufen. Mit dem eigenen Zugang zum Gedächtnis löst das Denken den starren tierischen Triebmechanismus auf und erwirbt Freiheit der Gedanken.

2. Das Denken agiert in sich mit einem eigenen Begriffssystem. Die entscheidende Weiterführung besteht deshalb darin, dass die nonverbale Codierung des limbischen Systems, speziell seines Gedächtnisses, durch das Denkhirn in ein neuartiges Codesystem abstrakter Begriffe umgesetzt wird. So entsteht im Denken eine eigene Welt, die Welt der Begriffe, mit der Bewertungen in größeren Zusammenhängen möglich werden.

Schon in Vorstufe vorhandene Gedächtnisinhalte werden also innerhalb des Stirnhirns durch Zuarbeit des assoziativen Kortex in einen Begriffsapparat übertragen und dadurch dem Denkhirn verfügbar gemacht. Diese generelle Umsetzung von Wahrnehmung des Körpers durch die Sinnentechnik des Stammhirns über die emotionale Verarbeitungs- und Speicherungstechnik im Limbischen System in mentale Begriffsbildung im Neo-Kortex ist die grundlegende Voraussetzung für das Denken.

3. Das Denken in sich kann sich seine Begriffe frei zusammenstellen, völlig losgelöst von der ursprünglichen Ausgangsposition des Sinnenreizes im Stammhirn und seiner Verarbeitung im Limbischen System. Die Assoziationen im Denkhirn, die Verknüpfungen von Begriffen und damit von Vorstellungen und Gedanken sind völlig "ad libitum", völlig subjektiv. "Die Gedanken sind frei", prinzipiell frei auch von Bindungen an Voraussetzungen. Der Kopf kann sich so eine eigene freie Welt des Gedachten schaffen.

   Diese Begriffswelt, ihre assoziativen Vorstellungen und Gedanken, das Gedachte also, sind nicht die Wirklichkeit selbst. Sie sind nur ein gedachtes Abbild des Wirklichen, nur subjektive Wirklichkeit. Im Denken agiert der Mensch ursächlich subjektiv.

4. Das Denken kann seine Reflexionsarbeit selber abspeichern und dies Gespeicherte wieder abrufen und neu in seine Reflexionen eingeben. Anders als das Limbische System mit seiner vom Ausgangs- zum Endpunkt ablaufenden direkten emotionalen Reaktion agiert das Denkhirn in Endlosschleifen. "Die Gedanken kreisen". Es stellt seine Gedanken in immer wiederholte Gedankenabläufe und kann so an ihnen arbeiten, sie ständig umbilden und verändern.

5. Das Denken kann von sich aus auf den motorischen Apparat des Limbischen Systems Einfluss nehmen. Es kann emotionale Abläufe nicht nur gezielt in Gang setzen, sondern auch konditionieren, also verzögern oder gar ganz stoppen. Es kann damit eigenmächtig auf Handlungen einwirken. Es überlagert dabei die unmittelbare Reaktionsmethodik des Limbischen Systems speziell durch reflektierte Handlungskontrolle und Handlungsplanungen.

In summa:

Im Kopf des Menschen arbeiten - organisch voneinander getrennt - zwei unterschiedliche Gehirnsysteme, die zwar vielseitig aufeinander bezogen sind, aber mit je eigenen exklusiven Methoden parallel nebeneinander eigenständige Arbeit leisten. Sie erscheinen dem Menschen bei genauer Selbstbeobachtung durchaus als zwei unterschiedliche Bewusstseinsebenen.

Zum einen:
Das direkt-emotionale, nonverbal-gefühlte Limbische System.

Im umgänglichen Erklärungsmodell spricht man vom "Handeln aus dem Bauch", die primäre Ebene: Die Wirkungsmethode besteht in gefühlsmäßiger Sofortreaktion (Liebe auf den ersten Blick). Diese basiert natürlich auf der emotionalen Systemtechnik der Blitzreaktion bei Abwehrverhalten von Bedrohungen zum Schutz des Individuums, ohne die ein Lebewesen nicht überlebensfähig wäre.

In der Ausprägung dieses Reaktionsverhaltens zwischen Unlust und Abklingen oder Ausbleiben von Unlust (= Lust) besteht speziell im Menschen ein stark ausgeprägtes Gefühlsspektrum, eine riesige Skala von negativen und positiven Empfindungs- und Stimmungslagen. In diesem Spannungsfeld der Emotionen liegt der Lebensablauf in seinen bedrohenden und beglückenden Gemütslagen, positiv vor allem als Quelle unerschöpflich innovativer und kreativer Antriebskraft.

Zum anderen:
Der begrifflich-rationale, verzögernd-reflektierende Neo-Kortex.

Im herkömmlichen Sprachgebrauch spricht man von einem "Handeln vom Kopf her", die sekundäre (lateinisch: nachfolgende) Ebene: Das Denken ist nur auf dieser Ebene verfügbar mit Ideen und Vorstellungen, mit Kritik und Planungen. Zur Lebensgestaltung entwickelt das Denken einerseits Kontrollsysteme, mit denen alle Geschehnisse und Handlungen vom Subjekt her bewertet werden können. Zugleich entwirft es Planungsraster, mit denen das Leben nach übergeordneten Werten und Zielen kurz- oder langfristig ausgerichtet werden kann.

Zu These 3:

Das Denken entwickelt
innerhalb der jüngsten Gehirnevolution
ein Ich-Bewusstsein,
indem für den Denkenden
ein Verhältnis zu seiner Umwelt und zu sich selbst entsteht.

Allererste Anzeichen eines denkfähigen Gehirns begegnen uns in der Erdgeschichte mit der frühesten Herstellung einfacher Werkzeuge. Die ältesten Funde bearbeiteter Materialgegenstände datieren aus der Zeit vor knapp drei Millionen Jahren und sind damit den Prähominiden zuzuordnen. Deren Technik des Behaus lässt rückschließen auf einfaches technisches Denken. Seitdem entwickelt sich dieses technische Denken in ganz langsamen Schritten. Zum Beispiel brauchte der Homo erectus fast eine Million Jahre, um das von ihm erfundene doppelschneidige Steinmesser zu entwickeln. Das Denken ist äußerst schwerfällig angelaufen.

Dann allerdings gab es vor fast 200.000 Jahren ganz plötzlich rasante Fortschritte der Denkfähigkeit, speziell beim Menschtyp Neandertaler, der vorauslaufenden Nebenlinie des Jetztmenschen. Bei ihm finden sich Ansätze von Sprache, von einfach geregeltem Gemeinschaftsleben, von kultischen Riten, mit Sicherheit auch deutliche Ansätze von Selbstbewusstsein. Wie stark die Kultur der Neandertaler wirklich war, ist durch das Fehlen von Schrift oder Schriftähnlichem nicht verlässlich überliefert und deshalb leicht zu unterschätzen.

Dennoch: Die uns erkennbare Kultur der Neandertaler ist das konkrete Beispiel dafür, dass Denken und Selbstbewusstsein nicht erst exklusiv bei uns Jetztmenschen, beim Homo sapiens, entstanden sind, sondern in einer uns längst vorauslaufenden Nebenlinie, die sogar inzwischen lange ausgestorben ist. Denken und Selbstbewusstsein sind damit nachweisbar prinzipiell keine exklusive Eigenart des Homo sapiens.

Analog zur Genealogie Neandertaler und Homo sapiens, dem Jetztmenschen, ist zu schließen, dass auch der Homo sapiens keineswegs eine Endstufe der Evolution darstellt, sondern nur eine Zwischenstufe auf einen "Homo futurus" hin.

Die rationale Arbeit des Denkhirns wurde in der Menschheitsgeschichte zum ersten Mal manifest in der

Entwicklung von Wort und Syntax bildender Sprache: Diese Sprachbildung war die allererste rationale Großleistung des Menschen. An immer mehr Wörter wurden nicht nur verbindliche Bedeutungen gebunden, diese Wörter wurden zugleich in grammatikalischen Formen und Satzkonstruktionen zusammengestellt. Kennzeichen für rationale Intelligenz wurde die Fähigkeit, in dieser Syntax allgemeingültigen Sinn auszudrücken.

Ein weiterer riesiger Fortschritt des rationalen Denkens war

das Abstrahieren von Sprache in Schriftzeichen: Bis dahin nur gesprochene Wörter wurden in ihrer Semantik an Schriftzeichen gebunden. Eines der ältesten Zeichen ist wohl das Achteck als Symbol für Gott bei den Sumerern vor etwa 6.000 Jahren. Das Zeichen *ist* nicht Gott, es *bedeutet* Gott. In dieser Weise ist die erste Schrift Bilderschrift, in der die Zeichen Gegenstände *bedeuten. Im Bedeuten* liegt eine elementare Abstraktion als Voraussetzung jeder Semantik.

Die Reduktion auf einige wenige abstrakte Zeichen, schließlich ein Alphabet aus einer begrenzten Zahl einzelner Buchstaben, aus denen dann die Wörter visuell zusammengebaut werden konnten, zeigen die zunehmende hohe rationale Abstraktionsfähigkeit des menschlichen Gehirns in der Zeit der frühen Hochkulturen.

Parallel dazu schuf die damals schnell wachsende rationale Fähigkeit des Denkhirns die Erfindung der Zahlen und damit die Fähigkeit zur Quantifizierung, eine wesentliche Voraussetzung jeglichen objektiven Erkennens. Darüber hinaus entstand schon bald die Geometrie als abstraktes Erklärungsmodell und Beschreibungssprache der Natur. Eine dabei immer stärker wachsende erste mathematische Denkfähigkeit erschloss dem frühen Kulturmenschen vor rund 6.000 Jahren ein immer weiter verzweigtes Erkenntnispotential. Die Prinzipien der mathematischen Logik von damals haben auch heute ihre Gültigkeit nicht verloren.

Die Ausbildung von Sprache und Schrift ermöglichte verbale Kommunikation und damit rege soziale Bewusstseinsbildung. Schon der frühe Mensch war geschwätzig. In dieser komplexen Gesamtentwicklung entstanden

die ersten abstrakten Theorien, zusammenhängende Gedankengänge, die für eine große Zahl von Menschen eine gemeinsame Gültigkeit hatten, also ein soziales Bewusstsein bildeten und damit dauerhafte Gruppenidentifizierung. Zunächst natürlich nur mündlich, dann wurde durch Schriftform die Dauerhaftigkeit der Theorien verstärkt. Noch heute geben uns die alten Schriften Zeugnis von ersten Theorien,

- *zuerst als Religionsbewusstsein.*
  Erste Großreligionen bei den Sumerern, bei den Ägyptern, bei den Griechen schufen ein frühes umfassendes Weltverständnis, gleichsam einen Orientierungsrahmen für das Dasein. Die gemeinsame Götterwelt wurde zugleich zur kollektiven Bindungskraft.

- *dann als Gemeinschaftsbewusstsein.*
  Für zentrale Bereiche des alltäglichen Lebens entstanden allgemeinverbindliche Rechtsnormen. Sie regelten (etwa in dem berühmten CODEX HAMMURABI um 1750 vor Christus) Handel und Geldgeschäfte, Ehe- und Familienfragen, Bürger- und Staatspflichten. Recht wurde zur kollektiven Staatsbindung.

- *schließlich als Geschichtsbewusstsein.*
  Der Mensch verstand sich zunehmend als Menschheit, entwickelte Interesse an dem, was mit seinem Volk vormals gewesen war. Herodot und Thukydides in Griechenland schufen die ersten Geschichtswerke aus kollektivem Vergangenheitsinteresse.

Innerhalb dieser frühen großen Kulturentwicklungen finden sich auch bereits als Zeugnisse rationaler Denkfähigkeit

- erste qualifizierte technische Erfindungen, zum Beispiel in Ägypten aufgrund objektiver Naturbeobachtung das Bewässerungssystem des Nils oder die Orientierung an Sternbildern. Ähnliche Erkenntnisfortschritte sind erfolgt mit der Bautechnik der Pyramiden, der Erfindung des Rades, der Herstellung von Metallen wie Kupfer, Bronze, Eisen, Zinn.

Innerhalb der Geistesgeschichte der Menschheit, speziell innerhalb unserer modernen Kultur seit 6.000 bis 10.000 Jahren, entwickelte der Mensch stufenweise veränderte Erklärungsmethoden, um sich die Wirklichkeit verständlich zu machen. In dieser geistigen Entwicklung ist jeweils ein gravierender Wandel festzustellen in dem Verhältnis zwischen dem erkennenden Subjekt und dem zu erkennenden Objekt.

In diesem Wandel lässt sich das

Wachsen der Bewusstwerdung des Menschen

erkenntnistheoretisch nachvollziehen

als zunehmende Distanzierung des Subjekts vom Objekt.
Der Mensch sieht die Welt immer distanzierter, immer objektiver.

Wir machen das sichtbar an den unterschiedlichen Subjekt-Objekt-Bezügen in Religion, in Theologie und in den Naturwissenschaften:

Subjekt-Objekt-Bezug in der Religion:
Der Mythos ist die Denk- und Sprachform der Religion[1]

1. Im Mythos stellt sich der Mensch seine Fragen so, wie sie ihn ganz persönlich betreffen: Wie ist der Mensch entstanden? Warum sündigt der Mensch? Warum stirbt der Mensch?

2. Im Mythos gibt der Mensch auch seine Antworten so, dass er dabei als Mensch völlig im Mittelpunkt *(anthropo-zentrisch)* steht. Er deutet alles auf sich. Er bewertet alles für sich, er redet immer aus der Subjektivität des limbischen Gefühls heraus.

3. Im Mythos definiert der Mensch deshalb die von ihm erkannten Ursachen in Form menschgestaltiger Wesen und Kräfte: Titanen, Götter, Halbgötter, Dämonen, Geister, Feen, Nornen. Er kann sich Wirkungskräfte nur *anthropo-morph* (menschgestaltig) versinnbildlichen, nur magisch-religiös begreifbar machen.

---

[1] Als typisches Beispiel für einen Mythos gilt die ältere Schöpfungsgeschichte der Bibel in 1. Mose 2,4b - 25 und die nachfolgenden Paradiesgeschichten von Adam und Eva.

Im Mythos denkt der Mensch folglich, wie er fühlt in einer anthropozentrischen Rationalität. Natürlich "Rationalität", denn er gebraucht ja eine völlig logische Sprache und eine in sich schlüssige Vorstellungswelt, nur dass er sie aus seiner totalen Subjektivität heraus definiert.

Subjekt-Objekt-Bezug in der Theologie:
Das Dogma ist das Denk- und Sprachmodell der Theologie[1]

1. Im Dogma formuliert der Mensch seine Fragen in einem geschlossenen Glaubenssystem. Er fragt nicht mehr persönlich subjektiv, sondern überpersönlich über ein "Trans-Subjekt" Gott. Er fragt distanziert *theo-zentrisch.*

2. Im Dogma definiert der Mensch somit auf seine Fragen "Antworten eines fremden Gottes". Es behauptet gegen das gefühlte Ich und seine Subjektwelt ewige Wahrheit aus einem Jenseits.

3. Im Dogma fordert dieses transzendierte Ich (Gott) für seine Antworten bedingungslosen Glaubensgehorsam. Es ist deshalb in seinen Wirklichkeitserklärungen *theo-kratisch.* Es zielt nicht auf persönliches Verstehen, sondern auf fremdbestimmtes Bekennen und Anerkennen.

Im Dogma denkt der Mensch folglich, wie er glaubt, besser: glauben muss, in einer theozentrischen Rationalität. Sprache und Vorstellungswelt bilden ein in sich geschlossenes *theo-logisches* Denksystem, in dem der Glaubende sein subjektives Wissen um die Welt bis zur Selbstaufgabe an eine fremd bestimmende Autorität preisgibt.

Subjekt-Objekt-Bezug in den Naturwissenschaften
Die Mathematik ist Denk- und Sprachform der Naturwissenschaften[2]

1. Mit der Mathematik rechnet der Mensch in der Annahme, dass er seine Fragen aus dem Diesseits heraus beantworten kann. Der Mensch betrachtet sich und das Sein *kosmo-zentrisch.* Die Diesseitigkeit insgesamt erscheint ihm damit naturwissenschaftlich erforschbar.

---

1 Beispiel eines dogmatischen Lehrgebäudes ist die jüngere Schöpfungsgeschichte der Bibel in 1. Mose 1,1 – 2,4a.

2 Als klassisches Beispiel verweisen wir hier auf Werner Heisenbergs berühmten Versuch 1957, mit seiner Weltformel das ganze Weltgeschehen in einer einzigen mathematischen Formel zu erfassen.

2. Mit der Mathematik definierte Erkenntnisse zielen auf größtmögliche Objektivität. Dabei verlieren die subjektiven Denkweisen - die anthropozentrische Rationalität der Religion (Mythos) und die theozentrische Rationalität der Theologie (Dogma) - ihre Gültigkeit. "Ich", ob als Mensch oder als Gott, ist als subjektiver Erkenntnisgarant naturwissenschaftlich nicht ergebnisfähig. Es gilt allein die sich ständig neu beweisende abstrakte Vernunft.

3. Mit der Mathematisierung durch Naturwissenschaften und Technik setzt sich ein immer stärkerer säkularer Denkdruck in Gang, der unsere Welt seit 200 Jahren völlig verändert. Sogar das Bild vom "Ich" mit allen seinen "Subjektivitäten" hat sich radikal verändert.

Mit der Mathematisierung unserer Welt denkt der Mensch, wie er rechnet, in einer naturwissenschaftlichen Rationalität. Der Mensch gerät dabei in größtmögliche Distanz zu sich selbst. Er wird als Subjekt selber zum Objekt seiner naturwissenschaftlichen Forschung und damit zum Bestandteil eines in sich geschlossenen Natursystems.

Vom Mythos zur mathematischen Formel läuft der Weg menschlicher Bewusstwerdung durch zunehmende Distanzierung des Subjekts vom Objekt.

Die Distanzierung des Subjekts vom Objekt liegt also im Denkprozess, genauer: in der säkularen Radikalisierung des Denkens. Die Denkmethoden sind immer kritischer geworden. Ihre größte Verschärfung entstand durch die

Methode der Skepsis: Der Mensch zweifelt mit seinem Verstand alles an, hinterfragt alles. So löst er fest stehende Meinungen und Erkenntnisse durch kritisches Fragen immer wieder auf, um zu neuen Einsichten zu kommen, ein endloser Prozess subjektiven Wissensabbaus und objektiven Neuaufbaus[1]. In ihm bleibt auch die Frage des Ich- und Selbstbewusstseins bei allem Wissen letztgültig im Fluss.

---

[1] Genau hier beginnt in der Geistesgeschichte der Denkansatz von Sokrates, der mit seinen Fragen ausnahmslos alles Gewusste in Frage stellte auf der Suche nach neuen letztgültigen Antworten im LOGOS. Siehe dazu oben unsere Sokrates-Darstellung Seite 33 - 58.

Die Entstehung des Ich-Bewusstseins ist nach außen auf die Evolution des Lebenden bezogen ein außerordentlicher Entwicklungsfortschritt der Natur. Sie hat in ihrer Entwicklungsbedeutung zumindest eine strukturelle Parallele zu den beiden großen vorausgehenden Initiationsstufen der Evolution:

Strukturstufe 1:
Die Individualität des Atoms **als physikalisches Prinzip**

Die zurzeit am meisten einleuchtende Deutung der Entstehung des Kosmos erklärt den Anfang als abrupte Freisetzung geballtester Energie. Bleiben wir im Erklärungsmodell von Stephen W. Hawking, dann hat die Energieexplosion in weniger als der ersten Sekunde[1] die Schaffung aller Atome bewirkt in ihrer jeweils eigenen Massestruktur.

Jedes Atom hat seine eigene Individualität als eine in sich geschlossene Einheit durch die Ausbildung einer stabilen Atomhülle, die das Atom nach außen hin strikt abgrenzt und dadurch seinen inneren Aufbau ermöglicht. Diese absolute Geschlossenheit gegen außen schafft den Raum der Individualität, die unverwechselbar ist.

Nur in und durch die Individualität der Atome erfolgte innerhalb eines strukturierenden Ordnungsprozesses die Pluralität des physikalisch Gesamten, der Aufbau eines “Kosmos“, der Welt des Universums.

Strukturstufe 2:
Die Individualität der Urzelle **als biologisches Prinzip**

Die zurzeit am meisten einleuchtende Deutung der Entstehung des Lebens erklärt die Belebung der Materie durch eine präbiotische Molekularrevolution. In ihr entstand ein Prozess endloser Versuche von Molekularbindungen mit dem Ziel des dauerhaften Zusammenhalts in einer neuartigen Molekulareinheit. Dieser Werdungsprozess hat eine Milliarde (eintausend Millionen) Jahre benötigt.

---

1 Die neusten Forschungsergebnisse der NASA sprechen von weniger als einer Billionstel Sekunde = dem Millionstel einer Millionstel Sekunde.

Das revolutionierende Ergebnis lag in der Entstehung einer stabilen Zellwand. Durch deren Krümmung als Kugel schuf sich eine Innenwelt, die sich gegen die gesamte Außenwelt abschottete. Diese Molekularkugel als in sich geschlossene (Ur)Zelle ermöglichte einen ihr eigenen Aufbau des inneren Organismus und damit den Raum der Individualität, die unverwechselbar ist.

Nur in und durch die Individualität der Zellen erfolgte innerhalb einer explosionsartigen Expansion die Pluralität des biologisch Gesamten, der Aufbau des Lebenden in der Tier- und Pflanzenwelt, die Fülle der belebten Natur.

Strukturstufe 3:
Die Individualität des Ichbewusstseins als geistiges Prinzip

Die zurzeit am meisten einleuchtende Deutung der Entstehung des Ichbewusstseins erklärt die Ichwerdung aus der zunehmenden Subjekt-Objekt-Trennung im Denken des Menschen. Das Ich-Bewusstsein war nicht der Beginn des Menschen, sondern ist in über 200.000 Jahren im Ausbauprozess des Denkens im Neo-Kortex gewachsen.

Gegenüber der totalen Objektwelt hebt sich dabei das Ich immer stärker ab, indem es sich durch reflektierte Wahrnehmung zunehmend aus der Außenwelt ausdifferenziert und sich nach innen zu sich selbst wendet. Diese geistige Selbstfindung mittels einer "incurvitas in se" ist ein abstrakter Erkenntnisprozess, der sich im Begrifflichen manifestiert. Das im Begriff Gedachte ist die Trennmauer zwischen Subjekt und realer Objektwelt, zwischen Ich und wirklichem Sein. Es ist eine im Kopf des Denkenden fingierte Eigenwelt, die den Raum der Individualität schafft, die unverwechselbar sich selbst meint.

Nur in und durch die Individualität des Ichbewusstseins erfolgt innerhalb eines kollektiven Bewusstwerdungsprozesses die Pluralität der geistigen Gesamtheit, der Aufbau der Geistes- und Kulturwelt.[1]

---

[1] Dazu als Einstieg hervorragend: Hans-Rainer Duncker, Die Kulturfähigkeit des Menschen. Vorstellungen einer evolutionsbiologischen Anthropologie, in: Spiegel der Forschung. Wissenschaftsmagazin der Justus-Liebig-Universität Giessen, 17.Jahrg., Nr.2, Oktober 2000, Seite 22-39.

Zu These 4:

Das Gedachte bildet die Welt des Geistes

Mit dem Kulturbewusstsein vor 6.000 Jahren erreicht das Denken in der Menschheitsgeschichte zum ersten Mal eine in sich geschlossene Ideen- und Vorstellungswelt, die der Ideen- und Vorstellungswelt unseres heutigen Denkens in etwa entspricht. Deshalb könnten wir heutigen Menschen mit den Menschen von damals zumindest im Ansatz kommunizieren. Auf dieser Niveauebene verglichen ist unsere moderne Kultur also in ihrer Erkenntnis- und Wissensmethodik kaum mehr als 6.000 Jahre alt, denn erst zu diesem Zeitpunkt der langen menschlichen Evolution erkennen wir zum ersten Mal im frühen Kulturmenschen: Geist von unserem Geist.

Dieser Geist ist das Gedachte, *damit*

- Produkt des menschlichen Ich-Bewusstseins, *damit*
- Produkt rational gesetzter Begriffe, *damit*
- Produkt des Denkens, *damit*
- Produkt des Gehirns, *damit*
- Produkt der materiellen Evolution.

Diese Kausalitätslinie bestätigt sich im Umkehrschluss:

- Erleidet das materielle Produkt Gehirn Schaden, wird das menschliche Denken gestört und damit das aus ihm entstandene Bewusstsein und seine Geisteswelt eingeschränkt oder verändert. Neurologische Unfallchirurgie einerseits und Demenzforschung andererseits zeigen in einer endlosen Reihe von Fällen, wie die Störung von Gehirnsubstanz die Denkfähigkeit beeinträchtigt und damit die Geisteswelt einschränkt.

- Erlischt das Gehirn ganz, erlischt die Welt des Geistes ganz. Mit dem Tod und damit mit dem Ende der Gehirnfunktionen bricht im Einzelnen die vorhandene Geisteswelt in sich zusammen.

Ersatzlos. Der jeweils einzelne Geist in jedem einzelnen Menschen aller vorausgegangenen Generationen ist so unabdingbar in sich erloschen. Würden auf Zukunft hin alle Gehirne auf der Erde - auf einen Schlag oder langsam nacheinander - erlöschen, gäbe es keinen Geist mehr. Der Evolutionsstand der Denkfähigkeit fiele zurück auf die Stufe geistloser Zeit. Wie zu Anfang und zu 99,99 % ihrer Geschichte wäre die Erde ohne Denken, ohne Bewusstsein, ohne Welt des Geistes und der Kultur.

Das Gedachte ist also in seiner Elementarstufe eine in sich geschlossene Geisteswelt des Einzelnen, ja, die Einzigartigkeit des Individuums ist bedingt und gewährleistet durch die Singularität seiner ihm eigenen Geisteswelt. Allein in ihr liegt die Ich-Identität, das Selbst. Auch in der Wechselbeziehung des Individuums zu anderen Individuen bleibt der Einzelne definiert durch die ihm eigene Geisteswelt. Denn durch den Austausch mit anderen wird der persönliche Wissensstand zwar komplexer, das ändert aber nicht das Prinzip der Singularität der je eigenen Geisteswelt. Gerade auch in der Kultur als der Kumulation vergangener und gegenwärtiger individueller Geisteskräfte wird es in der Elementarstufe nie eine gleiche Geisteswelt der je einzelnen Individuen geben.

Die in sich geschlossene Welt des Geistes im Individuum als das Gedachte ist nun gerade gegenüber der Gesamtheit der Naturentwicklung ein ganz außergewöhnliches Phänomen, denn: **Das Gedachte ist zwar Produkt der materiellen Realität, aber es beinhaltet nicht zwingend die materielle Realität.**

Wir hatten bereits festgestellt, dass das Denkhirn die Informationen aus dem Bestand des Limbischen Systems übernimmt und sie in sein eigenes Begriffssystem überträgt. Das Gedachte ist nicht zwingend die objektive Wiedergabe des Seins. Das Stirnhirn, das Zentrum des denkenden Hirns, hat sich also ganz offensichtlich in seiner ersten großen Expansionsphase nicht in ein Bewusstsein hinein entwickelt, das dem Denkenden ein objektives Verständnis des realen Seins ermöglicht. Es war also von Anfang an nie ein naturwissenschaftliches Laboratorium zur exakten Erforschung und Darlegung von Naturprozessen. Es war nie darauf aus, wissenschaftliche Definitionen objektiver Wirklichkeit zu erstellen.

Wir können und müssen den Erkenntnisprozess noch schärfer fassen: Der Mensch erkennt aus sich heraus die Wirklichkeit prinzipiell nie als objektive Wirklichkeit an und für sich, also nicht:

A (der Mensch)
erkennt B (die objektive Wirklichkeit)
als B (die objektive Wirklichkeit)

sondern:

A (der Mensch)
erkennt B (die objektive Wirklichkeit)
immer nur als C (als ein subjektives Bild von B).

Die Wirklichkeit als C ist nur ein geistiges Konstrukt der Wirklichkeit. Der Mensch erkennt das reale Sein immer nur in einer ihm eigenen subjektiven Vorstellung, das heißt, immer nur als seinen persönlichen Eindruck von der Wirklichkeit. Seine Vorstellung bedeutet keineswegs die Herstellung objektiver Wirklichkeit. Sie ist vielmehr ein in die Subjektivität hinein projiziertes Bild der Wirklichkeit, also im Kopf nur subjektive Wirklichkeit, gefühlte Wirklichkeit.

Nicht einmal sich selbst sieht der Mensch objektiv, also auch nicht:

A (der Mensch) **erkennt A** (sich Mensch)
als A (objektives Ich)

sondern:

A (der Mensch)
erkennt B (sich selbst als objektives Ich)
immer nur als C (als ein subjektives Bild von sich selbst).

Das Ich als C ist nur ein geistiges Konstrukt vom Ich. Der Mensch hat auch von sich selbst nur ein - objektiv fast immer falsches - Bild, erfährt sich nur als gefühltes Ich, lebt in subjektiver Fiktion seiner selbst. Subjektiv bedeutet: Der Mensch denkt alles primär auf sich selbst bezogen. Darin sieht sich der Mensch ganz und gar im Mittelpunkt. Er denkt alles nur von sich her auf das andere hin und von dem anderen her auf sich hin. Damit ist jegliche objektive Wirklichkeit prinzipiell subjektiv verfälscht.

Auch das Denkhirn ist von seinen eigenen Anfängen her darauf angelegt, für das Subjekt gegenüber der es umgebenden Um- und Innenwelt gesteigerte Sicherheit zu verschaffen. Diese Existenzsicherung ist die primäre Schubkraft des Denkens - egal ob dabei die Natur erkenntnistheoretisch richtig oder falsch verstanden wird. Die Hauptsache ist die Existenzsicherung zu eigenen Gunsten: Wenn das Denken subjektiv nützt, mag das Denken objektiv falsch sein.

Für die subjektive Existenzsicherung ist ja ursächlich eigentlich das limbische System zuständig. Besteht es doch, wie wir gezeigt haben, um mittels seiner Sensoren rechtzeitig Gefahren in ihren unterschiedlichen Arten zu erkennen und das Individuum davor zu schützen. Wieso ist auch der Neo-Kortex in seinem Denken subjektiv?

Wenn man evolutionstechnisch in Rechnung zieht, dass der Neo-Kortex eine spezielle Weiterentwicklung des Limbischen Systems ist, dann erklärt sich sofort, warum - je näher am Übergang desto intensiver - das neue Denken zunächst einmal die zentrale Aufgabe des Limbischen Systems, nämlich den Schutz der Person, fortsetzt. Der Neo-Kortex ist in seiner Frühphase nichts anders als eine Weiterführung der Aufgaben des Limbischen Systems mit anderen - rational gesteigerten - Mitteln.

Die Dominanz dieser Aufgabe bleibt zwar im Limbischen System erhalten, allein schon deshalb weil es organisch unmittelbarer (= vorgeschaltet) reagiert. Aber mit dem Zuwachs des Neo-Kortex stellt das Denkhirn für das Subjekt ein wesentlich verbessertes Orientierungssystem gegenüber der Objektwelt dar, gleichsam ein rational funktionierendes Organteil unter steuernder limbischer Leitung. Als solches eröffnet es dem Individuum ganz neue Dimensionen in der Ausbildung einer Vorstellungs- und Planungswelt. Bisher konnte das Individuum - wenn auch sehr schnell - nur limbisch reagieren, indem seine Erfahrungen bei Bedarf per Außenreiz abgerufen wurden. Jetzt kann es mit seinem Denken in sich im Voraus und auf Zukunft hin planen, was überhaupt passieren könnte und möglich wäre. Es kann Gefahren ausweichen, bevor sie überhaupt entstehen. Das ist - ins Rationale ausgebaut - super-limbisch und darüber hinaus im Vorausdenken und Vorausplanen des Denkhirns dennoch viel schneller als jede limbische Reaktion.

Von diesem ursprünglich subjektbezogenen Ausgangspunkt her schafft der Neo-Kortex in sich mit seiner neuen Denkfähigkeit eine völlig neuartige Gedankenwelt, eine Welt des Geistes.

Diese Welt des Geistes ist eine eigenständige Kopfwelt, ein gedanklicher Spielraum, in dem der Mensch sich alles so einrichten kann, wie er es für sich möchte. In ihm lassen sich Zeit und Raum beliebig überschreiten, Begründungen willkürlich verschieben, Zusammenhänge aufheben. Gerade auch völlige Falsch- und Fehleinschätzungen sind denkbar, logische Widersprüche jeder Art, Befürchtungen und Ängste, Hoffnungen und Wünsche.

In diesem Spielraum als eine Kopfwelt kann sich der Mensch eine Antiwelt zur Realität aufbauen, in der sich das subjektorientierte Denkbewusstsein in seiner gefühlten Ich-Wirklichkeit austobt. In ihr lassen sich Situationen erträumen, imaginieren, spekulieren, Zukunftspläne machen, unerreichbare Ziele verwirklichen, "Sterne vom Himmel holen", jede Menge von Utopien und Visionen produzieren, über sich selber das Schönste oder auch das Schlimmste denken, alles, was im Kopf durcheinandergeht, lässt sich ernstnehmen oder auch nicht.

Die größte Spekulation des Menschen in seiner Kopfwelt ist Gott. Auf Gott hin glaubt der Mensch alles, was er zu seinem Wohlbefinden glauben möchte. Die Veranlassung dazu liegt in der Bedürfnislage seines subjektorientierten Limbischen Systems, die Ausgestaltung in der Gedankenfreiheit seines Neo-Kortex. Mit seinem Glauben überschreitet er locker die natürliche in eine andere Wirklichkeit - eine grenzenlose Kopfwelt, völlig frei, willkürlich, spekulativ.

Die naturbedingte Wirklichkeit, das reale Sein, das Diesseitig-Manifeste ist dagegen von dieser geistig spekulativen Kopfwelt völlig unabhängig und funktioniert unberührt in seinen eigenen Gesetzmäßigkeiten - auch auf den Menschen hin. Dieses naturreale Sein geschieht aus sich heraus und ist als Welt der Natur in sich ohne Widersprüche. Es hat in sich keine logischen Probleme. Es existiert, es produziert, es evolutioniert - es vergeht, es stirbt, es erlischt. Mikro- und Makrokosmos, Pflanzen- und Tierwelt bis hin zur Gehirnstufe des Limbischen Systems auch im Menschen stehen so im evolutionären Zwang der Naturgesetze. Die reale Wirklichkeit ist völlig unabhängig vom spekulativen Bewusstsein des kognitiven Gehirns.

Mit dem Bewusstwerden aber des Menschen in seinem Denkhirn über Umwelt und sich selbst entsteht ein gewaltiger Zwiespalt inmitten der Natur. Mit seiner beliebigen Denk- und Planwelt steht der Mensch schnell im direkten Gegensatz zur Realität. Ja, der Mensch baut mit seiner Kopfwelt regelrecht eine subjektive geistige Antiwelt auf, um der vorfindlichen Welt der Realität zu entkommen!

Eine solche Antiwelt zur Natur sind alle religiösen Vorstellungen vom Jenseits, von einer göttlichen Welt jenseits unserer Welt, die eigenständig, übermächtig, ewig existiert. Je weniger es diese virtuelle Welt diesseitig gibt, desto sehnsüchtiger fühlt sich der Mensch dort hingezogen, weil unantastbar sicher aufgehoben mit seinen Bedrohungen und Ängsten, mit seinen Hoffnungen und Ich-Bedürfnissen.

Dabei übernimmt das Denkhirn vom Limbischen System dessen prinzipielle Naturangst und macht sie zur Naturfeindlichkeit. Je größer die Naturfeindlichkeit, desto geglaubter die von der Natur unbetroffene Jenseitswelt als sicherste Rettung des Ich.

So gerät der Mensch mit seiner Kopfwelt in größtmögliche Distanz zu sich selbst als Natur, steht als Natur gegen die Natur. Die Kopfwelt des Menschen ist der einzige Ort in der Realität, wo Natur als Natur nicht konform mit der Natur abläuft. Dennoch ist auch sie natürlich zugleich Produkt der Natur, die höchste Stufe des Seins, die die Natur in sich selbst gegen sich selbst geschaffen hat.

Darin liegt von Anfang an die Spaltung des selbstbewusst werdenden Menschen, die wir nachfolgend in zwei Schritten entfalten:

1. **Die elementare religiös-theologische Phase:**
   Die Entstehung der spekulativ-subjektiven Rationalität
   und der *Verlust der Natur* als menschliches Sein.
   (Dazu These 5)

2. **Die sekundäre wissenschaftlich-technische Phase:**
   Die Entstehung der säkular-objektiven Rationalität
   und die *Rückgewinnung der Natur* als menschliches Sein.
   (Dazu These 6)

Zu These 5

Mit seiner spekulativ-subjektiven Rationalität schafft sich der Mensch ein Selbstverständnis auf das Göttliche hin

Das subjektorientierte Denken ist ein gewaltiger Antrieb des menschlichen Selbstbewusstseins. Es stellt sich dar als spekulativ-subjektive Rationalität: Aus dem inneren Empfinden, also aus den Gefühlsstimmungen des Limbischen Systems vorgegeben, schafft sich der Mensch mit seinem Denken eine ihm eigene Vorstellungswelt, in der er seine existentiellen Erfahrungen und Probleme reflektiert und in übergeordnete Regelungen bringt. Diese Vorstellungswelt ist ichbestimmt, weil der Mensch in ihr ganz im Mittelpunkt steht.

Dieses subjektorientierte Denken ist, wie wir gerade[1] aufgezeigt haben, von seinen frühesten Anfängen her geprägt durch Natur- und damit Weltfeindlichkeit, denn gerade der frühe Mensch erfährt in seiner emotionalen Wahrnehmung zwangsläufig

- *die Natur als unverständlich:* Er kann ihr Wesen nur schwer oder gar nicht abschätzen, vieles bleibt ihm unheimlich und mysteriös. Vor allem Krankheit und Tod bedrohen ihn als dunkle Macht. Sie lassen ihn sich fürchten, halten ihn ständig in tiefgründiger Angst.

- *die Natur als unverfügbar:* Ihre Größe und Weite mit unüberwindbaren Grenzen lassen ihn klein und ungeschützt, oft ohnmächtig erscheinen. Seine Körperkraft dagegen ist gering, seine Mobilität äußerst begrenzt, seine Werkzeuge und Waffen sind primitiv.

- *die Natur als grausam:* Er ist den über ihn hereinbrechenden Gewalten fast hilflos ausgeliefert. Immer neue Gefahren und Risiken, speziell auch die tägliche Nahrungsbeschaffung, machen sein Leben zu einem ständigen Getriebensein. Immer zu Abwehr und Flucht gezwungen, steht er mit seinen Artgenossen - den Tieren gleich - in einem dramatischen Überlebenskampf.

---

[1] Siehe Seite 368.

In dieser Unmittelbarkeit zur Natur, ohne all die Sicherungen der späteren Kultur, musste der frühe Mensch mit seinem Limbischen System die Natur ständig als Unlust empfinden, als eine Bedrohung, die seinen Lebenswillen und seinen Selbsterhaltungstrieb aufs äußerste herausforderte.

Die höchste Unlust dieses Menschen war aber auch damals schon der Tod als stärkste und letztgültige Infragestellung, ja, Aufhebung seiner Existenz. Die unentrinnbare Macht des Todes erlebte der frühe Mensch aktiv, indem er bei der Jagd oder im Kampf selber tötete, passiv, indem er das Sterben seiner Artgenossen miterlebte.

Das Erkennen und Wissen um das Sterben und den Tod als Realität gehörte deshalb zum frühen Erwachen des Ich. An ihm lernte der Mensch seine eigene Ich-Betroffenheit, trug die Gewissheit, selbst sterben zu müssen, als ein vorausahnendes Wissen ständig mit sich.

Diese Betroffenheit durch das Sterben und den Tod erscheint dabei als Ausgangspunkt des menschlichen Selbstverständnisses auf das Göttliche hin. In seiner Sterblichkeit gründet das Bedürfnis des Menschen nach Religion. Zwar lassen sich auch bei Tieren Erregungszustände auf unmittelbare Todesbedrohung hin beobachten. Allein der Mensch aber entwickelt eine Reflexion über den Tod, schafft Begriffe, mit denen er sich eine Vorstellung und ein abstraktes Bewusstsein bildet.

So war die allererste Kulturhandlung des Homo erectus im Totenkult bereits ein geistiger Prozess: Der Frühmensch saß vor seinem gerade Verstorbenen und versuchte zu verstehen, dass der Tote nicht mehr da war, obwohl er ja eigentlich doch noch da war.

Dabei begann die Spekulation des Menschen in dem Augenblick, in dem er seinem Toten zum ersten Mal eine Grabbeigabe machte: Er legte ihm etwas zu essen bei - und kontrolliert später, ob der Tote nicht vielleicht doch etwas gegessen habe. Mit diesem "Vielleicht doch" begann die Spekulation und ihre die Realität überschreitende Vorstellungswelt mit dem Wunsch, es möchte nicht sein, wie es ist. Dieser Wunsch ist - modellartig - die spekulative Überschreitung der realen Tatsache des Todes. Der Tote ist tot, aber irgendwie doch nicht tot - in der Kopfwelt des Denkenden.

Aus diesem Ansatz heraus entwickelt sich eine erste animistische Vorstellungswelt, die Beseelung der Natur mit menschgestaltigen Geistern und Dämonen. Das Tote also wird beseelt. Animistische Vorstellungen sind kulturgeschichtlich die Vorstufe zur Religion. Geistesgeschichtlich besteht kein Zweifel, dass sich Kulturbewusstsein aus frühen animistischen Vorstellungen entwickelt hat. Der frühe Mensch ist Mensch geworden in magisch-animistischen Vorstellungen.

Erst in Folge haben sich daraus feste Religionsinstitutionen gebildet, in denen dann immer stärker mittels theologischer Spekulationen Götter- und Himmelshierarchien ausgebaut wurden - bis hin zu monotheistischen Vorstellungen, in denen ein einzelner früher Kulturkreis, nämlich Ägypten, zum ersten Mal dem Diesseits einen einzigen absoluten Gott in einem Jenseits gegenübergestellt hat.

In dieser frühen animistisch-religiösen Phase entwickelt sich das erste Kontra zur Realität der Natur mittels einer eigenständig wachsenden Kopfwelt, gestaltet durch spekulativ-subjektive Rationalität, denn:

Dass tot tot sein soll, will schon der frühe Mensch nicht wahr haben. Je mehr er seine spekulativ-subjektive Rationalität entwickelt, desto stärker baut er mit ihr die Jenseitigkeit aus zu einem religiösen System. Spekulationen über den Tod als ein Weiterleben nach dem Tod sind religiöser Grundbestandteil nahezu aller späteren Hochkulturen und damit eine ständig expandierende Vorstellungswelt auf das Jenseitige hin. Der Totenkult etwa in Ägypten, speziell der Pharaonen, wird zum zentralen Ritual von Staat und Gesellschaft.

Der Ursprung der Religionen aus den Vorstellungen der Menschen wird schon daran sichtbar, wie unterschiedlich alle diese Religionsvorstellungen in den verschiedenen Kulturkreisen sind. Sie sind von Zeit und Kultur abhängig. Sie drücken den jeweiligen Stand des Kulturbewusstseins aus und zugleich die Macht der jeweils herrschenden Klassen, die die Religionsvorstellungen repräsentieren - durch alle Kultur- und Religionsgeschichte hindurch von den Sumerern über die Babylonier, Ägypter, Juden, Griechen, Römer bis hin zu den Mayas und Azteken. Entsprechend brechen diese Vorstellungen zusammen, wenn Zeit- und Kulturbedingungen sich verändern, vor allem, wenn die sie repräsentierenden Klassen zusammenbrechen.

100.000 Jahre nach dem ersten Totenkult war der Tod noch immer das unbewältigte Bedrohungspotential des Kulturmenschen. Zwar war dessen Wissen wesentlich gewachsen, waren seine Fähigkeiten weiter fortgeschritten. Aber seine größte existentielle Not, die Todesbedrohung, war geblieben. Es gelang ihm weder, den Tod zu eliminieren, noch sich mit ihm abzufinden. Vielmehr trieb ihn sein gesteigertes Kulturbewusstsein zu immer tiefsinnigeren Erklärungsmodellen.

Die größte Todesspekulation ist die Todestheologie des Apostel Paulus, dem damit eigentlichen christlichen Religionsstifter. Paulus propagiert angesichts der Unabdingbarkeit des Todes mit seinem "Christusereignis" eine Botschaft des ewigen Lebens nach dem Tod:

- Alle Menschen müssen sterben. Auch Christus ist gestorben.

- Christus ist auferweckt vom Tod zum ewigen Leben.
  Alle, die an ihn glauben,
  werden mit ihm auferstehen in ein ewiges Leben nach dem Tod.

Diese "Auferstehung zum ewigen Leben nach dem Tod" ist die Zentralaussage der christlich-paulinischen Theologie mit dem Ziel, dem unabdingbaren Zwang zum Tod zu entkommen. Für diese Spekulation konzipiert Paulus einen gewaltigen heilsgeschichtlichen Handlungsplan Gottes, in dem das Christusereignis den Übergang vom diesseitigen Leben durch den Tod hindurch in ein jenseitiges Leben garantiert. Das Jenseitig-Göttliche wird dabei zur absolut gesetzten Heilsgarantie der menschlichen Ewigkeit.

Faktisch aber weiß Paulus von einer Realität des Lebens nach dem Tod absolut gar nichts. Das Tatsachenwissen darüber ist bis heute gleich Null. Nichts begründet eine Behauptung, dass das Leben nach dem Tod erst richtig losgeht, nichts Faktisches hebt die Feststellung auf, dass der biologische Tod das natürlich Ende allen Lebens ist, endgültig und für immer.

Die gesamte Todestheologie des Paulus ist deshalb "reines Wunschdenken einer verängstigten Seele", reine Spekulation aus dem Ich-Bedürfnis des durch den Tod bedrohten Menschen.

Deshalb: Speziell durch das Bewusstsein des Todes ist die spekulative Kraft des Menschen ursächlich religiös besetzt als versuchte Flucht aus den unabdingbaren Zwängen der Diesseitigkeit. Die spekulativ-subjektive Rationalität als Bedürfnis des Ichs ist deshalb Grundlage von Religion und Theologie. In ihr liegt kein Interesse an objektivem Wissen, sondern an subjektivem Befinden.

In der Schlussfolgerung daraus definieren wir: Alle Religion und Theologie - welcher Art auch immer - sind in einem subjektorientierten Denken begründet und aus diesem heraus geschaffen. Sie sind mittels spekulativ-subjektiver Rationalität ausgeführt. Mit dieser Antriebskraft entwickelt der Mensch sein religiös-theologisches Bewusstsein als ein gedanklich-begriffliches Sicherungssystem zur Stabilisierung seiner eigenen Existenz.

Denn natürlich ist ein religiös-theologisches Bewusstsein erst möglich infolge rationaler Denkfähigkeit des Menschen. Allein der Begriff "Gott" ist ein Begriff, der sich dem Menschen erst im Denken bildet. Alle auf Gott hinführenden und alle von Gott abgeleiteten Aussagen benutzen Begriffszusammenhänge, die eine hoch rationale Denkleistung des Neo-Kortex darstellen. Im Limbischen System selbst gibt es Gott nicht. Dort gibt es die gesamte Begriffswelt nicht.

Denn das gerade unterscheidet ja den nun denkfähigen Menschen von allen vorausgehenden auch hoch entwickelten Lebewesen, einschließlich der direkten menschlichen Vorfahren bis hin zum Neandertaler: Dass der Homo sapiens seine limbischen Gefühle und damit seine Subjektivität in Begriffe und diese damit in kommunizierende Zusammenhänge fassen kann.

Alle Religion und alle Theologie sind deshalb "gedacht", sind rationale Produkte. Entsprechend hatten wir oben dargestellt:

Das Sprach- und Denkmedium der Religion ist der **Mythos.**
In ihm denkt der Mensch seine ich-gefühlte Welt *anthropomorph*.
Er bleibt in allem, was er sagt und darstellt, in diesem Denk- und Begriffssystem. Es ist für den Religiösen typisch - und damit für alle, die noch heute religiös denken. Sie überschreiten nicht mit ihrem Wirklichkeitsverständnis ein magisch-personhaftes Ich-Bewusstsein.

Das Sprach- und Denkmedium der Theologie ist das **Dogma.**
In ihm denkt der Mensch seine geglaubte Welt theozentrisch.
Darin liegt zur Religion ein wesentlicher Abstrahierungsprozess, wenngleich auch Glauben eine völlig subjektive Kategorie ist. Nicht mehr das persönliche Ich steht im Zentrum, sondern das Ich Gottes. Nicht, dass ich Vater bin, ist essentiell wichtig, sondern dass Gott (Über)vater ist. Alle positiven menschlichen Wünsche und Hoffnungen werden auf eine höhere, auf eine jenseitige Ebene projiziert und damit aus einer bedrohten Wirklichkeit in eine unbedrohbare Wunschwirklichkeit. Der Mensch bringt seine Existenz in absolute Sicherheit.

In beiden Sprach- und Denkebenen - Religion und Theologie - werden die drei gleichen subjektorientierten Grundwerte als Höchstwerte spekuliert:

1. Der Mensch schafft sich in seinem Ich-Bedürfnis eine höhermächtige Autorität, unantastbar von allen Widrigkeiten, souverän und allmächtig im Sein. Was und wie er in seinen schönsten Wünschen sein möchte, macht er sich in Gott zum Idealbild.

2. Der Mensch bildet in seinem Ich-Bedürfnis diese höhermächtige Autorität für sich selbst als etwas grundsätzlich Gutes, als summum bonum, als Retter und Heiland, als Prinzip Liebe. Nicht Unlust natürlich, sondern "Lust" (Ausbleiben aller Unlust) sieht er in seinem Über-Ich, nicht Bedrohung, sondern Geborgenheit.

3. Der Mensch erhofft in seiner Bindung an die höhermächtige Autorität Hilfe für sein eigenes Dasein jetzt gegen die Widrigkeiten hier auf Erden und in alle Ewigkeit gegen den Tod. Er nimmt wie selbstverständlich an, dass das höchste Wesen genau so wohlwollend auf Zuneigung reagiert, wie er selbst. Deshalb begegnet er ihm mit Zuneigung und Wohlverhalten.

In diesen Parametern "g l a u b t" der religiös-theologische Mensch. Dieser Glaube ist nun wieder eine völlig subjektive Kategorie. Seine Sicherung erfolgt nicht durch objektive Erkenntnisse und Beweise, sondern durch subjektive Bekenntnisse oder persönliche Anerkenntnisse vorgegebener formulae fidei, also religiöser Dogmen als in sich manifest gewordene Spekulation.

Das hat mit objektiver Realität überhaupt gar nichts zu tun, sondern ist reine Ich- oder Wir-Spekulation. Entsprechend verteidigt der religiös-theologische Mensch seine spekulative Jenseitswelt und damit seine eigene Subjektivität gegen alles objektive Wissen, indem er als Subjekt nur anerkennt, was er auf sich selbst bezogen anerkennen will, völlig unabhängig von dem, was wirklich ist.

Im äußersten Konfliktfall gilt ihm dies bis zur geistigen Selbstaufgabe seines vernünftigen Denkens, etwa mit seinem anerkennenden Vollzug des christlichen Kernsatzes:

> Credo quia absurdum est
> Ich glaube, obwohl, ja, weil es gegen jede Vernunft geht.

Dieser Grundsatz der katholischen Kirche und auch des Reformators Martin Luther schottet die Glaubenswelt und damit die Gläubigen ab gegen alle Fragen und Infragestellungen der kritischen Vernunft, gegen alle Einsichten und Erkenntnisse der objektiven Wissenschaften. Zu jedem diesseitigen Argument stehen sie in Abwehr, alleine schon der Versuch bedeutet Anfechtung und Bedrohung.

Ein solcher Glaubensfundamentalismus ist hoch aktuell und voll aktiv mitten in unserer modernen Welt. Wir haben ihn oben[1] gerade am Beispiel der "Intelligent Designer" in Amerika dargestellt. Mit radikaler Abschottung in sich stellen sie ihre alte Glaubenswelt der modernen Wissenswelt entgegegen. Indem sie die alten mythischen Texte aus der Bibel absolut setzen, greifen sie nicht nur Darwin mit seiner Evolutionstheorie an, sondern den gesamten modernen Wissensansatz der säkularen Naturwissenschaften.

Insgesamt ist die alte religiös-theologische Basis der Kultur in unsere Welt hineinkonserviert worden. Gleichsam aus dem Ursumpf menschheitsgeschichtlicher Bewusstwerdung tradiert, bildet sie auch heute noch in unserer modernen Zeit in nahezu unübersehbarer Vielfalt eine spekulative Glaubenswelt, an der allerorts krampfhaft festgehalten wird. Denn trotz aller kulturellen Unterschiede behaupten nahezu alle

[1] Siehe oben Seite 318.

Religionsrichtungen gemeinsam, dass der diesseitigen eine jenseitige Welt gegenüberstehe - diese natürlich jeweils in eigenem bunten Kulturkolorit ausgemalt. Und je weltfeindlicher, desto radikaler vertreten sie ihre subjektive Glaubenswelt mit kämpferisch, ja, terroristischem Fundamentalismus.

Ähnlich Religion und Theologie produzieren die meisten abendländischen Philosophen bis heute Seinsmodelle, die von der Realität in eine spekulative Vorstellungswelt abheben. Allen voran war es Platon, einer der abenteuerlichsten Geist-Spekulanten aller Philosophen, der schon lange vor dem Christentum aus dieser Welt auf die Flucht ging in eine jenseitige Welt, eine von ihm selbst erdachte transzendente Ideenwelt. Natürlich lag das Ziel seiner Flucht in dem für sich selbst (subjektiv-spekulativ) erhofften Glück, nach dem Tod aus der diesseitigen Welt in das Jenseits dieser virtuellen Ideenwelt einzugehen, zumindest hat er das selber so formuliert.

Folge Platons wurde eine Philosophie des Subjektiv-Ideellen. Vor allem das duale Weltensystem des Idealismus deutscher Prägung von Fichte bis Kant hat eine geistige Scheinwelt geschaffen, die auch heute noch in unserer Zeit dem modernen Menschen ein irreales Selbstverständnis voller logischer Spannungen und Widersprüche zur Realität schafft. In ihr liegen alle Verunsicherungen unseres diffusen Wirklichkeitsverständnisses.

Von daher zieht ein wabernder Indifferentismus durch unsere Gegenwart, der alles für denkbar nimmt. Seine profane Form ergießt sich in einer Flut von Scheinwelten, virtuellen Wirklichkeiten und von fiktiven Seinsmodellen in unser kollektives Bewusstsein, was den Rang von Ersatzreligionen eingenommen hat - von Harry Potter, über Jedi in STAR WARS bis hin zu Frodo im HERR DER RINGE. Es ist dabei schon ein Zukunftsproblem, in welcher geistigen Dichte die Jugendlichen damit in ihrem Weltverständnis besetzt werden, zumal eine relativierende Auseinandersetung mit der Wirklichkeit kaum erfolgt.

Die traurigste Form subjektiver Spekulation liegt da, wo der Mensch mit seiner Glaubensfähigkeit in Aberglauben versinkt, in jeder möglichen Form okkultistischen Spiritualismus. Auch Aberglauben hat Hochkonjunktur.

Zur These 6:

Mit seiner säkular-objektiven Rationalität schafft sich der Mensch Erklärungen der Wirklichkeit ohne Gott

Das objektorientierte Denken hat zum Ziel, die Wirklichkeit rein weltlich zu verstehen. Wir nennen dieses Denken deshalb säkular-objektive Rationalität. Es bildet das naturwissenschaftliche Bewusstsein. Es hat sich freigesetzt aus dem subjektorientierten Denken mit dem primären Ziel der Sicherung des Individuums. Es ist dagegen ein Denken, das sich - im Letzten völlig unabhängig vom Subjekt - ausschließlich auf die weltliche Realität konzentriert.

Prinzipiell ist natürlich auch dieses naturwissenschaftliche Bewusstsein Vorstellungswelt, Welt des Gedachten. Prinzipiell sind auch alle naturwissenschaftlichen Erkenntnisse nur Abbildungen der Wirklichkeit, nicht die Wirklichkeit selbst. Der Faktor Mensch als externer Beobachter, so distanziert, ja, eliminiert er auch als Subjekt sein mag, ist nicht auszuschalten. Im Gesamten bleibt der Mensch immer in seiner vom ihm gesetzten Vorstellungswelt, weil er selbst für seine Erkenntnisse die axiomatischen Voraussetzungen setzen muss, also die nicht abzuleitenden Grundaussagen seiner Theorie, aus der alle anderen Aussagen - trotz aller induktiven, vom Kleinsten aufbauenden Beweise - deduziert, vom allgemeinen Prinzip abgeleitet werden.

Ein solches materialistisches Axiom als Basis jedweder säkularen Objektivität ist die Feststellung: "Gott ist nicht". Säkulare Objektivität steht damit in scharfem Kontra zum Axiom "Gott ist" der religiösen Subjektivität.

Das objektorientierte Denken ist damit atheistisch. Es löst die zwei Wirklichkeitsebenen "Diesseits-Jenseits" auf, denkt nur in einer Ebene, nur im Diesseitigen. Es setzt an die Stelle des dualistischen Weltbildes das monistische als in sich geschlossene Einheit des Seins[1]

---

1 Zum philosophischen Hintergrund siehe Seite 59 ff: Platon – Aristoteles.

Selbstverständlich verändert sich gegenüber dem religiösen Axiom "Gott ist" unter dem atheistischen Axiom "Gott ist nicht" das Selbstbewusstsein des Menschen von Grund auf, und zwar auf das Ziel der Objektivität hin. Dazu unsere

Definition "Objektivität": Objektivität ist die größtmögliche Annäherung des Subjekts an die reale Welt, die ohne unsere subjektive Befindlichkeit aus sich selbst heraus besteht und geschieht.

Erkenntnistheoretisch setzt diese Definition eine grundsätzliche Trennung zwischen Subjekt und Objekt voraus. Genau das eben war das Ergebnis unserer Darlegung zur Entwicklung des menschlichen Selbstbewusstseins: Der Mensch entdeckte sich als Ich, indem für ihn eine zunehmende Bewusstseinsdistanz zu seiner Umwelt entstand.[1]

Diese zunehmende Distanzierung des Subjekts zur Außenwelt als Objektwelt hat für das Selbstverständnis des Menschen heute unmittelbare Folgen. Denn heute wird die rationale Erkenntnis selbst durch die Ratio objektiv überprüfbar und erklärbar gemacht. Die rationale Erkenntnis selbst unterliegt einer rationalen Erkenntnis- und Wissenschaftstheorie.

Das bedeutet: In der wissenschaftlichen Forschung heute verobjektiviert die menschliche Rationalität nicht nur die Objektwelt, sondern zunehmend auch die Subjektwelt, den Menschen selbst also mit allen seinen geistigen und kulturellen Erscheinungsformen. Auch das Subjekt des Erkennens wird als Objekt in die Objektwelt eingereiht und wird dadurch rational erforschbar. Dazu gehören gerade auch seine subjektiv-spekulativen Bedürfnisse in ihren emotionalen Ausdrucksformen und ihren speziell religiösen Ausprägungen.

Mit einer derartigen rationalen Forschung gerät der Mensch selber in letzte Distanz zu sich selbst, indem er sich selbst verobjektiviert in all seinen subjektiven Phänomenen mit Körper, Geist, Seele, mit Wertsetzungen, Ideen und Idealen und seinen Sinngebungen. Der Mensch selbst wird auf wissenschaftliche Realität heruntergerechnet,

---

[1] Siehe oben Seite 371 ff.

wird mit sozialen Regelkreisen und Funktionsrhythmen, mit Wirkungsgesetzen beschrieben: Naturwissenschaftliche Forschungen lassen sich auf nichts mehr begrenzen. Sie nehmen den Menschen nicht aus, nicht einmal sein noch so persönliches Selbstverständnis oder seinen religiösen Glauben und sein innerstes Wünschen.

Der prinzipielle Einstieg in diese objektbezogene Denkweise hat sich erst in einer sehr späten Phase der menschlichen Geistesgeschichte entwickelt, nämlich erst mit dem Augenblick, als das Subjekt in der Lage war, von sich selbst als Subjekt zu abstrahieren, also Dinge nicht mehr nur zu verstehen, um für sich selbst davon einen Nutzen zu haben. Der Mensch musste erst von seiner subjektbezogenen Betrachtungsweise abrücken, musste erst zu sich selbst auf Distanz gehen.

Der Mensch musste erst die starren Selbstschutzprinzipien seines Limbischen Systems überwinden, indem er den Mut entwickelte, die durch sie aufgebauten religiösen Fesseln abzulegen. Sein Limbisches System wurde umso stärker rational entkonditioniert, je ausgeprägter sein Denkhirn sich auf objektive Beobachtung ausrichtete, also weg von subjekt- auf objektorientierte Betrachtung umstellte.

Dieser Sprung vollzog sich zum ersten Mal vor rund 2600 Jahren in der altgriechischen Vernunftphilosophie durch die ionischen Naturdenker Thales, Anaximander und Anaximenes und dann primär durch Sokrates. Die Männer damals hatten als erste den Mut, die religiös-subjektiven Vorstellungen, von denen sie nahezu lückenlos umgeben waren, von Grund auf in Frage zu stellen, indem sie mit rein säkularer Vernunft nach der Welt und nach dem Menschen fragten.

Diese Herausführung aus der Subjektivität des mythischen Bewusstseins ins Objektiv-Reale beschreibt der Fachmann mit zwei Begriffen:

Erstens: *Entmythologisierung*
Entmythologisierung ist eine atheistische Denkmethode. Sie löst anthropomorphe Bilder und Begriffe mythisch-religiöser Vorstellungen auf, zugleich auch irrationale Behauptungen der Theologie. Die Inhalte, die mit diesen Bildern und Implikationen transportiert worden sind, werden dabei soweit wie irgend möglich in objektive Sprache und Vorstellungen übertragen und zugänglich gemacht.

Zweitens: *Säkularisierung*
Säkularisation ist erkenntnistheoretisch der Entmythologisierung verwandt. Auch sie ist eine atheistische Denkmethode. Ursprünglich bezeichnet sie seit dem Mittelalter die Überführung geistlich-kirchlichen Grundbesitzes in weltlichen Besitz.

Parallel dazu kann man moderne weltliche Erkenntnisprozesse beschreiben: Vorstellungen und Erkenntnisse, die bisher in geistlich-theologischen Begriffen und Aussagen geglaubt und formuliert worden sind, werden gleichsam in weltlichen Besitz übergeführt. Sie werden jetzt mit säkularen Methoden untersucht, definiert und zu neuer Erkenntnis gebracht. So entsteht mit Säkularisation Stück um Stück aus einem religiösen ein naturwissenschaftliches Weltbild. In diesem Denkprozess muss sich eigentlich das Ich-Bewusstsein verändern, zum Beispiel:

- Die alte Bibelgeschichte in 1. Mose 2,4a ff erzählt, dass Gott wie ein Handwerker den Menschen aus Lehm gemacht hat. Das ist cin uralter religiöser Mythos mit einem anthropozentrischen Weltbild.

- Moderne Naturwissenschaft erforscht seit Kopernikus Phänomen um Phänomen den Kosmos - bis Darwin innerhalb des kosmischen Weltbildes die Naturevolution entdeckte und damit die natürliche Entstehung des Menschen aus der Natur. Die Säkularisation hebt also die alte Vorstellung auf und bewirkt ein neues Menschenbild.

Am Anfang unserer modernen naturwissenschaftlichen Welt steht als ein Musterbeispiel für einen solchen typischen Säkularisierungsprozess ein konkreter Erkenntnisfortschritt von Newton zu Laplace, den wir hier zur Verdeutlichung anekdotenhaft einfügen:

Isaac Newton (1643 - 1727),
der großartige Mathematiker, Physiker und Astronom hat 1694 seine Entdeckung der Planetenbahnen um die Sonne gemacht. Seine Erkenntnis hat damals die gesamte Himmelskunde revolutioniert:

- Newton hatte das Gravitationsgesetz entdeckt, die physikalische Tatsache also der Schwerkraft, und damit die Anziehungskraft von Gegenständen untereinander. Erst damit wurde überhaupt eine der entscheidenden Wirkungskräfte der Natur bekannt und errechenbar.

- Newton hatte, um diese Naturkraft errechnen zu können, eine völlig neue Mathematik erfinden müssen, die Differenzial- und Integralrechnung, das Rechnen mit Funktionen, mit veränderlichen Größen also, die in ihrem Wert von einer anderen Größe abhängig sind (bei der Anziehung etwa), und zwar speziell in dem besonde ren-Punkt des Übergangs von einem Punkt zum unmittelbar benachbarten Punkt.

Trotz genauer mathematischer Berechnungen hatten Newtons wissenschaftliche Ergebnisse zum Planetensystem dennoch einen deutlichen Schwachpunkt, gleichsam eine physikalische Lücke. Zwar hatte er mit dem Gravitationsgesetz die wesentlichen Anziehungskräfte zwischen Sonne und Planeten im Planetenmodell errechnet. Doch die Gleichung zwischen der Anziehung der Sonne zu den Planeten und der Summe der Anziehungen der Planeten zur Sonne gab kein korrektes Ergebnis, keine rechnerische Balance. Die Anziehungskraft der Sonne war größer als die Summe der Anziehungskräfte der Planeten.

Diese so genannten Planetenbahnstörungen konnte Newton physikalisch nicht erklären, denn eigentlich - so hatte Newton selbst erkannt - eigentlich musste durch die von ihm als größer errechnete Anziehungskraft der Sonne das gesamte Planetensystem instabil sein, die Planeten müssten aus ihren Bahnen geraten und in die Sonne zurückstürzen.

Eigentlich. Warum aber stürzten die Planeten nicht in die Sonne zurück? Warum blieb das Planetensystem ganz offensichtlich stabil? Newton konnte für diesen offenkundigen kosmischen Zustand keine ergebnisfähige naturwissenschaftliche Erklärung geben. So zog er aus seiner physikalischen Erkenntnislücke einen folgenschweren theologischen Schluss. Newton lehrte, Gott selbst greife in das kosmische Geschehen ein, indem er das Sonnensystem in seiner Hand halte und so durch seine Schöpferkraft die Balance als konstant garantiere.

Das war natürlich eine grandiose Behauptung: Gerade die wissenschaftliche Nichterklärbarkeit erklärt und beweist die göttliche Schöpferkraft und darüber hinaus Gottes fortlaufendes Handeln. Ja, in den entscheidenden Abläufen, die der Naturforscher eben nicht erklären kann, erweist sich Gottes Größe und Gegenwart. Die physikalische Erklärungslücke wird für Newton somit zu einem frommen Gottesbeweis.

Newton fiel damit aus dem objektiv naturwissenschaftlichen Erklärungsmodell in ein subjektiv-theologisches, eigentlich sogar in ein animistisch-religiöses zurück. Kein Theologe hätte je die Existenz und Bedeutung Gottes überzeugender definieren können als der Naturwissenschaftler Newton, indem er einen mathematischen Unbeweis zum frommen Gottesbeweis erklärte.

Newtons These trug das Verfallsdatum 1806, denn dann kam

Pierre Laplace (1749 - 1827),
der berühmte Professor für Mathematik, Physik und Astronomie aus Paris. Ein Mann, der drei politische Systeme (Ludwig XVI, Robespierre und Napoleon I) aktiv überlebte. Berühmt wegen seiner Arbeiten zur Wahrscheinlichkeitsrechnung und als Verfasser von TRAITÉ DE MÉCANIQUE DE CÉLESTE, dem Standardwerk der mechanistischen Physik in 5 Bänden, das die Wissenschaften des 19. Jahrhunderts bestimmt hat.

Anno 1806 hielt er einen Vortrag vor Napoleon I, dem Kaiser von Frankreich, mit dem Thema "Newtons Planetenabweichungen". Der Pariser Kaiserhof war gespannt, denn Newtons wissenschaftliche Forschungen waren durch Voltaires Aufklärung bestens bekannt[1]. Laplace´ Vortrag gipfelte in einer sensationellen These: Newtons Abweichungen lassen sich mathematisch ganz einfach auflösen.

Einzubeziehen in das Newtonsche Modell sei die Berechnung der eigenen Fliehkraft der Planeten. Zwar sei diese Kraft nur eine verhältnismäßig kleine Kraft im Verhältnis zur Anziehungskraft der Sonne, aber doch so groß, dass sie die fehlende Gravitationssumme ausgleiche. Täte man das, dann ergäbe sich rechnerisch zwischen der Anziehungskraft der Sonne und der Anziehungskraft der Planeten eine physikalische Balance aus sich selbst heraus. Die Plane-tenbahnstörungen ließen sich demnach ganz einfach durch rein mathematische Berechnungen aller physikalischen Größen bestimmen…

---

1 Voltaire hatte 1738 zusammen mit der wissenschaftlich hoch qualifizierten Madame Émilie du Chatelet Newtons ÉLEMENTS DE LA PHILOSOPHIE DE NEWTON veröffentlicht und "Tout Paris" diskutierte damals in den Salons Newtons Planetenphysik.

...und wo bleibt da der Schöpfergott? empörte sich Napoleon I. Echauffiert - so erzählt die alte Anekdote - sei der Kaiser aufgesprungen, mit ihm die höfische Gesellschaft, all die Perückenköpfe um den Kaiser herum. Sie plusterten sich auf. Sie raisonnierten. Sie probten religiöse Entrüstung.

Gelassen antwortete der Naturwissenschaftler Marquis de Laplace:

Sire, je n'avais pas besoin de cette hypothèse
- Majestät, diese Hypothese hatte ich nicht nötig.

Eine wissenschaftliche Sensation. Eine Sternstunde der rationalen Vernunft und des Denkens ohne Gott.

Gerade diese antireligiöse Schlussfolgerung aber hatte Kaiser Napoleon sofort begriffen. Gott war überflüssig geworden – zumindest in dem Laplaceschen Wirklichkeitsmodell. Wozu braucht man noch einen Schöpfergott, wenn die Naturwissenschaftler die Wirklichkeit als ein in sich funktionierendes Gebilde ohne Gott zu erklären vermögen. Zumindest war da, wo der Naturwissenschaftler Laplace das Planetensystem Newtons errechnen konnte, Gott gleichsam auf der Flucht wie ein Feldherr, der eine entscheidende Schlacht verloren hatte. Von verlorenen Schlachten aber verstand Napoleon eine ganze Menge.

Wie viele Schlachten aber kann Gott verlieren - bis es Gott in einem wissenschaftlichen Weltbild nicht mehr gibt? Diese Frage prägt die Geschichte der Naturwissenschaften in den letzten 200 Jahren, zumal die Theologen immer wieder so argumentiert haben, dass Gott gerade da zu finden sei, wo der Mensch nicht erkennen könne, wie etwas geht.

Gott also als Lückenbüßer, wie sich auch heute viele Religiöse gegen die Ergebnisse der Biochemie damit retten, dass der Mensch eben doch kein Leben machen könne. Auch diese religiöse Verteidigungsbastion wird fallen - und Gott damit seine letzte Flucht aus einer physikalischen Lücke antreten.

Die säkulare Rationalität erreicht ihre objektivierende Ergebnisfähigkeit in der modernen Wissenschaftlichkeit durch eine nahezu vollständige Mathematisierung ihres Denkens. Ihre Logik beruht auf abstrakter Forschung mit abstrakter Denkmethodik, denn: Die Mathematisierung ist nicht nur eine Mathematisierung der Ergebnisse der naturwissenschaftlichen Erkenntnisse, sondern zugleich auch eine Mathematisierung der Erkenntniswege selbst. Sie erzwingt die Logik des Denkens und gewährleistet die Nachprüfbarkeit der einzelnen Erkenntnisschritte - für jeden, der "rechnen" kann.

Für das weltliche Denken bedeutet der Gebrauch der mathematischen Sprache und Logik die Aufhebung der Sprache und Denkformen der Religion und Theologie, nämlich der mythischen Bilder und dogmatischen Lehrsätze. Sie relativiert, ja, falsifiziert damit die anthropomorphen Erklärungen des Mythos und die irrational-theologischen Erklärungen des Dogmas zumindest da, wo sie bisher mit ihren objektiven Methoden Gegenerklärungen liefert, wie zum Beispiel zur "Schöpfung", also zur Entstehung des Kosmos und des Menschen.

So ist auch der islamische Versuch mit einem groß angelegten Gegenprojekt gescheitert, die objektiven Naturwissenschaften aus islamischer Religionsgrundlage abzuleiten und damit religiös anzubinden. Initiiert von der fundamentalistischen Idee, dass der Glaube die Basis des Seins sei, haben Forschungsgruppen an den Universitäten Teheran und Kairo versucht, die "theologischen Bedingungen" der Naturwisenschaften zu erforschen und zu manifestieren, gleichsam "islamische Naturwissenschaften" herzustellen, doch:

Es gibt keine religiöse Physik oder Chemie, keine religiöse Grundlagen- und Nuklearforschung, keine religiöse Biogenetik. Es gibt keinen islamischen Kühlschrank, keinen buddhistischen Computer, keine christliche Raumfahrttechnik. Die Natur funktioniert aus sich selbst heraus ohne Religion, ohne Gott, ohne transzendentes Sein.

Objektiv heißt deshalb: Jeder - welcher Religion auch immer - kann die behaupteten Erkenntnisse nachprüfen, indem er die aufgeführten Beweise nachvollzieht und ihre Ergebnisse direkt praktiziert. Er kann aber auch versuchen, die Beweise der Behauptung zu widerlegen und damit die vorgelegten Ergebnisse zu f a l s i f i z i e r e n. Falsifizierte Behauptungen sind dann in der vorgelegten Form erledigt.

Von dem bedeutenden modernen Denker Karl R. Popper als Fachbegriff eingeführt[1], nennt die Erkenntniswissenschaft die Widerlegung einer behaupteten Tatsache F a l s i f i z i e r u n g, d.h., die behauptete Erkenntnis kann nicht so sein, wie sie behauptet wird oder wie sie schon immer angenommen worden ist. Falsifizierung ist das Prinzip radikaler Skepsis, ein zwanghafter Denkdruck, jede Sache in ihrer letzmöglichen Gültigkeitt zu erkennen, so wie sie wirklich, wie sie objektiv ist, egal wer immer subjektiv dazu etwas meint.

Am besten ist es natürlich, wenn an die Stelle der falsifizierten alten Behauptung ein weiterführendes neues Forschungsergebnis vorgelegt wird, also die Erkenntnis, wie es denn nun wirklich ist. Natürlich ist auch dies wieder nur eine Behauptung und muss genauso überprüft, kann widerlegt, falsifiziert werden. Allerdings gilt eine Falsifizierung auch, ohne dass die Sache durch einen neuen Behauptungssatz vollgültig erklärt wird. Das Problem bleibt dann ungelöst offen.

Ganz genau genommen gibt es von dieser Denkmethode her keine einzige Aussage, die nicht prinzipiell falsifizierbar wäre. Das aber bedeutet: Es gibt überhaupt keine letztgültige Aussage. Es gibt nur vorläufige Aussagen, Aussagen die solange Gültigkeit haben, bis sie durch eine neue Erkenntnis falsifiziert.

Das meinte Sokrates mit *Ich weiß, dass ich nichts weiß*[2]. Natürlich sagte er damit nicht, dass er überhaupt nichts weiß. Der Mann war ja nicht dumm. Sokrates meinte damit, er wisse viel zu viel, nur dass all das, was er weiß, letztgültig nicht zwingend richtig ist. Wissen von nicht Letztgültigem hat er nicht als Wissen betrachtet, sondern als unwerte Spekulation, als Geschwätz. Der Mensch schwatzt und behauptet viel zu viel, ob es aber wirklich so ist, fragt er ernsthaft nicht nach.

Meint Wissen also Wissen von Letztgültigem, von dem, was real wirklich ist, dann wissen wir eigentlich wirklich nichts Letztgültiges, denn alles, was wir wissen, ist eben - wie wir oben gesagt haben - nur Vorstellung von dem, was ist. Es könnte also falsifiziert werden.

---

[1] Dazu Karl R. Popper, Logik der Forschung, München, 1973, 5. Auflage.

[2] Zu Sokrates´ "oida ouk oida - Ich weiß, dass ich nichts weiß", siehe oben Seite 46 unsere ausführliche Darlegung.

Der Naturwissenschaftler forscht in dieser radikalen Offenheit. Sein naturwissenschaftliches Arbeiten funktioniert in freier offener Denkmethode. Er kann alles erforschen. Es kann alles hinterfragen. Er kann alles infrage stellen. Von daher sind unglaublich viele Behauptungen in der Geschichte der Erkenntnis falsifiziert und durch neue Erkenntnisse ersetzt worden, und selbst solche neuen Erkenntnisse werden weiter hinterfragt. Natürlich wird dabei um Thesen hart gestritten und gekämpft. These steht gegen These, je sachbezogener, desto zielsicherer. Vieles bleibt doch hypothetisch, "fragwürdig".

Kaum etwas ist für einen Naturwissenschaftler aber so überholt wie eine falsifizierte Theorie, wie eine Behauptung also, die sich als nicht sachgerecht erwiesen hat. Sie zeigt nur, was man sachlich nicht mehr denken sollte. Kein Naturwissenschaftler wird dann an ihr festhalten. Wenn seine eigene These einsichtig widerlegt wird, wird er sie selbst als erledigt aufgeben. Er wird nicht mit aller Kraft an ihr festhalten. Es nützt ihm auch nicht, sie trotzdem zu glauben. Sie ist nicht ergebnisfähig. Er wird vielmehr in Zukunft mit den neuen Ergebnissen seines Kollegen weiterarbeiten, so weit diese sich als sachgerecht erweisen.

Gibt es aber einsichtige, "bewiesene" Ergebnisse, dann ist die wissenschaftliche Welt voller Anerkennung. Der Forscher kann des Neuen wegen geehrt werden, denn säkulare Rationalität zielt allgemein auf Weiterentwicklung der Erkenntnisse, auf Veränderung des Wissenstandes, auf Aktualisierung des Erforschbaren.

Ganz anders denken die Theologen. Sie sind von ihrer Zunft dann am besten anerkannt, wenn sie sich möglichst unverfälscht an die alten Aussagen halten. Sicherung und Beibehalten jahrhundertealter Wissensstände ist ihr höchses Ziel. Je älter ihre Zeugnisse, ihre Bekenntnisse, ihre Glaubenskette, desto überzeugender. Neues darf überhaupt nur aus dem eigenen Fundus des Alten entwickelt werden.

Dieses theologisch-dogmatische Denksystem läuft der Methode des naturwissenschaftlich-mathematischen Denkens diametral entgegen, denn Theologen sehen in ihren dogmatischen Aussagen endgültige, absolute göttliche Wahrheiten von Anfang an, begründet in der Vergangenheit als Offenbarungswerte Gottes selbst. Im Dogma formuliert sind sie unantastbar, nicht wirklich zu diskutieren. Deshalb ist theologisches Denken nicht falsifizierbar, nach vorne nicht offen.

Theologen kämpfen deshalb oft verzweifelt gegen neue weltliche Erkenntnisse, weil sie ständig unter dem Druck stehen, dass neue Erkenntnisse ihre für absolut erklärten, letztgültigen Wahrheiten infrage stellen. Heißer Streitpunkt ist zum Beispiel immer noch die Frage "Schöpfung oder Evolution". Immer erneut sind Theologen mit ihren biblischen Thesen auf der Flucht, müssen sich herausreden, ausweichen, g l a u b e n ! Notfalls halten sie an ihren Aussagen fest unter der Prämisse "wider besseres Wissen"[1]. Sie setzen ihre konservierende Glaubenskraft höher als ihre progressive weltliche Rationalität.

Prinzipiell erweist die Denkoffenheit der säkularen Rationalität das dogmatische Denken der Religion und der Theologie als in sich abgeschlossene, ja, abgeschottete Bewusstseinszustände. Sie sind wie das stehende Wasser eines Teiches, der keinen Zufluß und keinen Abfluss hat, nur den Austausch über den Himmel. Für ihn gibt es kein irdisches Weiterkommen, kein Fortschreiten. Das Statische ist wesenhaft, es gibt nur Begrenztheit, Wirklichkeit in der Isolation.

Die radikale Denkoffenheit der säkularen Rationalität überflutet alles, auch den isolierten Teich von Religion und Theologie, wühlt seinen engen Absolutheitsanspruch auf, stellt ihn von Grund auf infrage. Wie reißendes Wasser strömt das freie Denken von hinten weg nach vorn, entmythologisiert, säkularisiert, sucht in neuen Zielen Orientierung.

Die säkulare Flut treibt die Denkoffenheit nach vorn bis hinein in das Denken ohne Gott. Denken ohne Gott ist die größte Offenheit nach vorn. Es wurde einer der tiefsten Gedanken, als der große Heraklit vor 2500 Jahren gegen alles Statische, gegen alles Manifeste, gegen alles Festklammernde seine berühmt gewordene Einsicht panta rei - *alles fließt* formulierte. Alles ist in Bewegung. *Niemand,* so fügte er erklärend hinzu, *steigt zweimal in den gleichen Fluss.* Veränderung treibt das Leben voran. Heimat kann sich nur im Werden finden. In der Evolution ereignet sich die Natur aller Dinge.

---

1 Zur Anschauung haben wir oben Seite 318 das aktuelle Beispiel der "Intelligent designer" aus Amerika dargestellt. Sie sind ein typischer Modellfall für Glaubensfundamentalismus, möglich in allen Abstufungen.

Zur These 7:

Die säkular-objektive Rationalität erscheint als höchste Stufe sich selbst erfüllender Evolution

Mit dem weltlichen Denken entwickelte sich also die Fähigkeit des Menschen, ganz generell ohne Gott zu denken. Säkulare Rationalität und Atheismus sind deshalb eng aufeinander bezogen.

Dieser generell wissenschaftlich argumentierende Atheismus ist überhaupt erst eine Folge der jüngsten Entwicklung der säkularen Rationalität als reine Naturwissenschaften. Der zwingende Denkdruck naturwissenschaftlich-technischer Realitätslogik setzt das atheistische Denken, Erkennen und Bewusstwerden des Menschen auf Allgemeingültigkeit hin frei.

So ist der wissenschaftliche Atheismus überhaupt erst eine Erscheinung der letzten 200 Jahre. Das ist natürlich eine äußerst kurze Zeit. Der Atheismus als Denken ohne Gott befindet sich noch immer in einem Anfangsstadium der Durchsetzung. Er hat parallel zur Expansion der säkularen Rationalität jede Zukunft erst noch vor sich.

Dieser Zeitfaktor der Erkenntnisentwicklung spielt innerhalb philosophischer Betrachtungsweise meist eine überraschend untergeordnete Rolle. Es wird so getan, als sei eine Idee schon immer voll da gewesen und müsste als statische ewige Wahrheit eigentlich nur entdeckt und vermittelt werden. Die "Welt der Ideen" suggeriert, dass Ideen wie fertige Ware zur Verfügung stehen, gleichsam nur aus dem Regal genommen werden müssten. Philosophie betrachtet Ideen deshalb durchweg als ontologische Phänomene, so als seien sie wie ewiges Sein schon immer vorhanden, nicht wandelbar.

Dagegen sind die wichtigsten Ideen – etwa die von der "Freiheit des Individuums" - innerhalb langer geistesgeschichtlicher Entwicklungen unter schwierigsten Auseinanderstzungen entstanden. Sie haben sich unter wandelnden Zeiteinflüssen selber vielfach gewandelt, auch zum Beispiel die Idee "Gott". Gerade eine Idee ist ein genereller und individueller Evolutionsprozess.

In der Geamtentwicklung der menschlichen Geistesgeschichte gibt es große Ideenblöcke, die sich in ihrer Struktur wesentlich voneinander unterscheiden. Unter dem Aspekt, dass die jeweiligen Anfänge weit verzweigt sind, geht die Religion der Theologie voraus und die Theologie den Naturwissenschaften. Dies ist geistesgeschichtlich ein irreversibler Ablauf, ein sachlich nicht umkehrbarer Vorgang. Vor der Religion gab es keine Naturwissenschaften, vor dem Mythos keine Mathematik. Das ideengeschichtliche Schema lautet deshalb:

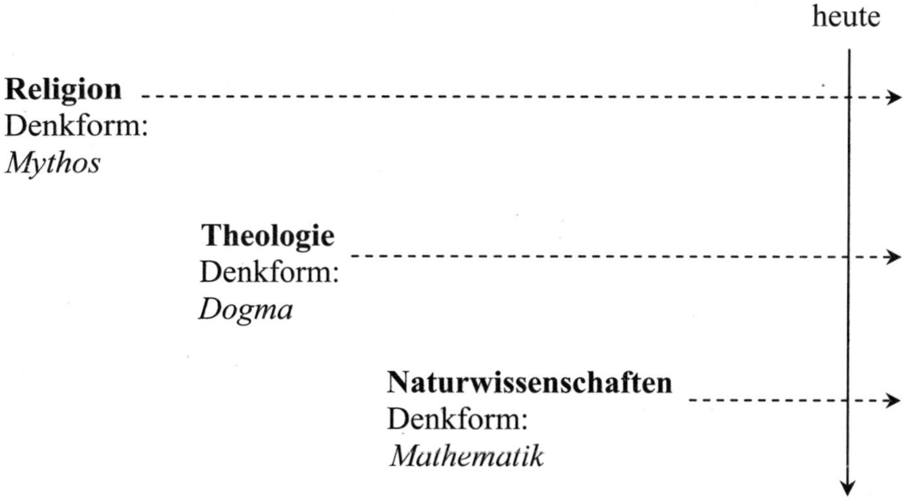

Die Stufigkeit darf nicht so verstanden werden, als folge der Religion die Theologie und der Theologie die Naturwissenschaften gleichsam in statischen Blöcken, als würde die eine Stufe die anderen abschliessen. So etwa hat das Auguste Comte 1830 gesehen mit seinem klassischen "drei Stadiengesetz Theologie - Metaphysik - Wissenschaft". Danach befänden wir uns dann heute bereits in einem naturwissenschaftlichen Zeitalter. Religion und Theologie wären außer Kraft, überholt. Das ist sicher nicht richtig.

Unsere Graphik soll sicherstellen, dass sich diese drei Bewusstseinsebenen in der abgelaufenen Geistesgeschichte keineswegs voll gegeneinander abgelöst haben, sondern je in eigenem Gültigkeitsanspruch unter konkurrierenden Auseinandersetzungen parallel nebeneinander herlaufen. Der gegenwärtige Zeitgeist ist also keineswegs als religionslos oder theologiearm zu beschreiben, sondern setzt sich zusammen aus einem Gemisch von allen drei Bewusstseinsebenen. Gegenwärtiger Zeitgeist ist also nicht einmal so geprägt, dass der eine Mensch nur religiös, der andere nur theologisch oder nur naturwissenschaftlich denkt. Es ist in der Regel vielmehr so, dass ein und derselbe Mensch sein Selbstverständnis aus allen drei Bewusstseinsstufen zusammenbaut, also zugleich sowohl religiös als auch theologisch und naturwissenschaftlich geprägt denkt, jeder Einzelne individuell in bunter Vielfalt. Zum Beispiel verhält sich der Mensch

- in den Grenzsitutionen des Leidens, des Sterbens und des Todes auch heute noch stark religiös. Die religiösen Empfindungen sind weitgehend tabuisiert, werden nur in allgemeinen Riten praktiziert.

- in den Umbrüchen von Moral und Ethik durchaus theologisch. Die Diskussionen laufen unter dem allgemeinen Anspruch des Gottesrechts[1]- sub specie aeternitatis - "unter letzter Bewertung Gottes".

- in allen Fragen des praktischen Lebens naturwissenschaftlich-technisch. Der Mensch hat dort nahezu alle Fragen völlig säkularisiert. Selbst bei komplizierten technischen Dingen betet er nicht mehr.

Das war noch vor drei vier Generationen anders. Die Furcht vor der Technik bewirkte religiöse Abwehrmechanismen. Jeder kann an sich selber feststellen, dass er viele emotionale Einstellungen mit zunehmendem Alter abgebaut hat und damit später als Erwachsener anders umgeht als damals als Kind. Lebens- und Zeitbewusstsein bewirken permanente geistige Umdenkprozesse jedes einzelnen Menschen und aller Menschen insgesamt.

In der Spitze laufen die Bewusstwerdungsprozesse generell und auch individuell innerhalb der Säkularisation stark auf ein Denken ohne Gott zu. Der Atheismus ist die vorderste Stufe des säkularen Denkens. Er treibt das Bewusstsein nach vorne. In unserer Welt des Geistes des als einer in sich geschlossene Ordnungswelt ergibt sich die Komplexität der säkularen Rationalität und damit des wissenschaftlichen Atheismus als höchste Evolutionsstufe: Dies wird durch unser Evolutionsprinzip der Individualität[2] besonders sichtbar:

---

[1] Siehe dazu unten Seite 433 f.
[2] Siehe dazu oben Seite 361 f.

Die materielle Evolution hat nacheinander drei unterschiedliche Erscheinungsformen[1]

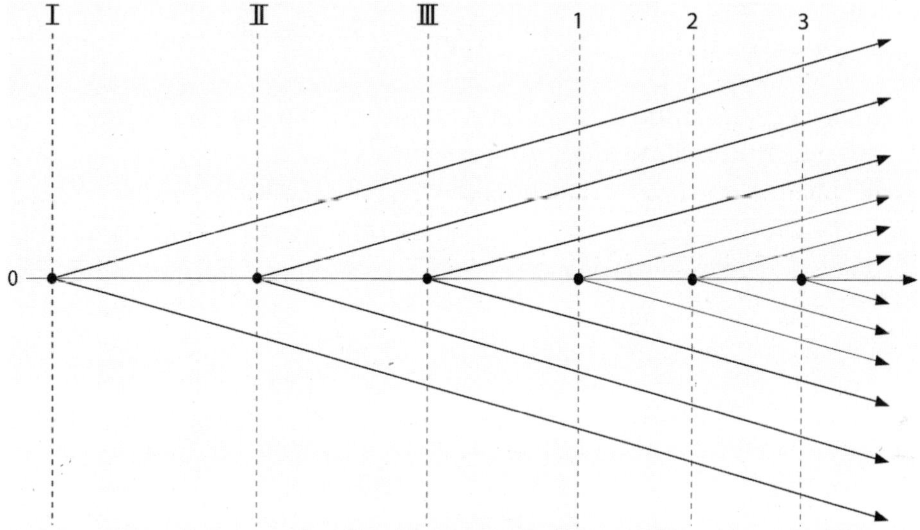

I Die **atomare Individualität**
mit ihrem kosmischen Beginn vor 14 Milliarden Jahren

II Nachfolgend die **biologische Individualität**
mit ihrem Beginn auf Erden vor 3 Milliarden Jahren

III Nachfolgend die **geistig-kulturelle Individualität**
mit ihrem Beginn auf Erden vor 3 Millionen Jahren

In der speziellen Ausgliederung von

1 **Religion** mit ihrem Beginn vor 60.000 Jahren
und einer animistisch-magischen Rationaltät.

2 **Theologie** mit ihrem Beginn vor 6.000 Jahren
als subjektiv-orientierte Rationalität.

3 **Naturwissenschaften** mit ihrem Beginn vor 350 Jahren
als objektiv-orientierte, säkulare Rationalität.
Parallel dazu der wissenschaftliche Atheismus.

---

1 Die Abstände in den Grafikmodellen stellen keine Zeitmaßstäbe dar.

In diesem Modell gleicht die Evolution in großen epochalen Schüben dem Modell eines Raketenantriebs

- Zunächst in der Linie
  I **atomare** II **biologische** III **geistig-kulturelle Individualität**.

  In der geistig-kulturellen Individualität erreicht die Evolution
  in ihrer dritten Stufe als Welt des Geistes
  ihre bisher höchste Form materieller Komplexität.

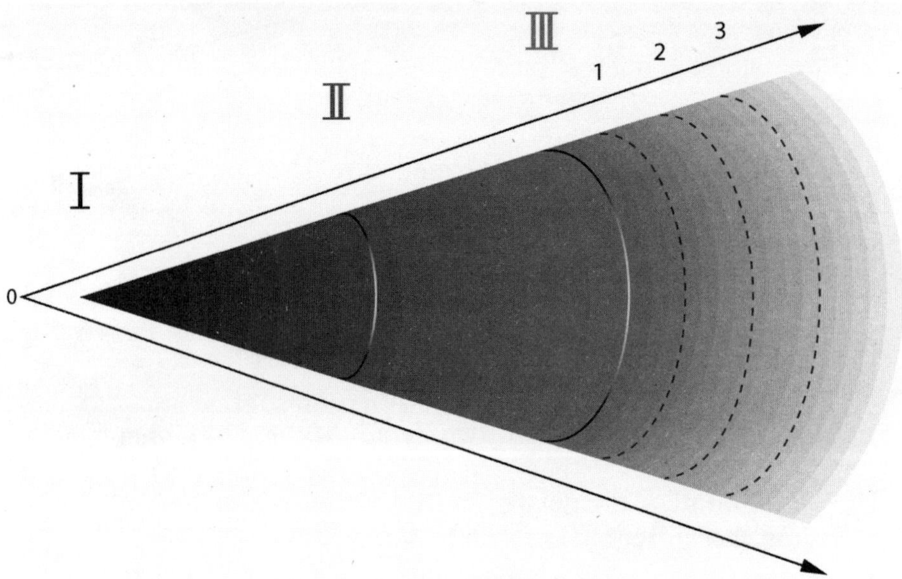

- Dann aber auch in der weiterführenden Linie

  III
  1 2 3
  mythisches theologisches naturwissenschaftliches Denken.

  Dabei ist die säkulare Rationalität mit ihrer naturwissenschaftlichen und atheistischen Struktur irreversibel die höchste Stufe.

  Wie die Weiterentwicklung der säkularen Rationalität liegt die Zukunft des Atheismus überhaupt erst noch vor uns.

Zu These 8:

Mit der säkular-objektiven Rationalität
als höchste Komplexität der Materie
droht implizit
der Zusammenbruch der Welt des Geistes auf Erden.

Die evolutionäre Ausbildung des Geistes bis in die höchste Stufe der säkularen Rationalität wirft zugleich eine brandaktuelle Frage auf:

- Welche Stabilität hat die expandierende Welt des Geistes auf der Erde innerhalb der atomaren und der biologischen Evolution?

  Anders herum gefragt:
- Wo liegt die kritische Instabilitätsgrenze der Natur als materielle Substanz des Geistes?

Machen wir uns die Frage am Beispiel eines Luftballons klar:
Das Kind bläst einen Luftballon auf. Es bläst und bläst. Der Luftballon wird größer und größer. Alle sehen gespannt zu. Wann platzt der Luftballon? Wann ist seine Grenze erreicht? Wann kann er die zuströmende Luft nicht mehr halten? Dann nämlich, wenn der innere Druck der Luftzufuhr die Spannkraft seiner Hülle übersteigt. Dann zustört der innere Luftdruck das ganze System. Er platzt.

Von daher also unsere Ausgangsfrage:
Welchen Bestand hat die zunehmende Komplexität der Welt des Geistes? Kann die Welt des Geistes zusammenbrechen - und dann?

Würde unsere Welt des Geistes zusammenbrechen, wäre sie nur eine kurze Episode. Denn in ihrer Hochphase ist sie bisher maximal 8.000 bis 9.000 Jahre alt. Gäbe man ihr auf Zukunft großzügig noch 1.000 Jahre, bestünde sie maximal 10.000 Jahre. Viele Experten geben ihr allerdings angesichts der dramatischen naturwissenschaftlich-technischen Entwicklungen kaum noch hundert Jahre. So oder so würde die geistig-kulturelle Hochphase der Menschheit auf Erden dann insgesamt um 10.000 Jahre betragen. Eine absolut kurze Episode mit Anfang und Ende.

Kosmische Katastrophen bedrohten schon immer auch unsere Erde. Erdgeschichtlich war wohl bisher die größte Bedrohung der Einschlag eines Asteroiden auf die Erdoberfläche vor etwa 250 Millionen Jahren. Seinen Größendurchmesser schätzen Wissenschaftler auf etwa 48 Kilometer, seinen Aufschlagdurchmesser (Krater) auf etwa 483 Kilometer, seine Durchschlagtiefe auf etwa 1,6 Kilometer. Er hat das größte Massensterben von Lebewesen und Pflanzen verursacht, auch lange noch nach dem Aufschlag. Die Detonation mag die Erdbahn um die Sonne verschoben und die Kontinentalplatten umgeschichtet haben. Diese Verschiebungen waren Ursachen für radikale Klimawechsel und damit Auslöser für starke Veränderungen in der Entwicklung der damaligen Pflanzen- und Tierwelt.

Asteroiden in kleiner und größerer Form bedrohen auch heute unsere Erde und damit die menschliche Zivilisation. Sie haben schon immer Angst und Schrecken verbreitet. Zuletzt war es der Halleyische Komet, der auf die Erde zuraste und die Menschheit in Endzeitstimmung versetzte. Menschen in den Großstädten auf den Straßen sollen ihr Hab und Gut verschenkt haben, "weil doch gleich alles vorbei sei". Der Komet ist dann allerdings weit an der Erde vorbeigezogen, ohne Schaden anzurichten. Wenngleich die Wahrscheinlichkeit einer derartigen Katastrophe aus dem Weltall den Fachleuten heute eher gering erscheint - völlig unmöglich ist sie natürlich nicht.

Das Erlöschen der Sonne wird unser Planetensystem zerstören. Würde die Sonne erlöschen, wäre die Erde innerhalb von acht Minuten paralysiert. Das ist die Zeit, in der das Licht die Strecke von der Sonne zur Erde zurücklegt. Mit dem Ausbleiben der Sonnenenergie würde alles Biologische, alles Leben verlöschen, auch der Mensch. Jede Flucht auf der Erde oder ins All wäre völlig unmöglich. Die Stabilität des Sonnensytems würde zusammenbrechen. Unter normalen Umständen wird die Sonne in etwa 4,5 Milliarden Jahren sterben - unsere Menschheit heute lebt in der Halbzeit der Erdenzeit.

Doch derartige von außen hereinbrechende kosmische Katastrophen meinen wir hier gar nicht. Sie sind in der Gesamtevolution des Universums normale kosmische Abläufe. Die Natur hat in ihrer sich durchsetzenden Kraft eine für die bestehenden Natursysteme zerstörerische Gewalt. Natur bedeutet auch auf der Erde immer erneut und letztendlich unabdingbar Untergang und Tod.

Wir meinen vielmehr einen von innen kommenden möglichen Zusammenbruch unserer speziellen Welt des Geistes, eine Vernichtung der menschlichen Lebenswelt aus sich selber heraus. Es geht also um die dauerhafte Stabilität jenes Zustandes des menschlichen Geistes, den wir unsere "Kultur" nennen. Wie lange kann sich unsere Welt des Geistes entwickeln und bis zu welchen Zielen wohin?

Wir hatten dargelegt,

- dass 99,99 Prozent der Erdgeschichte in ihren 4,5 Milliarden Jahren ohne Geist existiert hat,

- dass die Naturentwicklung den Geist im Menschen erst in allerletzter Zeit freigesetzt hat und in Folge davon

- die Welt des Geistes auf dem Niveau unserer Kultur etwa 10.000 Jahre alt ist.

Die Einschätzung der Stabilität der Geistwelt innerhalb der drei großen kosmischen Evolutionsstufen ergibt folgende Wertung:

- Die atomare Evolution innerhalb unserer Galaxie erscheint als stabil. Eine ernsthafte Gefahr oder auch nur die Möglichkeit einer latenten kosmischen Gefährdung ist auch für unser planetarisches Nahfeld höchst unwahrscheinlich.

- Die biologische Evolution auf der Erde erscheint ebenfalls stabil. Sie ist allerdings verletzbar, schwer verletzbar sogar. Die Verursachung liegt fraglos im Verhalten der Menschheit, vor allem in der uneingeschränkten Nutzung natürlicher Ressourcen und dadurch in der Zerstörung der biologischen Infrastruktur. Sicherlich wird sich die biologische Natur auch weiter durchsetzen. Sie wird aber für die Menschheit in ihrer Überzahl zu einem unwirtlichen Lebensraum mit abnehmenden Überlebenschancen werden.

- Die geistige Evolution ist deshalb kurzfristig höchst bedroht. Die Welt des Geistes kann absehbar zusammenbrechen. Das Kind "Mensch" hat seinen Luftballon so weit aufgeblasen, dass der Moment des Zerberstens in Nähe gerückt erscheint.

Diese letzte allgemeine Feststellung über einen möglichen Zusammenbruch der Welt des Geistes muß nun ganz wesentlich differenziert werden, denn:

Die explosionsartige Expansion der weltlichen Vernunft darf offenbar nicht als eine vom Menschen selbst ausgelöste und "verschuldete" Entwicklung verstanden werden. Natürlich ist der Mensch willentlich der Träger der weltlichen Vernunft. Immer wieder sind es einzelne Menschen gewesen, die mit ihren fantastischen Denkleistungen den Fortschritt in unsere Zeit hineingetrieben haben. An den Wendepunkten der Geschichte, in denen denkende Menschen der Geistesgeschichte auf Zukunft hin neue Richtung gegeben haben, standen nie konservativ-religiöse Kräfte des Glaubens, sondern immer revolutionär-säkulare Kräfte der Vernunft.

Diese dramatische Entwicklung der säkular-objektiven Rationalität unterliegt aber ganz offenbar der Eigendynamik der Natur. Denn erst in dem Augenblick, in dem die Evolution generell diese letzte Stufe des Geistes mit ihrer Kulturfähigkeit der Menschheit hervorgebracht hat, rast ihre eigene Dynamik in einem offensichtlich ungeheuren Tempo auf die immer stärkere Ausprägung weltlicher Vernunft zu als Höchstentwicklung ihrer selbst. Säkular-objektive Rationalität entwickelte sich in den letzten 200 Jahren zwanghaft-evolutionär als höchst-mögliche Komplexität des Materiell-Seienden.

Wenn in der Evolution - gemäß These 7 - die säkulare Rationalität die bisher höchstmögliche Stufe materieller Komplexität ist, dann ist - völlig unabhängig vom Menschen - dieser Prozess mit der Evolution nach vorne auch in die Zukunft offen. Er ist Naturprinzip.

Das heißt: Überall dort, wo Evolution über "atomare - biologische - geistige Individualität" abläuft, erreicht die Natur in einer extrem langen Entwicklungsgeschichte an der Spitze der Lebensentwicklung ihre höchste Stufe von Komplexität. Überall da, wo Natur sich in der Kette "atomare - biologische - geistige Individualität" entwickelt, würde sie innerhalb langer Zeitabläufe durch die Steigerung materieller Komplexität zur objektiven Denkfähigkeit.gelangen können, ja, unter bestimmten Eigengesetzlichkeiten kommen müssen.

Die Geistesgeschichte der Menschheit ist deshalb prinzipiell nicht exklusiv. Sie ist nur ein Modellfall für die zwangsläufig ablaufende Entwicklung der Evolution, die auch auf anderen Sternen abläuft oder ablaufen kann oder sogar schon abgelaufen ist - je nach Fortschritt der dort entwickelten Evolutionsdynamik.

Das Problem liegt nun in der wahrscheinlich nur sehr kurzen Phase solcher Intelligenzstrecken der Natur. Wir nehmen bisher wie selbstverständlich an, dass die Geistwelt des Menschen eine grundsätzlich lange Strecke ausmacht, auf jeden Fall aber nahezu "von Anfang bis Ende der Schöpfung der Erde". Diese Vorstellung einer erdlangen Geistphase ist reine religiöse Fiktion und als solche falsifizierbar, denn das naheliegend Reale ist vielmehr, dass die Geistphasen der Natur in sich grundsätzlich nur eine begrenzt kurze Lebensdauer innerhalb einer langen Evolutionskette darstellen.

Hier etwa liegt die Schwierigkeit, intelligente Wesen auf anderen Sternen zu entdecken, oder andersherum, von anderen intelligenten Wesen als intelligente Wesen auf Erden entdeckt zu werden. Die Frage ist nicht allein: Gibt es intelligente Wesen? Die Frage ist viel spezieller: Gibt es solche Wesen in dem Augenblick, in dem der Stern beobachtet wird? Gegebenenfalls gab es Lebewesen, die gar nicht mehr existieren, obwohl der Stern noch existiert.

Ein fiktives Beispiel zur Verdeutlichung: Auf einem benachbarten Planeten machen intelligente Wesen ein Experiment, ob auf der Erde intelligente Wesen wohnen. Auf einer riesigen Fläche legen sie auf ihrem Stern die geometrische Form des "Pythagoras" $a^2 + b^2 = c^2$ *aus, also ein rechtwinkliges Dreieck mit den Quadraten über Hypotenuse und Katheten. Jedes Wesen mit Intelligenzanspruch muss diese Mathematiklogik verstehen. Die Nachbarn auf dem fernen Planeten warten gespannt auf eine Antwort von der Erde.*

Bis vor 4500 Jahren hätten die Menschen dieses Zeichen auf einem Stern vielleicht gesehen. Aber niemand hätte es verstanden. Die Menschen waren dafür vor 4500 Jahren noch nicht intelligent genug. Erst mit Pythagoras (570 bis etwa 500 vor Christus) erkannten sie, dass der Inhalt der beiden kleinen Quadrate zusammen genau so groß ist, wie der Inhalt des großen Quadrates und konnten es rechnen und damit allgemeingültig ausdrücken. Ein bedeutender Erkenntnisfortschritt der weltlichen Rationalität und Logik.

Kleine Fortsetzung unseres fiktiven Beispiels: Die Menschen kommen auf die Idee, den extraterristischen Nachbarn intelligent zu antworten. Welches Zeichen sollen sie ihnen dafür "rüberschicken"? Was wäre ein adäquates Zeichen ihrer aktuellen säkularen Rationalität? Nach kurzer heißer Debatte ist alles klar: In der Sahara legen sie in hundert Kilometer langen Lettern $E = mc^2$ *aus, Einsteins Formel für den Energieerhaltungssatz. Intelligente Wesen müssten nicht nur die einzelnen Buchstaben werten können, sondern auch ihren Gesamtsinn als Forml erfassen und daraus den Inhalt erschließen. Schon ein ziemlich hoher Anspruch. Ob "die drüben" schon so intelligent sind?*

Noch einmal: Zum Erweis von Intelligenz auf unserer Erde besteht nur eine kurze Zeit von 4500 Jahren, eine äußerst kurze Zeitspanne im Verhältnis zur Gesamtentwicklung der Erde von 4,5 Milliarden Jahren. Nur in dieser kurzen Zeitspanne würden wir von außerhalb der Erde als intelligente Wesen erkannt werden. Ähnlich müsste es bei anderen Sternen sein. Wir wie die anderen müßten in der langen Sternengeschichte mit der Beobachtung genau diesen Zeitraum der Intelligenzstrecke treffen. Dabei würden weite Entfernungen die Zeitparallele verschieben. Was ankommt, läge zurück, wäre also längst vorbei. Was aktuell ist, wäre hier wie dort erst zukünftig zu sehen.

Den Intelligenzzustand des einzelnen Menschen, der Menschen in Gemeinwesen und insgesamt bezeichnen wir als "kognitiven Ordnungszustand", die mentale Ordnung der Kopfwelt, der Welt des Geistes, den Grad der Bildung. Er unterscheidet sich von Lebensphase zu Lebensphase, von Mensch zu Mensch, von Gemeinschaft zu Gemeinschaft, von Kultur zu Kultur, von Kulturepoche zu Kulturepoche. Wir definieren dabei

Ordnung als einen zeitbezogenen Zustand der Natur, der entstanden ist aus wachsender Komplexität. Wir definieren

Komplexität als zunehmenden Aufbau von Materie zu immer umfangreicheren Ordnungssystemen innerhalb fester Naturgesetzmäßigkeiten. In der Herstellung von immer neuen Ordnungen liegt also das Evolutionsprinzip bei ständig zunehmender Komplexität. Je höher die Komplexität, desto weiterentwickelter der Naturfortschritt, die Evolution. Der Geist des Menschen bis hin zur säkularen Rationalität ist der höchste Ordnungszustand der Natur als größtmögliche Komplexität.

Diese Evolution hat kein letztgültiges Ziel, keinen göttlichen Sinn, schon gar nicht den christlichen Sinn "ultimativer Vollkommenheit".

So hat noch Teilhard de Chardin (1881 - 1955) gedacht. Er war einer der ersten bedeutenden Evolutionslehrer[1] und zugleich katholischer Christ. Er war überzeugt von einem letztgültigen Ziel, von einem göttlichen Sinn der Weltevolution und meinte damit, dass die Schöpfung Gottes in ihrem Endzustand zur ultimativen Vollkommenheit geraten würde. Er nannte den Ausgangspunkt der Schöpfung "Alpha" nach dem ersten Buchstaben des griechischen Alphabets und das Ende, den Zielpunkt der Schöpfung, "Omega" nach dem letzten griechischen Buchstaben. Alpha und Omega also als Symbol für das Werden der ultimativen Vollkommenheit des christlich Göttlichen.

Dagegen: Die Evolution der Natur hat kein letztgültiges Ziel, keinen göttlichen Sinn, keine ultimative Vollkommenheit.

Die Evolution hat vielmehr eine elementare Methode: Die Schaffung von Komplexität. Komplexität ist etwas anderes als ultimative Vollkommenheit. Beide Denkweisen stehen völlig konträr zueinander und bilden im Tiefsten den Gegensatz zwischen theologischer und naturwissenschaftlicher Seinsdeutung:

- Vollkommenheit versteht sich als ein letztgültiges Sein bei Gott, ein Werden - auch des menschlichen Ichs - zur ewigen Dauer.

- Komplexität bedeutet ein Werden mit letztendlichem Zusammenbruch des Gewordenen, also eine Auflösung wieder ins Nichts. Komplexität ist vorläufig entstandene Ordnung, die wieder zerfällt.

Dieser Einsicht liegt Physik zugrunde, nämlich die Grundaussagen des 2. Hauptsatzes der Wärmelehre, der Thermodynamik. Ohne hier auf die doch komplizierten Einzelheiten des Verhaltens von physikalischen Systemen bei Wärmeveränderung näher einzugehen, geben wir mit diesem Verweis zumindest die übergeordnete Logik an für unsere

---

[1] Seine wichtigen Werke in der Frühphase der Evolutionsforschung waren: Die. Entstehung des Menschen, München 1961, 2. Auflage, und: Der Mensch im Kosmos, München, 1959.

Definition **Entropie:** Entropie ist der größtmögliche Unordnungszustand von Materie. Aus diesem Unordnungszustand entsteht Ordnung in Form immer neuer Verbindungen und Zuordnungen von Materie, eine unbegrenzte Fülle von Ordnungssystemen unterschiedlichster Art. Diese Ordnungsysteme und die gesamte Ordnung zerfallen auf Dauer wieder in Unordnung, letztlich also wieder in Entropie, in größtmöglichen Unordnungszustand.

Grundzustand des Seins ist also Entropie, aus der Ordnung entsteht, ein Entstehen von "Formen" aus dem "Stoff", dem Chaos. Am Ende einer Ordnung steht das Zerfallen der Ordnung wieder in Unordnung. Der Endzustand ist das Zerfallen aller Ordnungen wieder in Entropie.

Daraus folgt: **Komplexität ist nie ein dauernd währender Zustand. Sie ist nur eine zeitlich begrenzte Ordnung der Unordnung. Je größer die Komplexität, der Aufbau von Ordnung, desto näher der Zerfall der Komplexität in Unordnung. Komplexität ist endlich begrenzt. Entropie ist umfassend überdauernd.**

Philosophisch bedeutet das:
Am Ende jeder Komplexität steht das Nihil, das Nichts, das Nichtmehr-sein einer Ordnung. Das Nihil, das Nichts, ist im Werden und im Entstehen das Prinzip des Vergehens.

Im Nihil denkt sich die prinzipielle Auflösung aller Ordnungzustände der Naturevolution - von der geistigen über die biologische zur atomaren Individualität in umgekehrter Reihenfolge ihrer Entstehung:

- **Der Zerfall der geistig-kulturellen Individualität:** Allem voran das Sterben und der Tod des einzelnen Menschen als vollständige Auflösung seiner Ich-Identität und damit der Zusammenbruch der subjektiven Welt des Geistes und auf Zukunft der Kultur generell.

- **Der Zerfall der biologischen Individualität:** Das Vergehen der lebendigen Natur durch Aussterben, langfristig aufgrund Mangel an notwendigen Lebensbedingungen am Beispiel unbelebter Planeten.

- **Der Zerfall der atomaren Individualität:** Beobachtet als das Sterben ganzer Galaxien und vermutet als Entstehen kosmischer "Schwarzer Löcher" mit Auflösung der atomaren Materie. Unser Sonnensystem wird spätestens in 4 Milliarden Jahren untergehen.

(7) *Zur Zukunft der Evolution der säkularen Rationalität*

Erst an dieser äußersten Stelle wird voll sichtbar, in welcher höchst dramatischen Situation sich der moderne Mensch mit seiner privilegierten Vernunft befindet, gemäß unserer Feststellung zum Anfang: Wir gegenwärtigen Menschen stehen an der Spitze einer atemberaubenden Evolution der weltlichen Vernunft.[1]

Naturwissenschaftlich-technische Machbarkeit durch säkulare Rationalität ist das Schicksal der zukünftigen Welt. Sie erscheint technisch unbegrenzt evolutionär, denn sie arbeitet selbst mit den Bauplänen der Natur. Sie ist deshalb auf Zukunft hin offen wie die Evolution selbst, gegebenenfalls sogar in Teilbereichen wesentlich schneller. Zum Beispiel bei der Steigerung der menschlichen Intelligenzleistung: Die natürliche Weiterentwicklung der Arbeitsfähigkeit des Gehirns wird ergänzt, ja, ganz wesentlich gesteigert, durch die Anbindung an die externe Rechen - und Kombinationsfähigkeit von Computern.

Wie überhaupt einmal eine solche potentiell bevorstehende Zukunftsperspektive aussehen könnte, verdeutlichen wir hier durch das Projekt "Neo-Kortex CS" - Neo-Kortex-Computer-System:

Darin steckt der Grundgedanke, die riesigen Netzwerke der Computertechnik mit ihren nahezu unbegrenzten Rechenkapazitäten und Informationsbeständen direkt zu verbinden mit dem Funktionsnetz des Neo-Kortex als dem Denkzentrum des menschlichen Gehirns. Ganz einfach gesagt: Es bedarf "eigentlich nur noch" eines gehirnverträglichen Moduls, das - an den richtigen Stellen des Gehirns eingebaut - eine Gehirn-Computer-Vernetzung ermöglicht. Dann wäre das Denken des Menschen steigerungsfähig mittels abrufbarer externer Wissensstände und Denkkreise, ein künstlicher Intelligenzsprung ungeheuren Ausmaßes innerhalb der natürlichen Gehirnevolution.

---

[1] Siehe oben Seite 325.

Solche Machbarkeiten der säkularen Rationalität sind in ihren Auswirkungen auf Zukunft hin überhaupt noch gar nicht abschätzbar. Nimmt man dabei nur in etwa die rasante Beschleunigung der Veränderungen der Welt durch die naturwissenschaftlich-technische Entwicklung in den letzten 200 Jahren zum Maßstab für die vor uns liegende Zukunft, dann lässt sich ganz entfernt ahnen, welch ungeheuren Veränderungen durch die weitere - künstlich-technische - Entfaltung der säkularen Rationalität möglich sein könnten.

Das ausgelaufene 20. Jahrhundert brachte dagegen in der Öffentlichkeit mehr und mehr die Religion ins Spiel. Nicht nur in den ehemals kommunistischen Ländern, in denen durch die Aufhebung des Religionsverbotes eine neue Religionsblüte entstand. Oder durch das Erscheinungsbild des Islam als überaus starke Glaubensgemeinschaft.

Auch im westlichen Europa hat es eine erhebliche Glaubensbelebung gegeben, die - zumindest speziell in der jungen Generation sichtbar - besonders in der Angst vor einer übermächtigen Vernunft- und Technikwelt begründet zu sein scheint:

Diese Rückkehr der Religion reicht bis in die tiefsten Schichten unserer Gesellschaft. Allein in einer liberalen Stadt wie Hamburg gibt es unter den großen Religionen Christentum - Judentum – Islam - Buddhismus aktuell 68 verschiedene religiöse Gemeinschaften. Nicht nur die evangelische und katholische Kirche. Nicht nur eine Vielzahl von Glaubensgemeinschaften und Sekten wie Baptisten, Zeugen Jehovas, Christengemeinschaft, Neuapostolische und und und. Nicht nur Mormonen und Scientologen. Auch all die esoterischen Gruppen der Geistbeschwörer, Gesundbeter, Teufelsaustreiber. Alle behaupten, ihre Religion oder ihre religiöse Überzeugung sei die eigentlich sachgerechte Behausung des modernen Menschen. Sie allein wüssten für unsere Zeit den rechten Weg des religiösen Heils, den Weg zu Gott.

Und: Menschen - aufgeklärte Menschen unserer Welt - folgen ihnen.

These 9:

**Der moderne Mensch heute
steht in einer schweren Bewusstseinskrise
zwischen seiner spekulativ-subjektiven
und seiner säkular-objektiven Rationalität**

Gerade der moderne Mensch steht mit seinen Fragen nach Sinn und Ziel des Daseins auch heute noch in der Jahrhunderte alten abendländischen Identitätskrise zwischen Absage an Gott einerseits und Festhalten an Gott andererseits:

- Zum einen hat gerade der abendländische Mensch sein Wissen um die diesseitige Welt unaufhaltsam erweitert. Er hat die Natur der Dinge in Ursachen und Wirkungen mit wissenschaftlicher Akribie erforscht - nüchtern, sachlich, klar. Rationale Erklärungen der Welt haben ihn dabei nahezu zwanghaft in die radikale Leugnung eines jenseitigen Wesens getrieben: Atheismus - Die Welt ohne Gott.

- Zum anderen sucht ebendieser abendländische Mensch die Existentialen seines Daseins im religiösen Glauben. Er versucht, das Weltliche zu durchbrechen, um im Jenseitigen das ganz Andere, das Absolute, das Ewige zu erfahren - religiös, gläubig, fromm. Jahrhundertelang haben christliche Theologen so eine hochgeistige Glaubenslehre entwickelt und damit ihre Behauptung eines jenseitigen Wesens zu sichern versucht: Theismus - Die Welt aus Gott.

Dieser Gegensatz manifestiert sich speziell in unserem aufgeklärten Lebenswillen als Urkonflikt:

- Mit unserem Verstand setzen wir uns frei von Gott, sprengen alles religiös Beengende und Manifeste. In unserem Denken überschreiten wir mythische Grenzen, lösen verfrommte Abhängigkeiten auf. Unsere Ratio strebt zu ganz anderen, immer neuen Horizonten.

- Mit unseren Gefühlen kriechen wir gleichsam in Gott zurück. Wir sehnen uns nach fester Anbindung. Wir hängen uns an absolut Vorgegebenes. Wir gehorchen unbedingt Verlässlichem. Im Vertrauen suchen wir Heimat. In Unterordnung schaffen wir uns Sicherheit. Im Glauben fühlen wir uns mit Göttlichem umfangen.

Ebendieser Gegensatz - oft als Gegensatz von Verstand und Gefühl gedeutet - schafft auch in unserer Zeit heute einen dramatischen Riss im Selbstverständnis des Menschen:

- Immer noch macht uns das Rationale Angst. Klarer Verstand befällt uns als kalt. Der Kopf allein ist einsam. Wir brauchen sie zwar, die Rationalität, denn wir haben unsere Welt immer umfassender rationalisiert. Aber Vernunft erscheint uns nur als ein Teil des Ganzen, keineswegs als das Wesentliche.

- Religiöses Gefühl dagegen sitzt tief. Frömmigkeit gibt uns Hoffnung, Geborgenheit, Trost. Der Bauch ist mystisch. In uralten Mythen erspüren wir tiefen Lebenssinn, ahnen wir wahre Erfüllung, suchen wir elementare Bindungen zu finden. Allein der religiöse Glaube erscheint uns als umfassend, im Letzten das Wesentlichen betreffend.

In dieser Zerrissenheit ist der Mensch auf die Zukunft hin äußerst schlecht vorbereitet. Ihm fehlt eine ihn selbst betreffende Einstellung zu den Chancen unserer naturwissenschaftlich-technischen Welt:

- Natürlich läuft die Welt um uns herum auf vielen Gebieten hochtechnisiert perfekt ab. Viele gebrauchen auch wie selbstverständlich ihren Rechner, können ohne Laptop gar nicht mehr arbeiten. Doch dieser kleine Kasten kann nicht nur Dinge, die man bestens gebrauchen kann, sondern auch tausend Dinge, die man nie nutzen wird. Seine Technik ist perfekt durchdacht, seine Kompatibilität in andere Systeme hinein sekundenschnell. Seine Möglichkeiten auch für zukünftige Innovationen und Kreativität fast ohne Grenzen - ein Wunder der abstrakten Vernunft.

- Im Gefühl des Nutzers besteht bei aller Begeisterung dennoch eine eigenartige Distanz zur Technik. Der Direktor, der jeden Morgen die Vertriebszahlen per EDV auf den Schreibtisch bekommt, rechnet lieber noch einmal mit dem Bleistift nach, ob die Zahlen auch wirklich stimmen. Das mag auch ein Generationenproblem sein. Dennoch: Der Mensch benutzt die Technik wie einen Bleistift als Handwerkszeug. Für viele scheint es dabei schon festzustehen, dass die naturwissenschaftlich-technische Denkweise zwar bestens funktioniert, aber zum Leben wenig taugt.

Dafür ist der "Naturwissenschaftler" selbst ein gutes Beispiel. Die Nachricht "Naturwissenschaftler glaubt an Gott" erregt immer wieder besondere Aufmerksamkeit. Dann jubeln die Frommen, die Gottlosen wundern sich.

Doch wie geht das?
Vielleicht - im Modell natürlich - meistens so:

Der Mann hat den ganzen Tag im Labor gearbeitet - Experimente, Ergebnistabellen, Auswertungen, Neuversuche, wieder Tabellen, wieder Auswertungen, naturwissenschaftliche Arbeit eben. Zum Schluss kommt etwas heraus oder auch nicht. Das Wort Gott kommt in allen diesen naturwissenschaftlichen Tätigkeiten nirgends vor, auch nicht irgendein Bezug zur Religion. Beides würde eher ein Schmunzeln hervorrufen. Das Labor als gott- und religionsfreie Zone.

Schließlich dann doch Feierabend. Der Mann kommt nach Hause. Seine wissenschaftliche Arbeit ist für kurze Zeit unterbrochen. Er ist allein mit sich. Sein Alltag ist voller Probleme, voller Beziehungsprobleme, "Ehefrau, Kinder, noch ne Frau" ... Er fällt gestresst in den Sessel. Er betet zwar nicht wirklich, dennoch ist es wie ein Stoßseufzer gen Himmel: *Ist es das eigentlich? Müsste in meinem Leben nicht vieles ganz anders werden?*

Als Naturwissenschaftler gefragt, ob er an Gott glaubt, antwortet er mit dem Brustton der Überzeugung "Ja".

Natürlich kommt diese Antwort nicht aus seinem Erfahrungsbereich objektiv-wissenschaftlicher Welterkenntnis. Da könnte er sie so gar nicht geben, denn da kommt sie ja so überhaupt gar nicht vor.

Die Antwort kommt immer noch aus seinem animistisch-religiösen und damit subjektiv-spekulativen Existenzbezug. Er flüchtet sich in die Religion, als ließe er sich in seinen alten Sessel fallen. Bei allen Versuchen antwortet nahezu immer auch der Naturwissenschaftler auf die Frage nach Gott aus subjektiven Empfindungen heraus und nahezu nie aus seiner naturwissenschaftlichen Arbeit. Seine Antwort läuft eher unter "der Mensch", kaum unter "der Naturwissenschaftler".

Gerade mit Naturwissenschaftlern müsste deshalb ein Gespräch über Atheismus völlig neu ansetzen.

Epiktet aus Hierapolis (um 50 - 138 nach Christus)
war Stoiker und zugleich einer der tiefsinnigsten Atheisten[1] der Antike. Er hat in seinen Überlegungen eine rationale Feststellung vorgegeben, die für das Bewusstsein des naturwissenschaftlich denkenden Menschen heute große Tragweite gewinnen kann. Er sagt:

Ein Leben ist richtig, wenn es der Natur gemäß gelebt wird!

Wir erklären Epiktet in 12 Gedankenchritten:

1. Die Natur selbst hat in sich keine logischen Probleme. Sie ist in sich schlüssig. Sie ist in sich identisch in ihren natürlichen Abläufen von Entstehen - Leben - Vergehen.

2. Alle Probleme, die sich dem Menschen gegen seine Natur geistig ergeben, sind Irritationen in seinem Ich-Bewusstsein. Es sind Probleme in seiner exklusiven Geistwelt, in seiner Kopfwelt, in seiner Kultur. Seine Kultur entfremdet den Menschen von seiner Natur.

3. Mit seiner Kopfwelt hat sich der Mensch immer stärker von der Natur entfernt. Er hat sich gegen die Natur mit seinen imaginierenden Kräften, mit seinem Hoffen und Wünschen eine eigene Welt aufgebaut, in der er vergegenwärtigt, was er an Sicherheit und Geborgenheit, an Erfüllung und Glück eigentlich wünscht, aber real nicht hat.

4. Diese Vorstellungen hat er in subjektiv-religiöse Gewissheit so abgesichert, als wären sie in einer Welt jenseits real manifest. Mit dieser jenseitigen Welt vertröstet er sich gegen sein diesseitiges Leben hier.

5. Die jenseitige Welt bedeutet Entfremdung von der diesseitigen Welt und damit den Verlust der Natur. Religion ist somit die Entnaturalisierung des Menschen. Mit ihr verleugnet er seine eigene, seine eigentliche Natur.

---

[1] Dass die meisten Stoiker zugleich Atheisten waren, wurde immer, zuerst bewusst von den Christen, dann später auch von anderen verkannt. Zwar benutzten die Stoiker ständig den Begriff "Gott", meinten dabei aber nie eine persönliche Gestalt im Jenseits, sondern benannten mit "Gott" immer das Naturprinzip des Diesseits, die immanente Weltvernunft. Dazu völlig eindeutig Johannes Hirschberger, op. cit. Bd. I, Seite 254.

6. So lebt der Mensch hier in dieser Welt, als lebe er lieber dort. Doch eigentlich will er da gar nicht hin. Er klammert sich bis zu seinem letzten Atemzug an diese Welt. Folglich lebt der Mensch weder dort, noch ganz hier. Er kann den Himmel nie wirklich gewinnen, aber - zum Glück - seine Erde nie ganz verlieren.

7. Der Natur gemäß leben bedeutet: Die Natur wieder zurückgewinnen als den eigentlichen und einzigen wirklichen Lebensraum des Menschen. Dazu gilt es zu begreifen, dass der Mensch wie alle Lebewesen wesenhaft Natur ist.

8. Der Natur gemäß leben bedeutet: Vor allem den Lebensbogen von Entstehen - Leben - Vergehen als endgültig zu verstehen und zu akzeptieren. Auch der Tod ist zu begreifen als etwas ganz Natürliches. Auch der Tod des Menschen.

9. Der Natur gemäß leben bedeutet: Sich von allen Vorstellungen zu lösen, die der Natur in ihren logischen Gesetzmäßigkeiten zuwiderlaufen, sich damit also zu lösen von allen Imaginationen der Kopfwelt, die die Realität verwirren und unverstehbar machen.

10. Der Natur gemäß leben bedeutet deshalb: Atheistisch denken, die Welt ohne Gott verstehen. Alle jenseitigen Dominanten aufheben, um identisch mit sich selbst zu leben. Atheistisch deshalb im Letzten: Zurück zur Erde, zur Natur als Zurück zu sich selbst als Natur.

11. Der Natur gemäß leben bedeutet: Alle emotionale Energie zu re-naturalisieren. Alle emotionalen und geistigen Kräfte gemeinsam zu mobiliseren, um aus diesem Leben alles herauszuholen, was lebenswert erscheint. Überhaupt erst einmal ganz neu zu fragen: *Was möchte ich? Was will ich? Ist das Leben, das ich lebe, wirklich das Leben, das ich will? Hatte ich nicht Träume, Wünsche, Sehnsüchte? Ist das alles verschüttet, vorbei, abgehakt? Bin ich mir selber, meinem Leben nicht viel mehr wert? Warum tue ich nichts dagegen?* Damit beginnt der Überlebenskampf der menschlichen Natur.

12. Der Natur gemäß leben bedeutet schließlich: Sokratisch[1] Abschied zu nehmen vom Leben - und wenn es freundlich läuft, auch dabei im Kreis von Freunden.

---

[1] Siehe oben Seite 55.

Dieser Weg in die letzte Konsequenz einer persönlichen Lebensgegestaltung ohne Gott ist auch für den aufgeklärten modernen Menschen keineswegs leicht oder gar selbstverständlich. Er muss sich selbst gegen alle Erziehung und Tradition ganz neu verstehen lernen. Er muss lernen, in Selbstverantwortung zu denken und zu leben.

Von daher verstehen wir unseren

Codex Atheos

Der Atheismus
ist eine fantastische Leistung des denkenden Menschen, denn

1. In seinem Denken ohne Gott befreit sich der Mensch mit letzter Konsequenz aus einer wie auch immer behaupteten transzendenten Welt. Der Mensch erreicht damit ein Bewusstsein, mit dem er <u>ganz im Diesseitigen</u> steht.

2. Mit einem Diesseits ohne Gott löst sich der Mensch aus allen religiösen Vorstellungen eines Lebens nach dem Tod, auch von der Furcht vor einem Weltgericht Gottes über die Menschen am Ende der Welt. Er anerkennt den Tod als den ganz natürlichen Abschluss des menschlichen Lebens. Das <u>Leben vor dem Tod</u> wird dadurch zur einzigen Realität einer individuellen Existenz.

3. Durch die <u>Loslösung von Gott</u> als der höchsten religiösen Autorität setzt sich der Mensch zugleich frei von der größtmöglichen Fremdbestimmung. Indem er sich herausnimmt aus göttlicher Bevormundung, entwickelt er sich zu einem sich selbst bestimmenden und verantwortenden Individuum.

4. Ohne göttliche Fremdbestimmung hebt der Mensch die Letztgültigkeit aller religiösen Begründungen, Gebote, Kontrollen, Sinngebungen, Versprechungen auf. In dem Maße, in dem für ihn göttliche Direktiven keine Gültigkeit mehr haben, wird ihm das Leben fassbar als eine völlig auf sich selbst gestellte Existenz. Der Mensch lernt, in größtmöglicher Eigenverantwortung zu denken und als autonomer Mensch zu leben.

5. Mit einem Selbstverständnis, in dem Gott keine Bedeutung hat, nimmt der Mensch das Leben in seiner radikalsten Herausforderung an. Er begreift, dass ein Sinn des Lebens nicht von einer göttlichen Instanz gesetzt ist, sondern dass alle Sinngebung, alle - auch religiösen - Werte, Gebote, Gesetze vom Menschen selber gemacht sind. Sinn seines Daseins gibt es für den Menschen nur, wenn der Mensch selbstverantwortlich solche Wertsetzungen schafft und umsetzt, die individuell und generell Lebenssinn ermöglichen.

6. Mit "atheistischer Selbstverantwortung" anerkennt der Mensch das Leben als eine humane Herausforderung. Leben, das vom Menschen nicht positiv gelebt wird, geht ersatzlos verloren. Für Verelendung, Ungerechtigkeit, Benachteiligung, Entbehrung und Leiden gibt es keinen himmlischen Ausgleich. Ein von einem Atheisten selbst verantworteter persönlicher Lebensentwurf hat deshalb zum Ziel, alles aus dem irdischen Leben herauszuholen, was dem Menschen lebenswert erscheint.

7. Mit "atheistischer Weltverantwortung" weiß sich der Mensch in die Pflicht genommen, angesichts vielfachen Scheiterns seine ganze Kraft einzusetzen gegen generelle Verelendung, Ungerechtigkeit, Benachteiligung, Entbehrung und Leiden des Menschen. Den Menschen hilft dabei kein Gott. Den Menschen helfen nur verantwortungsbewusst handelnde Menschen.

Die höchste Verantwortungsform des Atheismus ist deshalb eine größtmögliche Humanität.

Zu These 10:

Die Explosion der säkular-objektiven Rationalität innerhalb der jüngsten Menschheitsgeschichte schafft auf Zukunft hin den Zwang zur atheistischen Selbst- und Weltverantwortung als höchst notwendige Kulturleistung

Unsere Welt rast in evolutionärer Dynamik auf eine höchst angespannte, ja, höchst bedrohte Zukunft zu. Ein wesentlicher Faktor der Bedrohung liegt in der naturwissenschaftlich-technischen Machbarkeit. Sie ist das Schicksal der zukünftigen Welt.[1]

Selbstverständlich drohen damit Zusammenbrüche an völlig unterschiedlichen Stellen. Nicht allein durch eine doch noch mögliche atomare Katastrophe. Auch durch technisch bedingte Verseuchungen, Epidemien und Umweltkatastrophen. Durchaus auch infolge von genetisch-medizinischen Manipulationen oder durch Menschen bedingten Ressourcenmangel. Die zukünftige Welt ist ganz sicher voller möglicher horrender Gefahrenszenarien.

Aber auch die friedlichen technischen Erfindungen werden in rasanter Globalisierung die Zivilisation weltweit revolutionierend verändern. Dabei wird sich ein immer schnellerer Generationenwechsel vollziehen mit jungen Eliten, die diese technischen Welten erfinden, bauen und mit ihrem Leben erfüllen - gegen breite Massen, die, immer stärker abgehängt und aus dem Entwicklungsprozess aussortiert, in Unterschichten rutschen. Parallel dazu werden junge Primatgesellschaften entstehen mit weltweiten Wissens- und Kommunikationskompetenzen - gegen Verdummungsmasse, die in dumpfes Vegetieren versinkt. Generell wird durch radikalisierten globalen Kapitalismus der Gegensatz zwischen reichem und superreichem Geldadel einerseits und verarmten Massen andererseits um vieles krasser aufbrechen.[2] Eine brutale Durchsetzungsdynamik der jungen Generationen wird das Dasein der Alten wesentlich erschweren.

---

1 So haben wir es oben aufgezeigt Seite 401 f.

2 Siehe dazu unsere ausführliche Analyse unten Seite 437 ff.

Die Bedrohung der zukünftigen Welt durch die technische, wirtschaftliche und soziale Machbarkeit wird sich steigern bis hin zu der noch fiktiven Frage, ob sich eine zukünftige Menschheit aufgrund ihres technischen Fortschritts wird auf einen anderen Stern retten müssen und können, falls die Erde - natürlich oder unnatürlich - für den Menschen unbewohnbar wird. Bisher sind das nur Horrorszenarien von Science fictions gewesen.

Stephen W. Hawking, der weltweit anerkannte Kosmos- und Zeitforscher, hat in seinem neuen Buch *THE UNIVERSE IN A NUTSHELL* - DAS UNIVERSUM IN DER NUSSSCHALE[1] solche Evakuierungsbedingungen auf der Erde im Zeitrahmen der nächsten hundert Jahre als Realität angekündigt. Er sieht die konkrete Gefahr, ja, notwendige Folge, dass durch vielfältige Bedingungen eines ausgebeuteten Planeten die Überlebenschancen der Massen sehr gering werden, der technische Vorsprung aber reicht, um eine Elite überleben zu lassen.

Es besteht durchaus der Eindruck, dass 2003 der Expeditionswettlauf zum Mars zwischen Amerika und Europa ein erster Ausdruck eines solchen Endzeitszenarios war. Der Mars vielleicht weniger als Wohnplanet, aber als Zwischenstation für den Weltraumtrack einer Menschheitselite.

Die letzte Kampfaufstellung in der naturwissenschaftlich-technischen Welt entstünde dann unter den Bedingungen der gnadenlosen Frage: Welche Völker oder welche Gesellschaftsgruppen werden dann an einer realen Überlebenschance beteiligt werden? Wer müsste zurückbleiben? Alleine diese Debatten provozieren ein Inferno auf Erden: Die zurückbleibenden Massen - gegen eine abhebende Weltelite.

Selbst wenn sich diese Horrorvorstellung insgesamt auf Zukunft hin moderater entwickeln sollte, wird man den unabdingbaren Zeitdruck, der durch den rasanten naturwissenschaftlich-technischen Fortschritt für alle zukünftigen gesellschaftlichen Weiterentwicklungen entsteht, hart in weltpolitische Konzepte mit einbeziehen müssen. Allerdings besteht der Eindruck, dass auch dieses ganze Thema möglichst totgeschwiegen wird, um Unruhe zu vermeiden.

---

[1] Hamburg, 2001/2002.

Zurzeit wächst die Welt zusammen durch einen weltweiten Austausch in Naturwissenschaft und Technik, in Medizin und Hygiene, im Aufbau von gemeinsamem Knowhow in Wirtschaft und Finanzwelt, in Logistik und Kommunikation. An immer mehr Orten in der Welt wachsen Spezialzentren auf gleicher Entwicklungshöhe, insgesamt ein furioser Gesellschaftswandel. Speziell mit der Globalisierung wissenschaftlich-technischen Denkens auf allen gesellschaftlichen Gebieten entwickelt der säkulare Wissenschaftstransfer Kommunikationsformen, die weltweit Grenzen überschreiten: Ideologie-neutral. Religionsübergreifend. Multikulturell. Gleichberechtigtpartnerschaftlich. Solidarisch-mitverantwortlich. Auf eine Gesamtwelt hin zukunftsgerichtet.

Im Gegensatz dazu leistet sich unsere Welt gegenwärtig in nahezu allen Kulturen einen wahnsinnigen geistigen Rückschritt in die Religion und die Religionen. Das 21. Jahrhundert offeriert sich als religiöses Zeitalter. Dabei führt das religiöse Wiedererstarken zurück in Strukturen, in denen altgefährliche Denkprinzipien neue Gültigkeit erlangen: Absolutheitsanspruch schafft militanten Fundamentalismus. Erwählungsbewusstsein schafft Grenzziehungen. Dogmatische Wahrheitsbehauptungen zementieren Aussperrungen. Absolutistische Hierarchien und Rituale bewirken Unterdrückungen. Absolut gesetzte Eigenarten versperren den Blick aufs Ganze und provozieren radikale Auseinandersetzungen. Gleichsam ein Rückstau in die Hinterwelt, in den alten "clash of religions".

Dieses Wiedererstarken der Religion und Religionen muss für die zukünftige Welt als höchste Bedrohung angesehen werden. Die entscheidende Bedrohung liegt in dem Widerspruch, mit dem sich die religiösen Glaubenswelten in ihrer unübersehbaren Vielfalt gegen säkulare Strukturen der weltlichen Vernunft stellen - nicht allein in einzelnen Aussagen, sondern in ihrem Gesamtanspruch überhaupt.

Die Macht der Religionen in ihrem Widerstand zur säkularen Welt wird die Verantwortlichen in ihren Aufgaben, die Welt zu führen, nicht nur wesentlich schwächen, sondern paralysieren. Der derzeitige Terrorkrieg Islam gegen West, West gegen Islam ist ein Beispiel sinnloser Konfrontation religiöser Systeme angesichts unendlich vieler g e m e i n s a m e r Aufgaben zur Zukunftssicherung der Völkerwelt.

Ceterum censeo religionis potestatem esse delendam[1]

Kampf gegen die institutionalisierte Religion

Allen nachfolgenden kritischen Überlegungen schicken wir als grundsätzliche Erklärung voraus:

Jedem einzelnen Menschen ist das Recht auf seine eigene religiöse Meinung zu garantieren und zu sichern. Denn gerade weil Gott die Projektion des menschlichen Selbst ist, der Mensch sich in seinem Summum in Gott definieren kann, muss ihm sein eigenes religiöses Selbstverständnis als Grundrecht garantiert und gesichert werden.

Der Atheist kann dafür kämpfen, dass der Andere so religiös sein kann, wie er sein möchte. Religion ist ganz allein Privatsache.

Eine Auseinandersetzung um die private Religion ist ausschließlich eine Frage der persönlichen Aufklärung, des Gesprächs, der Kommunikation, gegebenenfalls sogar der therapeutischen Hilfe.

Wir unterscheiden und trennen also ganz scharf

- das persönliche Recht des Einzelnen auf seine private Religion
- von Rechtsansprüchen und Einflussnahmen institutionalisierter Religion oder Religionsinstitutionen gegenüber der Gesellschaft und dem Staat, in welcher Form auch immer.

Denn etwas ganz anderes ist die Macht der institutionalisierten Religion oder der Machtanspruch der Religion innerhalb gesellschaftlicher und staatlicher Gemeinschaften.

---

[1] Dem berühmten Spruch von Cato dem Älteren (234-149 vor Christus) nachgebildet, der die Römer vor der Macht Karthagos mit seinem ständig wiederholten Ausspruch warnte: *Ceterum censeo Carthaginem esse delendam: Abermals sage ich: Karthago muss zerstört werden.* Unser Text: Die institutionelle Macht der Religion muss zerstört werden.

Wesensmäßig versteht sich Religion eben nicht als von diesseitiger Welt, sondern stellt sich in ihrer Bestimmung als aus dem Jenseits abgeleitet dar - von Gott, von Allah oder wie immer die Transzendenten benannt sein mögen. Von hier aus kämpfen die Religionen gleichsam wider alle weltliche Vernunft mit jenseitigen Überzeugungen gegen die Welt um Einfluss und Macht über die säkulare Welt.

Der Einfluss der Ayatollas und der Mullahs in der islamischen Welt etwa ist ins Übermächtige angewachsen:

> Sie indoktrinieren schon die ganz jungen Menschen mit Koran-Weisheiten mit letztgültigem Absolutheitsanspruch. Ihnen ordnen sie alles menschliche Fragen bedingungslos unter und unterdrükken damit aufgeklärtes weltliches Denken. Sie berauschen Menschen mit irrealen Heilsvorstellungen, treiben sie damit sogar gezielt in den Tod mit billigen Versprechungen von Entlohnung im Himmel. Sie schaffen Gesetze in überholten Rechtsmustern und diskriminieren dabei vor allem die Frauen nach uralten Sozialriten. Gezielt versperren sie ihren Gläubigen die geistige Befreiung zu autonomen Menschen in einer modernen aufgeklärten Welt.

Ebenso beherrscht eine weit verzweigte christliche Hierarchie von Klerikern und Theologen die westliche Welt.

> Sie infiltrieren die Menschen von klein auf an mit biblischen Geschichten und verkarsteten Dogmen, die sie als letztgültige göttliche Wahrheiten behaupten. Sie verbreiten dabei falsche Vorstellungen von Schöpfung und Evolution, von Ursache und Wirkung, von Leben und Tod und nahezu allen sonstigen Realien. Allen voran verkündet ein wieder erstarkender Papst[1] aller Welt, dass seine Kirche in der Welt gottgewollt das Monopol auf die einzige wahre Moral besitze und dass der säkulare Mensch nicht in der Lage sei, einem hohen Ethos gemäß zu handeln und sich selbst zu verantworten. Gezielt nimmt er dem weltlichen Menschen die Würde der Selbstverantwortung seiner Menschenrechte und seiner Menschenpflichten.

---

[1] Hier Johannes Paul II mit seiner Enzyklika Veritatis Splendor vom 6. August 1993. Siehe dazu oben Seite 93 f und Seite 123 f.

Darüber hinaus steht die institutionalisierte Religion nahezu zwangsläufig gegen den demokratischen Staat und gegen die säkulare Gesellschaft mit sich selbst verantwortenden Menschen. Sie ist in ihrem Wesen begründet in theokratischen Grundstrukturen - nicht allein im Islam. Auch im Christentum hat die Vorstellung von der Alleinherrschaft Gottes das absolutistische Herrschaftsprinzip zur Grundlage.

Von daher hat die institutionalisierte Religion auch heute noch zu demokratischen Prinzipien ein völlig gebrochenes - nur aus taktischen Gründen ein vorläufig duldendes - Verhältnis. Kein Mensch kann sich vorstellen, dass man Gott mit einem demokratischen Beschluss beeindrucken könnte. Keine demokratische Gesellschaft kann aufgebaut werden über ein theokratisches Religionssystem, denn kein einziger Gott - welcher auch immer - wäre zu beeindrucken durch irgendeinen Mehrheitsbeschluss einer Demokratie[1].

Dies wird hochaktuell manifest in Ereignissen, die sich so vor fünfzig Jahren kaum ein Mensch hätte ernsthaft vorstellen können, nämlich in gegenwärtigen weltpolitischen Machtkonflikten in Form von Kultur- und Religionskampf:

Auf der einen Seite der Islam.

> In der Auseinanderssetzung mit dem Westen propagieren seine Theologen mittels eines eher mittelalerlich-repressiven Religionsmodells im Namen Allahs einen Anspruch auf Weltherrschaft, keineswegs eben nur als ein geistiges Regime, sondern ganz konkret als politische Herrschaft. Noch nie ist der Islam in der Geschichte etwas anderes gewesen als die Umsetzung seines Gottesstaates in weltliche Herrschaft. Die Geschichte der islamischen Expansion mit dem Schwert - gerade auch immer wieder gegen Europa - spricht eine völlig eindeutige Sprache.

---

[1] Dazu ausführlich unten Seite 419 ff: Die Theokratie ist das staatsrechtliche Wesen des christlichen Abendlandes.

Auf der anderen Seite das Christentum.

Die USA, die Führungsmacht der westlichen Welt, führen ihren Krieg gegen islamische Staaten mit der Behauptung, dass der christliche Gott geradezu bedingungslos und uneingeschränkt auf ihrer Seit stehe. In Selbstherrlichkeit instrumentalisiert der Führer der größten säkularen Demokratie für seine höchst umstrittene und verlogene Politik die christliche Religion im Stile eines uralten westlichen Imperialismus. Gott wird missbraucht im absolutistischen Sinn für einen singulären Herrschaftsanspruch.

Auch die Bürger unserer Gesellschaft erscheinen zunehmend gegenüber allem Religiösen aufs äußerste verunsichert. Die instrumentalisierte Religion ist gerade auch in den westeuropäischen Demokratien mit dem Wiedererstarken der Religion mehr und mehr zur Politikpraxis geworden. Auch Staat und zivile Gesellschaft in Deutschland führen überall - trotz Trennung von Staat und Kirche und damit staatsrechtlich unzulässig - Religion im Schilde:

Auch die Debatte über einen christlichen Gottesbezug in der neuen EU-Verfassung hat allzumal in Deutschland den anachronistischen Religionsanspruch von höchsten Amtsträgern des säkularen Staates und damit der säkularen Gesellschaft aufgedeckt - und damit die drohende Gefahr der Preisgabe des prinzipiellen Autonomierechts des säkularen demokratischen Staates.

Die säkulare wissenschaftlich-technische Gesellschaft riskiert in der laxen Auseinandersetzung mit der Religion einen dramatischen Zeitverlust im Kampf um die Zukunft der Menschen. Die Konflikte, die durch die Religion und die Religionen schon immer in der Welt waren und wieder erstarkt sind, sind nicht zu überwinden im Einvernehmen mit der Religion, sondern nur im Widerstand gegen die Religion. Keine Religion wird die von ihr gegenüber dem säkularen Staat erkämpften Positionen - mögen sie auch noch so schräg sein - aus weltlicher Einsicht freiwillig aufgeben. Sie wird eher die säkulare Gesellschaft mit ihrem weltlichen Denken verleugnen und bekämpfen.

Unser Staat und unsere Gesellschaft sind verfassungsmäßig keine christliche Wertegesellschaft.

Kaum je hat deshalb Voltaire, der Vordenker der modernen abendländischen Aufklärung, mit seinem Drohwort gegen den Einfluss von Religion und Kirche auf eine aufgeklärte Gesellschaft mehr Gehör verdient als in unseren Tagen:

L'écrasez l'infame

Vernichtet jeden Machteinfluss der institutionalisierten Religion und jede Machtpolitik, die die Religion zu ihrem eigenen Machtvorteil instrumentalisiert. Widersteht der religiösen Behauptung, dass ein Gott auf der Seite eines Menschen, einer Partei, eines Volkes, eines Staates, einer Kultur, einer Religion steht. Höchste und letzte Instanz ist immer allein die weltliche Vernunft.

Das heißt konkret:
Es geht um die uneingeschränkte Unterordnung der institutionalisierten Religionen unter den demokratischen Rechtsstaat. Jegliche auch nur optische Gleichstellung von Staat und Religion, etwa in Schule und Bildung, im Sozialdienst, im Steuerverfahren oder wo sonst Ansprüche bestehen, ist schnellstmöglich aufzuheben. Die Trennung von Staat und Kirche und damit von Staat und institutionalisierter Religion besitzt staatsrechtlich zweifelsfreie Gültigkeit. Es bedarf einer großangelegten Initiative zur Durchsetzung des verfassungsmäßigen Willens unserer Demokratie mit dem Ziel eines vollgültigen säkularen Staates und einer säkularen Gesellschaft.

Politischer Atheismus als radikale Bewusstseinsveränderung

Die Herausforderungen an die Menschen werden sich dabei aufs Äußerste steigern. Sie werden den Völkern alle Vernunftkräfte abfordern, um zu überleben, das heißt, ein drohendes Ende der Menschheit oder großer Teile von ihr so weit wie möglich hinauszuschieben.

Den Menschen bleibt unter dem Druck säkularer Machbarkeit offenbar nicht mehr viel Zeit, Verhältnisse herzustellen, in denen den Völkern generell Überlebenschancen gesichert werden können.

Das Abendland kann aus seiner geistesgeschichtlichen Tradition heraus drei zentrale Errungenschaften seiner nichtchristlichen Kultur zur Verfügung stellen:

1. Die säkulare Vernunft: Die naturwissenschaftlich-technische Rationalität

Die *säkulare Rationalität* ist aus der altgriechischen Vernunftphilosophie entstanden und hat sich mit der europäischen Aufklärung in Wissenschaft und Technik durchgesetzt. Sie birgt in sich die Gefahr der aufklärenden Bewusstseinsveränderung.

Dennoch hat sie sich in den letzten Jahrzehnten weltweit zu den Kulturen als Brücke erwiesen, indem sie dort in allen Bereichen - von Physik und Chemie über Biochemie und Medizin bis hin zu neuesten Kommunikationstechniken - Einzug hält.

2. Die säkulare Staatsform: Die Demokratie

Auch die gemeinsame *Herrschaft des Volkes* entstammt ursächlich der altgriechischen Philosophie und ist mit der europäischen Aufklärung für die Neuzeit neu entwickelt worden. Ihr kritisches Potential liegt in der Auflösung aller religiösen Systeme der Alleinherrschaft.

In der Erprobung in Europa hat sich das demokratische Prinzip als Stabilisierung der Nationen in sich und als Konfliktentschärfung zwischen den Völkern bewährt. Die Umsetzung in andere Kulturen schafft dort zurzeit Ängste vor radikalem sozialen Wandel.

3. Die säkulare Humanität: Die Grund- und Menschenrechte

Auch eine vom Menschen allein aus seiner Vernunft heraus verantwortete *Ethik und Moral* entstammt der altgriechischen Philosophie.

Die Einsicht in die menschliche Eigenverantwortung und ihre Umsetzung setzt eine starke Emanzipation des Ich-Bewusstseins voraus. Ihr kritischer Anspruch liegt in einem autonomen menschlichen Status.

5.1. Der säkulare, demokratisch-verfasste Staat.

Menschenrechte contra Gottesrecht

(1) Die Theokratie ist das staatsrechtliche Wesen auch des christlichen Abendlandes

Im Louvre in Paris steht in der altorientalischen Abteilung eines der wichtigen Originaldokumente der frühen Geistes- und Kulturgeschichte der Menschheit: Ein mächtiger Monolith, 2,25 Meter hoch, fast einen Meter breit. Er wurde 1902 in der Ruinenstadt Susa jenseits des Tigris gefunden und dann in Paris aufgestellt. Eingemeißelt in seiner oberen Rundung ist ein fein ziseliertes Relief, darunter ein Katalog mit etwa 280 Gesetzen in arkadischer Schrift. Zu datieren ist diese altbabylonische Stele in die Zeit vor 1750 vor Christus: Der CODEX HAMMURABI.

Das Relief zeigt zwei Gestalten: In der rechten Bildhälfte den Sonnengott Schamasch, den Gott zugleich des Rechtes[1], auf einem Thron sitzend. Vor ihm steht Hammurabi. Hammurabi herrschte als mächtiger König der 1. Babylonischen Dynastie von 1793 bis 1750 vor Christus. Auf dem Bild empfängt Hammurabi aus der Hand des Sonnen- und Rechtsgottes die Weisungen für das zukünftig geltende Recht. Das Bild ist gleichsam die Präambel für das ganze Gesetzeswerk, das nachfolgend auf dieser Stele akribisch eingeschlagen ist. Das bedeutet: Hammurabi führt seine Gesetze, die er auf der Stele festschreibt, auf den verantwortlichen Rechtsgott selbst zurück. Er legitimiert seine Königsgesetze dadurch als Gottesrecht.

---

[1] Das Licht der Sonne durchdringt das Böse und bringt die Wahrheit an den Tag. Deshalb Sonne und Recht im Gott Schamasch als Synonym.

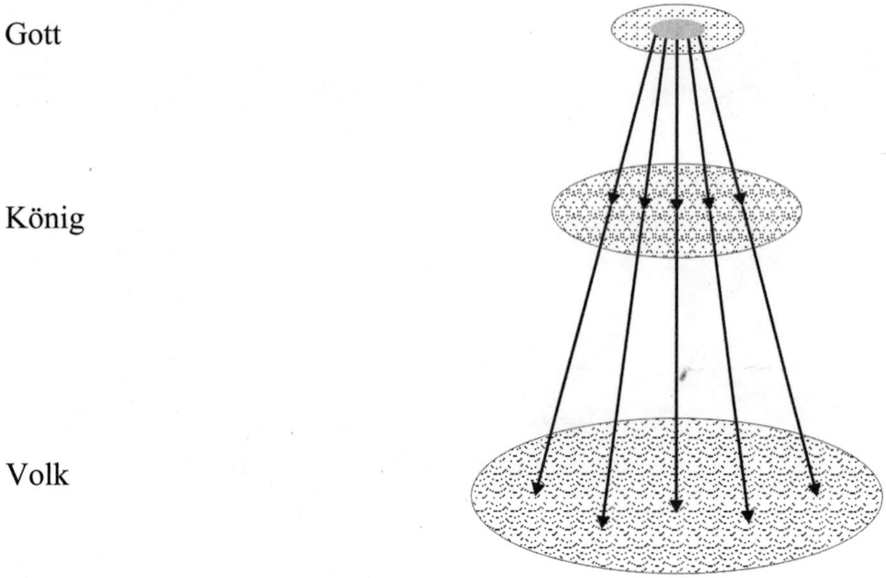

Mit diesem Gottesrecht schuf Hammurabi zugleich die staatsrechtlichen Grundlagen für das von ihm in der Spätphase seiner Herrschaft neu gegründete mächtige Babylonische Reich. Er erklärt dazu die Stadt Babylon am Euphrat zum neuen Herrschaftszentrum und erhöht Babels Stadtgott Marduk zum Oberhaupt des gesamten ammoritischen Götterhimmels. Im Textprolog seines Gesetzeskodex unterstellt er sich selbst diesem neuen Obergott, indem er sich als von Marduk mit dem Königsamt beauftragt erklärt, *die Menschen zu lenken und dem Land Sitte angedeihen zu lassen.*

Vom Gott Schamasch legitimiertes Gottesrecht und vom Gott Marduk legitimiertes Königsamt - der CODEX HAMMURABI ist in Bild- und Prologtext gegenüber dem Volk eine faszinierende Manifestation der Machteinheit Gott - König. Das Urmodell der Theokratie.

Unbestritten ist dabei zugleich, dass dieses Machtmodell auf den gesamten späteren vorderasiatischen Raum prägende Wirkung gehabt hat. Sie reicht kulturgeschichtlich bis in die biblische Gestaltung der Mosesgeschichte vom Empfang der Steintafeln mit den 10 Geboten auf dem Berg Sinai[1] - nicht nur formal, sondern auch inhaltlich.

---

1 Zur biblischen Mosesgeschichte am Sinai siehe Exodus (2. Buch Mose), Kapitel 19 ff.

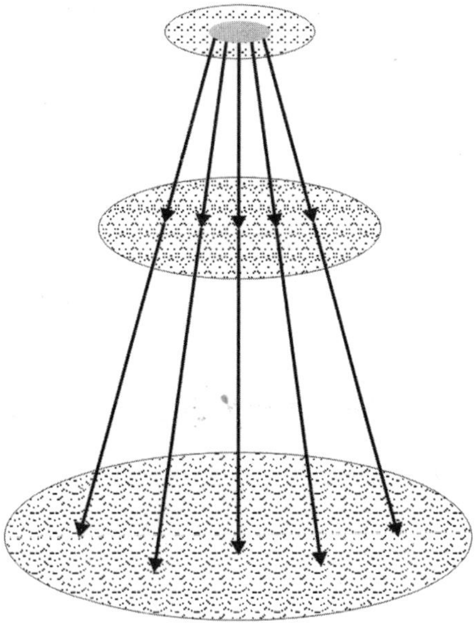

Theokratie - Gottesstaat

Theokratie basiert auf dem Prinzip: Alle Macht geht von Gott aus!

Ihre Gottesherrschaft ist also vom Jenseits, aus dem Transzendenten gesetzt und wirkt durch die Welt. Der Wille Gottes ist dabei als jenseitige Offenbarung kundgetan. Er ist als solcher unantastbar absolut. Er umfasst alle Bereiche des Daseins, weil Gott als allmächtig, allwissend, allgegenwärtig auf alles uneingeschränkt Einfluss beansprucht.

Ihr oberster Machtinhaber ist Repräsentant Gottes auf Erden, auch des göttlichen Willens in Ethik und Moral. Deshalb besitzt er etwa als König von Gottes Gnaden uneingeschränkt weltliche und religiöse Macht. Seine Herrschaft ist geschützt durch höchste Amtswürden.

Das Volk ist nur dienendes Volk. Als Geschöpfe Gottes sind die Menschen dem Willen Gottes bedingungslos ausgeliefert. Jegliche Zuwiderhandlung auch gegen seinen Repräsentanten wird als sündiges Verhalten verfolgt und bestraft. Eigenständiger Wille, selbstständiges Denken und Handeln sind nicht erlaubt. Totaler Gehorsam ist Pflicht.

Dieses Prinzip Theokratie ist die staatsrechtliche Grundlage der drei vorderasiatischen Offenbarungsreligionen

Judentum - Christentum - Islam.

Das biblische Israel, das frühe Judentum, hat sich mit seinen ersten drei Königen Saul, David, Salomon in Kanaan, dem heutigen Palästina mit Herrschaftszentrum Jerusalem, als Theokratie konstituiert.

Auf die sehr erfolgreiche Frühphase dieses Königtums von 1012 bis-926 vor Christus folgte schnell ein Zusammenbruch, der zur Teilung des ersten Königreiches in zwei eigenständige Königreiche führte:

- Im Norden das neue Königtum Israel mit dem Macht- und Kultzentrum Samaria und
- im Süden das Königtum Juda weiterhin mit Jerusalem als Herrschaftszentrum mit Königspalast und altem Tempel.

Beide Königreiche standen prinzipiell feindlich gegeneinander, nicht allein wegen ihres jeweiligen theokratischen Monopolanspruchs, sondern weil sie außenpolitisch fast immer in kontroversen Bündnissen standen, zum einen mit Ägypten als Großmacht aus dem Süden, zum anderen mit Assyrien bzw. Babylon als Großmächte aus dem Osten.

721 wurde das Nordreich Samaria von den Assyrern ausgelöscht und verschwand vollständig von der politischen Bildfläche.
587 wurde das Südreich Juda von Nebukadnezar besiegt und seine Oberschicht in die Babylonische Gefangenschaft deportiert. 70 Jahre später ließ Perserkönig Kyros II, nachdem er das Babylonische Reich zerstört hatte, die Israeliten frei und gestattete ihnen eine Neuansiedlung in Jerusalem mit neuem Tempel. Dort begann die Epoche des Spätjudentums, seit 63 vor bis 70 nach C. unter Besatzung der Römer und dem von ihnen eingesetzten jüdischen Königtum der Herodianer.

Das frühe israelitische Königtum hatte die Verheißung aus der Vorkönigszeit in ihre Herrscherideologie übernommen, dass der Gott Jahwe der einzige Gott des Volkes Israel sei und dieses unter seinem exklusiven Schutz stehe. Je mehr das Königtum nun politisch versagte, desto stärker bildete sich im Volk die religiöse Hoffnung auf Rettung des erwählten Gottesvolkes durch eine königliche Machtgestalt wie einst David, einen Messias. In der Gestalt des Messias verdichteten sich im Spätjudentum alle politischen Erwartungen des jüdischen Volkes zunehmend zu heilsgeschichtlichen Erlösungsvorstellungen.

Heute ist das neue Israel eine säkulare Demokratie mit Parlamentssitz im "säkularen Tel Aviv" - mit einer äußerst starken religiös-orthodoxen Repräsentanz mit Zentrum "im heiligen Jerusalem", wo auch die heilsgeschichtliche Messiastradition voll lebendig ist.

Im frühen Christentum ist gleich nach dem Tod Jesu die jüdische Messiasidee aufgenommen und direkt auf Jesus von Nazareth angewendet worden. Die Christen haben den Titel Messias sogar dem Namen Jesus angehängt: Jesus "*Christus*". *Christus* ist das griechische Wort für das hebräische Wort "*Messias*", *der zum König Gesalbte*. Jesus Messias, der zum König Gesalbte in der Nachfolge Davids - ein rein politischer Hoheitstitel.

Es ist nahezu ausgeschlossen, dass Jesus diesen Titel für sich selbst beansprucht oder gar als Messias agiert hat. Auch nach Jesu Tod ist die Messiasidee im Christentum politisch nie konkret zur Wirkung gekommen, vielmehr mangels politischem Betätigungsfeld auf das Weltende und damit auf Christus als den endzeitlichen Weltenrichter und Allherrscher (= lateinisch: Pantokrator) verschoben worden.

Entsprechend ist die frühe Kirche machtpolitisch völlig untätig geblieben und war bis ins 4. Jahrhundert eine reine Märtyrerkirche. Sie wurde von der römischen Staatsmacht wiederholt scharf verfolgt, ohne Widerstand zu leisten. Ihre Märtyrer, für ihren Glauben an Jesus verfolgt und ermordet, wurden zu höchsten Ehrengestalten der frühen Christenheit. Allein durch ihren überzeugenden Lebenswandel errangen die Christen hohe Moralkompetenz für Gesellschaft und Staat.

Erst mit dem römischen Kaiser Konstantin wurde die christliche Religion zur Staatsreligion, die christliche Kirche zur Staatskirche. Ab 321 rückte die Kirche ohne eigenständige militante Aktion kurzfristig an die oberste Stelle der Macht im gesamten Römischen Reich

- zunächst in Konstantinopel, der neuen Metropole des Oströmischen Kaiserreiches im Stile caesaro-papistischer Theokratie: Der Kaiser als weltlicher und kirchlicher Alleinherrscher;
- später im Heiligen Römischen Reich Deutscher Nation mit der Doppelspitze Kaiser - Papst: Ein gewaltiges Theokratiesystem in der Spannung zwischen weltlichem und geistlichem Machtanspruch im Namen des christlichen Gottes. Es löste sich 1806 endgültig auf.

Mit dem Absolutismus wurde das Monarchieprinzip "von Gottes Gnaden" von den Nationalstaaten übernommen, bis auch diese Form der Theokratie im Kleinstformat mit Abdankung der "drei großen Kaiser" in Moskau (Zar) 1917, in Berlin und Wien 1918 zusammenbrach.

Zur nachfolgenden Stellung der Kirche innerhalb der neuen Staatsform der demokratischen Republik siehe unten Seite 429 f.

Im Islam hat es von seinen Anfängen 622 nach Chr. bis in die Neuzeit kein Königtum gegeben. Gleichwohl gab es einen absoluten Herrschaftsanspruch, indem der oberste Führer des Islam sich in direkter Vollmacht Allahs beauftragt wusste und entsprechend hoheitlich handelte. Dieses Amt war das Kalifat, indem sich sowohl die weltliche wie auch die religiöse Macht bündelten.

Die machtvolle Prophetenstellung Mohammeds ist schon gleich nach seinem Tod fortgesetzt worden durch eine Reihe von vier Kalifen. Folgenschwer für dieses Amt war, dass Mohammed eine Verwandtschaftssukzession ausgeschrieben hatte: Der jeweilige Nachfolger musste aus Mohammeds Familientradition stammen.

Damit waren die Voraussetzungen gegeben für entsetzliches Gemetzel unter den Verwandten um die Nachfolge. Das eskalierte schon früh um die Gestalt des Kalifen Ali, dem Ehemann von Fatima, der Tochter Mohammeds. Ali, Mohammeds Schwiegersohn also, wurde abgesetzt als Kalif und bei seinem Versuch umgebracht, das Kalifenamt militärisch zurückzuerobern. Absetzung und Gewalttod Alis führten damals - bis heute - zur grundsätzlichen Spaltung des Islam:
- Aus Alis Anhängern bildeten sich die Schiiten.
- Aus seinen Gegnern formierten sich die Sunniten.

Danach wurde das Ausrottungsprinzip fortgesetzt, indem das Herrschergeschlecht der Omayaden von den Abbassiden regelrecht bis auf den letzten Mann ausgerottet wurde. Der letzte Omayade floh nach Spanien und gründete dort das Emirat, später Kalifat, von Cordoba. Viele derartige Machtwechsel folgten, bis schließlich die Turkvölker als Osmanisches Reich die Nachfolge antraten. Nach ihrer Eroberung des christlichen Bollwerks Konstantinopel 1453 entwickelten sie sich unter oft hervorragenden Herrschern (Sultane) zu einem mächtigen Reich, das erst infolge des 1. Weltkriegs 1918 zusammenbrach. Das Sultanat wurde 1924 abgeschafft, die "Türkei" von Kemal Atatürk als westlich ausgerichtete Demokratie neu gegründet.

Der äußerst mühsame Neuaufbau des arabischen Islam nach dem Zusammenbruch des türkischen Osmanen-Reiches (das eigentliche Hauptproblem des westlichen Islam) erfolgte meist in nationalen Königreichen, etwa Ägypten, Irak, Saudi-Arabien. Zurzeit steht die Errichtung von neuen traditionsbewussten islamischen Theokratien im schärfsten Gegensatz zu den westlich geforderten Errichtungen islamischer Demokratien. Vom Prinzip her eher ein Kulturdrama.

(2) Der demokratisch-verfasste Rechtsstaat ist das staatsrechtliche Wesen des säkularen Abendlandes

Das moderne säkulare Europa hat seinen konkreten Anfang in der Französischen Revolution 1789. Diese ist geistesgeschichtlich entstanden aus dem Denkansatz der Aufklärung, die, ausgehend von England, sich in Frankreich etwa ab 1720 durchsetzte.

Allerdings ist die Idee der Republik nicht durch den großen französischen Aufklärer Voltaire entwickelt und propagiert worden. Voltaire war bis zum Schluss überzeugter Monarchist[1]. Er hat das Volk immer für viel zu dumm gehalten, als dass er ihm irgendeine staatstragende Rolle zuzuschreiben bereit gewesen wäre.

Die moderne Idee der Republik und damit unserer säkularen Demokratie geht zurück auf Voltaires radikalsten Gegner, auf

Jean-Jacques Rousseau (1712 - 1778).
Rousseau schrieb 1754 seine berühmte Schrift *DU CONTRAT SOCIAL, OU PRINCIPES DU DROIT POLITIQUE* – VOM GESELLSCHAFTSVERTRAG ODER PRINZIPIEN DES STAATSRECHTS.[2] 1762 ist sie erschienen, knapp 30 Jahre vor der Französischen Revolution. In ihr war Rousseau angefeuert von der Überzeugung, eine neue Gesellschaftsform erfunden zu haben, *durch die jeder, indem er sich mit allen vereint, nur sich selbst gehorcht und so frei bleibt wie* (im Naturstand) *zuvor.*

Die Wirkung seiner neuen Staatstheorie war revolutionär und kam in der Französischen Revolution gewaltig zur Explosion. Am 17. Juni 1789 beriefen sich 491 revoltierende Abgeordnete der Generalständeversammlung in Versailles auf Rousseaus neue Lehre von der Volkssouveränität und erklärten sich gegen den König zur Nationalversammlung (Assemblée Nationale) - der Aufbruch des dritten Standes vom politisch unmündigen Untertan zum mitbestimmenden Staatsbürger, der erste Schritt von 40.000 Meilen zur Demokratie.

---

1 Dazu unten Seite 434.

2 Jean-Jacques Rousseau, Politische Schriften, UTB 667, Paderborn 1995

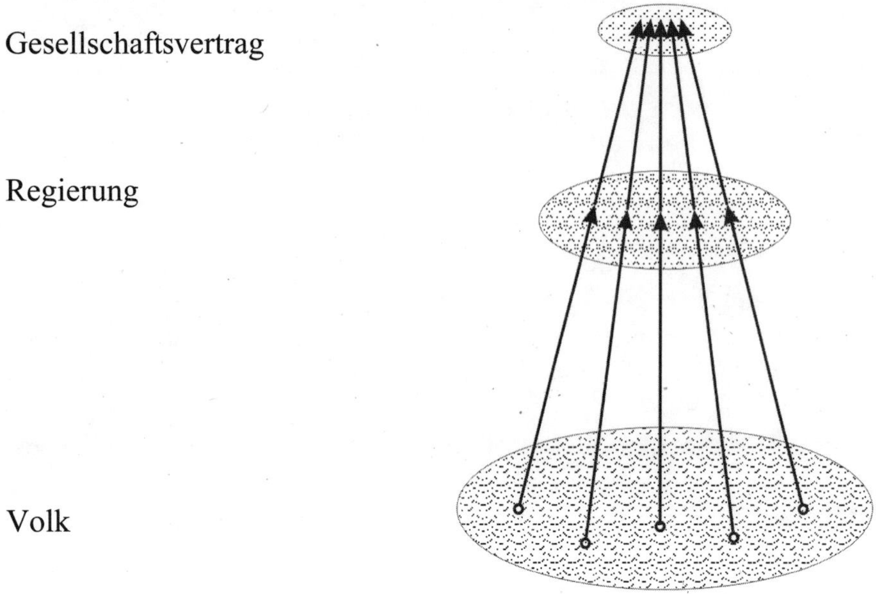

Rousseaus Grundgedanke liegt im "Gesellschaftsvertrag": Alle Bürger einer Nation ohne jeden Unterschied finden sich zu einer großen Gemeinschaft zusammen und schließen eine "ursprüngliche Übereinkunft", der alle Mitglieder in völliger Entscheidungsfreiheit zustimmen, und durch die sich jeder der Allgemeinheit bedingungslos verpflichtet. Diese Übereinkunft *ist nicht eine Abmachung zwischen einem übergeordneten und einem untergeordneten Partner. Sie ist eine Vereinbarung zwischen einem Ganzen und seinen Gliedern.*

Dies und vieles andere ist von Rousseaus Staatsrechtsvorlage in das moderne Verfassungswesen der Demokratien eingegangen. Anderes von ihm ist nicht übernommen worden. Zum Beispiel wehrte sich Rousseau vehement gegen ein Parlament der Volksvertreter. Er wollte die Regierung als Exekutive direkt vom Volk gewählt haben.

Umstritten auch seine Vorstellungen zur Staatsreligion - er selber war naturbegabt fromm. Einerseits lehnte er strikt jede religiöse Begründung des Gesellschaftsvertrages ab. Andererseits verstand er Staatsreligion nicht als theologische Dogmen, sondern als ein gemeinsames Bewusstsein ethischer Gesinnung, aber durchaus an Gott gebunden. Diese gemeinsame religiöse Gesinnung hielt er für das Zusammenwirken im Gesellschaftsvertrag für unerlässlich und bedrohte den, der sie aufhob, mit der Todesstrafe. Gerade zu dieser religiösen Gesinnung definieren wir selbst nachfolgend ein klares atheistisches Kontra.

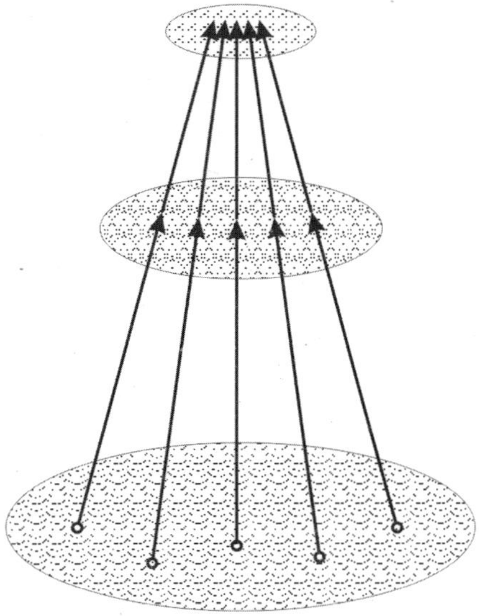

Demokratie - Volksherrschaft

Demokratie basiert auf dem Prinzip: Alle Macht geht vom Volk aus!

Volksherrschaft ist Herrschaft der Menschen, also Macht, die uneingeschränkt nur vom Menschen verantwortet wird. Alle Entscheidungen sind mehrheitliche Entscheidungen von unten, von der Basis her. Das Volk ist immer alleinige Herrschaftsgewalt.

Die Volksherrschaft ist dennoch nicht beliebig oder gar willkürlich. Ganz im Gegenteil. Sie hat ihre Grundlage in der Verfassung als einem vertragsgleichen Dokument, in dem die Rechte und Pflichten der Volksmitglieder in elementaren Formen definiert sind. Mit der vom Volk vollzogenen Annahme gewinnt die Verfassung für das Volk bindende Kraft. Sie ist von allen Bürgern zu respektieren und ist zugleich vor willkürlichen Zugriffen zu schützen.

Die demokratische Ideallinie wäre eine totale Beteiligung aller Volksmitglieder an allen Entscheidungsprozessen der Gesellschaft. Das ist allein aus technischen Gründen unmöglich. Das Volk ist in seiner Masse nicht ständig an allen aktuellen Entscheidungen immer neu einzubinden. Deshalb wählt das Volk Repräsentanten, die die verfassungsmäßigen Rechte der Bürger in Parlament und Regierung wahrnehmen. Ihre Wahl bedeutet Legitimation und Verpflichtung. Neuwahlen bedeuten Kontrolle und Souveränität des Volkes.

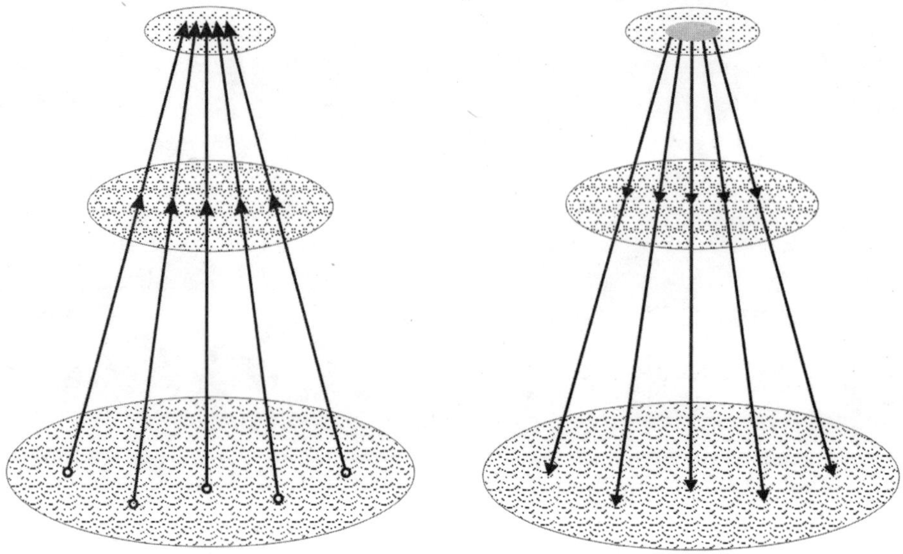

Der radikale Widerspruch des Systems der Demokratie gegen das System der Monarchie wird in der direkten Gegenüberstellung voll erkennbar:

Demokratie herrscht immer von unten, vom Volk	**Monarchie herrscht immer von oben, von Gott**
Säkulares Bewusstsein des freien Individuums zielt vom Prinzip her auf die Herrschaft des Menschen in Eigenhoheit.	Monotheistische Religion vertritt vom Prinzip her eine göttliche All- und Alleinherrschaft und zielt auf ihre direkte Umsetzung in weltliche Herrschaft.
Die Demokratie ist damit der optimale gesellschaftliche Rahmen für die Freiheit des Menschen in selbstständigem Denken und in Eigenverantwortung.	Die Monarchie funktioniert dabei in Machtstrukturen von Befehl und Gehorsam. "Freiheit" gibt es nur mittels totaler Unterordnung unter Gott und König.
"Ohne Gott" bedeutet dabei die Befreiung von letzter Fremdbestimmung und Bevormundung.	"Ohne Gott" sieht sich der gottglaubende Mensch verloren und untergehen in Halt- und Sinnlosigkeit.

Beide Positionen schließen sich vom Prinzip her gegenseitig aus.

In ihrer prinzipiellen Kontraposition zur Demokratie liegt das Problem der christlichen Kirche(n). Die Kirche hat Demokratie nicht erfunden, sondern immer bekämpft:

Die christliche Kirche hat über 1500 Jahre ein rein theokratisches bzw. monarchistisches Herrschaftsmodell vertreten. Sie hat während des gesamten christlichen Abendlandes und darüber hinaus von 321 bis 1919 = 1598 Jahre lang uneingeschränkt auf der Seite der herrschenden monarchistischen Macht gestanden.

Sie hat selber in ihrem eigenen politischen Handeln ob als katholische, als anglikanische oder als protestantische Kirche ein absolutistisches Herrschaftsprinzip praktiziert, mit allen Insignien einer von Gott beauftragten Macht, mit der sie selbst ihre brutalste Gewalt gedeckt hat. Noch heute ist der Vatikan der einzige monarchistische Staat in Europa. Der Stuhl Petri repräsentiert die Stellvertretung Gottes auf Erden: Er wird mit uneingeschränktem Anspruch von oben gelenkt und in päpstlicher Entscheidung (ex cathedra) als unfehlbar dargestellt.

Aber noch viel wichtiger: Gott wird in seiner Offenbarung als absolute Alleinherrschaft behauptet, die nichts anderes duldet als widerspruchslosen Gehorsam der Menschen. In der Enzyklika *VERITATIS SPLENDOR* von Johannes Paul II, die wir wiederholt angesprochen haben, ist Gott so Seite um Seite als ultimative Norm entwickelt.

Da bleibt es völlig unverständlich, wie die Bischofskonferenz der katholischen Kirche in ihrer Erklärung CHRISTLICHE VERANTWORTUNG IN VERÄNDERTER WELT[1] anlässlich der deutschen Wiedervereinigung die beiden Sätze wie selbstverständlich nebeneinander stellt:

- (1) *Wo Gott nicht erkannt wird, geht auch das Bewusstsein um die Würde und Rechte des Menschen verloren;*
- (2) *Die Demokratie ist nach unserer festen Überzeugung die dem Menschen am meisten angemessene Staatsform.*

Entweder: Sie verschleiert in (1) bewusst den theologiegeschichtlichen Hintergrund absolutistischer Gottesherrschaft,
oder: Sie hat in (2) Demokratie nicht begriffen.

[1] In: Die deutschen Bischöfe, Nr. 46 vom 27. September 1990, Sekretariat der deutschen Bischofskonferenz, Bonn. (1) = Seite 6; (2) = Seite 14.

Um von Satz (1) zu Satz (2) zu kommen, müsste sie grundsätzlich ihr christliches Gottesverständnis ändern, denn das geforderte göttliche Herrschaftsanerkenntnis in (1) = Theokratie steht völlig konträr zum säkularen Machtanspruch der Menschen in (2) = Demokratie.

Dem säkularen, demokratisch-verfassten Staat liegt ein prinzipiell verändertes Gottesverständnis zugrunde, indem er in der Verfassung das Grundrecht festgeschrieben hat, dass jeder Bürger seine ihm eigene Religion ausüben kann. Die Demokratie verzichtet also darauf, dem Bürger eine spezifische Religion abzuverlangen. Sie gibt ihm die Religion nicht nur grundsätzlich frei, sondern sie garantiert ihm sogar den Schutz für seine von ihm selbst gewählte Religion.

Dieses demokratische Recht auf freie Religionsausübung ist also zugleich das Recht auf eigene Religion. Damit wird der Anspruch nicht nur einer, sondern aller Religionen gegenüber dem säkularen Staat völlig relativiert. Jeder hat die Religion, die er für sich will, denkt, fühlt, glaubt. Ja, Religion ist gar als Projektion des Menschen zu verstehen je nach Zeit, Kultur, sozialen und wirtschaftlichen Verhältnissen. Religion ist Privatprojekt des Menschen - auch in Rousseaus Frage, wie er seine sittliche Gesinnung zur Demokratie gewinnt.

Religion als Privatsache bedeutet zugleich auch Gott als Privatsache, ist damit Ausgangspunkt für ein freies Gottesverständnis. Jedem Menschen ist zugestanden, so oder so an einen Gott zu glauben oder auch gar nicht, ganz wie er will. Jeder stellt in der Demokratie für sich selbst sein eigenes Gottesprinzip dar. Die Demokratie hebt damit alle Gottesvorstellungen auf gleiche Ebene. Die Gleichstellung nivelliert die Absolutstellung einer einzelnen Religionsgruppe oder Kirche.

Die Demokratie hebt deshalb Gott, den Zentralwert der Monarchie, für sich als Zentralwert auf, denn

so absolut Gott der christlichen Religion und speziell der katholischen Kirche ist und damit konstitutiv für ihr absolutistisches Gott- und Herrschaftsprinzip,

so relativ und pluralistisch ist Gott dem säkularen, demokratisch-verfassten Staat und damit als letztgültige Autorität irrelevant für alle notwendigen demokratischen Grundsatzentscheidungen.

(3) Demokratische Verfassung und Liberalisierung

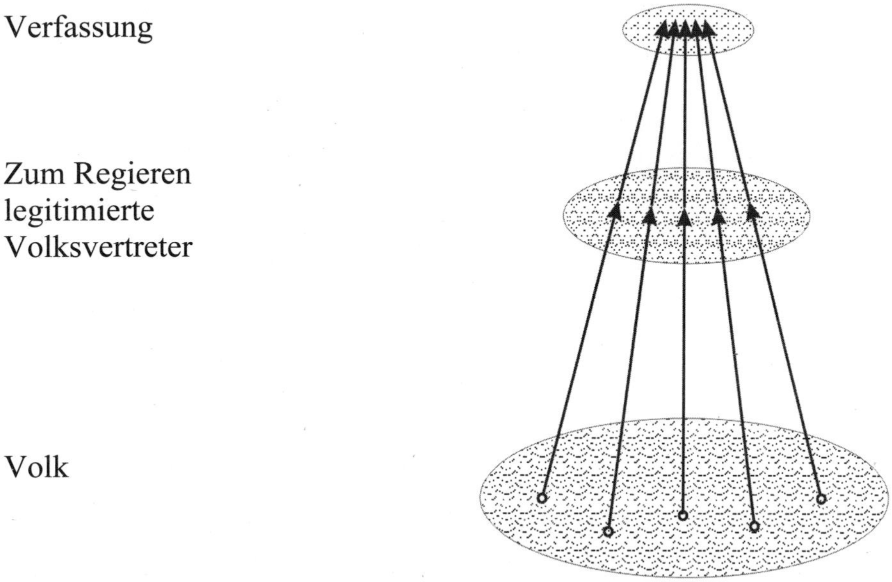

Die Verfassung ist der geltende Wille des Volkes, vom Volk her geschaffen und beschlossen. Sie beansprucht von daher volle Gültigkeit, ist aber von ihrem Wesen her dennoch nicht letztgültig.

Ein Beispiel für die menschliche Herstellung einer Verfassung:
Als November 1918 mit Wilhelm II das deutsche Kaiserreich als theokratisches Herrschaftsmodell endgültig zusammenbrach, wurden sofort für eine Republik Deutschland allgemeine Wahlen zur Nationalversammlung festgesetzt. Nach dieser Wahl kamen die gewählten Volksvertreter von Februar bis Juli 1919 im Nationaltheater in Weimar zusammen und schufen in einem intensiven Verfahrensprozess einen Verfassungstext. Am 31. Juli stimmten die Abgeordneten der fertigen Verfassung mehrheitlich zu und kehrten damit aus Weimar nach Berlin zurück. Nach Unterschrift des neu gewählten Reichspräsidenten Friedrich Ebert war die "Weimarer Verfassung" rechtsgültig und bildete so die staatsrechtliche Basis der ersten deutschen Demokratie, der "Weimarer Republik".

Ein Prozess, der sich im Grundmodell bei jeder Neubildung oder Umbildung einer Republik in abgewandelter Form wiederholt.

Eine Verfassung, selbst wenn sie rechtsgültig ist, ist prinzipiell nie end- oder gar letztgültig. Sie ist nicht abgesichert durch einen als unfehlbar behaupteten Anspruch oder ein göttliches "Ein-für- allemal".

Jede Verfassung kann jederzeit durch Mehrheitsentscheide der zuständigen Gremien verändert werden. Gründe zur Veränderung ergeben sich aus dem sozialen, speziell moralischen Wandel der Gesellschaft. Dieser Wandel im Zeitablauf und Kulturrahmen setzt die Verfassung unter Druck und bedingt ihre Erneuerung. Auch in der Geschichte der deutschen Demokratie ist die Verfassung immer wieder so verändert worden, etwa mit der rechtlichen Neubewertung der Homosexualität (der alte § 175) oder der Abtreibung (der alte § 218).

Darüber hinaus sind von Demokratie zu Demokratie die Verfassungen je eigen definiert und unterscheiden sich formal und inhaltlich voneinander durch historische Entwicklungen und soziale Konditionierungen. Wegen der jeweiligen nationalen Pluralität(en) in Zeit und Geschichte gibt es keine Einheitsverfassung. Von daher ist eine Demokratie in ihren Verfassungswerten letztlich immer relativ. Sie besitzt im Einzelnen und im Gesamten keine absolute Autorität.

Von dieser grundsätzlichen Feststellung aus erklärt sich Demokratie in ihrem Wesen als liberal, denn die Revidierbarkeit impliziert vom Prinzip her abweichende Meinung, Widerspruch, Opposition.

Die Opposition ist das konstituierende Kriterium der Demokratie. Alle geltenden Gesetze und Normen könnten, ja, müssten im Sinne der Opposition anders formuliert sein. Ihre Arbeit ist regelrecht angelegt auf die Herausarbeitung konträrer Standpunkte und Lösungen. Das bedingt Kritik, Infragestellung, Widerstand, Ausnutzung aller rechtlichen Verhinderungsmethoden von Beschlüssen gegen Minderheiten. Die radikalste Opposition spitzt sich zu in der Frage, ob die Demokratie sich durch Verfassungsbeschluss selber aufheben darf. Beinhaltet Opposition ein Verfassungsrecht zur Aufhebung der Verfassung?

Vom Verfassungsrecht der Opposition her können in der Demokratie auch ethische Grundaussagen nie end- oder gar letztgültig sein. Eine absolute Norm gibt es im demokratischen Vollzug nicht. Alles ist im Fluss. Von daher gibt es in einer Demokratie auch kein absolutes Wertesystem, weil es in der Demokratie keine absolute Autorität gibt. Ihr wäre vom demokratischen Prinzip her immer zu widersprechen.

(4) Wertedebatte: Menschenrechte contra Gottesrecht!

Letztgültigkeit der Werte - ja oder nein? Darin entscheidet sich die Wertedebatte. Das demokratische und das theokratische Prinzip stehen sich dabei diametral gegenüber. Unsere Graphik verdeutlicht die jeweiligen Grundprinzipien: Säkular demokratische Ethik, die Menschenrechte - im Gegensatz zu religiös-sittlichen Normen, das Gottesrecht.

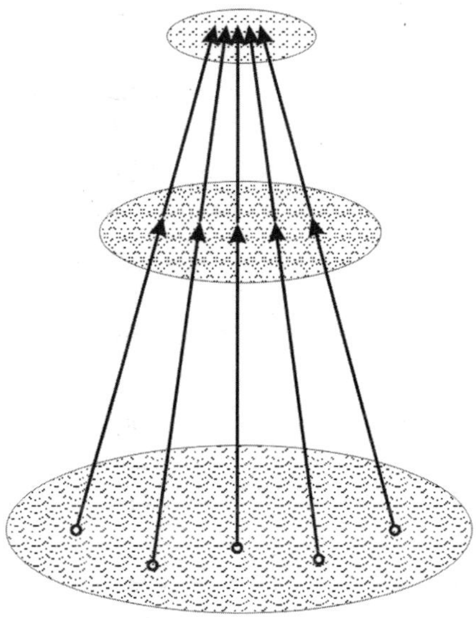

Menschenrechte

bedeutet erkenntnistheoretisch immer Festsetzung von unten aus dem Wollen der Menschen.

Alle Rechte und Gesetze sind letztlich aus gesellschaftlichen Bedingungen heraus relativ, sind wandel- und veränderbar, getragen von Ich-Verantwortung.

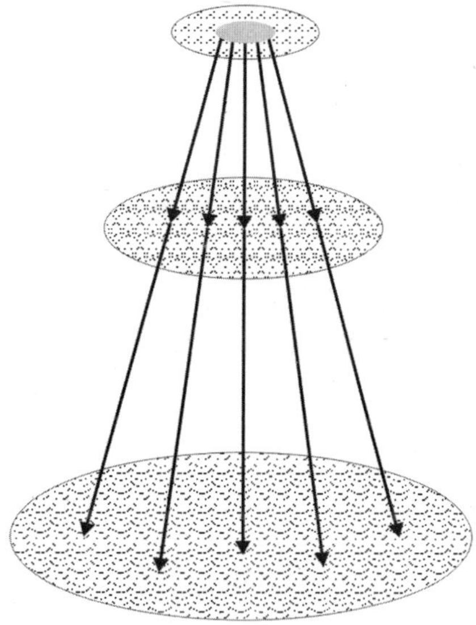

Gottesrecht

bedeutet immer Festsetzung durch den von oben offenbarten Willen Gottes.

Alle religiösen Gebote und Verbote sind letztlich aus dem Jenseits gesetzt absolut, sind statisch und unaufhebbar im Gehorsam gegenüber Gott.

Beide Prinzipien stehen völlig konträr zueinander.

Wir hatten im Zusammenhang mit Rousseau schon kurz angedeutet, dass Kant seine Ethik abzusichern versuchte mit dem Hinweis: *Wenn es Gott nicht gäbe, müsste man ihn erfinden.* Damit meinte er eine Autorität, die letzte Gültigkeit setzt. Er brauchte diese absolute Autorität, um das Volk unter sein Sittengesetz zu zwingen. Er war Preuße, und da klappte es doch mit dem (Kadaver)gehorsam am besten.

Auch Voltaire sagt man die Absicht nach, zur Absicherung der ethischen Prinzipien Gott notfalls neu erfinden zu müssen. Das tat dieser doch eigentlich große aufgeklärte Geist auch, indem er zwar die christliche Gott-Person mit unglaublicher Schärfe angriff und vernichtete, aber dennoch eine höchste Vernunft als Gott anerkannte. Voltaire war zum Ärger seiner atheistischen Freunde nie Atheist, sondern Deist. Er stellte sich Gott nicht als Person, sondern abstrakt als "prima causa" vor, als Superhirn vor aller Welt. Dieses monotheistische Axiom sicherte ihm sowohl das Beharren auf der monarchischen Staatsform, wie auch auf der Absolutheit sittlicher Normen.

Doch der rational gesetzte deistische Gott ist ein Taschenspielertrick der aufgeklärten Vernunft, so wie ein Falschspieler plötzlich bei Ansage eines "big point" ein (falsches) Ass aus dem Ärmel zieht.

Zwingender werten wir dagegen die religiöse Tradition der katholischen Kirche in ihrer langen Dogmenfolge, in der ihr zumindest ein konsequentes Behauptungsrecht zugestanden werden muss: Wenn die katholische Theologie - bewiesen oder unbewiesen - einen absoluten Gott als letztgültiges Axiom in ihrer gesamten Glaubenstradition setzt, dann muss sie allerdings mit eherner Konsequenz auch ein absolutes Wertesystem setzen:

Wenn Gott Gott ist, in dem die Allmacht, das Allwissen, die Allgegenwart geglaubt wird, dann allerdings gibt es gegen seinen absoluten Willen kein menschliches Widerspruchsrecht. Sein absoluter Wille ist nicht gegen seinen Willen zu relativieren, seine Gesetze sind nicht beliebig zu liberalisieren. Der Mensch hat zu gehorchen. Macht ist dann Monarchie als Gottesherrschaft, wie das Sittengesetz dann der absolute Wille des absoluten Gottes sein muss. Sonst wäre Gott nicht Gott.

Der säkulare demokratisch-verfasste Staat lehnt dieses Axiom eines absoluten Gottes ab, zumindest setzt er es für alle öffentlichen Angelegenheiten von Staat und Gesellschaft verfassungsmäßig außer Kraft. Er vollzieht damit nicht nur eine Trennung von Staat und Kirche, sondern vor allem auch eine Trennung von Staat und Religion.

Da die säkulare Demokratie eben nicht in Religion gründet, ist sie auch nicht vom Religionsglauben seiner Staatsbürger abhängig. Deshalb kann die säkulare Demokratie ihren Staatsbürgern auch das Recht auf freie Religionsausübung garantieren - auf Religion in welcher Form auch immer, auch auf eine Religion, die in schärfster Form an einen absoluten Gott glaubt. Gleichzeitig gibt die Demokratie ihren Bürgern frei, überhaupt nicht an Gott zu glauben. Religion ist für den säkularen Staat in jeder Form Privatsache.

Wie allem Privaten gegenüber garantiert der säkulare Staat im Rahmen seiner Verfassung auch im Bezug auf Religion

> *Liberalität* - indem dem Einzelnen möglichst wenig Einschränkungen auferlegt und notwendige Entscheidungen in die Selbstverantwortung des Individuums gelegt werden.
>
> *Pluralität* - indem die Wirklichkeit aus vielen selbstständigen Prinzipien besteht, denen kein gemeinsames absolutes Grundprinzip zugrunde liegt.

Er anerkennt damit letztlich

> *Relativität*, nämlich die Abhängigkeit des einzelnen Standpunktes von dem Erkenntnisstand des Erkennenden und damit die Einschränkung eines einzelnen Standpunktes durch einen anderen Standpunkt, und folglich
>
> *Opposition*, die Infragestellung als innere Notwendigkeit des Erkenntnisfortschritts. Das bedeutet konkret Kampf um die Richtigkeit jeder Meinung, jedes Standpunktes, jeder Entscheidung, Festlegung und Verpflichtung, jedes Wertes oder gar Wertesystems

zur immer erneuten Herstellung von Möglichkeiten, die dem einzelnen Bürger und dem Gesamten als Gesellschaft und Staat nützen.

Von hier aus beginnt der adäquate Einstieg in die Wertedebatte unserer Demokratie. Dabei wird sofort erkennbar, dass es in unserer Gesellschaft nicht, wie immer behauptet, um "Werteverlust" geht, so als hätten wir keine Werte mehr. Das ist lächerlich, weil luschig nachgedacht. Wir haben alle Werte dieser Welt. Jeder Wert - der eigenen aber auch anderer Kulturen - steht jedem frei zur Verfügung.

Es fehlt - wie schon Voltaire und Kant monierten - die absolute Legitimierung der Werte. Es ist die religiöse Autorität aufgehoben, die hinter den Werten steht: Gott. Indem der säkulare Staat vom Prinzip her keine absolute Autorität an sich anerkennt, kann er auch vom Prinzip her keinen Wert absolut setzen. Deshalb kann im demokratischen Staat keine absolute Autorität hinter dem Wertesystem stehen.

Also sind Werte letztlich relativ - auch dann, wenn der Einzelne sie als Privatperson in seinem (religiösen) Glauben für absolut hält oder eine Religionsgruppe, gar eine Kirche, sie in ihrer Moraltheologie als letztgültigen Willen Gottes festschreibt. Das mögen sie tun, das ist ihre vom Staat geschützte Privatsache. Für den Staat sind alle Werte und Normen, Gesetze und Vorschriften, Sitte und Moral Ergebnisse menschlicher Benennung, für jeden verpflichtend allein im Umfang der Festlegung innerhalb der säkular geltenden Verfassung.

Diese liberale Weltlichkeit ist eben nicht die Schwäche des säkularen Staates, sie ist die zwingende Stärke des säkularen Staates. Gerade ihre weltliche Pluralität macht sichtbar, dass ihr Wesen etwas völlig anderes ist als das Wesen der absoluten Religion, weil die Freiheit der Demokratie völlig anders ist als die Freiheit der christlichen Religion und der sie verkündigenden Kirche:

Die kirchlich-religiöse Freiheit liegt darin, dass sich der Mensch dem Willen Gottes bedingungslos unterwirft und sich dann in gehorsamer Erfüllung seiner Werte und Normen frei wissen kann von göttlicher Verfolgung und Strafe. Das nennt der Theologe Freiheit.

Die demokratische Freiheit bedeutet Freigabe aller Lebensmöglichkeiten und besteht darin, zwischen den verschiedenen Möglichkeiten wählen zu können, möglichst in bewusster Eigenverantwortung - im Rahmen der Verfassung des demokratischen Staates.

Das ist die großartige Freiheit, die die Demokratie ihren Bürgern zur Verfügung stellt, die Freiheit des demokratischen Individuums.

(5) Wir brauchen dringend einen neuen Sozialismus

Es geht hier um eine kritische Problemanzeige. Es geht also darum, überhaupt erst einmal einen Tatbestand aufzudecken. Nicht, dass dieser nicht leicht erkennbar wäre. Aber unsere Gesellschaft steht zurzeit - vordergründig politisch, hintergründig gesellschaftspolitisch - in nahezu als schicksalhaft empfundenen Reformstrukturen, die uns alternative Gedanken am liebsten versperren. Es erscheint wenig opportun, in eine andere, gar eine Gegenrichtung, zu denken. Doch gerade um diese Öffnung in eine andere Richtung - darum geht es hier in dieser kritischen Problemanzeige.

Mit der Definition der Republik vor 200 Jahren ist zwar die generelle Richtung des demokratischen Systems eindeutig als humanistisch-utilitaristisches Ziel vorgegeben, nämlich: Das Beste für die Gesamtheit des Volkes und für den einzelnen Bürger der Gesamtheit herauszuholen - natürlich im Rahmen der von der Demokratie gesetzten Verfassung. Außer dem Wohl des Volkes als Gesamtes und seiner einzelnen Bürger kann es kein höheres Ziel für das Handeln des demokratischen Staates und seiner öffentlichen Organe geben.

Allerdings ist die Bereitschaft zur Umsetzung und Ausgestaltung dieses Prinzips aufgrund der Vielzahl unterschiedlicher gesellschaftlicher Kräfte und Interessen höchst beschränkt und anfällig. Missbrauch der Demokratie droht von allen Seiten. Das liegt, wie schon Rousseau aufs Äußerste verärgert festgestellt hat, eben darin, dass sich Eigeninteressen Einzelner und ganzer Gruppen und Gesellschaftsteile gegen das Wohl des Volkes und seiner Bürger richten.

Dies beginnt damit, dass die Bürger selbst gegen den Staat handeln, indem sie zum Beispiel ihre Steuererklärung fälschen und so dem Staat zustehende Steuern entziehen. Dem Staat entstehen dadurch immense Schäden unter dem Gesichtspunkt der Leistung, die er den Bürgern als Gesamtes schuldet. Oder dass selbst profitable Wirtschaftskonzerne, die Jahrzehnte viele Vorteile vom Staat wahrgenommen haben, trickreich seine Vorschriften unterlaufen und den Staat und die Gesellschaft so ganz gezielt schädigen. Beispiele dafür ohne Ende.

In schärfster Form geschieht die Aushebelung des demokratischen Prinzips allerdings durch die Politik selbst. Die Legitimation durch demokratische Wahlen wird gezielt benutzt, um die Prinzipien der Demokratie aushebeln zu können - am stärksten in der Diktatur.

Beispiel Hitler: Hitler wurde demokratisch gewählt. Er nutzte die demokratische Legitimation, um die Demokratie aufzulösen, sich damit allen demokratischen Kontrollen und der Opposition zu entziehen und eine Alleinherrschaft, eine Diktatur, einzurichten, also: Diktatur als missbrauchte Demokratie, als Umsturz gegen das Volk und den Einzelnen im Volk gerichtet. Dies war ähnlich in den sozialistischen Volksdemokratien und droht in jenen islamischen Demokratien, in denen eine theokratische Oberschicht die reale Macht hat.

Im alten Europa ist zurzeit die Gefahr eines politisch-nationalen Umsturzes konkret sehr gering. Die demokratische Geographie der alten zentralen europäischen Länder erscheint stabil, eine Konfrontation mit monarchistischen Ideen überholt, Diktatur trotz rechtsradikaler Kräfte wenig aktuell. Seit Bestehen der neuzeitlichen Demokratien ist es gelungen, dass keine dieser Demokratien einer anderen den Krieg erklärt hat. Trotz durchaus höchst schwieriger politischer Konflikte sind immer friedliche Lösungen gefunden worden. Die säkularen Demokratien sind untereinander ihren Zielsetzungen zum Wohle ihres Staates und ihrer Bürger durchaus gerecht geworden bis hin zum generellen Zusammenschluss der EU.

Der schärfste Missbrauch unserer demokratischen Gesellschaft bahnt sich an in einer uneingeschränkten Diktatur der Wirtschaft gerade auch über die Demokratien und ihre Gesellschaften.

Es besteht die Gefahr, dass die derzeitigen Entwicklungen globalisierender Wirtschaft die demokratischen Prinzipien derart unterlaufen und letztlich ins Gegenteil verkehren, nämlich sich gegen das Volk selber richten, indem der soziale Frieden angegriffen und der angestrebte Wohlstand des Volkes außer Kraft gesetzt wird.

Entsprechend tritt in unseren Tagen an die Stelle des alten Kampfes der Demokratie gegen die Monarchie der neue Kampf der Demokratie um den Wohlstand der Bürger gegen die globale Wirtschaft.

Dazu noch einmal unsere Graphik:

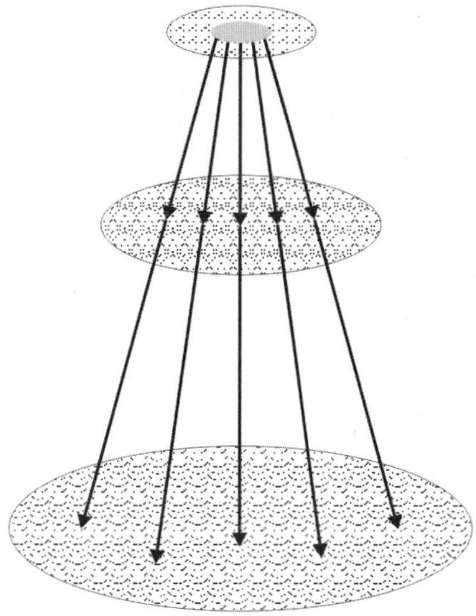

Der säkulare, demokratisch verfasste Staat

Die Demokratie handelt mit dem Volk als Souverän auf der Basis ihrer Verfassung.
Der demokratische Staat hat keine Instanz oder Gruppe mit einem übergeordneten Anspruch über sich zu dulden.
Kein Unternehmen steht über der Verfassung des Staates und darf gegen den Staat eigenmächtig handeln. Keine Wirtschaft darf von außen in den Staat so eingreifen, dass scinc nationalen Prinzipien unterlaufen werden.

Ziel des demokratischen Staates bleibt die Prosperität aller Bürger, auch die der armen Massen. Auch die Armen sind das Volk.

Freier Finanzmarkt und globalisierte Wirtschaft

Die globale Wirtschaft wirkt als neue Dimension im Staat. Sie zieht sich wie ein festgeschnürtes Netz über die Gesellschaft und bedroht mit ihren Eigengesetzen und ihren Eigeninteressen Staat und Gesellschaft.
Die Wirtschaft überschreitet die nationalen Grenzen nach Belieben in alle Richtungen und ist vom Staat nicht mehr greifbar.
Nationale Prinzipien, allzumal volkswirtschaftliyyche Strukturen, werden außer Kraft gesetzt.
Die Wirtschaft versucht Ziele und Aufgaben des Staates mit dem Profitstreben eines totalitären Kapitalismus zu dominieren.

Die Dominanzentwicklung der Wirtschaft zur Diktatur

Die freie Wirtschaft ist ganz ohne Frage eine Errungenschaft der freiheitlich-demokratischen Gesellschaft. Wirtschaftliche Liberalität ist ein wesentlicher Freiheitsbestand einer konkreten demokratischen Nationalökonomie. Die Selbstbestimmung des liberalen Bürgers gipfelt geradezu symbolisch in der liberalen Marktwirtschaft als ein sich selbst regulierendes System von Angebot und Nachfrage.

Dies allerdings nur im Einklang mit der Verfassung und in Zuordnung zu den vom Staat anerkannten Grund- und Menschenrechten. Der Staat und seine politische Repräsentanz sind und bleiben der letztgültige Garant der Rechte des Volkes gegen alle Bedrohungen von innen oder von außen - in doppelter Hinsicht:

Zum einen: Die Wohlfahrt des Volkes auch in seinen unteren Schichten bleibt verfassungsmäßig oberstes Prinzip des staatlichen Handelns. Dazu gehört die Chancengleichheit in Ausbildung und Beruf genauso wie eine angemessene Beteiligung am Bruttosozialprodukt. Der Staat hat jedem das Existenzminimum zu garantieren.

Zum anderen: Die Wirtschaft ist gegenüber dem Staat und seinen Bürgern nicht beliebig frei. Liberalität ist keine grenzenlose Freiheit. Unternehmungen sind in vielfältigen Regelungen verpflichtet, den Staat gerade auch in seiner Verantwortung gegenüber dem Bürger in angemessener Weise zu unterstützen. *Eigentum verpflichtet* bindet das Kapital unauflösbar an das Volk und die Gesellschaft.

Doch diese "freie Wirtschaft" läuft zurzeit innerhalb der demokratischen Gesellschaft aus dem Ruder. Sie setzt Prinzipien außer Kraft, die konstituierende Bestandteile der Demokratie sind. Aus zulässiger, ja, unbedingt gewollter wirtschaftlicher Liberalität entwickelt sich in rasanter Weise ein eigennütziger **totalitärer Kapitalismus.**

Die Wirtschaft vollzieht damit eine Entwicklung, die wir im rein politischen Kampf als Diktatur bezeichnen. Sie ist zwar innerhalb der Demokratie gesetzt, entzieht sich aber zunehmend der Oberhoheit des Staates und agiert dominant eigenhoheitlich.

Konkret: Die globalisierte Wirtschaft agiert zunehmend gegen den souveränen freiheitlichen Staat und seine Gesellschaft mit zwei Erzwingungsprinzipien[1]

1. Weltweit liberalisierter Finanzmarkt

Schon Karl Marx hatte herausgestellt, dass Kapital keine nationale, sondern eine internationale Größe sei. Er ahnte dabei die Abwanderung des Kapitals aus dem nationalen Rahmen voraus und damit die Bedrohung der Volkswirtschaft, speziell die der lohnabhängigen Arbeiter. Die "Internationale" war der Versuch, die Interessen der Arbeiter dem Kapital global entgegenzusetzen.

Der entscheidende Schritt zur Internationalisierung des Kapitals in unserer modernen Zeit erfolgte Mitte der siebziger Jahre durch die Freigabe der Währungsbindungen zur Liberalisierung der Finanzmärkte, das heißt: Die nationalen Grenzen der Staaten wurden für die freie Bewegung des Kapitals in der Welt aufgehoben. In dieser Entscheidung liegen dramatische Folgen für jede Volkswirtschaft.

2. Die globalisierte Produktion der Konzerne

Natürlich war Wirtschaft immer schon durch Im- und Export auf Außenhandel mit der Welt angelegt, wenngleich Wirtschaft dabei immer Handel war, der durch nationale Kontrollen wie Währung und Zölle vom Staat streng reglementiert wurde.

Der entscheidende Schritt zur Globalisierung der Wirtschaft heute erfolgte durch Freigabe der Produktion außerhalb eines festen nationalen Standortes an beliebig viele andere Standorte in unterschiedlichen Ländern. Mit der Standortfreigabe geraten die produzierenden Konzerne in weitgehende Unabhängigkeit gegenüber ihren ursprünglichen nationalen Standorten. Diese allerdings stürzen damit untereinander in einen harten Wettbewerb um die produzierenden Konzerne.

---

1 Es ist hier nicht der Ort, die äußerst umfangreiche und kontroverse Diskussion zur Globalisierung aufzudecken. Wir deuten hier deshalb mit den beiden "Erzwingungsprinzipien" nur zwei zentrale Punkte an. Wir verweisen zum Einstieg in die Gesamtthematik auf die Ausgabe SPIEGEL SPEZIAL; NR 7, 2005. SPIEGEL-SERIE: Globalisierung. Die Neue Welt.

Aus 1 und 2 ergeben sich folgende Entwicklungen:

1. Das internationale Kapital zielt auf Gewinnmaximierung speziell durch Kapitalanlagen in Aktien. Riesige Kapitalmengen "vagabundieren" durch die Welt und suchen lukrative Anlagemöglichkeiten. Der Kapitaleinsatz erfolgt, völlig bindungsindifferent gegenüber den Standortländern, nur an die Konzerne innerhalb der Länder. Deshalb besteht in einem speziellen Staat auch nur so lange Präsenzinteresse, wie dort die Konzerne prosperieren und vom Staat optimale Voraussetzungen für Investitionen bereitgestellt werden. Ansonsten zieht das Kapital aus dem Staat aus "zur nächsten Beutestelle weiter".

2. Zur Verstärkung der Rendite zielt das Kapital auf Kostensenkung in den Unternehmen, speziell auf Senkung der Personal- und Arbeitskosten. Für das Kapital sind Arbeitsplätze kein volkswirtschaftliches, sondern ausschließlich ein betriebswirtschaftliches Problem. Regel: Sinken die Arbeitskosten, können also ordentlich Mitarbeiter entlassen oder zu wesentlich niedrigeren Löhnen beschäftigt werden, steigt damit (fast immer automatisch) der Aktienkurs. Allein in unbegrenzter Profitgier liegt das Interesse des Kapitals.

3. Dieser betriebswirtschaftliche Kapitaldruck hat für die Staaten, die ein hohes Leistungsniveau haben, volkswirtschaftlich verheerende Wirkungen. Unter dem Konkurrenzdruck von Billigländern bricht ihr Arbeitsmarkt zusammen und damit die innere Stabilität ihrer Gesamtwirtschaftslage. Eine notwendige schrittweise Annäherung nach unten an Billiglohnniveau zerstört zwangsläufig die soziale Balance im Staat (unsere Politik spricht hier von "sozialer Gerechtigkeit") und fordert einen enormen Steuereinsatz zur sozialen Sicherung der Arbeitslosen(familien) vor Absturz unter die Armutsgrenze.

Verstärkt wird die Finanzlast für den Staat nicht allein durch Steuerverluste aus dem Arbeitsmarkt, sondern durch steigende Steuervorteile für die Konzerne. Sie können ihre weltweiten Aufwendungen in dem Land absetzen, wo die Steuern am höchsten sind. Beispiel BMW: BMW zahlte 1988 etwa 545 Millionen Mark an deutsche Finanzämter, 1992 noch 31 Millionen. 1993 erhielten sie trotz steigender Gewinne vom Fiskus 32 Millionen rückerstattet. Ersparnis zwischen 1989 und 1993 über 1 Milliarde Mark an Abgaben an den deutschen Staat. Sie konnten dabei sogar die Standortverlagerung ihrer Produktion ins Ausland absetzen - auf Kosten des deutschen Steuerzahlers!

4. In der Gesamtentwicklung der Globalisierung liegt der dramatische Angriff des Kapitals auf die Gesellschaft speziell in der Zerstörung des Mittelstandes[1] - in doppelter Spitze:

4.1 Wo bisher kein Mittelstand war, in all den Ländern also, in denen immer schon ein scharfer Gegensatz zwischen Arm und Reich bestand, wird es auch in Zukunft keinen Mittelstand und damit keinen sich entwickelnden Wohlstand geben. Beispiele südostasiatischer Länder zeigen, dass sich dort nach Einbruch der Globalisierung die Schicht der Armen wesentlich vergrößert hat und die Armen noch ärmer geworden sind. Eine Vereisung im sozialen Niedrigststand.

4.2 Wo es bisher in reichen Ländern aufgrund eines gewachsenen Wohlstandes einen starken Mittelstand gab und gibt, wird dieser immer stärker abschmelzen und infolge davon die Armutsschicht zwangsweise gewaltig anwachsen. Mit dem Abbau des Mittelstandes gibt es weltweit eine Niveauannäherung an jene Länder, die bisher mit einer stark verarmten Volksmasse leben mussten. Zugleich steht dagegen eine schmale aber in sich stark wachsende Schicht der Reichen und der Superreichen, die von den Profitmechanismen des Kapitals in der Globalisierung in horrenden Zuwachsraten selbstherrlich leben.

5. Mit dem Finanzkapital und den Produktionsmitteln haben die Kapitaleigner innerhalb der Globalisierung alle Machtmittel nicht nur gegen die Völker, sondern auch gegen die Staaten fest in der Hand:

5.1 Das Volk in sich verliert zunehmend alle erkämpften Rechte im Arbeits- und Sozialbereich, weil es nicht einmal eine internationale Vertretung seiner berechtigten Interessen gibt. Je globalisierter die Wirtschaft in ihrer Kapitalmacht wird, desto stärker provinzialisiert, ja, lokalisiert sich die Arbeiterschaft durch den Wertverlust ihrer Arbeitskraft. Sie wird zerschlagen. Sie schrumpft in ihrem Selbstwert materiell, aber auch institutionell auf ein "immer weniger" zusammen.

---

1 Dazu besonders:
Hans-Peter Martin / Harald Schumann, Die Globalisierungsfalle. Der Angriff auf Demokratie und Wohlstand, Reinbek 1996 / 2005 11. Auflage. Hieraus (Seite 271) stammt unser BMW-Beispiel auf Seite 458.
Huschmand Sabet, Globale Maßlosigkeit. Der (un)aufhaltbare Zusammenbruch des weltweiten Mittelstands, Düsseldorf 2005.

5.2 Der (deutsche) Staat erweist sich schon jetzt als (nahezu) entmachtet. Er erscheint unfähig, gemäß seinen Verfassungsaufgaben die Rahmenbedingungen für soziale Gerechtigkeit im Land herzustellen. Schon jetzt - um nur ein Beispiel zu nennen - leben in Deutschland 2,5 Millionen Kinder unterhalb der Armutsgrenze und damit in schwer benachteiligter Lebenssituation. In allen Sozialbereichen brechen die Systeme zusammen unter immer lauterem Geächze der Groß-Kapitalisten bei steigenden Gewinnen. Ihre primitive Parole heißt: *Natürlich machen wir Gewinne, aber doch noch lange nicht genug.* Der Staat ist ihrem Gestöhne durch immer neue Zugeständnisse ergeben - und überhört zunehmend das Weinen verarmender Volksmassen.

Einer der kapitalen Fehler war die vorschnelle Aufgabe der Rechte des nationalen Staates an der Globalisierung der Wirtschaft. Jeder clevere Konzern hätte sich rechtzeitig an einer lukrativen Wirtschaftsentwicklung Anteile garantieren lassen, so dass für ihn ein dauerhafter Gewinn gewährleistet gewesen wäre. Wie auch immer die Beteiligungsrechte ausgesehen hätten - zumindest hätte ein deutlicher Teil des abfließenden Kapitals für die nationale Volkswirtschaft positiv genutzt werden müssen. Die nahezu bedingungslose Preisgabe der Globalisierungsrechte an den privaten Finanz- und Kapitalmarkt erweist sich heute für Staat und Gesellschaft als höchst fahrlässig.

Doch die Globalisierung - so sagen die Experten - lasse sich gar nicht mehr zurückdrehen und meinen damit, dass der Staat und mit ihm das Volk dabei ihre Chancen auf Zukunft längst verspielt hätten. Allerdings nehmen zurzeit die Kräfte stark zu, die eine Umkehr, wenigstens aber eine Abkehr von einer bedingungslosen Weltwirtschaftsexpansion für unbedingt nötig halten. Die Globalisierung scheint im Blick auf die Nationalstaaten in einer deutlichen Krise.

Von daher schätzen wir das harte Vorgehen Putins als Präsident Russlands gegen einen russischen Gasmagnaten und seinen vom ihm entwicketen Großunternehmen anders ein als allgemein üblich. Er ist in kürzester Zeit zu einem riesigen Wirtschaftsgiganten mit exorbitanten Gewinnen geworden, eine Wirtschaftsmacht in einem Land, das in weiten Teilen unter der Elendsgrenze lebt. Dieser Kontrast zwischen galoppierendem Reichtum und zunehmender Verarmung auf unter-stem Niveau i n e i n e r Volkswirtschaft ist die Provokation: Die maßlose Bereicherung gegen Ausbeutung ohne Ende.

Putins Handeln ist eine Demonstration, dass dieser Wirtschaftsgigantismus nicht gegen Staat und Volk Recht sein darf, selbst wenn das Heer der Rechtsvertreter mit allen juristischen Tricks die ökonomierechtliche Ordnungsmäßigkeit nachweisen könnte. Nicht um sophistische Details geht es. Es geht um das grundsätzliche Verfassungsrecht, das Putin vom Staat her mutig gegen die Wirtschaft neu interpretiert und durchgesetzt hat: Kein Unternehmen kann und darf in seinen Interessen über, gar gegen die Interessen des Volkes stehen.

Es ist an der derzeitigen kapitalistischen Struktur der Globalisierung nichts Positives zu erkennen!

Wir sagen nicht:
Es ist generell nichts Positives an der Globalisierung zu erkennen.

Wir sagen
An der Globalisierung, wie sie in der Großwirtschaft in geradezu totalitärer Form einseitig zugunsten einer kleinen Menschheitsschicht, den Kapitaleignern, genutzt wird, ist nichts Positives:

10 Prozent der Menschheit verfügen über 90 % des Kapitals auf der Welt, 90 Prozent der Menschheit leben also von nur 5 % des Kapitals auf der Welt - und die Schere wird zunehmend noch größer.

In vielen Ländern Asiens und Afrikas verdient ein einfacher Arbeiter etwa zwischen 38 und 50 Euro-Cent pro Tag! Selbst in besser gestellten Ländern sinkt das unterste Einkommen ständig ab.

Da ganz allein liegt das Problem:
In der Menschen ausbeutenden Habgier des totalitären Kapitalismus.

Er ist Diktatur gegen Staat, Gesellschaft und Volk.

Er ist ohne eigene Ethik und Verantwortung
gegenüber Arbeitnehmern und Arbeitslosen.

Er ist das radikale Gegenteil von dem, was im Abendland von großen Denkern zugunsten eines menschlichen Lebens gedacht worden ist.

Er ist eine Schande für die abendländische Humanität.

Was verändert sich wirklich,

- wenn eine große Bank zusammenbricht oder
- wenn ein großer Konzern zusammenbricht?

Im schlechten Fall werden die Bank oder der Konzern zur Beute einer noch größeren Bank, eines noch größeren Konzerns. Das führt dann zum Aufbau von noch mehr Kapital- und Produktionsmacht. Es setzt mit Sicherheit wieder Massen von Arbeitsplätzen frei, verlagert die Produktionsstätten, Kosten werden auf den "zugeständigsten" Staat abgewälzt. Der übliche Kapitalkannibalismus.

Im guten Fall zerbricht die Großstruktur in kleinere Strukturen, Es entstehen mehrere kleinere Unternehmungen, deren jeweils neue Größe der Bedarf des Marktes bestimmt. Die Produktionspalette wird spezifiziert. Entsprechend werden neue Mitarbeiter eingestellt. Die Auflösung von Globalstrukturen und der Rückbau auf spezifische Marktsituationen bergen volkswirtschaftlich gerade für den nationalen Bereich große Vorteile, weil mittelständische Unternehmen eine viel größere nationale Bindung entwickeln.

Konkret bedeutet das zugleich:

1. Der Anstieg des Reichtums in eine kleine privilegierte (Welt)Spitze hinein verlangsamt sich.

2. Die Verarmung der Masse wird durch Ausbau nationaler und darunter regionaler und lokaler Unternehmen abgebremst.

3. Der Staat gewinnt Handlungsspielraum zurück.
   Beispiel: Nicht Siemens weltweit oder irgendein anderer Global-player baut in China den neuen Transrapid. China mit seiner nationalen Industrie baut selbst das neue lukrative Projekt. Siemens geht nach Hause.

Der nationale Staat also handelt. Das Beispiel ist nicht deshalb schlecht, weil es von einem immer noch totalitären Staat praktiziert wird. Das Beispiel ist deshalb gut, weil es von jeder dynamischen Demokratie selber praktiziert werden könnte und müsste.

Wenn wir von radikaler Veränderung sprechen, rufen wir nicht nach Revolution. Die Situation bei Marx damals war eine grundsätzlich andere: Es gab im (welt)politischen Handeln keine stabilen demokratischen Rahmenbedingungen.

Wir berufen uns allein auf die demokratische Verfassung, die in Verbindung mit den Grund- und Menschenrechten in der Verpflichtung gegenüber dem Volk und dem Einzelnen nahezu überall den gleichen Auftrag an den Staat formuliert:

1. Der demokratische Staat steht über der Wirtschaft.
Er hat den Primat gegenüber allen ökonomischen Unternehmungen. Natürlich nicht im konkreten Geschäft der freien Wirtschaft. Dort sind sie im Rahmen von Vorgaben völlig frei. Aber gebunden sind sie an den nationalökonomischen Grundsatz: Kein Unternehmen kann und darf in seinen Interessen über den Interessen des Volkes stehen.

2. Nicht die Wirtschaft bestimmt, wohin sich die Gesellschaft entwickeln soll.
Die Gesellschaft ist letztlich in all ihren Kräften für ihre Entwicklung allein verantwortlich. Sie ist als Volk der Souverän in allen Bereichen. Sie bestimmt auch die inneren Zielsetzungen. Die Wirtschaft kann im harten Controlling der Gesellschaft vorrechnen, was finanziell geht oder nicht geht. Gerade damit aber ist sie nicht Chef der Gesellschaft.

3. Wir brauchen dringend die Rückgewinnung der Humanität als zentralen Gesellschaftswert.
Sozialismus ist die Verteidigung der Humanität innerhalb des kapitalistischen Systems! Das Abendland verteidigt mit der "humanitas" den Grundwert seiner gesamten geistesgeschichtlichen Herkunft. Als solcher ist der abendländische Humanismus keine Handelsware der globalisierten Ökonomie. Sozialismus aus dem Geist des Humanismus heraus darf nie bereit sein, sich dem totalitären Kapitalismus zum Opfer zu bringen.

4. Die Philosophen müssen laut vordenken.
Das ist die Umkehr des Marxschen Ansatzes, *die Philosophen müssten verändernd h a n d e l n.* Die Philosophen müssen für die Gesellschaft *verändernd d e n k e n.* Sie sitzen lahm und satt in ihren Pfründen, gut in Deckung, damit ihnen nur nichts passiert. Sie geben keinen einzigen kritischen Satz von sich, als koste sie der schon das Leben.

5. Wo bleibt der Aufschrei? Der Protest? Der Widerstand?
Natürlich ist unsere alte Generation bestens durchgekommen. Wir und vor allem unsere Politiker, die doch letztlich für die dramatischen Zukunftsentwicklungen Verantwortung tragen, sitzen alle in wohlbeleibten Renten. Alles Ehrenmänner. Unsere Kinder aber sind die bedrohte Generation! Sie wissen noch gar nicht, in welche Zusammenbrüche hinein sie von uns entlassen werden.

Wir, vor allem aber das junge Volk, muss sich die erkämpften demokratischen und sozialen Rechte zurückerobern! Es muss selber kämpfen. Es muss seinen Staat herausfordern. Aufklärung tut Not, um Widerstand leisten zu können.

Denn ohne Widerstand wird alles noch viel schlimmer, weil zu befürchten ist, dass der bedingungslose Kapitalismus gerade die jungen Menschen so fest im Griff hat, dass sie gar nicht mehr zur Notwehr fähig sind: In dieser Grundhaltung droht ihnen in unserer Gesellschaft selbst der Verlust elementarer Grund- und Menschenrechte. Ohne Widerstand versinken sie stillschweigend in immer tiefere Isolation. Wer spricht von den verelendeten Menschen in Afrika, in Asien, in Südamerika, wer von denen in Russland und den USA?

Die Einzigen, die sich regen, sind die Religiösen.
Sie versuchen wieder einmal mit allen Mitteln, den Menschen klarzumachen, dass das eigentliche Heil des Menschen im Jenseits liegt und auf gar keinen Fall im Diesseitigen hier.

In der Wüste kreisen über einem sterbenden Tier die Geier. Am Himmel kreisende Geier sind dem Landschaftskenner immer ein Zeichen dafür, dass auf der Erde Leben zu Ende zu gehen droht.

Je intensiver die Religionen in der Welt auftreten, desto deutlicher sind auch sie Zeichen dafür, dass auf der Erde Leben in Verhältnissen abläuft, in denen immer mehr Menschen sich bedroht fühlen, Angst haben, immer verzweifelter um ihre Existenz kämpfen müssen, keine Hoffnung, kein Vertrauen in ihre irdische Zukunft haben.

Viele Menschen folgen den religiösen Versprechungen des Islam, des Christentums wie lange nicht. Gerade auch viele junge Menschen. Es mag ein deutliches Zeichen dafür sein, dass ihre Entfremdung von dieser kapitalistischen Welt schon ganz weit fortgeschritten ist ….

5.2. Das Versagen des politischen Atheismus im 20. Jahrhundert und seine Neubestimmung

(1) Eine Grundsatzkritik

"Das 21. Jahrhundert wird ein religiöses Zeitalter"

Mit dem Roman *LA CONDITION HUMAINE* - SO LEBT DER MENSCH[1] von 1933 hat André Malraux seinen literarischen Weltruhm begründet. In ihm beschreibt er, der bedeutende französische Romancier, Philosoph und spätere Politiker, die kommunistische Revolution der Russen in China 1927.

Malraux selbst war am kommunistischen Umsturz Chinas auf der Seite der russischen Revolutionäre beteiligt. Er hatte 1925 am Kantonkrieg teilgenommen und war bis 1927 kommunistischer Propagandakommissar der revolutionären Südregierung, getrieben von der idealistischen Vorstellung, mit der Durchsetzung des Sozialismus die Menschheit aus jahrhundertelanger Unterdrückung zu befreien.

Mitten in dieser russischen China-Revolution nach dem Vorbild der bolschewistischen Revolution im zaristischen Russland 1917 vollzog sich die national-chinesische Konterrevolution Chiang-Kai-sheks: Er brach dabei seinen Pakt mit den verbündeten Kommunisten. Als Stalin dagegen zur Aufstellung eigener kommunistischer Verbände sowie zur kommunistischen Machtübernahme aufrief, kam es zur Kommunistenverfolgung. In Shanghai und Nanking richteten die Nationalchinesen unter den russischen Kommunisten und den von ihnen kontrollierten Arbeiterorganisationen ein brutales Massaker an.

---

[1] André Malraux, So lebt der Mensch, Stuttgart 1955.

Für den Revolutionär Malraux brach damit eine Welt zusammen, in seinem Roman ablesbar an dem tragischen Schicksal einer Handvoll Einzelkämpfer, die mit fast heiligem Eifer für die Ideale der kommunistischen Revolution gekämpft hatten.

Menschlich erschütternd verdichtet Malraux in seinem Roman das ganz entsetzliche Massenelend des Kampfes und Zusammenbruchs Shanghais so, dass es sich in dem tragischen Leiden der Revolutionäre widerspiegelt. Im Schicksal der Einzelkämpfer, die mit ihren menschlichen Idealen und Hoffnungen der Revolution bis in alle Schrecken des Todes zusammenbrechen, wird die generelle Leidenstragödie der Massen in ihrer Sinn- und Hoffnungslosigkeit transparent: Künstlerisch faszinierend gestaltet: Der Untergang der Revolutionäre ist symbolisch zugleich der Untergang der Massen.

Auf diesem historisch konkreten Hintergrund entstand Malraux´ berühmte These: "Das 21. Jahrhundert wird ein religiöses Zeitalter". Das war seinerzeit eine unglaubliche Behauptung, denn von damals bis weit in das 20. Jahrhundert hinein herrschte allerorts die Vorstellung, dass die Religionen einschließlich des Christentums abgewirtschaftet hätten und die Zukunft der Welt unter der zunehmenden Kontrolle rationaler Politik stehe.

Dagegen Malraux´ Religionsprophezeiung. Sie erklärt sich, je stärker man sie mit mehreren Gedankenzügen in die Theorie der Gesellschaftsveränderung von Karl Marx einbindet. Ja, diese These erweist sich dann sogar als die im 20. Jahrhundert weitsichtigste kritische Analyse des Kommunismus überhaupt.

Karl Marx hatte schon früh in seinen 11 THESEN GEGEN FEUERBACH[1] seine Theorie von der notwendigen Veränderung der Gesellschaft eng mit seiner Kritik an der Religion verbunden. Gesellschaftsveränderung gerade auch in ihrer schärfsten Form als Revolution gewinnt ihren geschichtlichen Sinn darin, dass es auf Zukunft den nachfolgenden Menschen in einer klassenlosen Gesellschaft einmal grundsätzlich besser gehen werde als den Menschen im Elend jetzt. Die zukünftige bessere Gesellschaft als jetzige Kampfmotivation, als Antrieb, aus dem Elend herauszukommen.

---

[1] Dazu unsere ausführliche Darstellung oben Seite 307 ff.

In dieser politischen Motivations- und Zielsetzung spielt die Marxsche Religionskritik eine entscheidende Rolle, indem sie die Religion als eine Kraft entlarvt, die diese Veränderung der Gesellschaft von Grund auf verhindert. Die Religion mit ihren Versprechungen des *besseren Lebens im Himmel* hält die Menschen davon ab, das *bessere Leben hier auf Erden* einzufordern und zu erkämpfen. Ja, Menschen sind in und durch ihre Religiosität bereit, hier auf Erden mehr zu leiden und zu erdulden, um dort im Himmel umso größeres Glück zu erfahren. Die Religion ist so Opium für das Volk. Individuelles und kollektives Bewusstsein sind vernebelt mit Illusionen und Unwirklichem. Die Menschen entziehen sich so dem Realen, werden unfähig, angesichts des wirklichen Lebens selbstverantwortlich zu handeln.

In dem berühmten Gespräch zwischen Rosa Luxemburg und Leo Trotzki auf der Bahnfahrt von Moskau nach Berlin stritten beide um die Durchsetzung eines Religionsverbotes. Die Position auf der einen Seite war, dass man dem Volk mit der Revolution die Religion per generellem Verbot sofort nehmen müsse, um sie zum Kampf um eine bessere Gesellschaft zu zwingen; nur wenn das Volk sein Elend wirklich krass erkennt, sei es bereit, gegen diese verelendenden Verhältnisse zu kämpfen. Die Position auf der anderen Seite war, dass man dem Volk aus Mitleid zunächst einmal seine Religion lassen müsse, bis sich die Gesellschaft so positiv verändert habe, dass sich dann die Religion gleichsam von selber erledige.

Beider Meinung war schließlich eindeutig: Die Revolution muss das Volk durch Verbot der Religion zum radikalen weltlichen Handeln zwingen. Nur wenn dem Menschen die Flucht ins Jenseits radikal genommen wird, erfährt er das Elend dieser Welt in ganzer Tragweite, begreift er die völlige Verlorenheit real und setzt sich mit aller Kraft für die notwendige Befreiung ein. Das Verbot der Religion wäre dann sogar die tief reichendste Maßnahme, den Menschen in ein radikales Kontra zu den bestehenden Verhältnissen zu zwingen.

Von daher war die kommunistische Revolution geprägt durch einen elementaren politischen Atheismus. Mit dem Religionsverbot wurde Religionsausübung im Kommunismus aktiv verfolgt und bestraft. Die befreite Zielgesellschaft konnte nur atheistisch sein. Die Religion und ihre Vertreter, das christliche Bürgertum genauso wie das russisch-orthodoxe Zarentum, galten als schärfste Gegner.

Von daher Malraux′ Umkehrschluss: *Das 21. Jahrhundert wird ein religiöses Zeitalter*. Er resultierte aus seinen politischen Erfahrungen 1927 in China und spitzte sich zu in der grundsätzlichen Frage: Was passiert, wenn die Revolution scheitert und die erhoffte radikale Gesellschaftsveränderung zusammenbricht, wenn also das alles nicht an das Ziel kommt, was der theoretische Kommunismus den Menschen lautstark verspricht? Hinter Malraux′ Religionsthese stand damals schon die dramatische Vision, die kommunistische Revolution könnte - wie in Schanghai 1927 - nicht gelingen. Und was dann?

Malraux′ These propagiert eine radikale Konsequenz: Dann werden die enttäuschten und verzweifelten Massen in die alten religiösen Vorstellungen und Verhältnisse zurückstürzen. Sie werden gar nicht anders können. Ihr Zwang zur Religion wird schlimmer sein als je zuvor, denn jetzt wissen die Menschen, dass sie keine Rettung in konkreten gesellschaftlichen Veränderungen finden. Also bleibt ihnen in ihrer politischen Verzweiflung, in Hoffnungs- und Sinnlosigkeit nur die eine Möglichkeit, mit noch tieferer religiöser Illusion in himmlische Versprechungen zu fliehen.

Malraux selber ist aus seinem eigenen Zusammenbruch in der kommunistischen Revolution in China 1927 nicht in die Religion zurückgestürzt, oder? Malraux rettete sich in die Kunst. Die Kunst, sagt er, habe die großartige Fähigkeit, dem Menschen seine Größe zu zeigen, nämlich dass der Mensch als Individuum etwas Einmaliges sei. Für ihn selber wird die Kunst so zu einer neuen Seinserfahrung. Statt Himmel künstlerische Ästhetik. Schon eine Art Religionsersatz.

Für die breiten Massen ist das kein Weg. In der Rückkehr der Religion aber sah Malraux die Massenpsychose der vom Kommunismus Enttäuschten. Dabei ahnte er noch nichts von der Übertragbarkeit seiner These auf andere Kulturen, nichts vom Wiederaufleben des Islam in den armen arabischen Massen und ihrer Mobilisierung im weltpolitischen Geschehen.

Dennoch bleibt ihm die visionäre Vorausschau: *Das nachfolgende 21. Jahrhundert wird ein religiöses Zeitalter* als eine prinzipielle Antwort auf das allgemeine Scheitern des atheistischen Kommunismus und mit ihm des politischen Atheismus.

(2) Das Scheitern des politischen Atheismus und seine weltweite Diskriminierung im Zusammenbruch der UDSSR

Seit 1990 vollzog sich der Zusammenbruch der Sowjetunion in kürzester Zeit. Am 11. März 1990 erklärte Litauen seine Unabhängigkeit und damit seinen Austritt aus der UDSSR und sich selbst zur eigenständigen Nation. Am 12. Juni 1991 erklärte sich die neue "Russische Föderation" gegenüber der UDSSR als souverän und wählte Boris Jelzin zum Präsidenten des neuen Nationalstaates Russland. Es folgte Jelzins dramatischer Kampf um die Durchsetzung dieser Position gegen Michael Gorbatschow als Präsident der Union der Sowjetrepubliken (UDSSR). Jelzin gewann. Daraufhin brach die Sowjetunion zusammen: Nahezu alle ehemaligen Sowjetrepubliken wurden zu neuen Nationalstaaten mit eigener Machthoheit. Mit Gorbatschows Rücktritt wurde auch diese Machtposition liquidiert. Die Sowjetunion hörte gänzlich auf zu existieren.

Die Auflösung der UDSSR bedeutete die Aufhebung der "Balance of Power" mit den USA. Seit dem zweiten Weltkrieg zunehmend bestand ein Kräftegleichgewicht der Großmächte durch ständiges atomares Aufrüsten mit immer neuen Raketensystemen. Das politische Prinzip dabei lag in der Drohung: Der atomare Rückschlag löst die gleiche verheerende Wirkung aus wie der atomare Erstschlag. Diese Atombombenpolitik bedeutete zwar ein extrem hohes Risiko, bewirkte aber praktisch zugleich eine Ruhigstellung der Großmächte gegeneinander mit Konfliktvermeidung im Letzten. Auch die Bündnispartner wagten innerhalb und außerhalb des jeweiligen Bündnissystems keinen ernsthaften Widerspruch, der Spielraum für Extratouren war äußerst eng.

Der Zusammenbruch der UDSSR schuf ein machtpolitisches Vakuum, denn eine Seite der "Balance of Power" fiel ersatzlos weg. Der Kalte Krieg zwischen den USA und der UDSSR hatte sich damit nach nahezu 40 Jahren Hochspannung pro Westen entschieden. Allerdings war es dabei ja zu keiner bewaffneten Auseinandersetzung gekommen. Deshalb konnte der Zusammenbruch der UDSSR nun vor allem verstanden werden als Zusammenbruch des ideologischen Systems in sich, also als geistiges Ende des Kommunismus. Der Sieg über die sozialistische Ideologie rückte stark in den Vordergrund.

In diesem geistigen Zusammenbruch der sozialistischen Theorie lag zugleich das Scheitern des politischen Atheismus. Der Atheismus war ein wesentlicher Bestandteil des kommunistischen Systems gewesen, war aggressiv in das Volk hineingetragen worden. Gerade weil er mit Androhung scharfer Repressionen in das persönliche Bewusstsein eingedrungen war, wirkte er im Volk besonders belastend.

Mit dem Niedergang der Sowjetunion galt gerade auch der politische Atheismus wie die ihn tragende Macht als ein besiegtes geistiges System. Beider Scheitern bewirkte ihre Auflösung in doppelter Folge:

Zuerst das Wiedererstarken der Religion in Russland: Gebannt schaute die Welt schon im Juni 1988 auf Moskau und bestaunte die Renaissance der russisch-orthodoxen Kirche anlässlich der offiziellen Feierlichkeiten zum 1000 jährigen Jubiläum der Christianisierung Russlands. Nach Jahrzehnten der Unterdrückung rückte die Religion mit pompöser Kultpräsentation aus dem Untergrund in die grelle Öffentlichkeit vor.

Das traf nicht nur die russische Seele, denn der Rücklauf der Russen in die Kirche war seitdem immens. Es traf den politischen Nerv: Das atheistische Zentrum der Welt im Glanze mystisch-religiöser Glorifizierung - und der neue russische Machthaber an der Seite des zelebrierenden Metropoliten signalisierte den Sieg der Religion.

Zum anderen geriet der kommunistische Atheismus weltweit immer stärker in politische Isolierung. Gerade die Länder des Islam erkannten die Chance religiöser Freisetzung. So manifestierte sich vor allem die Südgrenze Russlands schnell zur Kultur- und Religionsgrenze. Auch alle anderen Staaten, die ehemals unter sowjetischer Oberhoheit standen, entwichen in ihre kulturell-religiöse Eigenständigkeit, in der sie ihre neue nationale Identität zu finden suchten. Auf altem Kurs blieben nur China, Nordkorea und Kuba.

Von daher wurde seine kommunistische Vergangenheit weltweit zur äußersten Belastung für den politischen Atheismus. Mit der Vergangenheit schien beweisbar zu sein, dass der politische Atheismus nicht nur unfähig zur Lösung von Weltproblemen war, sondern überhaupt eine verwerfliche Welteinstellung.

Was André Malraux schon lange vorher erkannt hatte: Dieser Zusammenbruch lag von Anfang an in der Art der historischen Disposition des politischen Atheismus und seiner konkreten Anwendung, nämlich in seiner Bindung an drei dem Atheismus grundsätzlich artfremden Elementen:

a) Die historische Bindung des politischen Atheismus an das Proletariat

Es rettet uns kein höheres Wesen, kein Gott ... singen die Proletarier in der "Internationalen" weltweit mit Inbrunst. Das definiert expressis verbis keinen Atheismus, vielmehr nur die Abwesenheit Gottes bei den Proletariern. Aber darüber hinaus hat sich aus dem dialektischen Materialismus des Marxismus-Leninismus natürlich der Atheismus im Volk tief eingeprägt.

Gegen die atheistischen Proletarier standen alle Nicht-Proletarier zwangsläufig in Feindschaft,

- zum einen der christlich-bürgerliche Block. Sie waren völlig von ihrer religiösen Disposition her gegen den Atheismus versperrt. Dazu standen sie als Inhaber der konstitutionellen Macht gegen jeden revolutionären Gedanken;

- zum anderen der Block der Liberalen. Eigentlich stand der Liberalismus dem Atheismus sehr nahe. Beide waren fest etabliert in weiten Kreisen der Naturwissenschaftler. Um Erich Haeckel herum, den anerkannten Biologen in Darwins Nachfolge, hatte sich eine antireligiöse, monistische Ideologie mit starker Anhängerschaft gebildet. Aber auch die Liberalen waren gesellschaftlich fest etabliert und damit versperrt gegen jeden politischen Umbruch, zumal sie weitgehend Nutznießer der industriellen Wirtschaftsentwicklung waren.

So fand der kommunistische Atheismus in seiner einseitigen Bindung an das Proletariat kaum gesellschaftlichen Zugang, sondern war von Anfang an als gesellschaftsunfähig diskreditiert und ist es in dieser Weise bis in unsere Zeit hinein geblieben. Der Atheist ist - speziell in Amerika, aber auch weitgehend in Deutschland - als Kommunist verdächtigt, ein outcast.

b) Die historische Bindung des politischen Atheismus an Gewaltherrschaft

Die einseitige Indienstnahme durch den politischen Kommunismus hatte für den Atheismus weltpolitisch schwere Folgen, denn er wurde mitgerissen auf einen verheerenden Weg.

Der begann damit, dass die Parlamente den Kommunisten und Sozialisten als Basis ihrer utopischen Gesellschaftsveränderung praktisch versperrt blieben. Zwar erreichte die Sozialistische Arbeiterpartei Deutschlands nach ihrer Gründung 1875 bei der Reichstagswahl 1877 erste Stimmenerfolge, doch damit war sie von ihren Zielen endlos weit entfernt. Trotz ihrer demokratischen Ausrichtung liefen sich vom Stimmenpotential her ihre Ziele über die Parlamente eher fest.

Deshalb suchte der Kommunismus aus dieser Versperrung nach Auswegen in effektive Handlungsfelder und erkannte die Chance der Umsetzung seiner Ideen im zaristischen Russland. Zur Führungsgestalt auf diesem russischen Weg wurde Wladimir Lenin.

Zur historischen Wirklichkeit dieses russischen Weges ist es nötig festzuhalten, dass der Einstieg für die Kommunisten in Russland zwar verlockend schien, aber im Konkreten äußerst schwierig war:

- Zum einen war das Zarentum völlig abgewirtschaftet und Russland stand vor einem gewaltsamen Umbruch. An dem Umsturz war das zaristische System mit seiner durchweg unsäglichen Brutalität gegen das Volk selber schuld.

- Zum zweiten war die wirtschaftliche Versorgung der Massen völlig entglitten. Zwar waren die Bauern (3/4 der Bevölkerung = 71 von 99 Millionen Russen) aus der Leibeigenschaft entlassen worden, aber durch falsche Gesetzgebung kurzfristig in totale Armut und konkrete Hungersnot versunken.

- Zum dritten setzten sowohl der Erste wie auch später der Zweite Weltkrieg für Russland von außen Bedingungen, die gerade auch unter Kriegsbedingungen schwierige Entscheidungen für den Staat und brutale Maßnahmen gegen das Volk nötig machten.

Doch unabhängig davon, wie die Ausgangssituation für den Kommunismus in Russland wirklich einzuschätzen ist, ist sein Erscheinungsbild zum Schreckensbild brutaler Gewaltherrschaft geworden. Allzumal die Gestalt Josef Stalins zeitigt kommunistische Herrschaft als brutale menschenverachtende Alleinherrschaft.

Durch seine enge Anbindung an den Kommunismus ist der Atheismus in dieses Erscheinungsbild mit hineingerissen worden. Atheismus wurde eine Waffe der Gewaltherrschaft. Er hat sich daraus nicht lösen können, blieb ohne Widerstand instrumentalisiert. Es ist nur zu verständlich, dass alle Gegner dieser Gewaltherrschaft zugleich den Atheismus angreifen konnten und mussten. Er trägt von daher für sie gleichfalls das Gesicht der Gewaltausübung gegen den Menschen.

c) Die historische Bindung des politischen Atheismus an ein generelles Religionsverbot

Aus dem politischen Kampf heraus entartete der Atheismus zu einem radikalen Religionsverbot.

Dieses Verdikt entstand nicht aus dem Wesen des Atheismus selbst, denn der Atheismus ist - wie wir einleitend ausführlich dargestellt haben[1] - ursächlich als ein Denken ohne Gott weder in Gegnerschaft zur Religion, noch überhaupt als Waffe gegen Religion entstanden.

Im konkreten politischen Kampf für das Proletariat ist der Atheismus allerdings als radikale Maßnahme zur Gesellschaftsveränderung eingesetzt worden. Wir haben oben[2] mit dem zitierten Gespräch zwischen Rosa Luxemburg und Leo Trotzki ihre Reflexion mit Schlussfolgerung zum Befreiungskampf dargestellt.

Philosophisch war dies eine tragische Entscheidung zu Lasten des Atheismus mit endlosen Belastungen für seine Zukunft.

Auf diesem äußerst kritischen Hintergrund entwickeln wir den Neuansatz eines politischen Atheismus unten Seite 481 ff.

---

1 Siehe oben Seite 101 f.
2 Siehe oben Seite 451.

(3) Multikulturelle und multireligiöse Welt des 21. Jahrhunderts

. Mit euphorischen Erwartungen die einen, mit Katastrophenankündigungen die anderen stellten alle die gleiche Frage: Was passiert nun eigentlich nach dem Zusammenbruch der UDSSR auf Zukunft hin? Der Kommunismus am Ende. Der politische Atheismus zerstört. Beginnt endlich der goldene christliche Westen, ein leicht schäumender Coca-Cola-Imperialismus?

Im Herbst 1993 veröffentlichte der amerikanische Politikwissenschaftler Samuel P. Huntington, Professor an der Harvard-Universität, in der US-Zeitschrift *FOREIGN AFFAIRS* einen Aufsatz unter dem Titel *THE CLASH OF CIVILISATIONS* - DER KAMPF DER KULTUREN. In diesem Aufsatz entwickelte er ganz neue Perspektiven einer möglichen Weiterentwicklung der Weltpolitik in das 21. Jahrhundert. Seine Grundthese: In Zukunft prallen nicht mehr wie bisher Nationen aufeinander, sondern Kulturen.

Dem Aufsatz folgte 1996 seine weiterführende umfangreiche Untersuchung ebenfalls unter dem Titel *THE CLASH OF CIVILISATION.* Huntingtons Thesen wurden nun weltweit äußerst kontrovers diskutiert. Natürlich war es von Anfang an Unsinn anzunehmen, alles würde genauso eintreten, wie Huntington es entworfen hatte. Dennoch hatten seine weltpolitischen Perspektiven zum Beginn des neuen Jahrtausends eine faszinierende Erklärungskraft für viele aktuelle Abläufe der neuen Weltpolitik.

Auch heute noch, über 10 Jahre danach, bieten sie einen fundierten Einstieg in die Analyse und Zuordnung der meisten aktuellen Ereignisse. Das wird daran besonders sichtbar, dass bei nahezu jeder ernsthaften Konfliktsituation in politischen Brennpunkten sofort festgestellt wird, dass das aber auf gar keinen Fall etwas zu tun habe mit Huntingtons KAMPF DER KULTUREN. Kurz drunter oder drüber - das ist jeweils Interpretationssache. Die Messlatte aber ist mit Huntingtons *THE CLASH OF CIVILISATION* eindeutig gelegt.

Für unsere Schlussüberlegungen zur zukünftigen Bedeutung des politischen Atheismus heben wir hier zunächst sieben Thesen Huntingtons hervor:

Erstens: Mit dem Zusammenbruch der Balance of Power wird sich die Welt in neue Machtzentren ordnen. Kräfte, die bisher durch die beiden Supermächte niedergehalten wurden, werden jetzt an Macht gewinnen und sich zunehmend durchzusetzen versuchen. Das 21. Jahrhundert wird so ein Feld multilateraler Machtstrukturen sein.

***Zweitens:* Diese neuen weltpolitischen Machtzentren werden sich um alte Kulturbereiche herum konturieren. Speziell in ihrer Kultur finden sie eigene Identität durch ihre gemeinsame Geschichte, durch ihre gemeinsame Sprachfamilie, durch ihre gemeinsame Religion mit ihren Ritualen und Symbolen. Gerade die Religionen werden eine ganz neue dominante Rolle spielen.**

Drittens: Als neue kultur- und religionsbezogene Machtbereiche können sich formieren:

- Der chinesisch-konfuzianische Kulturkreis mit über 1,5 Milliarden Menschen;
- der indisch-hinduistische Kulturkreis mit über 1 Milliarde Menschen;
- der arabisch- und mittel/ostasiatisch-islamische Kulturkreis mit über 500 Millionen Menschen;
- der russisch/slawisch-christlich/orthodoxe Kulturkreis mit etwa 300 Millionen Menschen;
- der süd- und mittelamerikanisch-katholische Kulturkreis mit etwa 300 Millionen Menschen;
- kaum der indochinesisch-buddhistische Kulturkreis mit 300 Millionen Menschen;
- der japanisch-shintoistische Kulturkreis mit 150 Millionen Menschen;
- kaum der schwarzafrikanisch-animistische Kulturkreis mit 50 Millionen Menschen;

- und natürlich alteingesessen der westlich-christliche Kulturkreis mit den Vereinigten Staaten von Amerika, Kanada, Australien und mit einem EU-geprägten Zentraleuropa mit insgesamt über 500 Millionen Menschen.

Viertens: Der jeweilige Kulturkreis wird umso stärker, je mehr in ihm eine Führungsnation die verschiedenen anderen Nationen um sich herum versammeln und stabilisieren kann. Ein solcher Kulturbereich zielt dann zunehmend auf größtmögliche Autonomie. Sie bedeutet, dass sich der gesamte Kulturraum nach außen hin zu einer Einheit zusammenfügt, zugleich nach innen hin seine Konflikte selber löst.

Fünftens: Weltpolitik wird zunehmend die Auseinandersetzung zwischen solchen autonomen Kulturbereichen sein. Dabei werden völlig neue Konfliktlinien entstehen. Zugleich werden auch völlig neue Allianzen und Bündnisse entstehen.

Sechstens: Besondere Gefährdungen liegen in den Grenzlinien direkt benachbarter Kulturen. Extrem explosive Konfliktlinien ergeben sich

- an den Grenzen des arabisch-islamischen Kulturkreises
  an der Südflanke zu Russland
  oder von Pakistan aus zu Indien
  aber auch in Nahost zu Israel als dem Vorposten des Westens
  entlang der Balkangrenze des alten Osmanischen Reiches zu Europa
- aber auch an allen anderen Kulturgrenzgebieten
  etwa zu Russland, zu China oder trans-pazifisch zu Amerika.

Infolge der Aufhebung der alten Balance of Power erhalten all diese Einzelbereiche ihre politische Eigendynamik, ihren eigenen Gestaltungs- und Durchsetzungswillen, ihr eigenes Forderungs- und Bedrohungspotenzial. Befriedungen werden innerhalb zunehmender Pluralität immer schwieriger.

Siebtens: Die Umgestaltung der multikulturellen Welt wird zur generellen Verlagerung der politischen Weltgeographie führen. Der Schwerpunkt wird sich durch die zunehmende Bedeutung der asiatischen Kulturkreise wegverlagern vom Atlantik hin zum Pazifik und zum Indischen Ozean. Europa, bislang über Jahrhunderte der Mittelpunkt der Weltpolitik, rückt dabei zunehmend aus dem Zentrum heraus. Amerikas Westküste und Asiens Ostküste bilden die Pole des neuen pazifischen Weltzentrums.

(4) Das Imperium Americanum und die zukünftige Weltordnung

Schon im Herbst 1993 hatte Huntington in seinem Aufsatz *THE CLASH OF CIVILISATION* dargelegt, dass das Entstehen einer multikulturellen Welt mit eigenständigen Machtzentren speziell für den Westen eine besondere Bedrohung sei, ja, zur entscheidenden Frage des eigenen Überlebens werde. Dabei gehe es auch um Wirtschaftsinteressen wie etwa um die Ressourcen des Rohöls. Darüber hinaus aber stehe dem mächtigen Westen insgesamt ein *Nichtwesten gegenüber, der zunehmend den Wunsch, den Willen und die Möglichkeiten besitzt, die Welt auf nicht westliche Weise zu formen.*

Huntington schloss deshalb damals seine Ausführungen mit einer Reihe von Forderungen an die Politiker der Vereinigten Staaten von Amerika, unter ihnen drei besonders signifikante:

1. Der Abbau der westlichen Militärmacht ist zu verlangsamen. Die Bewahrung der Militärmacht des Westens speziell in Ost- und Südwestasien ist zu garantieren.

2. Unterschiede und Konflikte zwischen konfuzianischen und islamischen Staaten sind gezielt für den Westen zu nutzen.

3. Innerhalb anderer Kulturen sind jene Gruppen zu unterstützen, die westlichen Werten und Interessen zuneigen. Darüber hinaus sind internationale Einrichtungen zu stärken, die westliche Interessen und Wertmaßstäbe repräsentieren.

Auf diesem Hintergrund nun hat der 11. September 2001 mit dem Terroranschlag auf das World-Trade-Center in New York herausragende Bedeutung erlangt. Diese Bedeutung liegt vor allem in der Instrumentalisierung des Terroranschlags einschließlich seiner Opfer für die neuartige Politik der Amerikaner gegenüber einer sich verselbstständigenden Welt. Dabei hat sich immer stärker eine gesamtpolitische amerikanische Strategie herauskristallisiert, die sich zunehmend zu einem "Imperium Americanum" strukturierte, zu einer gedachten Weltordnung unter amerikanischer Vorherrschaft.

Ground Zero wurde den Amerikanern so zu einem willkommenen Anlass, sich im Kampf der Kulturen bestmöglich zu positionieren. Mit dem Anschlag wurden lästige Erdregionen regelrecht in einem Rundumschlag mit dem Slogan *Die Achse des Bösen* an die Wand gestellt und durch die Trennung von den "Guten" als die "Bösen" stigmatisiert und unter Kriegsandrohung gestellt.

Aus dieser "weltpolitischen Strategie" ergaben sich zunehmend drei generelle Handlungskriterien der Politik der US-Regierung:

1. Nationale Priorität in allen weltpolitischen Entscheidungen.

Schon immer war amerikanische Politik stark geprägt durch Protektionismus, ursächlich wirtschaftlich durch den Schutz der einheimischen Produktion gegen die Konkurrenz des Auslands. Durch restriktive Außenhandelspolitik gerieten die USA dabei wiederholt in Isolation.

Nach dem 11. September verschärfte die US-Regierung diese Haltung extrem. Nicht nur in speziellen Wirtschaftsproblemen (WTO), sondern gegen die überwältigende (auch verbündete) Völkermehrheit mit negativen Entscheidungen auf der Weltklimakonferenz (Kioto) und bei der Schaffung eines UNO-Weltgerichtshofes. Man könnte zugespitzt sagen: Die USA überspitzten gezielt gegen die Mehrheit der Weltvölker und speziell gegen die UNO ihre nationalen Interessen, um so ihren eigenen politischen Spielraum freizukämpfen.

2. Krieg als legitimes Mittel zur Durchsetzung nationaler Interessen.

Dies gipfelte in der Ansage Amerikas, auch ohne UNO-Mandat aus nationalem Sicherheitsinteresse gegen den islamischen Terrorismus Krieg führen zu wollen. Die Gedankenzuspitzung auf eigenen Krieg hin wird sichtbar in einer US-Regierungsverlautbarung, die USA würden nie dulden, dass ein Amerikaner vor den UNO-Weltgerichtshof gestellt werde. Sie würden ihn mit Waffengewalt befreien.

Grundsätzlich forderten die Amerikaner für sich Kriegsrecht ein als legitimes Mittel zur Verteidigung ihrer nationalen Interessen und sind auch so - ohne UNO-Mandat - in den Krieg gegen den Irak gezogen.

3. Christlich-religiöses Sendungsbewusstsein

Seit Ayatolla Khumenis Rückkehr aus dem Pariser Exil in den Iran 1974 definiert sich die Politik des Islam radikal religiös, speziell ihre Kriegshandlungen wurden als Kampf im Namen Allahs dargestellt, so bei Saddam Hussein, bei Osama bin Laden und Al-Kaida, bei den Taliban, im Iran und auch im Nahen Osten. Die islamische Front versteht sich fundamentalistisch religiös, letztlich auch in all den menschlichen Selbstopfern der Terrorbomber absolut koranmotiviert.

Mit dem programmatisch eingesetzten *God bless America* wurde auch der amerikanische Krieg gegen den islamischen Terror von Anfang an religiös motiviert. *God bless America* artikulierte den Krieg als religiösen Führungsauftrag der amerikanischen Nation. Die religiösen Auftritte des US-Präsidenten gerieten dabei immer wieder zur Bigotterie im Stile amerikanischer Sektenfrömmigkeit ohne jede kritische theologische Reflexion. Gerade so aber plakatierten sie immer aufs Neue den christlichen Absolutheitsanspruch gegenüber allen anderen Kulturen und Religionen, speziell gegenüber dem islamischen Allah-Anspruch.

In summa ergeben 1 - 3 die Antwort der Amerikaner auf Ground Zero in Behauptung und Durchsetzung als

das Recht der Stärkeren.

In wichtigen beweispflichtigen Punkten wurden von ihnen fast nie stichhaltige Argumente oder gar überzeugendes Beweismaterial vorgelegt. "Letztgültige Belege" und Dokumente erwiesen sich als falsch - zumindest als falsch interpretiert oder gar manipuliert. Umso lauter und selbstbewusster wurde das amerikanische Bomben- und Kampfmaterial vorgestellt und als alles entscheidendes Argument ins Bildfeld gerückt.

Amerikas Aufmarsch in den Krieg gegen die islamistische Front war ein primitiver Rückfall in imperialistisches Gehabe,

- nach außen gerichtet am Rande völkerrechtlicher Unerträglichkeit,
- nach innen gerichtet am Rande demokratischer Legalität.

(5) *Der Widerstand der "europäischen Freunde"*

In der Situation damals 2002/2003 hat die Europagruppe Frankreich - Deutschland - (Russland) eine harte politische Kontraposition gegen die neue amerikanische Weltpolitik durchgesetzt, indem sie deren Hauptpunkten nicht nur vehement widersprach, sondern - trotz der eigentlichen Freundschaft miteinander - im konkreten politischen Handeln ihre Gefolgschaft verweigerte.

Ihr wichtiges europäisches Kontra lässt sich genau an den vorausgegangenen drei amerikanischen Punkten sichtbar machen:

Zu 1:
Die amerikanische Handlungsmaxime:
Nationale Priorität in allen weltpolitischen Entscheidungen.

Europäer im Kontra:
Partnerschaftliche Vereinbarungen mit den europäischen Nationen bei lückenloser Abstimmung und Zustimmung der UNO.

Der Vorstellung, gerade die Weltmacht könne eigenmächtig in der Welt agieren und sich dabei über notwendige Zustimmungen hinwegsetzen, wurde so heftig widersprochen, dass eine tiefe Verstimmung zwischen Amerika und der Europagruppe entstand. Ort der Auseinandersetzung war auch die UNO-Vollversammlung, wodurch der Konflikt über die Diplomatie hinaus weltweit offenkundig wurde.

Zu 2:
Die amerikanische Option:
Krieg als legitimes Mittel zur Durchsetzung nationaler Interessen.

Europäer im Kontra:
Krieg nur als allerletztes Mittel auf Weisung der UNO.

Die Europa-Gruppe Frankreich und Deutschland ist in diesem Konflikt mit ihrem Widerspruch bis an die äußerste Grenze gegangen, indem sie - im Gegensatz zu anderen Mitgliedstaaten der EU, speziell England, Italien und Spanien - jegliche Waffenbeteiligung am Irak-

Krieg verweigert hat. Sie haben in dieser aktuellen Krise nahezu die Abgabe ihres nationalen Gewaltmonopols an die UNO riskiert, indem sie forderte, allein die UNO entscheide.

Zu3:
Christlich-religiöses Sendungsbewusstsein der Amerikaner:
Der amerikanische Absolutheitsanspruch gegenüber anderen Kulturen und Religionen, speziell gegen den Islam.

Europäer im Kontra:
Demonstrativer Respekt gegenüber anderen Religionen.

In der Position der Europäer insgesamt ist scharf getrennt worden zwischen Staat und Religion, das heißt, es ging ihnen ursächlich um Rechtsstaatpositionen, nicht um Glaubenspositionen. Jegliche Berufung auf Gott wurde vermieden. Allein mit dem Begriff "Christliche Wertegemeinschaft" wurde nach Sachkriterien gesucht, die eigene Inhaltsposition gegen die anderen abzusetzen. Selbst aber zu diesem Begriff stellte sich die Frage, inwieweit sich die säkularen Staaten Europas speziell auf christliche Gemeinschaftswerte zu berufen haben[1].

Die Trennung von Staat und Religion ermöglichte prinzipiell die Respektierung der anderen Kultur und Religion unabhängig von der konkreten Staatspolitik. Zugleich wurden damit Beurteilungen und Handlungsmaßnahmen auf politische Tatbestände reduziert und säkular konkretisiert. Hier jetzt, erst an diesem letzten Punkt, wird die Grundsatzfrage erkennbar, auf welcher Basis denn die Kulturen und Religionen zukünftig zusammenwirken können. Wie sieht das Modell einer gemeinsamen weltpolitischen Zukunftsbasis aus?

In summa von 1-3 definiert die Antwort der "europäischen Freunde" auf den neuen amerikanischen Imperialismus gegen die Position des Rechts der Stärke

die Stärke des Rechts.

---

[1] Zur Kritik des Begriffes "Christliche Wertegemeinschaft" siehe oben Seite 283 unser Kapitel 3.2: "Christliche Wertegemeinschaft?" Die Geschichtslüge der Christlich-Konservativen heute.

In dieser dramatischen Auseinandersetzung zwischen den USA und einer wichtigen Staatengruppe Europas wurde ein ideenpolitischer Streit um die zukünftige Weltordnung ausgetragen: Ist die Welt in Zukunft von einer einzigen Weltmacht (Imperium Americanum = monolateral) oder in der Verantwortung vieler oder gar aller gleichberechtigten Partner (also das UNO-Prinzip = multilateral)) zu führen?

Der europäische Widerstand (= multilateral) gegen die US-Position (=monolateral) hat drei wichtige Ergebnisse erbracht:

1. **Das amerikanische Superbewusstsein wurde in sich insgesamt abgeschwächt.**

Nur langsam, aber dann doch immer intensiver entstand in den USA selbst eine kritische Bewusstwerdung über die eigene Weltposition. Mag anfangs vor allem der ständige Glaubwürdigkeitsverlust der Regierung die Opposition gestärkt haben, so kam der amerikanische Kongress im Juni 2006 anhand eines offiziellen Amtsgutachtens zur mehrheitlichen Meinung, dass der Krieg der USA gegen den Irak völkerrechtlich falsch war. Die politische Alleinstellung der USA hat sich zumindest wieder auf Partnerschaft hin abgeschwächt.

2. **Die internationalen Institutionen, allzumal die UNO in ihrer übergeordneten Stellung, ist aus diesem Sturmlauf der USA gegen sie gestärkt hervorgegangen.**

Viele hatten die UNO bereits totgesagt, weil sie weder ausreichend finanzielle Mittel noch Machtstruktur besitzt, um in einem solchen Konflikt hoheitlich eingreifen zu können. Doch gerade in der Krise wurde klar, dass ihre Transmitterrolle nach allen Seiten weltpolitisch unaufgebbar ist. Die Weltkommunikation würde ohne sie aufs empfindlichste gestört. Das macht sie unverzichtbar - auch für die USA. Gerade sie verlören ihren übergreifenden Kontakt zur Welt.

3. **Die Frage nach dem Zukunftsmodell eines Miteinanders der eigenständigen Kulturkreise erscheint zwar thematisiert, ist aber als Problemfeld völlig offen.**

An dieser Stelle versuchen wir einige Sachlinien zu strukturieren, die gerade unter dem Aspekt “Politischer Atheismus und Religionen“ von zukünftiger Bedeutung sein werden.

(6) Plädoyer für eine multikulturelle Welt der eigenständig-verfassten Kulturen unter der Leitung einer säkularen WELTREGIERUNG

Vorbemerkung zur dramatischen Weltsituation heute

In diesen Wochen fallen schicksalhafte Entscheidungen für die westliche Machthemisphäre. Unsere abendländische Kultur, die seit nahezu 1000 Jahren um die Rückgewinnung des Heiligen Landes gegen den Islam kämpft, verliert ihren weltpolitischen Zugriff auf Nahost, denn:

Dieser Krieg ist der letzte Krieg, den Israel, das amerikanische Bollwerk gegen die islamische Welt, gewinnen wird.

Schon jetzt könnte es fast soweit sein: Eine spezielle Katjuscharakete ist mit einem kleinen atomaren Sprengsatz ausgerüstet. Sie wird irgendwo im Süd-Libanon per Hand auf Tel Aviv (wegen der Muslime wohl kaum auf Jerusalem selbst) abgefeuert - und vernichtet Tel Aviv mit seinen 360.000 Einwohnern. Sie löscht damit Israel in Palästina für immer aus.

Bei Nachweis der Existenz einer solchen primitiven Waffe genügt allein die Drohung mit ihrem Einsatz, um die gesamte pro-israelitische Front zu paralysieren.

Dies ist die innere Logik jener Zeitepoche, die für unsere Welt nach dem Zusammenbruch der "Balance of Power" 1991[1]. angebrochen ist:

Einer der Kleinstaaten wird absehbar eine kleine atomare Waffe haben und das Knowhow, diese gegen die nächstliegende empfindliche Stelle des übermächtigen Gegners einsetzen. Es muss ja nicht New York, sondern nur einen wichtigen Krisenort in Reichweite treffen, den zu verlieren sich der Gegner auch menschlich nicht leisten kann:

---

[1] Siehe oben Seite 453.

- Nordkorea etwa braucht nur glaubhaft zu versichern, dass sein nächster Raketenabschuss mit Atomaufsatz auf Tokio gerichtet sei. 8 Millionen Menschen als Geiseln, also als potentielle Tote, auf einen Abschuss setzt jeden Gegenangriff matt.

- Der Iran braucht nur klarzustellen, dass mit seinen Raketen mittlerer Reichweite neben Jerusalem auch Bagdad oder Istanbul atomar zu treffen seien - und der Feind senkt die Waffen.

- Letztlich hält Pakistan so bereits Neu-Delhi in Schach, und Indien im Gegenzug Islamabad, ohne dass die USA darauf noch irgendeinen militärischen Einfluss nehmen können.

- Die Hisbollah haben bereits Raketen auf Israels Hauptstadt Tel Aviv angedroht. Es erscheint nur noch als ein ganz kleiner nächster Schritt, auch eine ultimative Bombe ins Spiel zu bringen. Kann Israel dann anders, als sofort seine Truppen zurückzuziehen?

Diese kleine atomare Waffe der underdogs ist nicht unmoralischer als die gewaltige Vernichtungsmaschinerie der Großen gegen die Kleinen. Nur weil der Große der Große ist, ist seine militärische Handlung durch nichts gerechtfertigter als der Angriff oder die Gegenwehr des Kleinen. Im Gegenteil. Der Sieg des kleinen David mit seiner primitiven Waffe gegen den Riesen Goliath wird sogar in der Bibel gerühmt.

Spätestens seit Sadam Hussein ist diese Gefahr der direkten Waffe hochaktuell. Hätte er - wie befürchtet - bereits eine solche Bombe gehabt, säße er heute noch sicher in seinen Palästen. Von irgendwoher hätte er auch immer auf Jerusalem zielen können - und Amerikas militante Aggression wäre gebrochen gewesen. Dass er diese Bombe nicht hatte, hat zwar das Hussein-Problem beendet, nicht aber das Problem an sich aufgehoben. Es ist zeitlich nur verschoben auf den Augenblick hin, wo sie ein anderer hat und sie richtig abfeuern könnte.

Dazu noch eine wichtige Kondition: Je bedrohter sich der Kleine fühlt, desto größer ist die Gefahr, dass er die Nerven verliert. Die Wahrscheinlichkeit einer Kurzschlusshandlung wächst mit der immer dramatischeren Bedrohung von außen und damit der Ausweglosigkeit der eigenen Situation. Der Außendruck erhöht die nicht gewollte Reaktion, schafft den Augenblick, der auf keinen Fall kommen darf: Der Kleine feuert ultimativ gegen die Übermacht.

Auf die gegenwärtige Situation zwischen Israel, Hisbollah und Libanon bezogen möchte Israel auch diesen Krieg noch einmal gewinnen und die Lage stabilisieren. Doch das wird ein Pyrrhus-Sieg, ein Krieg mit hohem Einsatz, der aber dennoch einem Fehlschlag gleichkommen wird.

Denn die Verletzbarkeit Israels durch wen auch immer im arabisch-islamischen Lager steigt von Tag zu Tag ins Unschützbare. Ein Gebiet von 420 Kilometern Länge und zwischen 15 bis 100 Kilometern Breite ist atomar eine Zielscheibenfläche. In diesem Nahostkonflikt läuft alles auf eine derartige Bedrohung Israels zu, die einer "Endlösung" im wahrsten Sinne des Wortes nahe zu kommen droht.

Der Grund für diese dramatische Zuspitzung liegt hier wie auch in Mittelostasien bis hin nach Afghanistan letztlich in der Politik, die die USA seit Ground Zero 11. September 2001 gegen die islamische Welt betreibt oder betreiben lässt.

Sie bomben sich selbst in den Wahnsinn. In dem Bewusstsein, das stärkste Waffenpotential der Welt zu besitzen, agieren sie aus einer plumpen Überheblichkeit der Bombenstärke. Doch mit ihrer Bombenpolitik vernichten sie sich selbst den letzten Zugang zu jenen Gebieten, die sie sich auf Zukunft hin offen halten wollten.

Es ist deshalb wie mit der Medusa, dem Untier aus der griechischen Sage: Überfall dort, wo man ihr ihre giftigen Köpfe abschlägt, wachsen viele neue Köpfe nach, zuletzt vor allem im Irak, wo die Amerikaner das Untier Medusa, den täglichen Terrorismus, richtig freigesetzt haben. Sie haben mit Krieg und Bombenpolitik den Hass der Menschen dort zur alten Geschlossenheit des islamischen Kulturimperiums n a c h a u ß e n wiederhergestellt.

Sie haben sich selber in den letzten Jahren systematisch aus der islamischen Welt hinausgebombt, auch Irak ist nur eine Frage der Zeit, bis sie und mit ihnen der Westen wie Geschlagene auf die Flucht gehen müssen - wie einst in Vietnam.

Palästina droht ihnen als nächstes: Fällt Jerusalem, fällt Israel, fällt der Einfluss auf Palästina, fällt der Zugang zum gesamten islamischen Imperium.

Der völlig andere Weg

Was hätte man tun können, was müsste man tun?

Wir reden hier nicht in der Anmaßung politischer Besserwisserei, denn natürlich sind in der konkreten Weltpolitik die Probleme in jeder Hinsicht noch viel komplexer und damit lösungsmäßig viel komplizierter. Befriedung erscheint oft erst möglich nach völligem Erschöpfungszustand der einen oder totalem Zusammenbruch der anderen Seite, also immer eigentlich erst nach der Katastrophe.

Wir reden hier infolge unserer Gesamtüberlegungen nur als **Impetus philosophischer Ideenfindung,** gleichsam über die ganz konkrete Tagesaktualität hinweg. Der Sinn zielt dennoch aufs Konkrete. Denn es werden ja Ideen gebraucht, Lösungen benötigt. Oftmals sind Fortsetzungen von falschen Zuständen Mangel an verändernden Ideen. Jede Konfliktlösung scheitert, wenn nicht neue Ideen vorgelegt werden. Nur Gedachtes kann konkret umgesetzt werden.

Frieden ist deshalb vor allem eine Kopfsache, überhaupt erst die Möglichkeit, "das Andere" zu denken. Deshalb: Philosophen an die Front! Es gilt, von philosophischen Ansätzen her ganz gezielt aus festgefahrenen Bahnen herauszudenken mit dem Versuch, die Logik des Bombenwahnsinns zu durchbrechen. cogitare necesse est - völlig neu denken tut Not!

Für unseren eigenen Versuch, auch hier - wie bei der Globalisierung[1] - noch einmal völlig ins Konträre zu denken, mussten wir allerdings im Vorausgehenden erst einmal die Gesamtsituation zu erfassen suchen, um überhaupt die innere Notwendigkeit sichtbar werden zu lassen, warum völlig umgedacht werden müsste. Dabei fällt gleichsam als eine gewisse Plausibilitätskontrolle auf: Unsere Kritik am totalitären Kapitalismus in Form der Strategie der Globalisierung wiederholt sich in sachverwandter Weise am militanten Imperialismus in Form der Politik des Imperium Americanum. Deshalb sind auch die Antworten zumindest im Ansatz zwangsläufig parallel.

---

1 Oben Seite 447 f.

Unsere prinzipielle Kritik an der Bombenpolitik der USA haben wir damals aktuell zum Terroranschlag auf das World-Trade-Center am 11. September 2001 in öffentlicher Forderung[1] zusammengefasst:

Ground Zero 11. September 2001

zwingt zu einem sofortigen Umdenken.
Statt die Bombenlager leer zu bomben,
setzt der Westen auf Zukunft hin
einen demonstrativen Neuanfang.

Der Westen stellt in einem ersten Schritt
als Antwort auf alle islamischen Terroraktionen

250 Milliarden Dollar zur Verfügung,
um demonstrativ und richtungweisend
in den Elendszentren in Palästina und Afghanistan
den Menschen dort
menschenwürdige Lebensbedingungen zu schaffen
- **in partnerschaftlicher Zusammenarbeit**
  mit allen dort Verantwortlichen
  ohne jede ideologische Vorbedingung.

Dazu unser Kommentar heute - 5 Jahre danach - als Denkmodell:

Erstens:
Wir verstehen diesen Versuch als eine säkulare Vision, als ein virtuelles Projekt speziell für Palästina. Wir nennen diese Vision

"Projekt Paradies Kanaan"

Wir wissen, dass dieses Projekt Paradies Kanaan schon einmal eine faszinierende Wirkung für Menschen hatte, damals, so erzählt die Bibel, als Gott Abraham Kanaan verhieß als "ein Land, in dem Milch und Honig fließt"[2]. Um dies Land zu erreichen, verließ Abraham seine Vergangenheit und riskierte sein Leben als völlig neue Zukunft. Er

---

1 Unsere Forderung steht in einem Offenen Brief vom 9. November 2001 an Bundskanzler Gerhard Schröder anlässlich der Bundestagsdebatte zur Terrorbekämpfung. Zum Gesamtbrief und damit vor allem auch zum gedanklichen Hintergrund unserer Forderung siehe unter www.drpaulschulz.eu, Stichwort: senioren-akademie/11.September 2001.

2 Genesis (1.Mosebuch) Kapitel 12 ff.

zog aus seiner alten Heimat Ur aus, durchquerte die halbe damalige Welt in Richtung Projekt Paradies Kanaan. Nicht er selbst, aber seine Nachfahren sind dort schließlich angekommen.

Zweitens:
250 Milliarden Dollar sind etwa die Summe, die die USA investiert haben, um ihre Bomben auf Afghanistan abwerfen zu können. Die 250 Milliarden Dollar sind also keine fiktive Summe, die es eigentlich gar nicht gibt. Sie sind eine absolut reale Summe als Erstinvestitionen des Krieges gegen islamische Feinde mit der Absicht, deren Gebiete zu zerstören, bis sie sich dem amerikanischen Imperialismus unterwerfen. Zu den Erstinvestitionen kommen jährlich Milliarden Nachfolgekosten dazu.

Drittens:
Dieses reale Kapital setzen wir in gleicher Höhe völlig anders ein. Wir deklarieren es weltweit als Startkapital für unser Projekt Paradies Kanaan. Mit seiner Gründung schreiben wir das Projekt aus als eine Gründung zum Aufbau Palästinas zur Multikulturlandschaft mit lebenswerten Verhältnissen für alle Palästinenser mit folgenden konstitutiven Zielen:

3.1 Das Projekt Paradies Kanaan steht allen Menschen in Palästina unabhängig von Rasse, Hautfarbe, Geschlecht, Sprache, Religion, politischer Überzeugung, nationaler oder sozialer Herkunft, Eigentum oder Nichteigentum als feste Heimat zur Verfügung. Die Dauer ihres Bleiberechtes ist unbegrenzt.

3.2 Das Projekt Paradies Kanaan als Gesamtes hat zum Ziel eine vielschichtige Kulturlandschaft, in der größtmögliche Lebensvielfalt neben- und miteinander besteht. Das Projekt ist offen für die Ideen aller Mitglieder. Jeder kann in dies Projekt seine Vorstellungen im Rahmen konstruktiver Zusammenkünfte einbringen.

3.3 Das Projekt Paradies Kanaan garantiert jedem das Recht auf freie Meinungsäußerung, auf freie Religionsausübung alleine und in Religionsgruppen, alle sonstigen Rechte des Persönlichkeitsschutzes.

3.4 Das Projekt Paradies Kanaan stellt alle sozialen Belange des Einzelnen und seiner Lebensgruppe wie Ehe und Familie, Wohnen. Beruf, Religionszugehörigkeit, Freizeitgestaltung grundsätzlich in Eigenverantwortung frei. Allgemein festgelegte Schutz- und Funktionsregeln müssen grundsätzlich eingehalten werden.

3.5 Das Projekt Paradies Kanaan verpflichtet jedes Mitglied zur Mitarbeit an den allgemeinen Projektaufgaben im Rahmen seiner Befähigungen. Diese Mitarbeit schafft Verdienst und Eigentum. Das Projekt garantiert ihm für die Grenzsituationen seines Lebens ein Existenzminimum.

3.6 Das Projekt Paradies Kanaan bindet jedes Mitglied an Aus- und Fortbildung als lebenslange Aufgabe nicht nur zur Berufsbefähigung, sondern auch zur Qualifizierung für alle praktischen Lebensbereiche gemäß den jeweils spezifischen Lebensphasen.

3.7 Das Projekt Paradies Kanaan stellt Coaching-Teams aus Fachleuten zusammen, die die Mitglieder in besonderen Lebenssituationen beraten und speziell in der Aufbauphase zur Seite stehen.

3.8 Das Projekt Paradies Kanaan ist in der Gründungsphase mit dem Gründungskapital als weltweite Stiftung angelegt unter Leitung von neutralen Fachleuten in Kooperation mit allen politischen Gruppen in Palästina. Es ist als Leitung übernational und religionsneutral.

3.9 Das Projekt Paradies Kanaan schafft in der zweiten Entwicklungsphase die politische Selbstständigkeit des Projektes mit einer säkularen Führung zur Wahrung der kulturellen und religiösen Vielfalt des Projektes (wie wir das auf Seite 475 ff prinzipiell begründen).

3.10 Das Projekt Paradies Kanaan ist insgesamt als ein gemeinnütziges Profitunternehmen der Projektleitung unterstellt. Die Wirtschaft funktioniert ökonomisch nach marktwirtschaftlichen Prinzipien des Kapitalismus, gesellschaftlich-sozial nach den Prinzipien des Sozialismus. Der Profit kommt der Gemeinschaft zugute.

3.11 Das Projekt Paradies Kanaan gilt als Sicherheitszone, in der keine Bomben mehr fallen und keine Terroranschläge verübt werden dürfen. Die Mitglieder verzichten auf Gewalt. Die Projektleitung alleine hat das Gewaltmonopol zum Schutz aller. Ihr untersteht eine Schutztruppe zur Aufrechterhaltung der Friedenssituation.

3.12 Das Projekt Paradies Kanaan tritt der regierenden Weltorganisation bei und unterstellt sich ihrem internationalen Schutz. Sie leistet ihren Völkerbeitrag im Rahmen der Völkerverfassung.

3.13 bis 3.50 regeln alle weiteren notwenigen Strukturen im Projekt Paradies Kanaan im Geiste von 3.1- 3.12.

"Projekt Kanaan" definieren wir aus aktuellen Gründen, wir könnten es auch auf Afghanistan übertragen. Hier wie da natürlich 1000 Probleme. Vieles scheint überhaupt gar nicht lösbar. Fachleute müssten ganz neue Wege gehen. Alles müsste völlig neu durchdacht, von neuen Ansätzen her verhandelt werden. Diese Aktivitäten würden ein riesiges Innovationspotential nach allen Richtungen freisetzen. Alles geriete anders in Bewegung, nicht nur in Palästina, auch im Westen.

Think big! Think the other way. Vor allem Philosophen müssten diese Wege für die Menschen überhaupt erst denkbar machen, denn es ist leichter Bomben zu schmeißen als aus endloser Verfeindung heraus gemeinsam einen neuen friedlichen Weg zu gehen. Es müsste ein neues Bewusstsein geben, denn ohne neues Bewusstsein wird es überhaupt nie positive Veränderung geben.

Dazu eine neue Grundstimmung. Wir wollen raus aus der Feindschaft. Wir wollen Freundschaft - ganz konkret, Stein auf Stein. Wir wollen auch wirklich konkret investieren, anstatt wie sonst konkret Bomben zu schmeißen. Menschen weg aus den Lagern - an die gemeinsame Arbeit! Jugendliche weg von der Straße in neue gemeinsame Aufgaben. Trommelfeuer der konkreten Solidarität! Kein noch größerer Reichtum für unseren geliebten Kapitalismus, sondern solide Lebensbedingungen für unsere gehassten Feinde!

Wer das nicht einmal denken kann, wird auch nie in der Lage sein, Frieden zu schaffen. Deshalb natürlich Befriedung der Hisbollah durch konstruktive Zusammenarbeit. Statt alten Kampf um Religion, Ergeiz im Neuen. Mögen sie im Ideenreichtum und Aufbau schneller sein als alle anderen. Allah mit euch!

Ob das "Projekt Paradies Kanaan" ähnlich geht oder sich zumindest in die Richtung bewegen könnte, mag unwahrscheinlich erscheinen - obwohl der Leidensdruck Palästinas seit langem unerträglich hoch ist und ständig wächst. Könnte es doch ein Pilotobjekt sein, ein Beispiel für zukünftige Zusammenarbeit der Kulturen und Religionen!

Dagegen scheint das andere sicher. Wenn es nicht wenigstens entfernt in eine solche Richtung geht, wird Palästina, und wie Palästina viele andere Teile der Welt, in dem System des totalitären Kapitalismus und militanten Imperialismus einerseits und in dem Religionshass und Kulturkampf andererseits zusammenstürzen, zugrunde gehen.

Plädoyer
für eine multikulturelle Welt
der eigenständig-verfassten Kulturen
unter der Leitung einer säkularen **WELTREGIERUNG**

Aus unseren bisherigen Überlegungen heraus definieren wir grundlegend drei Schlussfolgerungen:

Erstens:
Zur Gleichstellung aller Kulturen und Religionen

Die völlige Gleichwertung und Gleichberechtigung aller Kultur- und Religionsbereiche in ihren jeweils autonomen Formen werden weiterhin der Antrieb der Weltpolitik sein. Es wird auf Zukunft hin keinen Primat geben. Keiner kann und darf gegen den anderen einen Absolutheitsanspruch oder eine Vorrangstellung beanspruchen oder gar durchsetzen. Sie stehen untereinander alle auf der gleichen Ebene.

Dies gilt parallel zur Gleichstellung aller Individuen untereinander in einer demokratischen Verfassung. Jeder Mensch ist dem anderen gleichgestellt, hat die gleichen Grundrechte und gleichen Grundpflichten, steht in seinen Menschenrechten auf gleicher Ebene.

Entsprechend stehen auch die Kultur- und Religionskreise innerhalb der weltpolitischen Entwicklung in einem gleichberechtigten Verhältnis neben- und zueinander.

Gleichwertigkeit der Kulturen und Religionen bedeutet aber mehr als nur eine ideelle Ehrenerklärung. Sie beinhaltet die Anerkennung ihrer jeweiligen territorialen Autonomie und damit die absolute Unverletzbarkeit ihrer Grenzen und Respektierung ihrer Positionen. Das bedeutet für die anderen Religionen Verzicht auf irgendwelche Einflussnahmen auf das für sie kulturelle Fremdterritorium. Keine Kultur besitzt irgendein Recht auf Übergriffe welcher Art auch immer auf das Gebiet und den Einflussbereich einer anderen Kultur.

Nur das kann das Ziel einer multikulturellen Welt sein.

Zweitens:
Zur prinzipiellen Neuordnung der politischen Geographie

Mit Absicht haben wir Huntingtons KAMPF DER KULTUREN mit seinem Aufriss der neuen Kulturkreise vorausgehend ausführlich dargestellt[1], um jetzt in unseren Schlussfolgerungen auf sie zurückgreifen zu können. Huntingtons Thesen beinhalten wesentliche Voraussetzungen der möglichen Weiterentwicklung unserer politischen Welt.

Allerdings scheint seine Analyse nach vorne hin nicht ausreichend zu Ende gedacht. Er konnte sie wohl kaum weiterdenken, weil er damit dann die weltpolitischen Interessen der Amerikaner von Grund auf angegriffen hätte. Er bleibt also 1993 in einer pro-westlichen Deutung seiner Analyse stecken. Das Entscheidende aber ist weniger seine Deutung. Seine Analyse selbst ist die wichtige Basis.

1. Nach Huntington vollzieht sich die Neuaufteilung der Welt nach dem Zusammenbruch der Balance auf Power in acht bis zehn großen Kultur/Religionsbereichen. Zur Veranschaulichung führen wir die einzelnen Kulturkreise mit ihrer Menschenstärke noch einmal auf:

(1)	der chinesisch-konfuzianische KK.	1,5 Milliarden
(2)	der indisch-hinduistische KK.	1 Milliarde
(3)	der arabisch-islamische und mittel- und ostasiatisch-islamische KK.	500 Millionen
(4)	der zentraleuropäisch/amerikanisch (/australisch) - christliche KK.	500 Millionen
(5)	der russisch/slawisch-orthodoxe KK.	300 Millionen
(6)	der südamerikanisch-katholische KK.	300 Millionen
(7)	der indochinesisch-buddhistische KK.	300 Millionen
(8)	der japanisch-shintoistische KK.	150 Millionen
(9)	der schwarzafrikanisch-animistische KK.	50 Millionen

2. Alle diese Kulturkreise werden sich nach außen hin abschließen und sich somit zu offenkundigen Einheiten verfestigen. Dabei werden sie einerseits ein Eigenleben nach innen mit den dazu gehörenden Nationen entwickeln und andererseits nach außen insgesamt einen Machtblock darstellen.

---

[1] Siehe oben Seite 459 ff.

3. Innerhalb der jeweiligen Kulturgebiete wird sich zunehmend eine Führungsmacht herauskristallisieren, die das Leitbild der Kultur darstellt und bestimmt. Um sie herum werden sich die gleichgesinnten Nationen gruppieren, die Nationen als höchste Ebene des Kulturkreises. Sie werden ihre Möglichkeiten und ihre Konflikte innerkulturell selbst austragen und auch lösen.

4. Nach außen wird der Kulturkreis seine Autonomie fundamentieren. Ein bestimmendes Merkmal wird sein wirtschaftlicher Hoheitsanspruch sein, mit dem er über seine Rohstoffressourcen eigenständig verfügt, beziehungsweise die Nation, in der sie geographisch liegen. Niemand wird da noch kolonialistisch ausbeuten.

5. Länder, die bisher noch in diesen fremden Kulturkreisen Einfluss, gar Zugriffsrechte, haben, werden diese verlieren. Sie werden speziell auch den Zugriff auf wirtschaftliche Quellen welcher Art auch immer verlieren, selbst privilegierte Handels- und Eigentumsrechte gehen für sie verloren. Musterbeispiel Bolivien 2006 mit der Enteignung ausländischen Eigentumsrechte auf die Erdgasförderung mit einem Schlag. Mit solchen Maßnahmen generell fällt für bisherige Eigner eine (jahrhunderte)-lange sichere materielle Basis weg - und damit in der Perspektive eine wichtige Grundlage ihres Wohlstandes.

In diesem letzten Punkt fünf liegt die dramatische Zukunftsperspektive gerade für die bisherigen Wohlstandsländer, die aus ihrer Geschichte heraus ihre wohlfeilen Bezugsquellen in den Kolonievölkern und in den unterentwickelten Ländern hatten. Gehen diese Vorrechte absehbar verloren, fallen die Wohlstandsländer damit in ihren materiellen Entwicklungsmöglichkeiten zurück, letztlich auf das Niveau ihrer eigenen Bodenschätze und damit Rohstoffe.

Konnte Huntington noch 1993 sagen, dass die USA ihre militärische Macht nicht nur bewahren, sondern ausbauen müssten, um ihren Einfluss und ihre Vormachtstellung auf ihre Wirtschaftbasen, speziell die des Rohöls, zu erhalten,

so gilt heute eher:
Die USA können schießen und bomben so viel sie wollen. Sie werden ihren Einfluss gegenüber einer sich verändernden Welt verlieren. Die Bombenpolitik wird ihre Position eher schwächen.

Was 1993 also noch selbstverständlich schien, wirkt heute in der zukünftigen Weltperspektive schon fast anachronistisch:

1. Woher nehmen die USA das Recht, mit einem brutalen Krieg im Irak in ein fremdes Hoheitsgebiet ohne völkerrechtliche Legitimation einzugreifen und dort als Besatzungsmacht zu agieren?

2. Wieso verlangen die USA die Einführung von Demokratie in Ländern, die ursächlich aus religiösen Kulturentwicklungen stammen mit theokratischer Struktur?

3. Mit welchem Recht beanspruchen die USA immer noch Zugriff auf die Ölressourcen eines Fremdterritoriums, das ihnen überhaupt nicht gehört?

   Die jahrhundertelange Ausbeutung der Fremdgebiete in Asien und Afrika, Mittel- und Südamerika durch den westlichen Kolonialismus war immer schon Unrecht. Was immer schon Unrecht war, kann heute nicht Recht sein. Es ist auch weiterhin Unrecht.

Der Kampf zwischen den USA und dem islamischen Kulturgebiet ist Ausdruck dieses Loslösungsprozesses der einzelnen Weltkulturen aus ihren historischen Abhängigkeiten. Ihr Kampf ist Ablösung und Neubeginn zugleich. Nach der Ablösung wird die Welt in ihrer Grundordnung nicht mehr so sein wie vorher. Ein schwieriger Weg von der Weltherrschaft der beiden Supermächte USA und UDSSR zu einer Welt vieler Kulturzentren mit gleichberechtigter Machthoheit.

In Zukunft wird der islamische Völkerverbund ein völlig eigenständiger Kulturkreis sein. Die Autonomie und Souveränität, die für die russische, indische und chinesische Kultur gelten, wird auch für die islamische Kultur Gültigkeit gewinnen. So lange diese Freilassung nicht erfolgt ist, wird es gegen die, die gegen diese Freilassung kämpfen, Terrorismus geben, geben müssen. Also lasst sie frei!

Denn woran sich Russland mit dem Zusammenbruch der UDSSR gewöhnen musste, daran wird sich auch die USA gewöhnen müssen: An die Verselbstständigung der unter ihrem Beherrschungsanspruch stehenden Länder.

Drittens:
Zur Notwendigkeit einer WELTREGIERUNG

In jedem Gemeinwesen laufen feste und variable Kommunikationsverbindungen ab. Sie werden bestimmt durch die Bedürfnisse der sozialen Grundzustände in der Gesellschaft.

Natürlich können die Verbindungen stark eingeschränkt sein. Zwischen zwei zerstrittenen Partnern ist die Kommunikation in Art und Umfang schwer blockiert. Andererseits können vitale Beziehungen starke Interaktionen bewirken und mit ihnen viele Wirkungskräfte entstehen, durch die starke Aktivitäten untereinander ablaufen.

Die Kommunikation unter acht bis zehn großen eigenzentrierten Weltkulturkreisen entwickelt in einem vitalen Zustand zwangsläufig eine endlose Fülle von Berührungspunkten in der breiten Skala von positiver Zusammenarbeit über schwerfällige Verständigung bis hin zu höchst krisenhaften Auseinandersetzungen.

Solche vielschichtigen Kommunikationen erfordern aus sich selbst heraus zwangsläufig Institutionen, über die die Kontakte laufen. Zugleich ist eine übergeordnete Institution notwendig, in der die Probleme zum Austausch und zur Entscheidung gebracht werden können. Wir definieren eine solche zentrale Weltinstitution einmal als WELTREGIERUNG.

In unserer gegenwärtigen Welt ist eine Vorstufe dazu die UNO und mag es auch noch eine Zeit lang bleiben. In ihr sind heute wichtige Koordinierungsaufgaben zwischen den Nationen gebündelt, einschließlich der wichtigen Aufgabe von Krisenmanagement für kriegsbedrohte Gebiete.

Es ist nicht wahrscheinlich, dass die UNO in dieser Form als *United Nations Organisation* weiter bestehen wird. Sie ist zu sehr auf die einzelnen Nationen zugeschnitten, damit ziemlich unbeweglich. Gleichwohl ist die UNO Vorbild für Notwendigkeit und Chancen einer engen Zusammenarbeit der Völker. Die Völker haben gelernt, sie sind über die UNO in Gemeinsamkeiten eingeübt.

Statt der UNO könnte eine neue Leitinstitution entstehen, gleichsam eine UCO, eine *United Cultures Organisation*, der Zusammenschluss also der neuen Weltkulturbereiche. Ihre jeweiligen Delegationen könnten ein schnelles Weltmanagement herstellen.

Es muss sich zeigen, welche Aufgaben und vor allem welche Kompetenzen und Vollmachten eine solche neue Institution in Fortführung der UNO haben wird. Als Grundstrukturen sind denkbar:

1. Diese UCO müsste wohl auch eine Vollversammlung haben, in der die Weltkulturkreise mit ihren Delegationen vertreten sind zum kritischen Dialog über globale Schwerpunkte wie:

Aktuelle politische Konfliktfelder.

Wirtschafts- und Finanzprobleme.

Bildungs- und Wissenschaftstransfer. Kulturaustausch.

Minderheitenschutz und Durchsetzung der Menschenrechte.

Armuts-, Krankheits- und Katastrophenbekämpfung.

Verbrechensbekämpfung.

2. Es müsste sicherlich ein festes Krisenmanagement bestehen, ein "Oberster Weltrat" mit weit reichenden Entscheidungskompetenzen. Während in den eigenständigen Kulturkreisen die nationalen Herrschafts- und Staatsformen durchaus unterschiedlich sein werden, eben auch Theokratien oder gar Diktaturen (Demokratien innerhalb der Kulturkreise wären ein aufklärungsbedingter Wachstumsprozess), kann das Zusammenspiel der Kulturen in der WELTREGIERUNG nur als demokratisch gedacht werden. Nur Demokratie gewährleistet vollständige Gleichberechtigung aller als Voraussetzung der Gleichwertigkeit aller Kulturen und Religionen zueinander.

3. Alles hängt davon ab, mit welcher Kompetenz die WELTREGIERUNG insgesamt ausgestattet ist. Eher unwahrscheinlich ist, dass die WELTREGIERUNG gegenüber den Kulturkreisen das alleinige Gewaltmonopol erhält mit dem Recht, per Mehrheitsbeschluss Sanktionen gegen Mitglieder durchführen zu können. Doch erst mit dem alleinigen Gewaltmonopol wäre ein solcher Weltrat der Kulturen ein wirkliches Führungsgremium, eine WELTREGIERUNG.

(7) Politischer Atheismus im Neuansatz

Erst in dieser äußersten Perspektive wird die neue Bedeutung des politischen Atheismus der Zukunft voll sichtbar. Der politische Atheismus ist geradezu unauflösbar mit der sich zukünftig entwickelnden Weltstruktur verbunden. Nicht erst dann, wenn sich eine solche Weltstruktur manifestiert hat, sondern gerade auch schon auf dem Weg in diese Welt hinein. Also schon jetzt und sofort, weil die generelle Entwicklung unaufhaltsam auf eine multilaterale Weltgemeinschaft zuläuft.

Verhindert wird dies durch den Kampf der Religionen um ihre eigene Vormachtstellung. **Doch nie wieder wird es die Herrschaft einer Religion über die anderen geben können, geben dürfen. Herrschaft einer Religion heißt immer Kampf um eigene Vorherrschaft. Jede sieht sich als die höchste, alle anderen sind darunter. Dies war Weltgeschichte, der erbarmungslose Kampf der Religionen und ihrer Kulturen um ihre Vormachtstellung.**

Religion hat nie geeint. Religion hat immer getrennt zwischen dem Gott, der m i t u n s ist gegen den Gott, der m i t e u c h ist. So entsetzlich primitiv ist das: Der Kampf für den eigenen Gott ist immer der Kampf gegen den anderen Gott nicht nur in der Prime League der großen Religionen "Christentum gegen Islam", sondern auch in deren jeweils unteren Regionalligen "Katholiken gegen Protestanten" oder "Sunniten gegen Schiiten" oder noch darunter - endlose Glaubenskämpfe durch alle Jahrhunderte hindurch - ohne dass sich von den jeweiligen Ausgangspositionen irgend etwas bewegt hätte in eine auch noch so kleine Annäherung oder Verständigung. Religionen sind unfähig, die Welt zu führen. Sie führen die Welt nur tiefer ins Elend.

Deshalb ist der politische Atheismus für die zukünftige Entwicklung der Welt die einzige überzeugende Alternative. Dies umso dringender, weil das Wiedererstarken der Religionen zwangsnotwendig neue Konflikte heraufbeschwört. Dagegen wird eine zukünftige Völkergemeinschaft in ihrem Miteinander prinzipiell nur auf religionsneutralisierter Basis handeln können. Die Weltgemeinschaft wird sich eine Verfassung geben müssen, in der Religionsneutralität Verfassungsrecht ist mit politisch-atheistischer Ausführung.

Die säkulare Verfassung hat das Religionsproblem vorbildlich gelöst, der säkulare Staat in sich ist religionsneutral. Er leitet seine Legitimation nicht aus der Religion ab. Er definiert sich aus sich selber heraus ohne Gott (= atheistisch) mittels der Souveränität des Volkes.

Von daher garantiert er jedem Menschen seine Meinungs- und Glaubensfreiheit. Religion ist Privatsache, egal was der Mensch glaubt. Der Staat ist Garant dafür, dass der Mensch so glauben darf und sorgt für konfliktfreies Neben- und Miteinander unterschiedlich glaubender Bürger. Nicht die Religionen selbst haben sich auf diese Regulierung festgelegt. Allein der säkulare Staat hat dieses großartige Recht auf generelle Religionsfreiheit für den Menschen erkämpft und durchgesetzt, indem er der Religion das Schwert aus der Hand genommen hat.

Genau dies Modell der Religionsneutralität der höchsten Staatsebene kann Zukunftsmodell sein für das Zusammenwirken zukünftiger Kultur- und Völkergemeinschaften auf höchster Weltebene.

Innerhalb des jeweiligen Kulturkreises mag Religion beliebig praktiziert werden. Die Bürger dort sind in ihrer Religionsausübung jeweils gebunden an die Regeln ihres Staates und darüber hinaus an die ihres Kulturkreises. Religion ist dann in diesem Rahmen insoweit Privatsache, als es jeweils National- und Kultursache ist. Und wenn ganz Amerika unter Einsatz seiner Regierung gegen Darwin in einem fundamentalistischen Designer-Gott versinkt, dann ist das ihre Sache. Die verfasste Weltgemeinschaft oder gar Weltregierung können da weder Interesse noch Rechte haben, diese irgendwie einzuschränken.

Jeder Kulturkreis mag dabei seine eigene geistige Entwicklung nehmen. In seiner kritisch abendländischen Tradition in Staat und Gesellschaft erscheint Europas Weg in der neuen EU-Verfassung religionsneutral und politisch-atheistisch ausgerichtet zu sein.

God doesn´t bless America!
Allah schlägt keine "Mutter der Schlachten" gegen den Westen!
In weltpolitischen Zusammenhängen verzichten die Kulturen verfassungsmäßig auf jede Art von Selbstberufung auf Gott. Jede Berufung auf Gott zum eigenen Vorteil gegen eine andere Kultur und Religion in welcher Form auch immer ist verfassungsmäßig als feindliche Handlung zu werten und deshalb verboten.

Zukünftige Weltpolitik ist absolut religionsneutral (=atheistisch).

1. Bindung des politischen Atheismus an die Demokratie

Das ureigene Wesen des Abendlandes ist die säkulare Demokratie aus der Vernunftphilosophie der Antike - nicht die christliche Religion!

Damit nehmen wir die Grundgedanken aus unserem Kapitel 1.1.[1] auf, die wir dort sorgfältig erarbeitet haben, um sie hier als Ergebnis einbringen zu können: Demokratie ist begründet in dem geistigen Kampf der altgriechischen Polis um die Freiheit des Individuums.

Wie damals ist auch heute und auf Zukunft Atheismus mit diesem philosophischen Ursprung als Freiheit des Individuums und damit mit der säkularen Demokratie aufs engste verbunden. Atheismus ist - wie wir offen dargelegt haben - grundsätzlich nicht frei von möglicher Instrumentalisierung durch Gewalt, aber wesensmäßig aus sich selbst heraus frei von Gewaltanwendung und jeglicher Gewaltherrschaft.

Der Mensch ist frei geboren, überall liegt er in Ketten.[2]

Der politische Atheismus ist die Kraft, den Menschen freizusetzen aus unfreien Bindungen.

Politischer Atheismus und säkulare Demokratie bilden zusammen den größtmöglichen gesellschaftlichen Freiheitsraum für die Menschen miteinander. Sie ermöglichen einen sozialen Rahmen, in dem die Menschen gleichwertige, gleichberechtigte Partner sind, mit gleichen Rechten und Pflichten. Sie schaffen geistige Bedingungen für die Eigenständigkeit des Ich, zugleich aber auch für die grundsätzliche Respektierung des anderen in seinem Ichsein.

Der politische Atheismus steht im Kampf gegen rassistische, religiöse, nationale und jedwede ideologische Versperrungen als Öffnung zu Partnerschaft und Solidarität.

---

[1] Siehe oben Seite 15 ff: (1) Die Entdeckung des demokratischen Individuums im Befreiungskampf des Solon.

[2] Jean-Jacques Rousseau, op. cit. (Le contrat social), 1. Satz.

2. Bindung des politischen Atheismus an Humanität

Das ureigene Wesen des Abendlandes ist die säkulare Humanität aus der Vernunftphilosophie der Antike - nicht die christliche Religion.

In immer neuen Zusammenhängen haben wir in unserer Untersuchung die Entwicklung und Durchsetzung der säkularen Humanität dargestellt - von der Antike über Diogenes, Sokrates, Aristoteles, Epikur bis Cicero, von der Renaissance mit Petrarcas Wiederentdekkung der humanitas Ciceros und seinem Entwurf eines weltlichen Humanismus, nachgefolgt vom klassischen, sozialistischen und existentialistischen Humanismus. Dazu haben wir sehr ausführlich eine säkulare, utilitaristische Humanität bei Jesus von Nazareth aufgezeigt.

Wie damals ist auch heute und auf Zukunft der politische Atheismus unmittelbar auf die Idee der Humanität bezogen als dem Zentralwert einer freien Gesellschaft. Er steht gegen das Moralmonopol der Kirchen und damit gegen die christliche Theorie, das menschlich Gute sei exklusiv eine rein göttliche Qualität. Für das Gute zu kämpfen, heißt für den Atheismus, für das Gute einzutreten und es zu tun.

Der Mensch ist frei geboren, überall liegt er in Ketten.

Der politische Atheismus ist die Kraft, den Menschen in seiner natürlichen Menschlichkeit zu entwickeln, ohne dass er dabei religiös werden muss.

Der politische Atheismus hat im Sozialismus im Kampf gegen einen menschenfeindlichen Kapitalismus immer an vorderster Front gestanden. Er kämpft vor allem für materielle Sicherung und positivere Lebensverhältnisse der bedürftigen Menschen. Er ist dabei völlig auf das Weltliche ausgerichtet mit dem direkten Ziel ganz praktischer Lebensnützlichkeit.

Der politische Atheismus steht so im Kampf gegen Ausbeutung und Unterdrückung der Menschen immer für humanistische Ziele zur Freisetzung der Menschen aus Not und Elend - für soziale Gerechtigkeit.

3. Bindung des politischen Atheismus an die Meinungs- und Glaubensfreiheit des Individuums

Das ureigene Wesen des Abendlandes ist die Religionsfreiheit aus der Vernunftphilosophie der Antike - nicht die christliche Religion.

Zentrales Thema unserer gesamten Untersuchung ist der Begriff und das Phänomen Atheismus als geistige Disposition des Menschen zur Auflösung der Religion, zum Denken ohne Gott. Aus ihm entstand das Bewusstsein, kritisch denken zu können, eine eigene Meinung haben zu dürfen, sich auch von religiöser Fremdbestimmung befreien zu müssen: Die geistige Freiheit des Individuums.

Der Mensch ist frei geboren, überall liegt er in Ketten.

Der Atheismus ist die Kraft, die inneren Ketten zu lösen.

Religionsfreiheit ist von Anfang an eng verbunden mit dem wichtigen Begriff der Meinungsfreiheit in der Demokratie - im doppelten Sinn:

Religionsfreiheit ist auch die Freiheit zur Religion! Ein freier Mensch hat jedes Recht, sich auch zu einer Religion zu bekennen. Immer wieder haben wir deshalb betont, dass dies das Grundrecht ist, das der säkulare, demokratisch-verfasste Staat jedem Menschen garantiert.

Religionsfreiheit meint dann aber die Freiheit von der Religion[1].

In seinem Denken ohne Gott befreit sich der Mensch mit letzter Konsequenz aus einer wie auch immer behaupteten transzendenten Welt. Der Mensch erreicht damit ein Bewusstsein, mit dem er ganz im Diesseitigen steht.

Durch die Loslösung von Gott als der höchsten religiösen Autorität setzt sich der Mensch frei von der größtmöglichen Fremdbestimmung. Indem er sich herausnimmt aus göttlicher Bevormundung, entwickelt er sich zu einem sich selbst bestimmenden und veranbtwortenden Individuum. Er wird ein autonomer Mensch.

---

[1] Siehe dazu oben Seite 10 und 11 unseren
CODEX ATHEOS – DIE KRAFT DES ATHEISMUS

Gliederung der Hauptkapitel in ihren einzelnen Untertiteln